知识产权判解研究

刘春田 主编
汪泽 执行主编

清华大学出版社
北京

本书封面贴有清华大学出版社防伪标签，无标签者不得销售。
版权所有，侵权必究。举报：010-62782989，beiqinquan@tup.tsinghua.edu.cn。

图书在版编目（CIP）数据

知识产权判解研究 / 刘春田主编；汪泽执行主编.
北京：清华大学出版社，2024.7. -- ISBN 978-7-302-66555-7

Ⅰ. D923.405

中国国家版本馆 CIP 数据核字第 2024XK3932 号

责任编辑：李文彬
封面设计：傅瑞学
责任校对：薄军霞
责任印制：宋　林

出版发行：清华大学出版社
网　　址：https://www.tup.com.cn, https://www.wqxuetang.com
地　　址：北京清华大学学研大厦 A 座　　邮　编：100084
社 总 机：010-83470000　　邮　购：010-62786544
投稿与读者服务：010-62776969，c-service@tup.tsinghua.edu.cn
质量反馈：010-62772015，zhiliang@tup.tsinghua.edu.cn
印 装 者：三河市铭诚印务有限公司
经　　销：全国新华书店
开　　本：185mm×260mm　　印　张：23.75　　字　数：450 千字
版　　次：2024 年 7 月第 1 版　　印　次：2024 年 7 月第 1 次印刷
定　　价：118.00 元

产品编号：100933-01

目 录

特 稿

知识产权学科的性质与地位 ……………………………………… 刘春田 3

热点聚焦

涉外定牌加工商标侵权法律适用问题述论
　　——兼谈"本田案"最高人民法院再审判决的意蕴 …………………
　………………………………………… 林广海　秦元明　马秀荣 23
涉外定牌加工侵犯商标权问题
　　——本田公司诉恒胜公司侵犯商标权纠纷再审案判决评析 ……… 殷少平 40
涉外定牌加工行为的侵权认定
　　——最高人民法院"本田"案再审判决评析 ………………… 钟　鸣 57
附：中华人民共和国最高人民法院行政判决书（2022）最高法行再 312 号 …… 79

著作权篇

人工智能生成物的著作权保护
　　——评腾讯公司诉盈讯公司侵害著作权及不正当竞争纠纷案 …… 李明德 85
著作权法中"适当引用"的司法判定
　　——上海某出版社有限公司与孙某著作权权属、侵权纠纷案评析 … 冯晓青 91
审理短视频侵权案件的几个问题
　　——对侵害《奔跑吧兄弟（第三季）》综艺节目信息网络传播权一案的评析
　………………………………………………………………… 陈锦川 106
侵权行为构成要件对"接触加实质性相似"规则的制衡
　　——浅析侵害著作权纠纷的裁判思路 ……………… 张晓霞　张嘉艺 117
论作品类型的认定
　　——兼评"音乐喷泉案" …………………………… 熊超成　李　琛 129

商 标 篇

"不得与在先权利冲突"视角下的商标专用权属性 ………………… 黄　晖 147

商标共存疑难问题研究 …………………………………… 宋建立 166
"描述性"标志的欺骗性及显著性的认定
　　——评第5861721号"冰川"商标无效宣告行政纠纷案 … 程永顺　吴莉娟 180
商标侵权中商标性使用的判定
　　——由"青花椒"案所引发的思考 …………………… 李雨峰　李润潇 187
知识产权合同条款含义的正解与添附制度移植的解析
　　——红牛维他命饮料有限公司与天丝医药保健有限公司
　　　　商标权权属纠纷案评析 …………………………………… 陶　钧 196
已转让商标被宣告无效后的合同责任承担问题
　　——兼评《商标法》第47条第二款、第三款的适用 ……… 何　琼　曾梦倩 208
平行进口与商标权权利用尽规则 ………………………………… 厉彦冰 217

专　利　篇

涉及发明与实用新型的"因恶意提起知识产权诉讼损害责任纠纷"
　　司法认定标准解析 …………………………………… 程永顺　韩元牧 231
浅析不同知识产权权利之间的关系
　　——以最高人民法院(2021)最高法民再123号判决为例 ……… 周　波 240

不正当竞争篇

技术秘密纠纷案赔偿数额标准研究
　　——以"香兰素案"为例 …………………………… 曹新明　曹文豪帅 257
平台公开数据抓取行为合法性判断与法律适用
　　——以腾讯诉斯氏不正当竞争案为中心 ……………… 林秀芹　王　轩 266
网络流量劫持行为法律分析的基本思路:以美团案为例 …………… 崔国斌 277
数据类不正当竞争纠纷裁判规则之检视
　　——评新浪微博诉饭友案 ……………………………… 杜　颖　刘斯宇 287
论隐性使用关键词的反不正当竞争规制原理 …………………………… 刘　维 302
简评因侵权警告引发的商业诋毁案件的裁判思路 ……………………… 陈志兴 317

域　外　裁　判

物联网背景下标准必要专利许可层级选择
　　——从德国两则车联网领域标准必要专利纠纷谈起 … 黄武双　谭宇航 327
德国联邦最高法院"中空纤维膜纺丝设备技术秘密案"判决评析 …… 刘晓海 362

特　稿

蘇軾

知识产权学科的性质与地位

刘春田*

摘要：学科建设和专业建设应当符合逻辑，尊重科学。知识产权制度是财产权制度最重要的内容之一，因此，知识产权是法律概念。以知识产权为对象的科学，属于法律科学的分支。抽取法律学科分支的知识产权之名，脱离法学，另起炉灶，试图设立一个法学学科之外的新的一级学科的想法，或是力图将作为上层建筑的知识产权和经济发展，以及作为生产力层级的科技等不同逻辑层次的事物"交叉"形成新学科，进而将互不相干学科的知识拼为"知识产权专业"的意图，都是违反学科建设与专业教育的发展规律的。若付诸实践，将影响我国现行法律体系的完整性，也会打乱我国学科设置与教育体系。

关键词：知识产权；一级学科；专业教育；科学；逻辑

无论是在无生命的世界里还是在有生命的世界里，一切都是按照规则发生的，尽管我们并不总是了解这些规则。

——康德[①]

引言

现代大学主要有两个目标。一个目标是科学研究，即学科建设；另一个目标是专业教育，即教书育人。学科建设与专业教育是有联系的，但其目标和功能是两个不同的概念。其中，学科是专业发展的基础。所谓学科，是按学问的性质而划分的学术门类，是科学体系中的不同知识类别。学科是分化的科学领域，属于自然科学、社会科学、人文科学概念的下位概念，如物理学、生物学、历史学、经济学、法学等。学科也指大学教学、科研科目等知识领域，是对大学人才培养、教师教学、科研业务

---

* 本文作者：刘春田，中国人民大学法学院教授，中国人民大学知识产权学院院长。
① [德]康德：《康德著作全集》（第9卷），中国人民大学出版社2013年版，第10页。

隶属范围的相对界定。国家依据学科研究对象、研究特征、研究方法、学科的派生来源、研究目的五个方面对学科进行分类。我国目前普通高等学校的本科教育和研究生教育的学科划分均为13大门类,即哲学、经济学、法学、教育学、文学、历史学、理学、工学、农学、医学、军事学、管理学和艺术学。一般认为,学科建设的任务是研究自然现象及人类社会的本质和规律,是生产知识,是发现和创造新知识。构成一门独立的学科,应当具备基本的条件:(1)有独立的、不可替代的研究对象;(2)自有的理论体系,即特有的概念、原理、命题、规律等所构成严密的、逻辑化的知识系统;(3)有科学知识的生产方法。学科是属性确定、内容系统,不断衍生与发展的知识体系。所谓系统化,是指科学知识体系无论如何地根深叶茂,仍保持着自身的本质属性与整体的和谐自洽。如同大树参天,绝对没有两个树杈、两个树枝以及两片叶片是相同的,这就是科学的逻辑。

专业教育的任务是培养专门人才,内容是根据社会分工的需要,以专门学科的知识为基础要素进行资源配置所构建的学业教育门类。以法学为例,法学为一级学科。以法学命名的本科教育,构成法学专业。该专业由若干个二级法学学科的课程构成,包括核心课、必修课、选修课。其中核心课程包括法理学、宪法学、民法学、商法学、知识产权法学、经济法学、刑法学、民事诉讼法学、刑事诉讼法学、行政法学、行政诉讼法学、国际法学、国际私法学、国际经济法学、环境法学等。其中,每门课程的研究对象的基本属性都是专一的部门法律,没有任何法学学科以外的课程。再看二级学科的专业教育,以民法专业研究生的专业课程为例,通常是民法总论、物权法、知识产权法、债权法、合同法、婚姻家庭法、外国民商法、国际私法、民事诉讼法等。这些课程首先属于一级学科的法学;其次,都限于法学二级学科民法学的范围以内。毋庸置疑,"专"者,"一"也。专业教育课程设计应当遵循如下逻辑:任何层级专业的每一门课程,首先要属于它所属的一级学科;其次要限定在其所属层级的学科内,凡超出本专业界定的范围者,都不属于专业课程。例如,把工程技术、管理科学、经济学、信息情报等不同学科的内容杂糅在一起的方案,难以实行"学科交叉",无法将不同学科的知识归纳、提炼、抽象为具有同一的质的知识,不能形成一个新学科。不同学科的课程拼在一起,不可能形成具有"专一"性质学业的"专业",这种活动不属于专业教育。有的方案,把不同学科汇杂多元的课程群,称作专一的学业,或名曰"交叉学科",不仅逻辑与实践不通,而且抽象不出来合乎语言逻辑的名称。因此,专业教育方案应当具备的条件是:(1)有界定明确的培养目标;(2)具备独有的、专业属性同一、合乎逻辑、一以贯之的课程构成的培养方案;(3)能为特定的社会领域培养所需的专门人才。由此可见,学科建设属于科学活动范畴,专业教育则属于技术活动。尽管技术可以超越,制度可以弯道超车,学科建设与专业教育也并非一成不变,但无论如何发展,都要建立在理性基础上。学科与专业无论如何变革,都应当遵循科学原则以及"神性"般的逻辑。

众所周知,"加强知识产权保护,这是完善产权保护制度最重要的内容"。② 这个命题,多年来在中央文件中被反复强调。这表明:(1)国家对知识产权问题具有一贯的、理性的认识:知识产权属于私权。(2)我国《民法典》作为国家基础性的法律制度,对知识产权已有明确的法律定位;知识产权制度是财产权制度的重要内容;故知识产权作为法律概念,毋庸置疑。(3)在中国,以知识产权为对象的科学,属于法律科学的分支。(4)无论是知识产权国际公约,欧美发达国家、广大发展中国家的法律,以及相应的学科建设,无一例外都奉行上述原则。这是现实,也是常识。

毋庸置疑,"科学概念和科学语言的超国家性质,是由于它们是由一切国家和一切时代的最好的头脑所建立起来的。他们在单独的但就最后的效果来说却是合作的努力中,为技术革命创造出精神工具,这个革命已在上几个世纪改变了人类的生活。他们的概念体系在杂乱无章的知觉中被用来作为一种指针,使我们懂得在特殊的观察中去掌握普遍真理"③。

抽取法律学科分支的知识产权之名,脱离法学,另起炉灶,试图设立一个法学学科之外的新的一级学科的想法,或是力图将作为上层建筑的知识产权和经济发展,以及作为生产力层级的科技等不同逻辑层次的事物"上蹿下跳、隔空交叉",形成新学科,进而将互不相干学科的知识拼为"知识产权专业"的意图,都是违反学科建设和专业教育的发展规律。若付诸实践,将影响我国现行法律体系的完整性,打乱我国学科和教育体系。

"在自然中,无论是在无生命的世界里还是在有生命的世界里,一切都是按照规则发生的,尽管我们并不总是了解这些规则"。④ 学科建设和专业建设应当符合基本的规则——逻辑。逻辑是人类古代最伟大的发明,是思维的帝王,是理性的立法者。逻辑不是针对特殊、个别、偶然对象而言的思维方法,而是跨越时空、世袭罔替的先天科学原则。它是一切知识的理性活动都必须奉行的原则,是一切思维都应当遵循的必然法则,是评判一切知性的至高无上的法规。

科学的事业应当尊重科学,唯有科学和理性可以克服短视与躁动。

一、我国知识产权学科的创建

创新驱动发展模式是2.0版的改革开放,它再次提高了知识产权的重要性。这种情况也影响了与之相关的学科建设。为了提高知识产权教育水平,学界曾有建设"知识产权一级学科"的主张提出。近年来,有学者以及相关职能机构重提此议,目

---

② 习近平:《开放共创繁荣 创新引领未来——在博鳌亚洲论坛2018年年会开幕式上的主旨演讲》,2018年4月10日。
③ [美]爱因斯坦:《爱因斯坦文集》(第一卷),许良英、范岱年译,商务印书馆2010年版,第541页。
④ [德]康德:《康德著作全集》(第9卷),中国人民大学出版社2013年版,第10页。

标是将知识产权教育脱离现有法学学科，建立一个不属于任何现有学科而独立的，名称却又唤作"知识产权"崭新的一级学科。这是一个科学的问题，并事关法制建设、学科建设和高等教育，而且还影响现有的科学学科体系。本文提供一点情况，也谈谈对这个问题的思考。

本文作者曾参与筹办和创建我国知识产权高等教育的工作，借此机会，首先简要介绍我国知识产权的学科建设历史。1985年年底，世界知识产权组织总干事鲍格胥博士致函原国家教委负责人，建议中国开展知识产权高等教育。原国家教委对此十分重视，1985年12月，邀集北京大学、清华大学、中国人民大学、西安交通大学、华中科技大学、复旦大学的负责人以及有关学者在清华大学召开会议专题研究此事，时任高教司司长夏自强同志主持会议。人大法律系主任高铭暄教授和本文作者随同中国人民大学领导参加了会议，并向教委领导介绍了知识产权基本知识和世界知识产权组织的概况。会议结束时决定，在中国创办知识产权教育。由中国人民大学、北京大学和清华大学在北京共同组建知识产权教学与研究中心。鉴于中国人民大学郭寿康教授20世纪70年代就从事知识产权法的研究，参与专利法、商标法、著作权法和反不正当竞争法的起草工作，中国人民大学1981年就开始招收知识产权方向的研究生，1985年在法学本科教育中率先建立了系统"知识产权法"课程教学，具备较好的基础，高教司决定，该中心的机构设在中国人民大学，并在西安交通大学、华中科技大学、复旦大学三所高校分别设立分中心，开展试点。1986年3月，世界知识产权组织派专家组来华，在中国人民大学与时任副教务长纪宝成教授等举行了一周的工作会议。1986年6月，原国家教委发布文件，委托中国人民大学创建知识产权学科，并据此设立了中国第一个知识产权教学与研究机构——中国人民大学知识产权教学与研究中心。1986年12月底，原国家教委在中山大学召开全国高校文科专业目录制定工作会议。法学学科组由北京大学法律系主任张国华教授、刘升平教授，中国人民大学范明辛教授、徐立根教授，浙江大学法律系主任马绍春教授，中国政法大学副校长陶髦教授等十余人组成。国家教委聘请了高铭暄教授为学科组顾问。与会成员或受教于民国时期法学教育的前辈学者，或成长于1966年之前中华人民共和国法学教育的老先生，都是学界翘楚。本文作者因职务行为担任法学学科组召集人，时任中国人民大学教务长马绍孟教授担任学科组联络员。高教司李进才副司长、文科处崔处长全程参与了法学学科组的工作。经反复讨论和斟酌，学科组认识到，鉴于已经颁布的《中华人民共和国民法通则》规定，知识产权属民事权利，知识产权法是民法的组成部分，知识产权的私权属性为国际惯例普遍认同。对有关知识产权高等教育达成的共识是，尽管我国知识产权法制建设已经起步，人才需求势在必行，但是，我们对知识产权还不甚了解，按照当时的科技、经济发展水平和未来趋势，还无法准确地预见未来的人才需求规模。不过，把知识产权纳入教育体系,提前培养和储备人才,十分必要。学科组还认识到,建立新学科是一件严肃的事情,任何新学科都必须与现有的学科体系相融洽,它不可能凭空而来、遗世独立。因此,学科建设不可因特殊需要而牺牲普遍规律。鉴于此,学科组建议国家教委积极审慎地在本科法学专业内设立知识产权方向,以第二学士学位方式招生。这样,既满足了设立知识产权教育的需要,也不违背学科建设的规律和基本要求,并提出建议,招生对象主要为理工农医等学科的学士学位的获得者,学制两年,毕业后授予法学学士学位。该建议被原国家教委接受,遂将知识产权专业方向列入高等学校法学学科招生专业目录。1987年开始首次在中国人民大学挂牌招生,创建了中国的知识产权高等教育。同时,相关高校在法学专业二级学科民法学内招收知识产权方向的博士、硕士研究生。随后,为了凸显知识产权法学的重要性,不少学校将"知识产权法学"作为民法学的分支,单列成与民法学并列的二级学科。这种做法,大家也都认可。

  1996年,教育部成立全国高等学校法学学科教学指导委员会(以下简称"教指委"),本文作者作为知识产权法学学科的代表成为该委员会成员。1998年,根据该委员会对我国法学高等教育历史、现状的充分调研、论证,并参酌亚洲、欧洲、美洲法学教育比较发达国家的经验,向教育部提出建议:删除当时法学学科名下的经济法、国际法、国际私法、国际经济法等所有其他名目的本科专业,在法学一级学科的名下只保留一个法学专业。教育部接受了这一建议。"教指委"受教育部委托,根据社会实践对法律事务专业人才知识构成的需求,为法学专业教育选定了法理学、中国法制史、宪法、行政法与行政诉讼法、民法、商法、知识产权法、经济法、民事诉讼法、刑法、刑事诉讼法、国际法、国际私法、国际经济法14门(后来增加了劳动法与社会保障法和环境资源法,现为16门)课为"全国高等学校法学专业核心课程"。1998年11月,教育部高等教育司出版了包括《知识产权法》在内的《全国高等学校法学专业核心课程教学基本要求》。2000年8月,出版了"全国高等学校法学专业核心课程教材"——《知识产权法》第一版(业内称"红皮书")。2010年,包括《知识产权法学》在内的全国高等学校法学专业核心课程,全部被纳入"马克思主义理论研究和建设工程重点教材"体系,并于2019年8月出版了《知识产权法学》第一版教材。经过改革开放后40多年的不懈努力,中国高等法学教育的核心内容和框架设计已基本健全和稳定。法学的知识体系和课程安排,客观反映了知识产权法学的法学性质和它的学科地位。

二、知识产权学科的性质与地位

  实践中,知识产权教育的发展出现了如下情况。国务院学位委员会建立专业硕士类别教育,教育部在法律硕士专业中指定北京大学、中国人民大学、中国社会科学院、中国政法大学、中南财经政法大学大批招收"知识产权法"方向的研究生。再往后,如有材料介绍,部分学校相继在"法学""工商管理""公共管理""管理科学与工程"等一级学科名下,以及以"交叉学科"的名义开枝散叶,分别设立了"知识产权法""知识产权法学""知识产权""科技法与知识产权法""知识产权与人工智能法学""知识产权管理""知识产权创造与管理""陶瓷知识产权保护""知识产权与科技创新管理"等多个学科、多个名目的二级学科。⑤ 2008年4月,在国务院学位办公室重庆会议上,原计划在专业硕士招生名录中增设"知识产权硕士"专业,本文作者在会上介绍了知识产权学科和知识产权专业教育建设的来龙去脉,提出:"法律硕士"专业涵盖法学二级学科的全部内容,已经包括"知识产权"等方向。若抽调法律的下位概念,再增设专门的"知识产权硕士",倘这个逻辑成立,则还可以设"债权硕士""物权硕士",甚至"合同硕士""房地产权硕士",这无异叠床架屋,乱了学科"伦理",没有合理性。主持会议的国务院学位办主任李军当场表态,接受建议,决定放弃此举。在这个会议上,同时还删除了原计划增设的"汽车修理硕士"专业。

众所周知,法学属于科学,知识产权法学是以揭示知识产权的概念、本质、特征、功能、范围等内容构成,描述它在法的体系中的性质、地位等内涵、外延为己任的法律学科的一个分支。事物的本质属性,决定其知识的学科属性和范围。随着《民法通则》以及后来《民法典》的颁布,按照法律体系的逻辑和法律架构,"知识产权"属于私权,是一种财产权利。私权是法律概念,包括人身权和财产权。知识产权与"物权""债权"并列,同属财产权的下位概念。故"知识产权"属于法律概念。对此,事实和逻辑清晰,制度设计体系严整。因此,若把原本法学的知识产权学科概念抽取出来,带着法的基因,并以它为名,试图构建一个新的,却不属于法学专业的专业,就违背科学,违背理性,违背常识。

毋庸置疑,"一切知识及其整体都必须是符合一个规则的(无规则性同时就是无理性)……作为科学的知识必须按照一种方法来安排。因为科学是一个作为体系,而不仅仅是作为集合的知识整体。因此,它要求一种系统的,因而按照深思熟虑的规则来拟定的知识"。⑥ 知识产权不是孤立的事物,以"知识产权"为对象的科学,是法律科学体系的一个分支。体系化思维是任何科学研究奉行的基本方法。"我们不应当低估体系在法学中的功能。体系主要服务于对一个材料的判断和更深刻的理解"。⑦ 因此,必须把知识产权置于法学的体系之中进行研究,离开了事物所属的体系,不可能获得事物的真谛。深入、系统研究"知识产权",本身是一门艰深的学问。

---

⑤ 赵勇、单晓光:《我国知识产权一级学科建设现状及发展路径》,载《知识产权》2020年第12期,第29页。
⑥ [德]康德:《康德著作全集》(第9卷),中国人民大学出版社2013年版,第138页。
⑦ [德]N.霍恩:《法律科学与法哲学导论》,法律出版社2005年版,第42页。

但是,目前对"知识产权"的研究并不如愿,甚至对"知识产权"的基本范畴都存在没有共识的状况。大家知道,真理只有一个,而著作中流行的知识产权定义却不下十种。也就是说,很可能我们还没有找到科学的知识产权定义。因此,学界同仁,集中精力钻研知识产权本身,功莫大焉。当然,知识产权可以成为其他学科的研究对象,如经济学、管理学、经营学,甚至哲学。以知识产权经济学为例,是以经济学专有的视角、概念、理论和方法,戴着经济学的有色眼镜,描述、说明和解释知识产权现象,回答的是经济学眼中的知识产权问题,其学科属于经济学。但是,做"知识产权经济学"研究,应当同时具备高深的经济学、法学及知识产权理论素养,方可胜任。同理,"知识产权经济学"的学习者,也应以上述学科的系统训练为前提。一个初入大学的学生,没有上述基础,不可能读懂"知识产权经济学"。因此,放弃成熟的法学专业课程体系,提出知识产权管理学、知识产权经营学、知识产权哲学等,再加上"懂科技"(但不知是懂哪门科技?)等碎片式的知识,让孩子们学习五花八门、互不相干的课程,其后果可想而知。何况,抛开科学与逻辑,就事论事,迄今为止,还没有谁拿出过一本像样的"知识产权哲学""知识产权经济学""知识产权管理学"专著或内容成熟的教材。

因此,就"知识产权"这一概念而言,它是纯正的单一学科,而非"交叉学科"。其教育亦非"复合型"专业。知识产权以专门财产权为研究对象,知识产权作为财产权,是法律保护下的利益。从知识财产的生产手段来看,知识、技术的类型千姿百态、日新月异,但经过技术和生产实践,如浴火重生,化蛹成蝶;再经商业的转化,最终质变为内涵纯正的东西——财产。无论何种名目的财产,衡量它的唯一标准是价值,是金钱。价值品质单调,没有与其他事物"交叉""复合"的余地。金钱之外,无论多么贵重的东西都不能和金钱混为一谈。价值只是在量上可以分割,100元人民币可以分割为无限小。但是,在质上,无论价值还是权利,却因其内容单一,没有分解的余地。把本质单一的知识财产权,说成是"交叉""复合"的事物,是概念的混淆。不错,知识产权涉及颇广,很多领域都有它的身影,但它走到哪里也还是知识产权。如同钢铁,从宏伟的摩天大楼,到依稀可辨的大头针,它无处不在,但是钢铁永远是钢铁。我们知道,人类最大的进步之一就是发明了概念,获得了归纳、演绎、抽象思维的能力。我们可以把无数具体的知识、技术、手段抽象为"知识",提出了"知识产权"概念。如果返回具体事物,再拿"陶瓷知识产权"这种逻辑命名"知识产权"专业,并称之为"交叉学科"。依此逻辑,就可以设立出成千上万知识产权"新专业",诸如"玻璃知识产权""水泥知识产权""家具知识产权""炊具知识产权""纸张知识产权"等。如此,等于回到原始思维。再如,在"知识产权"后面加上"哲学""经济学""管理学"等名称,按这个逻辑,还可以造出"知识产权社会学""知识产权政治学""知识产权金融学""知识产权统计学""知识产权价格学""知识产权情报学"等无数研究领域。但是，它们既不是"知识产权"学科，也无法从中提炼出共同的要素构成新的学科。

不难想象，有关部门出于迫切提高知识产权水平的良好愿望，希望用"知识产权法学"和"知识产权哲学""知识产权经济学""知识产权管理学"以及其他的"知识产权某某学"的一些内容拼起来，冀图组成以"知识产权"为名的全新"专业"。通过该种训练，培养出复合型的高端知识产权人才。这固然是个美好的想法，但它不科学，科学有自己的原则与规范。尽管科学的社会组织管理与政府有关，但这些组织形式、管理模式与活动规则，取决于科学的世界观、方法论，而不是权力的意志，即便大学本身也不应当拥有此项权力。"对于学术共同体来说，在大学里必须还有一个学科，它就自己的学说而言独立于政府的命令，[8]它并没有颁布命令的自由，但毕竟有对一切与科学的旨趣相关，亦即与真理相关的命令作出评判的自由，在这里理性必须有权公开说话：因为没有这样一种自由的话，真理就不会大白于天下（这将对政府本身有害），但理性按其本性是自由的，不接受任何把某种东西视之为真的命令"[9]。科学有自己的逻辑。"科学是人的智力发展中的最后一步，并且可以被看成是人类文化最高最独特的成就。"[10]科学是知识体系，只有把要素放到体系中，按照逻辑去思考，才有可能得出理性的结论。如果违反理性，即便硬是把不同的学科知识拼到一起，也会因其"基因"不同，无法配置成新专业。科学是事实判断，不是价值追求。"只要人把自己局限在他的直接经验——观察事实的狭隘圈子里，真理就不可能被获得。"[11]任何主张变为现实，唯一途径是起步于事实，通过有效推理、系统论证和扎实的实践，方能立于不败之地。热情不能代替科学，凡不顾理性，违反逻辑，欠缺论证，或跳过这一步骤，或试图借助非科学的力量解决科学问题的，没有成功者。学科与专业建设，基于科学，科学的核心价值是追求秩序。新学科、新专业的属性是什么，如何定义和命名，如果一时说不清，不妨先抽象、排除它不是什么，或许更容易找到共识。既然新学科和专业不属于法学或其他学科和专业，就应当把目光移出现有学科的围栏。事物的基因决定了秩序。要看到，拮取知识产权这个法学学科的固有概念，拿去用作不知其学科、专业属性的新的一级学科或专业命名（并将这个法学属性的单一学科描述成"复合学科"，已经偷换了概念。按照偷换概念后建立的逻辑，物权，也要深谙"物"的知识，债权要明了各种"行为"之道，生命健康权知识包含了化

---

[8] "一位法国大臣召集一些最显赫的商人，向他们征求如何使贸易好转的建议：就好像他善于在这中间选出最好的建议似的。在这个人建议这、那个人建议那之后，一位一直沉默的老商人说：修好路，铸好钱，颁布最便利的交易法，等等，但除此之外'让我们自己干'！如果政府就它要给学者们一般规定的那些学说来咨询哲学学科，哲学学科可能给出的回答大概就会是：只要不阻碍洞识和科学的进步。"[德]康德：《康德著作全集》（第7卷），中国人民大学出版社2013年版，第15-16页。
[9] [德]康德：《康德著作全集》（第7卷），中国人民大学出版社2013年版，第15-16页。
[10] [德]恩斯特·卡西尔：《人论》，甘阳译，上海译文出版社1985年版，第263页。
[11] 同上书，第265页。

学、生物学、医学,岂不都成了"复合学科"),这种做法的思路、方法、(逻辑)与结论之谬误,显而易见。可行的办法,(如果是新东西,就应当)是为新学科选择资源,构建核心课程体系,确定属性,赋予它新名称。这个名称,"不再是孤立的语词,而是按照完全相同的基本程序排列起来的项,因此,它们向我们展示了一种清晰而明确的结构法则"⑫。也就是说,"对象的名字如果能使我们传达我们的思想并协调我们的实践活动,那就完成了它们的任务"⑬。因为新"事物在实际上实现和命名以前,它们的本质已经在那儿了"⑭。学科、专业名称和"术语不但具有语词上的价值,而且有着实在的价值……如果你不知道事物的名字,事物的知识就会死亡"⑮。一个无法确定名称的新学科,其学科建设和专业教育,无从谈起。

再看现状。据有媒体称,全国目前有100所高等学校招收知识产权本科专业学生,规模蔚为大观,且有继续扩大的趋向。但是,这个趋向是否反映事物发展的必然方向,要看它是否理性。科学发展和专业建设是科学。科学活动所遵循的原则是理性,既不是服从权威,也不是从众。有观点将知识产权专业教育定位为是与法学专业同一位阶、并驾齐驱的"特定的专业",培养的是"懂法律、懂科技、懂经济、懂管理"的"复合型、应用型、高端型"人才。但是,理想不等于现实。我们以暨南大学、华南理工大学、西南政法大学和华东政法大学三大地区四所著名大学本科知识产权专业的培养方案,以及教育部高教司文件2021年法学类"知识产权"的培养方案为分析对象,来说明这个问题。暨南大学的基础课程为宪法学、民法总论、文科数学、经济学导论、刑法学、管理学原理、行政法与行政诉讼法、民事诉讼法、国际法、刑事诉讼法、商法、法理学,共12门课;专业课程为知识产权法总论、知识产权法律史、专利法、著作权法、商标法、公平竞争法、知识产权法哲学、知识产权管理、知识产权文献检索与应用,共9门课。华南理工大学的专业基础课程为法理学、宪法学、刑法总论、民法总论、中国法律史、刑法分论、商法总论、物权法学、民事诉讼法学、刑事诉讼法学、行政法与行政诉讼法、债权法学、竞争法学、国际私法学、证据法学,共15门课;专业课程为知识产权总论、商标法、专利法、著作权法、知识产权管理、知识产权文献检索与应用,共6门课。西南政法大学(2018年)的培养方案是法理学(一)、法理学(二)、宪法学、中国法律史、刑法学总论、民法学总论、民法学分论(一)、知识产权总论、刑法学分论、民事诉讼法学、民法学分论(二)、著作权法、专利法、商标法、刑事诉讼法学、行政法与行政诉讼法、经济法学、商法学、知识产权文献检索与应用、竞争法学、法律职业伦理、国际法学、劳动与社会保障法学、知识产权管理、知识产权国

---

⑫ [德]恩斯特·卡西尔:《人论》,甘阳译,上海译文出版社1985年版,第269页。
⑬ 同上书,第265页。
⑭ [捷克]米兰·昆德拉:《不朽》,王振孙、郑克鲁译,上海译文出版社2003年版,第62页。
⑮ [德]恩斯特·卡西尔:《人论》,甘阳译,上海译文出版社1985年版,第266页。

际保护,共25门课。华东政法大学(2020年)的方案包括专业必修法学课程:法理学、民法学总论、物权法学、债权法、婚姻家庭与继承法、商法、刑法学、民事诉讼法学、国际公法,共9门课;专业必修知识产权课程为知识产权总论、著作权法、专利法、商标法、商业秘密法、竞争法、计算机软件保护、知识产权许可、知识产权管理、知识产权评估、专利文献与利用,共11门课。

上述四校本科"知识产权专业"的培养方案具有代表性。教育部高教司发布的法学类有七个专业规划,其中,法学专业核心课程为法理学、宪法学、中国法律史、刑法、民法、刑事诉讼法、民事诉讼法、行政法与行政诉讼法、国际法和法律职业伦理。知识产权专业核心课程为习近平法治思想概论、法理学、宪法学、刑法、民法、刑事诉讼法、民事诉讼法、行政法与行政诉讼法、知识产权总论、著作权法、专利法、商标法、竞争法、知识产权管理、知识产权文献检索与应用。

按照学科设置规则,所有以一级学科命名的专业,属性各不相同。所有的一级学科专业的知识与课程构成,相互之间不得有交叉与重合。这是学科与专业设置的基本原则。我们以1998年教育部颁布的《普通高等学校本科专业目录》为例分析,我国高等教育设有哲学、经济学、法学、教育学、文学、历史学、理学、工学、农学、医学、军事学、管理学和艺术学13个学门。严格讲,这个分类方法也有可商榷处。比如,按照逻辑和我国学界的分类,文学是艺术的一个类别,是艺术的下位概念,应当并入艺术学门。"法学"是一个学门。目前,在法学学门下设有6个一级学科,包括法学、政治学、社会学、民族学、马克思主义理论和公安学。在一级学科之下,包含若干二级学科。一级学科下属的二级学科,相互之间不得有重叠。比如,法学一级学科,主要由法理学、法律史、宪法、民商法、民事诉讼法、经济法、环境与资源法、国际法、军事法等二级学科构成。其他法学门下的政治学等5个一级学科,它们的二级学科,不得含有法学的二级学科的内容。比如,政治学、公安学。其中,一级学科政治学下设政治学理论、中外政治制度、科学社会主义、国际共产主义运动、中共党史、国际政治、国际关系、外交学8个二级学科。倘若政治学专业的教学方案中,安排法学知识,那该部分知识也是法学专业的课程,而不属于政治学。只有这样,才能保障科学知识融洽的体系化。遵循这个逻辑,一级学科内的组成部分,作为"种",是二级学科。二级学科无论以何种理由"自立门户",试图取得和它所"属"的一级学科在"辈分"上平起平坐地位的想法,都违反逻辑。比如,国际法学属于法学的下位概念,不可能获得与法学同样的学科地位。如同儿子离家,自立门户,无可厚非。但如果要求获得与父亲甚至祖父相同的辈分,就乱了逻辑,乱了秩序。学科和专业建设是科学认知活动。"认知的本质绝对地要求实际从事认知活动的人必须使自己远离事物,达到远在事物之上的一个高度,从这个高度他才得以观察到它们同其他事物的关系。谁要是接近事物,参与事物活动的方法和运作,他就是在从事生命活动而不是在从事认知活动;对他来说,事物展示的是其价值方面,而不是其本质。"⑯介绍一段历史事实,希望可以避免或减少走弯路。

1999年,在广东肇庆召开的教育部高等学校法学学科指导委员会会议上,也曾讨论过类似问题。当时,教育部决定法学本科专业教育只保留法学一个专业,将其他专业一律删除的意见一出,就受到政法院校部分委员的强烈反对,认为多个法学本科专业是改革开放的需要,统统删除是一种倒退。此外还有一个考虑,如果在本科招生简章中只有一个专业,观感不好。对此,时任教育部全国高等学校法学学科教学指导委员会顾问之一的沈宗灵教授作出解释。他介绍了学科设置的基本原则,并指出,我国理工农医文法商管等学科门的近百个一级学科,下设数百个二级学科,二级学科则构成一级学科的专业核心课程,进而整体构成我国高等专业教育的知识体系。根据系统化要求,专业课是某一个专业所独有的课程,不可以和其他专业分享。由这众多二级学科的课程构成的近百个一级学科自洽的课程体系。法学学科确定14门专业核心课程,这些课程为法学专业所独有,并各自构成二级学科。他以法理学为例,强调除了法学专业,任何其他一级学科的专业课,都不得把它列为专业核心课。如果对14门核心课略加取舍,增加某一课程的"戏份",或是对其中的课程拆分细化,变成几门课,就以二级学科的名称升级为和法学同样层级的一级学科或专业。比如,经济法、国际法等,就违反了学科体系的逻辑。沈先生调侃说,我们不反对开设新的本科专业,条件是不能使用法学专业的核心课程,必须设计出专属于自己专业的和法学专业完全不同的核心课群。他提问说,按照这个标准,除目前的法学专业外,哪个能做到?最后,他和国际经济法学者讨论道:你们如果要设单独的国际经济法本科专业,就要开出和法学专业完全不同的14门专业核心课。比如,法理学以及宪法学、民法学、民事诉讼法学、行政法学与行政诉讼法学、刑法学、刑事诉讼法学等部门法学的专业课,你都不能开。那么,你就不可能做到,在法学专业之外,开出一套专属于自己专业的核心课程,哪怕10门、8门也做不到。沈先生言罢,自然就没了讨论余地。

三、将"知识产权"升格为一级学科是否科学

沿着沈宗灵先生的思路,结合上述教育部和四所名校知识产权本科专业的培养方案做分析,可有几点认识:

第一,实践中的本科"知识产权专业",事实上属于法学专业。四校"知识产权"本科专业的培养方案,课程构成基本上是对法学专业的培养方案的局部调整和剪

---

⑯ [德]M.石里克:《普通认识论》,李步楼译,商务印书馆2005年版,第106-107页。

裁。"专"者，"一"也。所谓"专业核心课程"，就是只有某一个专业才可以开设的课程。如果什么专业都可以开设的课程，就不是"专业"课程，而是"通用"课程了。比如大学语文。可以肯定地说，从科学或逻辑上讲，"知识产权"永远不具备成为法学专业之外的专业教育的"通用"课程的条件。"科学在现象中所寻求的远不止相似性，而是秩序。"[17]因此，客观地讲，目前开设"知识产权本科专业"学校的课程安排，从没有突破法学专业的范围。比如，教育部关于知识产权专业的培养方案包括习近平法治思想概论、法理学、宪法学、刑法学、民法学、刑事诉讼法学、民事诉讼法学、行政法与行政诉讼法学、知识产权法总论、著作权法、专利法、商标法、竞争法、知识产权管理、知识产权文献检索与应用；法学专业的培养方案包括法理学、宪法学、中国法制史、宪法学、民法学、刑事诉讼法学、民事诉讼法学、行政法与行政诉讼法学、国际法和法律职业伦理。二者相比，剔除"知识产权管理"（不属于法学的专业课程，本为"管理学"边缘学科的知识）和"知识产权文献检索与应用"（也不属于法学专业课程，本为"文献学"学科的技能知识）等非专业课程外，基本相同，都属于法学专业课。其中"专利文献检索与应用"之类的所谓"特色课"，属于技术培训课程，并不具备成为高等教育专业课程的条件。可见，教育部的培养方案，以及上述四校现有的本科"知识产权专业"实施方案，都没有触动法学专业的根本内容，实为某个方向或特色的法学专业教育，充其量是本科"法学专业知识产权方向"。无论是按照四校的培养方案，还是教育部的方案，其实施结果，都不能培养出如前述观点中"懂法律、懂科技、懂经济、懂管理"的"复合型、应用型、高端型"知识产权人才。值得庆幸的是，形势比人强，教育部的设计和四校做法比较务实，没有跨越法学之"雷池"，是以"知识产权专业"为名的"法学专业"。这样，就保障了学生获得的还是法学专业教育，可以让学生无论是寻求继续求学，还是就业，两厢无虞，这也正是该"专业"的设计可取之处。

第二，不同"学科交叉"形成新的学科，符合学科的发展规律，但也伴随相应的难度。从不同的学科选择课程，经过交叉、融合，有可能形成新的下位学科。"知识的大融合是时常进行的。字谜画中的各个方块突然配合起来了；不同的孤立的概念由某一个伟大的科学家融合起来了，这时就会出现壮观的盛况——牛顿创立天体演化学，麦克斯韦把光和电统一起来，爱因斯坦把万有引力归结为空间和时间的一个共同特性，都是这样的情况。一切迹象都说明，还会有这样一次综合。在这样的一个综合中，相对论、量子论和波动力学可能会归入某一个包罗万象的、统一的、单一的基本概念里去。"[18]但是，知识的融合必然有其客观、内在的规律性。例如，前述知识产权哲学、知识产权经济学等，按照学科的逻辑，不过是固有学科的应用研究，仍分

---

[17] [德]恩斯特·卡西尔：《人论》，甘阳译，上海译文出版社1985年版，第265页。
[18] [英]W.C.丹皮尔：《科学史及其哲学与宗教的关系》，李珩译，商务印书馆1975年版，第20-21页。

属哲学、经济学等。其中,任何一门课,都是两大学科知识系统融合的结果,要以两个专业完整的学习与训练为前提,所费时日,需要 N 个四年教育方可奏效。但是,除了"知识产权"因素外,无法再从中抽象出同一要素,不具备整合为"统一的、单一的基本概念",构成上位学科的条件。因为,"如果人类心智能够以它自己的力量可以随意创造出一个新的事物领域的话,那我们就不得不改变我们关于客观真理的全部概念了"[19]。不言而喻,试图以互不相干的知识作为二级学科,拼成一个与众不同的、新的一级学科,这种事做起来的难度之大,怕是不亚于设计"永动机"。

第三,"交叉学科"是个伪概念。如前所述,以"知识产权哲学""知识产权经济学"等课程搭配,无法形成"交叉"的新学科。"学科交叉"能否产生新的学科,也要看是否符合规律。毋庸置疑,"知识产权"作为法学上的概念,作为财产权利之学,是上层建筑,是内涵纯粹、属性同一的"单一学科"。将上层建筑、经济基础、生产力混装杂陈,称作"交叉学科",并冠以"知识产权"之名,这种做法逻辑混乱。学科即分科之学,是近代知识海量增长下按照事物各自的本质和规律,以及不同事物相互区别,遵循逻辑划分为不同学科,以分担负载知识总量的产物。现有学科跨界、交叉、融合、繁衍,可以产生新的学科,构建成新的专业,这就是"学科交叉"。"学科交叉"的结果,可能质变衍生出新的,"统一的、单一基本概念",构成新的学科。其概念有可能是一个复合的术语,可能是单一的、位阶低一级的学科。比如,技术哲学、生物化学、技术经济学,结构生物学等,就是"学科交叉"的结果。它们的"属",决定了其学科本质和"辈分",分别属于哲学、化学、经济学和生物学等的下位学科。但"学科交叉"不可能产生一个复合的学科。因为"交叉"的结果,不会出现既是此,又是彼的"交叉的学科"。如同白鼠雌雄交配,只会产生非雄即雌的幼鼠,不会是亦雄亦雌的"交叉"幼鼠。再看所谓"交叉学科"的现状,以"交叉学科"的名义开办的有"知识产权创造与管理""知识产权管理""陶瓷知识产权保护""知识产权与科技创新管理"等二级学科。其中,有"学科交叉"后的管理学和法学等的二级学科,但并非"交叉学科"。至于"知识产权创造与管理""知识产权与科技创新管理",这种现象是把有关创造、知识产权、管理学科的知识,如同萝卜白菜放在一个筐里,互不搭界。事实证明,碎片式地杂糅、捆绑在一起,无论怎么搭配,也因其欠缺内在联系,不会形成体系化的秩序,就如同牛、羊同圈仍是"鸡犬相闻"。总之,上述所谓"交叉学科",并非新学科,可以归类为业务培训或研修的课程组合。业务培训适用于各种层次。通过搭配不同学科、不同知识的组合模块,有助于受训者知识的扩展和业务能力的提高。但这种课程搭配组合不产生新专业。这种模式的实践,不属于大学专业教育。人类是借助概念理解世界的。概念的描述对象应当真实而确定。没有概念就没有理解。错误

---

[19] [德]恩斯特·卡西尔:《人论》,甘阳译,上海译文出版社 1985 年版,第 270 页。

的概念必然导致错误的理解。一个概念是否科学,关键看其描述的对象是否真实存在。"交叉学科"的说法,不合逻辑。客观并不存在。因而是伪概念。

第四,试图通过创立一个"交叉学科",速成培养知识产权"复合型人才"的设想,既不符合逻辑,也不符合实践。自古希腊始,科学的分类方法就显示出高度的严密性和方法上的条理性。首先是区分教育与培训。大学本科是素质教育、专业教育,既不是入职技能培训,也不是在职业务研修。诸如专利文献检索与利用之类的所谓专业特色课,就属于培训课程。对于受过高等教育的人来说,包括专利代理、文献检索、商标注册代理、著作权登记等技能培训,[20]这些内容加在一起,培训半个月,足可掌握,把它们放到高等教育的专业课程中,不是创新,而是混淆了培训和教育的区别。回到学科专业建设,如果既懂技术,又懂经济,还懂法律、懂管理的"复合型人才",可以通过这个"交叉学科"教育一并获得,大学还何必设立不同的专业?谁还点灯熬油、苦心孤诣的二十年寒窗,本硕博连读专一学科?谁还为了获得知识的复合能力,去跨越专业,从零开始,埋头学习新的专业?事实上,那些古今汇通、文理汇通、中外汇通,学富五车的"复合"型人才的炼成,无一不是宁拙毋巧,以铁杵磨针的精神,一步一趾,逐科攻克,融会贯通,才达到集于一身的结果。没有谁是通过任何某"交叉学科"的教育,试图"偷工减料",可以毕其功于一役,天方夜谭般地巧取速成。古今中外的教育,莫不如此,这既是道理,也是常识。

第五,经济政策、社会发展与学科建设。国家政策、重大战略、国际关系,以及经济发展形势,国家重视程度等,可以影响学科建设和专业教育政策。但是政策不是科学,更不是学科划分的决定因素。"知识产权"属于私权,以之为对象的法学属于科学。科学的任务是追根溯源,是求本真,是询由来、问因果,是"究天人之际,通古今之变"。"知识产权"的性质和学科地位,与它在国家经济生活中的地位,是不同逻辑层次、不同领域的问题。一个是价值判断,一个是事实判断。价值判断争的是话语权。事实判断是追求本真。知识产权在中国是国家战略。但知识产权的学科性质、地位和国家战略是方枘圆凿,互不相及。如同某篮球巨星成就辉煌,光耀门楣,那是否因其名声显赫和地位优渥,就可以改变他在家族中的辈分,就把他和祖父排在一起,或是被拉出去做异姓老大,被指定为别家的祖宗?何况,归根到底,知识产权毕竟属于民法财产制度的一个分支,知识产权研究属于法学学科,这既取决于它在法律体系中的地位,也取决于以它为研究对象的知识在法学学科中的地位。知识产权的这个地位,并不卑贱。既不妨碍国家对它的重视,也不影响学科的发展,国家战略也不会因知识产权低层级的学科位阶而逊色。知识产权的性质决定,即便以"复合"为名培养的人才,也无法跨出法学专业的藩篱。这在全球,无一例外。顺便

---

[20] 请准确理解作为课程的"技能培训"概念,以免臆造"标靶",误入"假辩论"。

指出,近年来频频出现这样的观点:知识产权的学科定位与专业教育设计,是20世纪80年代的事。21世纪,已经进入互联网时代、知识经济时代,知识产权已经成为国家战略。所以,学科建设要适应国家战略,原来学科划分的思想也已经落伍,跟不上时代……并认为,"知识产权"成为崭新的一级学科,是时代的要求。本文作者认为,这种论述违反逻辑,偷换概念,把技术、科学、经济、法律的基本原理、原则,以及它们对法律制度、具体规则和政府政策等,不同层次、不同范畴、不同概念等问题混为一谈。

众所周知,科学的价值在于秩序。即便是最耀眼的互联网技术,对上述关系,也没有丝毫的动摇。科学,迄今并没有超越由伽利略、牛顿、爱因斯坦等学说确立的科学体系;技术日新月异,再新、再高,再也没有改变技术的"质"的规定和"技术"概念界定的藩篱。技术从来就没"休息"过,但任何技术进步都不改变技术的本质。删去那些博人眼球的"新"和"高"字眼,留下的还是"技术";经济再发展,也没有跃出市场经济的天地。互联网在广度和速度上改变了市场的面貌,但它也只是服务市场的手段。由买卖双方确立的交易关系,以及由此确立的市场主体的权利义务与市场规则,恒久不变;法律再进步,也没有改变千古以来确定的"假定、处理、制裁"的逻辑结构。生命科学的出现,派生出生物学的分支,没有改变数理化以及生物学的知识分科。互联网、高新技术、知识经济……只是丰富了知识和技术、提高了生产财富的手段,既没有改变技术、财产的本质,也没有改变知识产权的本质;与知识产权有关的工作被贵为国家战略,既提升了公众的财产意识,也改善了知识产权相关工作的社会环境。但不改变知识产权的性质,也不改变其学科性质和地位。互联网技术,以及世纪更替,对知识产权的属性,对它在法律体系中的地位,对它的学科属性,风马牛不相及。把上述不同事物混为一谈,是方法论的偏差。这种偏差,与诸如反对知识产权法独立成编植入《民法典》的理由,提出编纂"知识产权法典"的主张,或是制定"知识产权基本法"的观点,以及设置独立的"知识产权一级学科"的意见,在方法论上、逻辑上,如出一辙。讨论科学问题,应当遵循理性、逻辑和规律,应当在科学的范围寻找答案,科学以外无科学。

第六,用理性务实的态度回答实践的困扰。设置新学科,既要有天马行空的创新侠骨,也要有体贴民生的古道热肠。要换位思考,为含辛茹苦的家长期盼计,应当为投身新学科门下的求知孩子们设计好就业出口。有材料显示,近年来,在司法资格考试中,不少地方把"知识产权专业"毕业生拒之门外。主管部门的解释有根有据:国家高等教育专业目录载明,法学门中只有一个法学专业。"知识产权专业"与政治学、马克思主义、社会学、民族学、公安学等一样,虽授予法学学位,但并非法学专业。这种情况给该类学生造成就业的困扰。因此,本文作者提醒,在大学本科教育中设置一个学科属性语焉不详的"知识产权专业"者,需要更周全的考虑。

结语

爱因斯坦指出:"西方科学的发展是以两个伟大的成就为基础的,希腊哲学家发明形式逻辑体系(在欧几里得几何学中),以及(在文艺复兴时期)发现通过系统的实验可能找出因果关系。"㉑科学无国界。科学是全人类的精神财富。"现代科学诞生于欧洲,但它的家却是整个世界……只要有一个理智的社会,科学和科学观点,就能从一个国家传播到另一个国家,从一个民族流传到另一个民族。"㉒近代以来,在科学理论指引和科学精神的哺育下,科学与技术"联姻",把技术进步从古代"经验技术"的感性发展模式,革命性地转变为"目标明确、路径清晰、可规划、可持续"的"科学技术"的理性发展新模式。在新模式的推动下,科学与技术相互"纠缠",技术进步生生息息、新产品、新物件层出不穷。同时,技术也为科学研究提供了新的手段。但是,技术不等于科学。"天不变,道亦不变"。技术进步不同于科学革命,更不等于思维科学的变革。在学科建设和专业教育应当始终坚持"科学技术"的理性发展模式,防止倒退到"经验技术"的感性发展模式。

异常,可以促人理解和坚守正常。科学的方法和理性的精神,是学科建设和专业教育的第一要义。科学的事只能遵循科学规范,而科学不应"姑妄"。设立以"知识产权"为名的科学知识体系的一级学科和高等专业教育的臧否之议,让我们再次体会到:唯"理性能力是一切人类活动的固有特征"㉓。现代大学,创建新的一级学科,或是相应的专业教育,并非可以脱离理性,仅凭热情可以奏效。本文作者建议,倘若坚持另起炉灶,硬要建设一个全新的一级学科和新专业,就应当把方案放在阳光下,有科学、充分、稳妥的论证,要经得起论辩,经得起质疑。避免用非科学的手段解决科学问题。比较一下,中国每年有数百万件发明申请确定专利权,无论多么微不足道的技术,最终是否确权,尚且都要向社会公示,广泛征求意见,尤其要经得起全球范围的异议,甚至诉诸司法,才能最终定夺。何况作为国之重器的一级学科。中国的科学体系建设和高等教育发展,筚路蓝缕,历经百年,一级学科总共不过百个左右。学科建设,国之公器。创建新学科,更不可草率为之。为今之计,是转变思维,回到常识。首当其冲,先和法学学科"割席"。然后设计出新学科的新术语。术语不但具有语词上的价值,而且有实在的价值。如果我们不知道,或拿不定主意所要创造的事物的名字,而借用"知识产权"这个 DNA 属于法学的术语充作新学科、新专业之名,其结果,既不能表达欲建的新学科、新专业的"新",究竟在哪里,也破坏

㉑ [美]爱因斯坦:《爱因斯坦文集》(第一卷),许良英、范岱年译,商务印书馆 2010 年版,第 772 页。
㉒ [英]A. N. 怀特海:《科学与近代世界》,何钦译,商务印书馆 2009 年版,第 6-7 页。
㉓ [德]恩斯特·卡西尔:《人论》,甘阳译,上海译文出版社 1985 年版,第 34 页。

精心构建的法律体系,并割裂法学学科的完整性。众所周知,法学家族,枝繁叶茂,"人口众多"。但是,法学"人口"再多,也无"冗员"。为此,新学科、新专业应当结束与法学"割不断、理还乱"的纠葛。唯有先做"断舍离",放弃法学的"知识产权"术语,才有可能为新学科、新专业建设找到出路。

The Nature and Status of the IP Discipline

Liu Chuntian

Abstract:Discipline and major construction should be logical and respect science. The intellectual property (IP) system is the most important element of the property rights system, so IP is a legal concept. Sciences that target IPR belong to the branch of legal science. In the name of IP in branches of the legal discipline, to detach from the legal sciences and start a new stove, to try to establish a new first-level discipline outside the legal discipline, or to try to "cross" the IP as the superstructure, and economic development and science and technology as the level of productivity, and other things at different logical levels to form a new discipline, as well as the intention to spell the knowledge of unrelated disciplines as "IP major", in violation of the development law of discipline and professional education. If put into practice, it will affect the integrity of China's current legal system and disrupt its discipline and education system.

Keywords:Intellectual Property; First-level Discipline; Professional Education; Science; Logic

热点聚焦

涉外定牌加工商标侵权法律适用问题述论

——兼谈"本田案"最高人民法院再审判决的意蕴

林广海　秦元明　马秀荣*

摘要：2019年最高人民法院再审改判"本田案",认定贴牌构成"商标的使用",阐述不能将涉外定牌固化为商标侵权的例外。围绕该案的研究,有不同的观点和意见。本文梳理分析涉外定牌加工几个重要案例法律适用的情况,指出随着我国经济社会发展阶段和发展模式的变化,人民法院对于贴牌加工的商标侵权纠纷裁判观点和司法政策也不断调整和完善,是一个"扬弃"和"回归"的过程。

同时澄清并强调："本田案"与在先类似案件,既不存在"同案不同判"问题,也不存在裁判标准不统一问题;对商标法规定的"商标的使用"宜作整体一致理解,不能以单一侧面代替行为整体,不应当以单一环节遮蔽行为过程;对涉外定牌加工法律适用问题的认定应当遵循与我国经济发展阶段和经济发展模式相适应的原则;民事侵权纠纷再审审判应当充分尊重一审、二审法院已经查明事实,充分尊重一审、二审的裁量权。

关键词：涉外定牌加工；商标的使用；混淆误认；政策考量；民事再审程序价值

习近平总书记在中央政治局第二十五次集体学习时的重要讲话,深刻阐述了知识产权保护工作的重要性,知识产权保护工作与国家治理体系和治理能力现代化、高质量发展、人民生活幸福、对外开放大局以及国家安全密切相关。习近平总书记的重要讲话为知识产权司法保护指明了方向,商标侵权案件的审判应当立足新发展阶段,贯彻新发展理念,为构建新发展格局和推动高质量发展提供服务和保障。

---

* 本文作者：林广海,最高人民法院民三庭副庭长；秦元明,最高人民法院民三庭审判员；马秀荣,最高人民法院民三庭审判员。

林广海为"本田案",即本田技研工业株式会社与重庆恒胜鑫泰贸易有限公司、重庆恒胜集团有限公司侵害商标权纠纷案[(2019)最高法民再138号]的主审法官并担任合议庭审判长,秦元明和马秀荣为合议庭成员。

本案入选"2019年中国法院10大知识产权案件",获得第四届全国知识产权优秀裁判文书评选特等奖,被中国外商投资企业协会优质品牌保护委员会评为"2019—2020年度知识产权保护十佳案例",案件再审获评第三届全国法院百场优秀庭审。

本案"行政判决书",附在"热点聚焦"栏目之后,方便读者了解本案内容。

改革开放以来,出口一直被认为是拉动中国经济发展的"三驾马车"之一,而在出口贸易模式中涉外定牌加工一直占有重要地位。中国劳动力资源优势吸引了大量国外企业采用定牌加工的方式委托中国企业生产加工产品,为我国对外贸易快速发展发挥了不可低估的推动作用。随着对外贸易交易量的增加产生了大量纠纷,商标侵权诉讼纠纷中涉及涉外定牌加工的案件也不断增多,而不同法院的裁判理由和结果前后也不尽一致,引发国内外知识产权理论界和实务界关注。随着我国经济发展方式的转变,对商标侵权纠纷中涉外定牌加工法律适用问题的认识也不断清晰,理解更加透彻,屡经"扬弃"和"回归",不断演进深化。

检索涉外定牌加工商标侵权纠纷的主要案例,大体可以勾画司法裁判的演进路径:对于涉外定牌加工法律适用问题,2010年之前,多数法院认为被诉侵权商标与国内注册商标相同或者近似,违反了《中华人民共和国商标法》(下文简称《商标法》)的规定,构成商标侵权,但是此后引发理论界争论不断,又有多个判决认定不构成侵权。2015年,最高人民法院提审"亚环案"①,再审判决以涉外定牌加工中的商业标识使用不属于"商标的使用"为由,认定不构成商标侵权。2017年,最高人民法院提审"东风案"②,在再审判决中再次重申了涉外定牌加工中商业标识使用并非商标性使用,不构成商标侵权。2019年最高人民法院提审"本田案",此案再审判决则认为,贴牌依法构成"商标的使用",而且不能将涉外定牌固化为商标侵权的例外。"亚环案"和"东风案"是最高人民法院提审判决,因此被理论界和实务界反复解读。这些解读促使我们对这些问题的认识不断拓展和深化。同时,毋庸讳言,有些解读实际上已经把"亚环案"和"东风案"的再审判决结果奉为"圭臬",俨然成为一道不可逾越的"法律屏障"。破解涉外定牌加工商标侵权法律适用问题的困惑,司法工作者必须与时俱进,善用中国经济发展阶段和发展模式这把"钥匙",以促进经济发展模式转变和我国经济发展水平提升为旨归,切中社会经济发展大政方针的进化脉搏,深化对相关法律问题的认识及把握。

一、"本田案"和"亚环案""东风案"简述

最高人民法院先后提审改判的"亚环案""东风案"和"本田案",均涉及外定牌加工法律适用问题。由于裁判作出时国家宏观经济政策发生了重大调整,"本田案"裁判思路和裁判理由也作出了相应调整。

---

① 再审申请人浦江亚环锁业有限公司与被申请人莱斯防盗产品国际有限公司侵害商标权纠纷案[(2014)民提字第38号]。

② 再审申请人江苏常佳金峰动力机械有限公司与被申请人上海柴油机股份有限公司侵犯商标权纠纷案[(2016)最高法民再339号]。

(一)"本田案"简要案情

本田技研工业株式会社(下文简称本田株式会社)在中国拥有"HONDA"等三枚注册商标,核定使用在摩托车等商品上。缅甸美华公司委托重庆恒胜集团有限公司(与恒胜鑫泰公司系母子公司关系,法定代表人均为万迅)。加工生产标有"HONDAKIT"标识的摩托车整车散件若干,重庆恒胜鑫泰公司申报出口时被海关查获。本田株式会社遂起诉两公司商标侵权,一审法院经审理认为构成侵权,判决两被诉侵权公司停止侵权并赔偿本田株式会社人民币 30 万元。两被诉侵权公司不服提起上诉,二审法院以被诉侵权行为属于涉外定牌加工行为为由,认定不构成商标侵权,遂驳回本田株式会社的诉讼请求。本田株式会社向最高人民法院申请再审,最高人民法院提审后于 2019 年 9 月 23 日判决撤销二审判决,维持一审判决结果,但对相关法律适用问题重新作出了认定分析。最高人民法院认为,商标使用行为通常包括物理贴附、市场流通等多个环节,对商标法规定的"商标的使用"宜作整体一致理解,不能以单一侧面代替行为整体,不应当以单一环节遮蔽行为过程,更不应当将一个行为割裂分开。对相关法律问题的认识,要遵循商标侵权判定基本规则,要从维护商标法律制度统一性的角度出发,不能把涉外定牌加工这种贸易方式简单固化为侵害商标权的例外情形。对于未在中国取得注册的商标,虽然在外国获得了注册,也不应当在中国享有注册商标专用权,中国境内的民事主体所获得的所谓"商标使用授权",不受中国商标法保护,不属于合法的不侵权抗辩事由。

(二)"亚环案"和"东风案"简要案情

"亚环案"和"东风案"裁判在"本田案"之前,亦均涉及涉外定牌加工商标侵权法律适用问题。

在"亚环案"中,最高人民法院再审判决认为,识别商品来源是商标基本功能,储伯公司委托亚环公司生产带有"PRETUL"标识的挂锁并全部出口,在中国境内仅属于物理贴附行为。鉴于被诉侵权产品未在中国销售,贴附的"PRETUL"标识在中国境内没有起到商标识别功能,中国相关公众对商品来源也不会产生混淆和误认,其所贴附的标志不具有商标属性,贴附行为也不构成"商标的使用"。

在"东风案"中,最高人民法院再审判决认为,印度尼西亚 PTADI 公司委托常佳公司用其合法拥有的商标生产柴油机及组件并出口至印度尼西亚,不影响上柴公司所有的中国注册商标在国内正常使用,不会导致相关公众的混淆误认。同时,没有证据证明常佳公司未尽合理注意义务,其行为亦未对上柴公司造成实质性损害,不应认定构成商标侵权。

二、"本田案"与"亚环案""东风案"异同探究

上述三个案件的核心法律问题均在于,在涉外定牌加工商品上贴附商标标志,是否会构成商标的使用?商品不在国内销售是否会导致相关公众混淆误认?这两个问题涉及对商标法的基础概念和商标侵权基本规则的认知和理解。对于相同的法律适用问题,"本田案"和"亚环案""东风案"裁判理由和结果相异,是不是与人民法院一直以来所提倡的司法裁判标准统一的要求相悖呢?回答这一问题,需要正确认识和理解同案同判规则内涵。

法官司法裁判的过程是在查明案件事实后,查找法律和适用法律并最终依法作出裁判的过程。我国属于成文法国家,人民法院裁判案件的依据主要是制定法和司法解释等,在先案例一般仅作为法官心证的参考或者参照。《最高人民法院关于案例指导工作规定》于2011年11月26日发布以后,中国案例指导制度正式建立。依据上述规定第7条,各级人民法院在审判类似案件时应当参照最高人民法院发布的指导性案例。也就是说,指导性案例制度建立以后,法官在司法裁判中不仅要依据法律规定,还要参照指导性案例,其直接和根本目的是实现"同案同判"③。同时,依据上述规定,最高人民法院审判委员会讨论通过的指导性案例,要在《最高人民法院公报》、最高人民法院网站、《人民法院报》上以公告的形式发布。由于程序复杂严格,到2019年底,最高人民法院所发布的涉及知识产权的指导性案例仅24个。④ 由于数量有限,24个指导性案例远远不能涵盖所有有争议的知识产权法律适用问题。由此带来的问题是,如果涉及争议法律问题的在先案例没有被选定为指导性案例,在后审理的类似案件是否应当参照以及如何参照?

(一)"同案同判"和"同案"识别

英美法系国家司法的遵循先例原则主要为了实现裁判法律适用的可预见性,其基本含义为先例所创设的裁判规则适用于事实相同的其他个案。后案和在先案例的事实基本一致是适用遵循先例原则的前提。同理,"同案同判"的前提亦是后案和在先案例构成"同案",即类似案件。关于类似案件构成要件,2015年5月13日实施的《最高人民法院关于案例指导工作的规定实施细则》第9条规定:"各级人民法院正在审理的案件,在基本案情和法律适用方面,与最高人民法院发布的指导性案例

---

③ 韩思阳:《案例指导制度反思》,载《政法论丛》2015年第5期,第65页。
④ 经查阅相关资料并咨询最高人民法院案例指导工作部门负责人,从2011年12月开始发布第一批指导性案例至2019年底,最高人民法院已发布24批共139个指导性案例,包括民事、执行案例89个(含知识产权案例23个、涉外案例14个),刑事案例22个(含知识产权案例1个),行政案例23个,国家赔偿案例5个。

相类似的,应当参照相关指导性案例的裁判要点作出裁判。"根据上述规定,案件类似的主要指基本案情和法律适用类似。虽然实施细则并未明确规定基本案情应当包括什么,但至少应当包括与争议要点有关的要件事实。所谓要件事实是指人民法院作出判决所依据的事实,其缺失或改变将导致判决的改变。要件事实与人民法院查明的事实有关,但可能并不完全相同。同时,法律适用方面类似,不应当仅是与适用的法律条文类似,也应当包括与适用的司法解释或司法政策类似。

司法实践中,识别类似案件是参照的前提。借鉴英美法系国家的成熟经验,对类似案件的识别可以通过以下步骤实现:找出争议焦点予以比较;确定要件事实予以比较;对法律适用作出分析判断。对法律适用进行分析判断时,如果判决已被新作出或者上级法院作出的判决推翻的,或者与新的法律抵触的,应当予以排除。如果判决是基于政策衡量作出的,在政策发生变动的情况下,亦应当予以排除。当类似案件中出现多个结果相反案例时,可以依据判决级别、是否符合新法律、是否符合最新司法解释以及是否符合新司法政策等原则进行甄别选择。

类似案件争议焦点和要件事实基本相同,其裁判结果最理想状态应当是基本一致。但是,司法实践中类似案件裁判结果不一致甚至相冲突的情形依然存在。通过整理分析,可以发现出现上述情况的原因至少包括以下三点:一是法律或者司法解释对相关问题规定缺失或者不明确;二是涉及的法律争议的在先案件不属于指导性案例,在后案件审理时亦无明确应当参照的结论性规则;三是在后案件裁判时,人民法院对国家社会政治经济宏观政策调整和变化等因素给予了充分考量。

(二)"亚环案""东风案"和"本田案"要件事实对比分析

"本田案"的要件事实:境外委托人在本国或销售国可能拥有真实有效的商标权,而在我国无合法有效的商标权;本田株式会社作为权利人在中国拥有合法有效的注册商标;加工方在其生产、销售的被诉侵权贴牌商品上使用"HONDAKIT"文字及图形,并且突出增大"HONDA"的文字部分,缩小"KIT"的文字部分,同时将H字母和类似羽翼形状部分标以红色,与本田株式会社所有的商标构成近似,而与境外委托人所有的商标存在不同;本田株式会社所有的商标具有较高知名度,注册时间早于境外委托人所有的商标。

"亚环案"的要件事实:墨西哥储伯公司系墨西哥"PRETUL""PRETUL及椭圆图形"商标权利人,亚环公司接受储伯公司委托生产挂锁,标注为"PRETUL""PRETUL及椭圆图形"标识;中国权利人莱斯公司的商标为"PRETUL及椭圆图形";被诉侵权的定牌商品使用的商标与委托人商标完全一致,请求保护的中国商标知名度不高。此外,人民法院还认定中国商标原注册人曾是储伯公司的加工商,虽然最后以恶意注册不在该案审查范围为由未予认定,但这也是该案案情特殊之处。

"东风案"的要件事实:该案中,上柴公司是中国注册商标 的权利人,1961年注册,该商标具有较高知名度;印度尼西亚 PIADI 公司系印度尼西亚注册商标 的商标持有人;常佳公司受 PIADI 公司委托生产柴油机及组件,标注相应商标标识,与委托方商标相同,亦与上柴公司商标相同。另外,上柴公司与 PTADI 公司就在印度尼西亚注册的东风商标权属在印度尼西亚法院有过多次诉讼,权利曾经先后被核准,最终权利由印度尼西亚 PIADI 公司获得。在上柴公司胜诉期间,常佳公司曾因侵害商标权与上柴公司签订过补偿协议。

"亚环案"和"本田案"相比,要件事实差异主要表现在两个方面:一是"亚环案"中请求保护的中国商标知名度不高,注册时间晚于境外商标,两个商标完全相同,请求保护的商标权人存在抢注之嫌。"本田案"中请求保护的商标具有很高的知名度,不存在抢注问题。二是"亚环案"中被诉侵权商品完整使用境外委托人商标,"本田案"被诉侵权商品上贴附的商标标识被作了改动,更接近于请求保护的商标。这两个重要差异对于判断当事人主观状态至关重要,因此"亚环案"与"本田案"难以属于类似案件。

"东风案"与"本田案"相比,在商标近似上,"东风案"中国权利人商标、境外委托人商标和被诉侵权商标三者相同;"本田案"中被诉侵权商标与境外委托人商标不完全相同,更接近于请求保护的本田株式会社所有的中国商标。在审查义务上,"东风案"请求保护商标在中国境内使用时间长、知名度高,但请求保护商标权利人上柴公司与境外商标权利人曾先后在印度尼西亚获得合法商标,后上柴公司在印度尼西亚的商标被撤销。被诉侵权人接受委托从事定牌加工业务,对于相关商标权利状况已经履行了审慎适当的注意义务。"本田案"中请求保护的商标权利稳定且驰名,在境外亦不存在商标权纷争,被诉侵权人接受委托难言已经履行了审慎适当的注意义务。因为存在上述要件事实差别,"东风案"与"本田案"是否应当属于类似案件,笔者认为值得商榷。

正因为"东风案""亚环案"和"本田案"并非能够毫无疑义地被认定为中国指导性案例制度意义上的类似案件,"本田案"裁判规则未遵循在先的"亚环案""东风案",也就没有违背"同案同判"规则,更不存在裁判标准不统一。

三、商标侵权案件涉外定牌加工法律适用裁判观点的"扬弃"与"回归"

在处理涉外定牌加工商标侵权纠纷时,随着社会经济发展阶段的提升和发展模式的演进以及对法律认识理解的不断深化,人民法院的裁判观点和司法政策亦随之调整和完善,可以说是一个"扬弃"和"回归"的过程。

（一）人民法院裁判观点变化

涉外定牌加工行为是否构成商标侵权在国际条约和中国国内法上没有直接的规定。据学者统计分析，人民法院早期以商标权地域性为基础，认为受托方加工相同产品、贴附相同商标并交付至境外的行为构成商标侵权，后来逐渐发生转变，从法解释角度认定受托方的行为属于"非商标使用"，不构成商标侵权。[5]在这个过程中，对涉外定牌加工是否构成侵权的观点可以说针锋相对，认为不构成侵权的观点所持主要理由包括：（1）不会造成相关公众的混淆。例如，北京市高级人民法院于2004年2月18日出台的《关于审理商标民事纠纷案件若干问题的解答》第13条指出，造成相关公众的混淆、误认是构成侵犯注册商标专用权的前提，定牌加工是基于有权使用商标的人的明确委托，并且受委托定牌加工的商品不在中国境内销售，不可能造成相关公众的混淆、误认，不应当认定构成侵权。[6]（2）单纯的贴牌行为不是商标法所规定的使用行为，商标法上的使用应含有"为商标目的而用"之义，而此类定牌加工的商品不进入国内市场，不会发挥区分标识生产者的目的。只有承揽人定作后又进行产品销售，才构成商标使用行为。诉讼中当事人还往往以定牌加工产品全部销售到国外，不进入国内市场，不会给国内商标权人造成损害为由进行抗辩。

与之相反，认为构成侵权主要理由包括：商标权的地域性特征决定了其权利行使范围和受保护范围，定牌加工行为构成商标法所指的使用，侵权不以造成混淆或误认为要件等。

曾有一段时间，面对日益复杂的涉外定牌加工案件，为了精细平衡商标权人和加工委托方的利益，人民法院将加工受托方定位为商标侵权的帮助者，越来越多地注重考察涉外定牌加工受托方是否履行了必要审查注意义务。但是也有学者认为，这与"非商标使用"思路自相矛盾，进一步导致法律适用的混乱；应限制"非商标使用"理论的适用，回归传统的商标侵权认定。[7]

涉外定牌加工作为一种贸易术语，既不具有商标法上的特定含义，也不是商标法上的特别之地，因此判断涉外定牌加工贴牌行为是否构成商标侵权，唯一的标准就在于被诉侵权行为是否符合一般意义上的商标侵权构成要件。从法律适用来看，"本田案"裁判并未改变现有的商标侵权裁判规则，亦未创设新的规则，仅认为不能将涉外定牌加工作为商标侵权的例外情形，至于是否构成侵权，要遵循个案原则，具体案件具体判断。综上，案件裁判时要维护法律制度的统一性，而不能把某种贸易方式（如涉外定牌加工方式）简单地固化为侵权例外情形，否则就违背了商标侵权判断

---

[5] 林广海、郑颖：《涉外定牌加工中的商标权问题》，载《人民司法〈应用〉》2007年第23期，第85页。
[6] 参见北京市高级人民法院文件（京高法发〔2004〕48号）。
[7] 张韬略、阴晓璐：《我国涉外定牌加工商标侵权司法认定之演进及反思》，载《国际商务研究》2020年第2期，第75页。

的基本规则。这既是对商标法基本概念的回归,也是对商标侵权判定规则的回归。

(二)人民法院相关司法政策演变

涉外定牌加工纠纷案件,关涉中国知识产权司法保护的国际形象,在经济全球化背景下,人民法院长期以来一直努力以前瞻性的国际视野,力图协调好知识产权的地域性和国际化的关系,注重权利人权利和公共利益的平衡。为了在涉外定牌加工案件裁判中积极稳妥地适用好商标法,保证法律适用和理解更符合商标法的立法本意,最高人民法院和地方高级人民法院都先后制定过一系列司法政策。如前文所述,北京市高级人民法院制定的《关于审理商标民事纠纷案件若干问题的解答》(2004年)第13条明确规定定牌加工不应当认定构成侵权。而此后该院又于2006年2月13日出台新的解答改变了此前观点,认为承揽加工带有他人注册商标商品的,承揽人应当对定作人是否享有注册商标专用权进行审查。未尽到注意义务加工侵犯注册商标专用权的商品的,承揽人与定作人构成共同侵权,应当与定作人共同承担损害赔偿等责任。承揽人不知道是侵犯注册商标专用权的商品,并能够提供定作人及其商标权利证明的,不承担损害赔偿责任。上述观点的变化也反映了人民法院在涉外定牌加工商标侵权法律适用问题上长期存在的争议。

对于如何外贸"贴牌加工"中多发的商标侵权纠纷,2009年4月21日出台的《最高人民法院关于当前经济形势下知识产权审判服务大局若干问题的意见》要求应当结合加工方是否尽到必要的审查注意义务,合理确定侵权责任。[8]

2015年4月23日,最高人民法院民三庭负责人在《人民法院报》专门发表文章指出,定牌加工问题是我国经济发展阶段性所形成的特殊知识产权问题,随着中国从全球经济贸易价值链低端走向高端,这一问题将最终得到缓解。在这个过程中,司法要考虑我国经济发展的阶段性、定牌加工的法律属性、社会共识等因素,稳妥地加以解决,不能超越现实和急躁冒进。[9] 可见,人民法院对此问题认识虽然不断演进变化,但无论是"扬弃"还是"回归",都一直遵循与我国经济发展阶段和经济发展模式相适应的原则。

"亚环案"和"东风案"裁判理由中更多提到了鼓励定牌加工外贸发展的因素。但是,随着中国经济发展模式转变,落实创新驱动发展战略,推进创新型国家建设,提高自主创新能力,早已经成为制定知识产权司法保护政策的最大背景和最高目标。在新的发展阶段,对涉外定牌加工商标侵权法律适用问题,人民法院应当有新的认识与判断,应当对涉外定牌加工知识产权保护政策作出适应性调整,对不再适应发展阶段和发展模式的司法政策和司法理念果断地予以扬弃。

---

[8] 参见最高人民法院文件(法发〔2009〕23号)。
[9] 宋晓明:《新形势下我国的知识产权司法政策》,载《人民法院报》2015年4月23日,第五版。

四、涉外定牌加工商标侵权法律适用分析

定牌加工（Original Equipment Manufacture，原始设备制造），俗称贴牌或贴牌加工，是指承揽人按照定作人的要求，生产加工并交付带有定作人提供商标的商品，由定作人给付报酬的市场合作方式，其法律关系是承揽合同关系。按照定作人和承揽人的国别，可分为国内定牌加工和涉外定牌加工；按照定作人授权的范围，可分为单纯的定牌加工和授权销售的定牌加工；按照委托生产加工的层次环节，可分为直接定牌加工和间接定牌加工。[10]

涉外定牌加工商标侵权纠纷中涉及多种法律关系，既包括合同问题也包括侵权问题。

（一）涉外定牌加工合同法律关系分析

在涉外定牌加工合同中，合同双方约定，由定牌加工企业按照境外委托方的要求从事加工生产活动，提供劳务。在完成定牌加工产品后，将产品出口以交付境外委托人。《中华人民共和国合同法》第251条规定："承揽合同是承揽人按照定作人的要求完成工作，交付工作成果，定作人给予报酬的合同。承揽包括加工、定作、修理、复制、测试、检验等工作。"一般认为，定牌加工合同为承揽合同类型或以承揽合同为主的混合合同，加工人的主要义务为按定作人的要求加工、贴牌并出口交付定牌商品，主要权利为获得加工、贴牌的报酬。[11] 与普通承揽合同相比，涉外承揽合同的一大显著特征即在于其涉及诸多国家宏观经济政策和法律规定。

作为加工承揽合同，普遍观点认为，涉外定牌加工合同定作方和加工方的行为是各自独立的，不能按照代理的法律规定将加工方的效果直接归属于定作方。[12] 从法理分析来看，涉外定牌加工行为涉嫌侵害国内商标权的问题实为合同侵害第三人权益的问题，因此，有的观点认为，加工方系从行为人，依附于委托方。[13]

---

[10] 参见北京市高级人民法院文件（京高法发〔2004〕48号）。
[11] 唐艳：《涉外定牌加工的法律性质及商标侵权判定的重新审视》，载《西南政法大学学报》2020年第2期，第106页。
[12] 徐丹：《涉外定牌加工涉及的商标侵权问题研究》，载《上海政法学院学报（法治论丛）》2014年第2期（涉外定牌加工合同性质与特征分析）；参见徐建明：《涉外贴牌生产中商标侵权法律风险的防范》，载《法治研究》2008年第5期，第67页。
[13] 倪红霞、郭杰：《经合法授权的涉外定牌加工不侵犯境内注册商标专用权》，载《人民案例》2012年第4期，第104页。根据行为决定责任承担的规则，要认定涉外定牌加工行为是否侵害商标权，就有必要对合同双方的行为进行具体分析。在涉外定牌加工合同中，委托方从事如下行为：提供商标，或者商标和原材料，指示加工方将商标按照其要求贴在指定数量的加工产品上，在境外销售该贴附商标的产品，赚取商标带来的利益；而加工方的行为相应如下：提供劳务，或者劳务和原材料，按照指示加工并在产品上贴附商标，将贴好商标的产品全部出口境外委托方，赚取境外委托方的加工费，其获取的是劳务或劳务和原材料的费用。就贴牌商品上使用商标涉嫌侵害国内注册商标权的最终结果而言，虽然是委托方与加工方的共同行为构成的，但两行为在该结果中的性质和行为作用是不同的。委托方显然是主行为，其是商标使用行为的发起方，其行为的最终目的就是获得商标对商品产生的额外价值；而没有委托方的指示，加工方显然不会使用商标，对于加工方而言，贴附商标并不能额外赚取更多的利益，其赚取的仅是劳务或原材料的对价。

合同是当事人之间设立、变更或终止债权债务关系的协议,区别于其他民事法律关系(如物权关系)的重要特点在于合同关系的相对性。合同关系的相对性既是合同规则和制度赖以建立的基础和前提,也是司法所必须依据的一项重要规则。[14] 涉外定牌加工合同属于承揽合同,亦应当遵循相对性的规则,涉外定牌加工合同委托方和加工方的约定仅对其合同当事人具有拘束力。而知识产权作为一种无形财产权,[15]一般认为,涉及财产(智力成果及其他利益)和财产的"归属"(具有支配性和排他性),可通过合同而转让(具有可让与性)并具有对抗一切人的绝对效力(为绝对权)。[16] 因此,作为知识产权的一种,商标权亦具有对世权的法律属性。从法理上讲,涉外定牌加工合同的相对性不能对抗商标权的对世性。

(二)涉外定牌加工商标侵权行为法律性质分析

按照传统民事侵权法理论,侵害事实的客观存在是侵权损害赔偿责任法律关系赖以发生的根据。如果仅有违法行为而无损害结果,侵权损害赔偿的民事责任就无从产生。[17] 但是,损害事实仅仅是侵权损害赔偿责任存在的前提,而包括商标权在内的知识产权是一种类似于物权的排他性权利,除了损害赔偿请求权外,在权利受到损害时,权利人也可以行使类似于物权请求权的排除妨害请求权。[18]

《与贸易有关的知识产权协议》(TRIPS)第41条规定:"成员应保证本部分所规定的执法程序依照其国内法可以行之有效,以便能够采用有效措施制止任何侵犯本协议所包括的知识产权的行为,包括及时地防止侵权的救济,以及阻止进一步侵权的救济。这些程序的应用方式应当避免造成合法贸易的障碍,同时应能够为防止有关程序的滥用提供保障。"第50条进一步规定"权利正在受到侵害或者侵害即将发生"(right is being infringed or such infringement is imminent)。[19]《商标法》不仅在第57条第4项中将"伪造、擅自制造他人注册商标标识或者销售伪造、擅自制造的注册商标标识"的行为规定为侵犯注册商标专用权的行为,而且在第65条中进一步规定:"商标注册人或者利害关系人有证据证明他人正在实施或者即将实施侵犯其注册商标专用权的行为,如不及时制止将会使其合法权益受到难以弥补的损害的,可以依法在起诉前向人民法院申请采取责令停止有关行为和财产保全的措施。"也就是说,即使行为人尚未实施具有损害后果的侵权行为,但当相关行为具有侵害商

---

[14] 参见王利明:《论合同的相对性》,载《中国法学》1996年第4期,第63页。
[15] 参见吴汉东:《知识产权法》(第3版),法律出版社2011年版,第10页。
[16] 尹田:《论物权和知识产权的关系》,载《法商研究》2002年第5期,第14页。
[17] 杨立新:《侵权责任法》(第3版),法律出版社2018年版,第69页。
[18] 吴汉东:《试论知识产权的"物上请求权"与侵权赔偿请求权——兼论〈知识产权协议〉第45条规定之实质精神》,载《法商研究》(中南政法学院学报)2001年第5期,第9页。当然,对此也有不同的观点,参见李扬:《知识产权请求权与诉讼时效制度的适用》,载《知识产权》2012年第10期,第18页。
[19] 参见《关贸总协定与世界贸易组织中的知识产权协议》,郑成思译,学习出版社1994年版,第31页。

标权的实际风险时,商标权人就可以申请获得相应救济。

无论是在理论层面,还是在规范层面,对商标权的保护都包含了对即发侵权行为的制止。虽然涉外贴牌加工商品根据合同的约定不会流入国内市场,但该合同是否能够得到切实充分的履行,对国内商标权人而言是完全不可控的,因而具有侵权的潜在风险;而且即使上述商品全部在国外销售,也可能回流到国内市场。因此,无论贴牌加工商品出口前还是出口后,都已构成对国内商标权人商标权侵害的实际风险,理应属于即发侵权。由此,商标侵权行为应当既包括已经发生的侵权行为,也应当包括即发侵权。目前,对于知识产权即发侵权的研究尚不算深入,其构成要件亦多有争论,但是至少需要如有学者所提出的以下三个要件:一是行为人已经为侵权行为做了充分准备;二是侵权行为的发生不可避免;三是准备行为不是相关知识产权法律所明令禁止的。[20]

(三)贴牌行为构成"商标的使用"

贴牌行为是不是构成"商标的使用",是判断涉外定牌加工行为是否构成商标侵权的基础问题,也是司法裁判争论的焦点问题之一。有的判决认为因为涉外定牌加工商品不在国内销售,未进入流通环节,标识未发挥商标识别来源的基本功能,故未构成"商标的使用"。[21]

《商标法》第 48 条规定:"本法所称商标的使用,是指将商标用于商品、商品包装或者容器以及商品交易文书上,或者将商标用于广告宣传、展览以及其他商业活动中,用于识别商品来源的行为。"该条规定的"用于识别商品来源"指的是商标使用人的目的在于识别商品来源,包括可能起到识别商品来源的作用和实际起到识别商品来源的作用。

一般来讲,商标的使用意味着使某一个商标用于某一个商品,其可能符合商品提供者与商标权利人的共同意愿,也可能不符合商品提供者与商标权利人的共同意愿;某一个商标用于某一个商品以至于二者合为一体成为消费者识别商品及其来源的观察对象,既可能让消费者正确识别商品的来源,也可能让消费者错误识别商品的来源,甚至会出现一些消费者正确识别商品的来源,而另外一些消费者错误识别商品的来源这样错综复杂的情形。这些现象纷繁复杂,无不统摄商标法关于"商标的使用"规定,这些利益反复博弈,无不统辖商标法律。因此,在生产制造或加工的产品上以标注方式或其他方式使用了商标,只要具备了区别商品来源的可能性,就应当认定该使用状态属于商标法意义上的"商标的使用"。此外,从中国出口外贸企

---

[20] 张广良:《知识产权侵权民事救济》,法律出版社 2003 年版,第 223-229 页。
[21] 参见上海浦东新区人民法院〔2014〕浦民三(知)初字第 92 号民事判决书、最高人民法院〔2012〕行提字第 2 号行政判决书等。

业经营现实来看,对涉外定牌加工中标识使用认定不构成"商标的使用"弊端很多,已经影响到很多国内出口企业的发展。[22]

(四)贴牌等行为容易导致相关公众混淆误认

《商标法》第57条第2项规定:"有下列行为之一的,均属侵犯注册商标专用权:……(二)未经商标注册人的许可,在同一种商品上使用与其注册商标近似的商标,或者在类似商品上使用与其注册商标相同或者近似的商标,容易导致混淆的。"商标的基本功能是区分商品或服务来源的识别功能,侵害商标权本质上就是对商标识别功能的破坏,使一般消费者对商品来源产生混淆、误认。从法律规定来看,商标侵权行为的归责原则应当属于无过错责任原则,[23]且不以造成实际损害为侵权构成要件。

"本田案"之前,很多判决认为涉外定牌加工商品没有在国内销售,消费者无法接触,就不会导致混淆。[24]但是,前述商标法规定的"容易导致混淆的"一语,指的是如果相关公众能够接触到被诉侵权商品,有发生混淆的可能性,并不要求相关公众一定实际接触到被诉侵权商品,也并不要求混淆的事实确定发生。此外,《最高人民法院关于审理商标民事纠纷案件适用法律若干问题的解释》第8条明确规定:"商标法所称相关公众,是指与商标所标识的某类商品或者服务有关的消费者和与前述商品或者服务的营销有密切关系的其他经营者。"因此,涉外定牌加工商标侵权纠纷中,相关公众除被诉侵权商品的消费者外,还应该包括与被诉侵权商品的营销密切相关的经营者。即使消费者接触不到,被诉侵权商品运输等环节的经营者即存在接触的可能性。而且,随着电子商务和互联网的发展,即使被诉侵权商品出口至国外,亦存在回流国内市场的可能。同时,随着中国经济的不断发展,中国消费者出国旅游和消费的人数众多,对于"贴牌商品"也存在接触和混淆的可能性。

此外,还有一个法律问题值得关注,知识产权作为专有权,受到地域的限制,即

---

[22] 例如,苏州日宝科技有限责任公司(以下简称苏州日宝)的现金处理器具产品处于行业领先地位,80%以上出口国外,其在国内注册了"RIBAO TECHNOLOGY"商标。在其开拓美国市场时,与当地合作者成立了美国日宝公司,随着产品逐渐在美国走俏,美国日宝擅自在美国抢注了"RIBAO TECHNOLOGY"商标,随后又委托国内的生产商生产标有"RIBAO TECHNOLOGY"商标的产品在国际市场上销售。2014年5月,美国日宝公司委托国内某公司生产了300台标有"RIBAO TECHNOLOGY"商标的点钞机,并向海关申报出口厄瓜多尔,被上海海关扣留。该案最终以双方和解结案,苏州日宝不仅有效主张了自身的权利,同时还拿回了"RIBAO TECHNOLOGY"在美国的商标权。试想,如果此案按照涉外定牌加工案件判决不侵权,不仅将极大地违背公平诚信的原则,同时也将对苏州日宝的国际化战略产生重大影响,大大削弱国内企业的国际竞争力,违背了国家鼓励企业"走出去"战略的实施。徐枫、王正伟:《对涉外定牌加工行为的再思考——以知识产权海关保护执法实践为视角》,载《知识产权》2015年第7期,第31页。

[23] 对于商标侵权认定主观状态,中外各国知识产权领域的立法和司法实践,在侵权认定方面都坚持无过错原则,只要行为人行为构成了对权利人专有权利的侵犯就构成侵权,无须再证明过错是否存在。笔者认为,商标审查授权后向社会公开,因此商标侵权人主观上都应当认定为故意。郑成思:《知识产权法新世纪初的若干研究重点》,法律出版社2004年版,第123-126页。

[24] 参见上海市高级人民法院〔2009〕沪高民三(知)终字第65号民事判决书。

具有严格的领土性,其效力只限于本国境内。㉕商标权作为知识产权,然也具有上述属性,即具有地域性,对于没有在中国注册的商标,即使其在外国获得注册,在中国也不享有注册商标专用权,与之相应,中国境内的民事主体所获得的所谓"商标使用授权",也不属于我国商标法保护的商标合法权利,不能作为不侵犯商标权的抗辩事由。

五、涉外定牌加工商标侵权纠纷裁判与国家宏观政策落实

(一)"本田案"再审裁判时的宏观经济大局转变

"本田案"提审裁定落款为 2018 年 9 月 14 日,而就在此前一年前后,中国共产党第十九次全国代表大会于 2017 年 10 月 18 日召开,首次提出高质量发展的新表述,表明中国经济由高速增长阶段转向高质量发展阶段。2018 年 3 月 5 日,国务院政府工作报告围绕高质量发展,提出深入推进供给侧结构性改革等几个方面措施,要求既要重视量的发展,更要解决质的问题。㉖在新的发展阶段,中国社会主要矛盾已经从落后的社会生产和人民日益增长的物质文化需求之间的矛盾转为不平衡、不充分的发展和人民对美好生活的向往之间的矛盾。人们需要更高质量的产品和更优质的商业服务,高增长阶段已经基本实现了量的满足,下一步的着力点必然转化为质的提升,因此必须实现高质量发展。㉗高质量发展的核心是要尽快培育形成经济增长新动能。在现有世界经济格局下,企图继续依靠原有出口导向型战略拉动经济增长显然不现实。㉘

(二)"本田案"再审裁判对国家宏观经济政策的贯彻落实

面对我国如此重大社会经济发展的宏观政策调整,人民法院应当与时俱进,主动落实党和国家的大政方针,主动适应国际形势变化,主动通过法律适用技术和司

㉕ 杨立新:《侵权责任法》(第 3 版),法律出版社 2018 年版,第 28 页。
㉖ 《新表述:今年政府工作报告里有这些"首次提出"》,载 http://www.thepaper.cn/newsDetail_forward_2018826,2021 年 3 月 23 日访问。《用好推动高质量发展的辩证法》,载 http://theory.people.com.cn/n1/2018/0712/c40531-30142100.html,2021 年 3 月 23 日访问。
㉗ 段炳德:《深刻理解实现高质量发展的重要内涵》,载 https://theory.gmw.cn/2018-02-18/content_27700277.htm,2021 年 3 月 23 日访问。
㉘ 马晓河:《经济高质量发展的内涵与关键》,载 http://finance.people.com.cn/n1/2018/0711/c1004-30139216.html,2021 年 3 月 23 日访问。从国际环境看,发达国家对中国的需求在减弱,因为中国生产并出口到发达国家的大量劳动密集产品,可替代性比较强,许多发展中国家都可以生产,由于这些国家生产的同类产品成本低、产品价格有明显竞争优势,从比较利益出发,发达国家越来越多地转向购买这些发展中国家的劳动密集型产品。于是在国际市场上,中国的劳动密集型产品出口遇到了一批强有力的竞争对手。同时,美国欧洲等发达国家出现的贸易保护主义,对中国出口的产品实施反倾销调查并实施惩罚性关税,也加大了中国的出口阻力。在中高端产业发展方面,近几年,美欧发达国家相继采取较大幅度减税措施,通过改善营商环境,吸引中高端制造向本国回流。由于我国在科技创新上竞争不过发达国家,在发展中高端产业方面也遇到了"瓶颈"制约。

法政策的调整,确保案件裁判结果与国家宏观政策相适应。因此,涉外定牌加工商标侵权法律适用规则理应主动适应这些重大宏观政策变化,积极作出相应调整和完善。"本田案"提审审理过程实际上就是对涉外定牌加工商标侵权司法政策的调整和完善的过程。

一般而言,过度的知识产权强保护和滞后的弱保护都不能为促进经济健康、有序发展提供有效保障,知识产权保护水平应当与国家整体国民经济发展水平相适应。鉴于我国改革开放初期和此后三十多年所处的经济发展阶段,以及在参与经济全球化合作中的国际分工定位等诸多客观因素,我国国内加工企业承接国外企业委托从事加工生产并出口的情形较为普遍,涉外定牌加工商标侵权纠纷亦呈多发态势。据上海海关统计,2012—2014年上半年,该关查获涉外定牌加工案件数分别为17件、17件和13件,分别占同期货运渠道出口案件总数的7.8%、7.4%和9%,分别占案值的10.5%、6.8%和28%,且案件量呈逐步上升趋势。㉙ 对此,早有观点认为,企业亟须提高自主创新能力,培植自己的品牌。接受贴牌生产只是权宜之策,从长远发展看,企业应不断提高自身的研发实力,培植和创造自主品牌,实现由贴牌加工出口向自主品牌出口转变,加快加工贸易的转型升级。㉚

目前,中国已经超越美国成为世界最大的贸易国,中国知识产权司法保护的国际形象越来越好。当前,经济发展全球化程度不断加深、国际贸易分工与经贸合作日益复杂和各国贸易政策冲突多变,而我国经济由高速增长阶段转向高质量发展阶段。因此,我们更应当具有前瞻性的国际视野,协调好知识产权的地域性和国际化的关系。同时,也应注重私权和公共利益的平衡。要根据商标法的立法本意,在法律适用中既积极又稳妥地适用好法律。

具体而言,对商标侵权纠纷案件中涉外定牌加工法法律适用问题的处理,应当对特定时期、特定市场、特定交易形式的商标侵权纠纷进行具体分析,准确适用法律,正确反映"司法主导、严格保护、分类施策、比例协调"的知识产权司法政策导向,同时充分考量国内和国际经济发展大局,积极营造良好的知识产权法治环境、市场环境、文化环境,大幅提升我国知识产权创造、运用、保护能力。㉛

在改革开放初期和经济转型时期,适当通过法律解释或者司法政策调整对涉外定牌加工企业权利予以强保护,对于推动对外贸易发展,拉动经济增长肯定会发挥作用,但是其弊端也是非常明显的,如果对于涉外定牌加工可能涉及的商标侵权行

㉙ 徐枫、王正伟:《对涉外定牌加工行为的再思考——以知识产权海关保护执法实践为视角》,载《知识产权》2015年第7期,第30页。
㉚ 孙海龙、姚建军:《贴牌加工中的商标问题研究》,载《知识产权》2010年第5期,第80-81页。
㉛ 参见2020年6月17日国务院办公厅下发《关于支持出口产品转内销的实施意见》,鼓励开拓国内市场,产品在国内销售,这对涉外定牌加工行业商标使用问题无疑又提出了新的挑战。此前认为涉外定牌加工商品由于不在国内销售所以不会导致混淆的观点,已经不能适应当前的形势发展。

为过度容忍甚至放纵,对于我国优秀的民族品牌会带来冲击,影响国际贸易正常秩序,最终会给中国的国际贸易形象带来损害。[32] 在国内高质量发展的要求和国际贸易保护主义抬头的大背景下,涉外定牌加工行业所面临的形势越来越严峻,行业转型不可避免,相关商标侵权认定的司法政策必须及时相应地改变或者调整,"本田案"再审裁判就是司法政策调整的具体体现。

六、从"本田案"看民事侵权再审程序的价值定位

民事再审程序是通过对案件的再次审理,纠正已经发生法律效力裁判中存在的错误,以确保法院裁判公正,进而维护司法权威并彰显社会正义的一种监督性与救济性并重的案件审理制度。[33]

作为民事诉讼的特别救济程序和审判监督程序,民事再审程序在事实查明和法律适用上都受到前审制约,但是也存在与一、二审程序不同的特点:一是审理对象不同。一、二审法院审理的是当事人主张的诉讼标的,简单说就是当事人的诉讼请求能否成立。而再审法院审理对象已经转换为二审生效判决。同时应当注意到,《中华人民共和国民事诉讼法》(下文简称《民事诉讼法》)规定的再审程序包括申请再审审查和再审两个阶段,两个阶段均应对二审生效裁判是否应予撤销予以审查,而且再审阶段还应继续审查当事人主张的诉讼请求是否应予支持。二是价值定位不同,再审程序不仅要追求个案的公平正义还要兼顾裁判安定和社会秩序稳定,而一审、二审则无须强调后者。

依照《民事诉讼法》第179条的规定,民事再审案件中不排除自由裁量权的行使。但是,如前所述,再审程序必须在个案公正与维护裁判稳定性上实现平衡,对已经发生法律效力的裁判,应尽量维持其稳定性,再审法官的自由裁量权应该受到必要的限制。这种限制表现在程序和实体两个方面,在程序上必须对一审、二审判决予以审查分析,一般不宜跳过一审、二审判决所选择的裁判方案直接选择其他方案;在实体上则表现为对原审自由裁量权的适度宽容。

为了维护判决稳定性和权威性,再审法官应当尽可能减弱因行使自由裁量权而对社会关系造成负面影响。依照民事诉讼法相关规定,再审案件分为按照一审或二审程序审理的两种情形。对于按照二审程序审理的案件,不仅涉及对二审裁判的审查,也同时涉及对一审裁判的评判。如果二审裁判维持了一审裁判,即一审、二审裁判结果一致,通常意味着再审法官必须改变一审、二审裁判结果;如果二审裁判改变

---

[32] 参见中国外商投资企业协会优质品牌保护委员会副主席张为安在2020年1月14日应WTO和商务部贸易研究院的邀请,代表中国外商投资企业协会优质品牌保护委员会在全球贸易与知识产权创新论坛(2020)发言。

[33] 马燕、金俭:《论民事再审自由裁量权的边界》,载《南京社会科学》2011年第11期,第79页。

了一审裁判结果,通常意味着不管再审裁判是否维持一审,都不可避免地要对一审裁判进行评判。因此,与二审生效判决相比,一审判决尽管没有既判力,但作为一级法院的判决,应当具有判决所应当具有的权威性和可预期性,而且其案件事实查明和法律适用对后审具有重大的程序价值,所以应得到足够的尊重。也就是说,再审程序应当维护包括一审、二审在内的既有裁判的稳定性和权威性,而不是仅仅维护二审裁判的稳定性和权威性。基于上述理论,"本田案"中,二审判决适用法律错误应予撤销,一审判决法律适用正确应予维持,而一审起诉时,本田株式会社请求赔偿经济损失300万元,一审法院仅酌定赔偿30万元,在当事人未对一审赔偿数额提出再审申请的情形下,是否应当根据案情对数额予以调整呢?

众所周知,知识产权侵权赔偿数额的确定是世界各国法院都面临的难题。"本田案"再审阶段如何才能够确定出一个符合当事人和社会公众认知的合理的赔偿数额呢?在当事人损失和获利都难以确定,一审判决已经酌定赔偿额的情况下,是否有必要再另行酌定?

一般认为,侵权赔偿数额的酌定属于法官自由裁量权的范畴。在司法实务界,对于民事再审案件中法官自由裁量权有两种不同的观点[34]。一种观点是绝对禁止,即属于原审自由裁量权范围的裁判,不予改判。依照此种观点,酌定赔偿数额属于法官自由裁量范围,不应列为再审纠错的对象。另一种观点则适度宽容,认为即使属于法官自由裁量范围,如果显失公平,再审也可以改判。最高人民法院基本上采纳了适度宽容的观点,明确提出"对于原审法院行使自由裁量权所作的判决,不违反法律、法规规定的幅度和法律基本原则,属于认识上有分歧,没有明显不当情形的,一般不予改判"。[35]

"本田案"中,一审法院在双方均未依据《商标法》第63条提交损失、获利和许可费证据的情况下,综合考虑本田株式会社注册商标的知名度,恒胜鑫泰公司、恒胜集团公司的主观过错、侵权情节、获利的可能性及本田株式会社为制止侵权行为所支出的合理开支等因素,酌定由恒胜鑫泰公司、恒胜集团公司连带赔偿本田株式会社经济损失人民币30万元。而最高人民法院再审判决认为,一审法院酌定赔偿额,属于其行使自由裁量权的范围,且其行使自由裁量权认定的方法符合商标法规定,认定的赔偿额没有违反法律规定的幅度,也无显失公平等不当情形,应当予以维持。同时也指出考虑到酌定赔偿的特点,在没有事实和证据证明一审酌定的赔偿不合理的情况下,再审法院没有理由引入另外的赔偿方案。据此,再审判决在撤销二审判决的情况下,充分尊重一审法官的自由裁量权,不仅维持了一审判决对法律适用的分析,对赔偿数额亦未作调整。

---

[34] 马燕、金俭:《论民事再审自由裁量权的边界》,载《南京社会科学》2011年第11期,第79页。
[35] 参见2010年12月最高人民法院江必新副院长在"最高人民法院审判监督工作经验交流视频会议上的讲话"。

述论至此，笔者最大的感触在于，应当正确认识民事侵权再审程序的价值定位，充分尊重一审、二审法院已经查明的事实，充分尊重一审、二审法官的自由裁量权，依法约束再审程序中自由裁量权，尽可能体现人民法院维护司法公正、维护司法权威的理念与追求。

The Research on the Legal Application of Trademark Infringement in Foreign-related OEM
——On the Meaning of the Supreme People's Court's Retrial Decision in the "Honda case"

Lin Guanghai　Qin Yuanming　Ma Xiurong

Abstract：In 2019，the Supreme People's Court re judged the "Honda case"，identifying Original Equipment Manufacturer(OEM) as use of trademark and stating that foreign-related OEM cannot be solidified as an exception to trademark infringement. There are different viewpoints and opinions regarding the research on this case. This article analyzes the legal application of several important cases of foreign OEM processing，and points out that with the changes in China's economic and social development stage and development mode，the people's courts have continuously adjusted and improved their judgment views and judicial policies on trademark infringement disputes related to OEM processing，which is a process of "sublating" and "returning". At the same time，it is clarified and emphasized that the "Honda case" and similar cases do not have the issue of "different judgments for the same case"，nor does it have the issue of inconsistent judgment standards；It is advisable to have a consistent understanding of the "use of trademarks" stipulated in the Trademark Law as a whole，and not to replace the whole behavior with a single aspect，nor should a single link obscure the process of behavior；The determination of the legal application of foreign-related OEM should follow the principle of adapting to China's economic development stage and model；The retrial of civil infringement disputes should fully respect the fact that the first and second instance courts have already determined the facts，and fully respect the discretion of the first and second instance courts.

Keywords：Foreign-related OEM；Use of Trademarks；Confusion and Misidentification；Policy Consideration；The Value of Civil Retrial Procedure

涉外定牌加工侵犯商标权问题
——本田公司诉恒胜公司侵犯商标权纠纷再审案判决评析

殷少平[*]

摘要：最高人民法院在本田案再审判决中，对商标使用的立法定义作出了正确的解释，回归了基本常识，值得充分肯定。本文从三个方面对该判决涉及的法律解释适用问题进行解析：一是对实践中存在的涉外定牌加工概念的错误界定问题进行了厘清；二是对商标使用概念及其立法定义进行了深入的分析，进一步解析了"用于识别商品来源的行为"这一规定的含义；三是从商标侵权行为构成要件的角度，对涉外定牌加工商标侵权判断如何遵循体系约束的问题进行了辨析，对实践中存在模糊认识的混淆要件理解问题，运用体系思维方法分析了其规范意图和实质功能。

关键词：涉外定牌加工；商标使用；侵权构成要件；混淆可能性

再审判决书文号：最高人民法院（2019）最高法民再 138 号
二审判决书文号：云南省高级人民法院（2017）云民终 800 号
一审判决书文号：云南省德宏傣族景颇族自治州中级人民法院（2016）云 31 民初 52 号

案情简介

本田技研工业株式会社（以下简称本田公司）是一家大型跨国企业，先后在商品类别第 12 类的汽车、摩托车等车辆和其他运输工具商品上经中国商标局核准注册取得了第 314940 号"HONDA"商标、第 1198975 号 商标、第 503699 号 商标三个商标。2016 年 6 月，昆明海关通知本田公司，昆明海关下属的瑞丽海关查获申报出口的一批摩托车，商标标识为"HONDAKIT"，数量为 220 辆，昆明海关认为，该批货物可能涉嫌侵犯本田公司在海关备案的知识产权；本田公司申请海关扣留了上述货物。2016 年 8 月，昆明海关下属的瑞丽海关向本田公司发出侵权嫌疑货物调

---
[*] 本文作者：殷少平，中国人民大学法学院副教授。

查结果通知书,告知本田株式会社,由重庆恒胜鑫泰贸易有限公司(以下简称恒胜鑫泰公司)向瑞丽海关申报出口的标有"HONDAKIT"标识的摩托车整车散件220辆,申报总价118360美元,目的地缅甸,经查该批货物系由缅甸美华公司委托重庆恒胜集团有限公司(以下简称恒胜集团公司)加工生产。对于该批出口的摩托车是否构成侵权,海关难以认定。2016年9月本田公司以恒胜集团公司、恒胜鑫泰公司为被告(两被告之间是母子公司关系,以下合称两被告或恒胜公司),向云南省德宏傣族景颇族自治州中级人民法院提起本案诉讼,请求判令两被告立即停止侵犯本田公司注册商标专用权的行为,并判令两被告连带赔偿经济损失300万元(含制止侵犯行为的合理费用)。

两被告向一审法院提交了恒胜集团公司与美华公司签订的《销售合同》、缅甸公民吴德孟昂在缅甸获得"HONDAKIT"图文组合商标注册的《商标注册声明合同》等证明文件及权属证书、缅甸美华公司及其常务董事吴德孟昂许可使用其注册商标的《授权委托书》等证据,用以证明其加工出口行为是涉外定牌加工行为,获得了公司美华公司的商标使用授权,因此不构成侵权。

一审法院认为,恒胜公司在其生产和销售的涉案摩托车上使用"HONDAKIT"图文组合商标,并且突出增大"HONDA"文字部分,缩小"KIT"文字部分;恒胜公司提交的证据不能形成完整的证据链,无法确认其行为系受美华公司授权的定牌加工行为,且其证据中美华公司授权的商标图样中"HONDAKIT"文字部分是同一大小字体,恒胜公司所贴附的商标图样与该授权不符。恒胜公司在摩托车商品上使用"HONDAKIT"图文组合商标并突出"HONDA"部分,构成《商标法》第57条第2项规定的在相同商品上使用与本田公司注册商标相近似的商标,其行为构成侵犯商标专用权,应当停止侵权。由于原被告双方未提交证明损失和侵权获利的证据,故法院依法酌定两被告连带赔偿经济损失30万元。

两被告不服一审判决,向云南省高级人民法院提起上诉,请求撤销一审判决,驳回本田公司的全部诉讼请求。二审中双方没有提交新证据,但对涉案行为是涉外定牌加工还是商品销售存在争议。

二审法院认为,恒胜公司与美华公司签订的合同名为销售合同,实为涉外定牌加工合同。涉案承揽加工的产品全部交付定作方,不进入中国市场,中国境内的相关公众不可能接触到该批产品。一审证据足以认定恒胜公司生产涉案产品经过缅甸商标权人授权。一审判决认为,无法确认恒胜公司的行为得到美华公司的授权,并认定其行为不是涉外定牌加工行为,而是商品销售行为,构成商标侵权,属于认定事实不清、适用法律错误。根据《商标法》第48条对商标使用的定义,如果某种标识的使用不是在商业活动中用于识别商品来源,自然不能满足《商标法》第57条第2项关于"使用"的前提性要求。涉案商品全部出口至缅甸,不进入中国市场参与"商业活动",其商标不可能在中国起到识别商品来源的作用,因此恒胜公司使用涉案图标的行为并非商标法意义上的商标使用行为。涉外定牌加工通常是指国内生产商经国外合法商标权利人等合法授权进行生产,并将所生产的产品全部出口至该商标权人享有商标权的国家和地区的国际贸易模式。此种模式下的生产行为是否侵害中国国内相关商标权人的商标权,应根据个案情况具体分析。按照《商标法》第57条第2项的规定,在同一种商品上使用与他人注册商标近似的商标,认定侵权需要考虑混淆要件,只有容易引起相关公众对商品来源产生混淆的使用行为,才可能发生侵害他人商标权的情况,离开这些条件和情形谈论商标侵权没有基础。涉案商品不进入中国市场销售,因此不存在让中国境内的相关公众产生混淆的问题,没有损害本田公司的实际利益,即不具备构成商标侵权的基础要件。而且商标权具有地域性特征,我国商标法保护在我国注册的商标,保护范围不能延伸到我国领域之外。涉案产品流通市场在缅甸,恒胜公司突出使用"HONDAKIT"商标中的HONDA文字部分,是否容易导致缅甸相关公众对商品来源产生混淆,这个问题不在我国商标法评判的范围之内。根据上述理由,二审法院认为一审判决认定事实不清、适用法律错误,故判决撤销一审判决,改判驳回本田公司的诉讼请求。

　　本田公司不服二审判决,依法向最高人民法院申请再审,其主要理由为:(1)被诉侵权行为属于典型的商标侵权行为。涉案被诉侵权商品上突出使用本田公司享有很高知名度的"HONDA"商标,具有攀附商誉的意图,易造成相关公众的混淆与误认。(2)恒胜公司不能证明其事先获得了境外商标权利人的合法授权,被诉侵权商品所使用的商标标志与境外授权商标标志并不一致,被诉侵权行为不应认定为涉外定牌加工。(3)二审判决认定恒胜公司在被诉侵权商品上贴附商标标识的行为不属于商标法意义上的使用,属适用法律错误。中国相关公众有接触到被诉侵权商品的可能。相关公众包括生产线上的工人,被诉侵权商品标识的包装印刷工人、运输工人,码头开箱掏货的工人,海关查验关员;国内消费者能通过互联网接触到已出口至境外的商品及标识;大量的中国人出国旅游、经商,亦是相关公众;涉案三个商标具有很高的知名度,国内外公众都有可能对被诉侵权商品来源混淆、误认。若出口货物上贴附商标的行为被认定为不属于商标使用行为,则海关的知识产权边境保护制度将落空。商标使用是一种客观行为,不应因使用人的不同或处于不同的生产、流通环节而作不同评价。(4)恒胜公司未尽合理注意义务,有攀附本田公司商标声誉的目的,违背诚实信用原则。

　　恒胜公司再审答辩称,其接受缅甸委托人的委托进行承揽加工行为,相关产品全部出口,属于定牌加工行为。涉案220套摩托车散件是产品而非商品,属于美华公司所有,不会进入中国市场,不会导致中国境内相关公众混淆误认;没有发挥识别作用的使用并非商标法意义上的商标使用,未破坏本田公司商标的识别功能。因此，涉案定牌加工行为未侵犯本田公司的商标权。缅甸跨境电子商务发展比较滞后，被诉侵权商品回流至国内的可能性低，不会造成国内相关公众混淆；本田公司关于相关公众的界定及接触可能性的说法没有法律依据，也不符合商标地域性原则。如果将涉外定牌加工界定为侵犯商标权，会影响我国对外加工贸易的发展。

最高人民法院再审认为，二审法院认定本案被诉侵权行为属于涉外定牌加工，认定事实清楚，应予确认。《商标法》第48条中规定的"用于识别商品来源"，指的是商标使用人的目的在于识别商品来源，包括可能起到识别商品来源的作用和实际起到识别商品来源的作用。是否构成商标法意义上的"商标的使用"应当依据商标法作出整体一致解释。在生产制造或加工的产品上以标注方式或其他方式使用了商标，只要具备了区别商品来源的可能性，就应当认定该使用属于商标使用。《最高人民法院关于审理商标民事纠纷案件适用法律若干问题的解释》第8条规定："商标法所称相关公众，是指与商标所标识的某类商品或者服务有关的消费者和与前述商品或者服务的营销有密切关系的其他经营者。"本案中相关公众除被诉侵权商品的消费者外，还应该包括与该商品的营销密切相关的经营者，被诉侵权商品运输等环节的经营者即存在接触的可能性。而且，随着电子商务和互联网的发展，即使被诉侵权商品出口至国外，亦存在回流国内市场的可能。同时，随着中国经济的不断发展，中国消费者出国旅游和消费的人数众多，对于"贴牌商品"也存在接触和混淆的可能性。二审法院认定恒胜公司在涉案商品上贴附商标的行为不属于商标法意义上的商标使用行为，认定事实及适用法律均有错误。

关于恒胜公司是否构成商标侵权，最高人民法院认为，商标的基本功能是区分商品或服务来源，侵犯商标权本质上就是对商标识别功能的破坏，使消费者对商品来源产生混淆、误认。从法律规定来看，商标侵权行为的归责原则应当属于无过错责任原则，且不以造成实际损害为侵权构成要件。《商标法》第57条第2项规定的"容易导致混淆"，指的是如果相关公众接触到被诉侵权商品，有发生混淆的可能性，并不要求相关公众一定实际接触到被诉侵权商品，也并不要求混淆的事实确定发生。恒胜公司在其生产、销售的被诉侵权的摩托车上使用"HONDAKIT"文字及图形，并且突出增大"HONDA"的文字部分，缩小"KIT"的文字部分，同时将H字母和类似羽翼形状部分标以红色，与本田公司请求保护的商标构成在相同商品上的近似商标，具有造成相关公众混淆和误认的可能性。法律适用要维护法律制度的统一性，不能把某种贸易方式（如本案争议的涉外定牌加工方式）简单地固化为不侵犯商标权的除外情形，否则就违背了商标法上商标侵权判断的基本规则。商标权具有地域性，对于没有在中国注册的商标，即使其在外国获得注册，在中国也不享有商标专用权，中国境内的民事主体获得的所谓"商标使用授权"，不属于我国商标法保护的合法商标权利，不能作为不侵权的抗辩事由。

综上,最高人民法院认定恒胜公司的被诉行为构成侵害本田公司商标专用权的行为,应当承担停止侵权、赔偿损失的民事责任。一审判决综合考虑本田公司商标的知名度、恒胜公司的主观过错、侵权情节、获利的可能性及本田公司为制止侵权行为所支出的合理开支等因素,酌定赔偿额为 30 万元,本田公司并未提起上诉亦未在申请再审中对此提出异议,故予以维持。

基于上述理由,最高人民法院于 2019 年 9 月作出再审判决,判决撤销二审判决,维持一审判决。

小结

最高人民法院对本田公司诉恒胜公司涉外定牌加工侵害商标权纠纷再审案的判决一经公开,很快引起了比较广泛的关注,最主要的原因是该判决改变了近几年最高人民法院在多个涉及涉外定牌加工的案件裁判中对"商标使用"概念的解释以及商标侵权判断的裁判思路,对商标法的解释适用可能产生深远的影响。

涉外定牌加工商标侵权纠纷的法律适用,原本只是商标法领域一个普通的问题,但是近年来它逐步演变为一个争议颇多、众说纷纭、规则混乱的特殊问题。最高人民法院在本案之前的几个此类案件裁判中,明确认为涉外定牌加工中使用商标标识的行为不属于商标使用行为,并以此为主要理由,认定涉外定牌加工行为人不侵犯国内商标权人的商标专用权,导致问题进一步复杂化。

在众多涉外定牌加工活动中,使用商标的行为情况各异,可能侵犯国内相关商标权人的权利,也有可能不侵权,这应该是一种常识性判断。如果某种涉外定牌加工商标侵权判断的主要理由经由逻辑推导的必然结果是此类行为全部属于侵权行为,或者全部不属于侵权行为,那么这种结论就是违背基本常识的,其主要理由一定是错误的,凡是导致这种结论的分析路径或方法也必然是错误的。在可以检索到的最近十年来全国各地各级法院审理的数十件此类案件中,众多的当事人、律师,地方人民法院乃至最高人民法院的法官,还有一些关注该问题的知识产权法研究领域的专家学者,集体出现这种错误认识,这种现象背后的原因值得仔细分析。从大的方面来说,笔者认为,以前错误判断的根源在于法律思维、法学方法论及其应用没有受到应有的重视,一些人想走捷径解决问题,结果反而把问题复杂化,误入歧途而不自知,扭曲了法律解释适用的标准。

最高人民法院对本案的再审判决,给我们反思有关的问题提供了一个很好的契机。对该判决,本文将从涉外定牌加工概念的界定问题、涉外品牌加工商标使用概念的解释问题以及涉外品牌加工商标侵权判断中的构成要件分析问题三个方面加以评析。

一、涉外定牌加工概念的界定问题

在本案中，当事人始终把涉案行为是否属于涉外定牌加工行为作为一个重要的案件事实问题，各执一词争论激烈。原两审法院也把该问题作为案件争议焦点问题予以评述认定，而且一审法院与二审法院对该事实的不同认识，导向了在侵权判断方面完全不同的最终结论。最高人民法院的再审判决也把该问题列为争议焦点问题，只不过该判决直接确认了二审判决关于涉案被控侵权行为属于涉外定牌加工行为的结论，但并未对此进行分析。究其原因，是因为再审判决已经突破了该概念的束缚。按照再审判决对《商标法》第48条规定的解释，涉案行为是不是涉外定牌加工行为，并不影响其中有没有商标使用行为的认定。因此，当事人及原两审法院非常重视该争议焦点立刻显现出它实际是一个伪焦点的原形。虽然由于再审判决对商标使用概念作出了正确解释，从而让我们更清楚地看到涉案行为是否属于涉外定牌加工争论的无意义，但是，笔者认为，在解决了商标使用行为认定的情况下，回过头来再分析多年来困扰、误导了很多人的涉外定牌加工概念及其运用逻辑背后的原因，其价值在于让更多的人知道问题出在哪里、以后如何避免再出现同类的问题。

本案二审法院在判决中对"涉外定牌加工"概念进行了界定，限定国内生产商是"经国外合法商标权利人等合法授权"进行生产，"所生产的产品全部出口"至境外委托人享有商标权的国家或地区。[①] 实际上，涉外定牌加工并不是一个法律概念，而是一个经济学概念，它是在定牌加工这个上位概念的基础上发展而来。我们知道，通过给概念下定义来明确其内涵，最基本的方法是"属加种差"。定牌加工是指有一定生产能力的企业，接受其他经营者的委托为其加工指定品牌的产品，所加工的产品由委托方买断的生产合作方式。如果定牌加工的委托人是境外的企业或个人，就是通常所说的涉外定牌加工。至于境外委托人在其所在国家或地区是否有合法的商标专用权，加工产品最终流向哪里，原本并不是该概念要解决的问题。按照加工的产品是否出口的分类标准，涉外定牌加工可以分为产品全部出口、全部不出口，以及部分出口部分内销三种情况，并非只有产品全部出口这一种。下定义应该遵守的逻辑学基本规则之一是定义者与被定义者的外延必须相等，但是前述涉外定牌加工的定义显然不是这样的，该定义增加了通常理解之外的多个限定，使得定义者的外延明显小于被定义者的外延。[②] 换句话说，此种定义下的涉外定牌加工与通常含义的

---

① 这与此前同类案件中法院判决、当事人的诉辩主张所持的观点是一脉相承的，并非本案二审法院首创。

② 在涉外定牌加工的定义中限定境外委托人在出口目的地有合法的商标权，按照该定义运用的逻辑，也是完全没有必要的。在后续逻辑推理过程中，受托加工人提出的不侵权抗辩理由主要是加工产品全部出口，所以产品上的商标标识不会在我国发挥商标的识别作用，不会导致国内相关公众混淆。

涉外定牌加工是不同的,实际上是形式相同、实质不同的两个概念,这就容易导致在相关讨论中出现无意识地偷换概念的问题。

概念清晰是逻辑思维的基本要求。恰当界定概念的含义是正确思维的前提。规范的法律概念承载着法律基本理念和价值判断,它们是正确运用法学原理、法律原则、法律规则以及法律常识,开展法律思维的前提。法律思维要求不能随意创造新概念,或随意界定原有概念改变其原有的意义。即使有必要使用新概念,也要首先弄清楚它与既有概念体系的关系。涉外定牌加工概念原本不是法律概念,不具有法律规范意义。即使要把这一概念吸收成为法律概念,赋予其特殊的规范意义,也必须充分论证现有的法律概念体系和现有法律规则不能解决这一类问题,确有必要引入新的概念、建立新的法律规则,而且概念内涵、外延的界定必须清晰、合乎逻辑。但是在现有的相关判决中对于把"涉外定牌加工"作为一个法律概念使用都没有进行严谨的论证,其定义也不符合逻辑,现在的界定只留下"产品全部出口"这一类情况,把其他两类都去掉了,显然对其界定对象涵盖是不全面的。这样将涉外定牌加工概念作为一个法律概念进行使用、并用它来进行法律推理和法律适用,既无充分的理论依据,也无明确的立法依据,对于实现商标法对此类经济活动的规范目的没有任何规范价值,不具有实质解决此类侵权法律纠纷的作用。

一些律师、法官和学者之所以要把"涉外定牌加工"界定为一个与通常理解不同的有特殊含义的概念,其目的是试图以此为起点,构建一个前提,避开既有法律概念体系和具体规则、法律原理的约束,以一种简便的方式完成逻辑推演,得出其既定的不侵权结论。最高人民法院在 2015 年判决的亚环公司涉外定牌加工侵权纠纷再审案(以下简称亚环公司再审案)中,强调亚环公司受境外公司的委托生产产品并全部出口,涉案产品不在中国市场销售,商标标识不会在我国境内发挥商标的识别作用,不具有使我国的相关公众对商品来源产生混淆和误认的可能性,不属于商标法意义上的商标使用行为,因而不构成侵权。[③] 这种逻辑推理过程,是实现上述涉外定牌加工概念界定目的的典型代表。按照这种思路,涉外定牌加工中是否存在"商标使用"行为、相关商品上贴附与国内注册商标相同或近似的商标是否可能导致混淆、对国内商标权人有没有损害等问题的分析,都可以简单地运用这种前提推理出想要的结论。从形式上看,通过现有商标法概念体系、具体法律规则分析解决涉外定牌加工商标侵权纠纷可能遇到的一些说理困难,通过引入这个新概念的办法简单地解决掉了。但是,由于分析出发点和方向出现了问题,得出的结论是不是有说服力,就可想而知了。一整套逻辑推理是否有真正的价值,恰恰取决于作为起点的假设是否真实。

---

③ 参见最高人民法院(2014)民提字第 38 号民事判决。

本案二审法院在归纳争议焦点时,还刻意把涉外定牌加工行为作为与商品销售行为对立的概念提出来,这当然也存在认识错误。定牌加工行为与销售行为并非不相容概念,受托加工方将产品交付给委托人,在性质上完全可能归属于销售行为。如果受托加工方按照委托人的要求将产品报关出口,则还有出口行为(实际上是购买方为外国人的销售行为)。定牌加工在经济活动的性质上属于商品生产活动,涉外定牌加工作为定牌加工的一种,同样具有这种性质。在商品生产活动中、商品销售活动中(包括出口)使用商标的行为,是否受商标专用权的控制,具体案件事实是否满足侵犯商标权行为的构成要件,有没有特殊的侵权阻却事由,这种分析路径才是在侵犯商标权纠纷案件中符合逻辑思维规律的法律分析路径。

解决具体法律规定解释适用过程中说理论证的难点问题,需要运用正确的法律方法,要透过现象把握事物的本质。在司法三段论推理中,案件事实是适用法律的小前提,如何归纳和认定案件事实,对于案件的处理至关重要。分析提炼案件事实是一个从具体到抽象的过程,其目的是要把具体的案件事实、争议问题归入对应的现有法律概念,再通过法律概念在体系中的定位,查找与之相关的具体法律规则,发现大前提;接下来通过对具体法律规则的解析,明确其含义、分析其构成要件,进而涵摄案件事实,这又是一个从抽象到具体的过程,最终完成三段论推理并得出相应的结论,解决法律纠纷。法律人应该养成在体系中寻找法律概念依归的思维习惯,而不是根据自己的需要对既有概念进行新的界定或者随意创设新概念。实践中对涉外定牌加工概念随意进行新的界定,隐含的意图是在概念与规则运用方面摆脱现行商标法规则的约束,是为了逃避体系化思维、回避法律解释适用中的困难。在"涉外定牌加工"属于一种特殊现象的表象之下,会使人误以为这是一个独立于原有商标法概念体系的新问题,从而忽视了本应遵守的体系约束。这种现象在知识产权司法实践中比较普遍地出现,反映出这个领域法律职业共同体体系化思维训练不足,把法律原理、原则与具体规则相结合进行说理的能力有待提高的现实状况。[④]

二、涉外品牌加工商标使用概念的解释问题

现行《商标法》第48条是2013年修法时新增的条文,该条规定:"本法所称商标的使用,是指将商标用于商品、商品包装或者容器以及商品交易文书上,或者将商标用于广告宣传、展览以及其他商业活动中,用于识别商品来源的行为。"该条规定是在2002年《商标法实施条例》第3条规定的基础上发展而来,主要区别是增加了最

[④] 参见李琛:《从知识产权司法需求论我国民法典的编纂》,载《法律适用》2016年第12期,第16页。

后一段文字"用于识别商品来源的行为"⑤。《商标法》对该条的修改,并不是因为修法时立法机关或知识产权法学理论界、司法实务界对商标使用概念的认识发生了大的变化,甚至有了本质的改变。但是,由于其表述与原来的规定毕竟有所不同,近几年来对该条规定中新增加的"用于识别商品来源的行为"这句话的理解,产生了很大的分歧,客观上产生了许多意想不到的影响。

在前述亚环公司再审案中,最高人民法院在判决中强调,商标的基本功能在于识别性,亚环公司依据境外委托人的授权加工涉案商品并全部出口,在加工产品上贴附的商标标识仅属于物理贴附行为,为委托人在产品出口目的地使用其商标提供了必要的技术条件,在中国境内既不具有区分商品来源的意义,也不能实现识别该商品来源的功能,故其所贴附的商标标识不具有商标的属性,贴附行为不属于商标意义上的使用行为。⑥ 由于该案判决是最高人民法院对涉外定牌加工商标侵权纠纷案所作的第一份民事判决,而且其中对《商标法》第48条规定的商标使用的定义作出了明确解释,其裁判理由对此类案件及相关问题的处理产生了很大的影响。本案的二审判决认定恒胜公司在涉外定牌加工商品上使用商标标识的行为不是"商标法意义上的商标使用行为",正是与该判决的裁判理由保持了一致。⑦ 其实,最高人民法院早在2012年裁判的"无印良品"商标异议复审行政纠纷再审案判决中就已经认为,"商标只有在商品的流通环节中才能发挥其功能"⑧;2014年最高人民法院对"SOYODA"商标案的驳回再审申请裁定中,也已经明确认为涉外定牌加工产品上贴附的商标标志不具有商标的属性,因为不具有区分商品来源的意义、不能实现识别商品来源的功能,该行为不能被认定为商标使用行为。⑨

如果按照最高人民法院在亚环公司再审案等上述几个与涉外定牌加工有关的案件裁判中关于商标使用认定的观点,进行合乎逻辑的推理,那么涉外定牌加工的境外委托人在出口目的地有没有合法的商标权,其实完全不需要考虑,因为只要有证据证明加工产品不准备在国内销售,不进入商品流通领域,在中国就不属于商标使用,在中国境内就不存在任何执法理由,也不用担心被控侵权;至于在境外是否侵权,中国的司法和行政机关也不用管或管不着。按照这种观点再进一步推论,一直

---

⑤ 为方便比较,将原《商标实施条例》第3条内容列出:"商标法和本条例所称商标的使用,包括将商标用于商品、商品包装或者容器以及商品交易文书上,或者将商标用于广告宣传、展览以及其他商业活动中。"

⑥ 商标使用就是商标法意义上的使用,没有其他意义的商标使用;商标标志符号本身意义的使用不是商标使用。因此,法院判决中一再强调的诸如"商标意义上的使用行为""商标法意义上的商标使用"等拗口的新概念,都是不应该出现的,这种现象也说明对商标法基本概念、基本原理的研究廓清真的是任重道远。

⑦ 本案二审判决还把恒胜公司受托生产的涉案产品全部出口、不在中国市场参与"商业活动",作为认定不构成商标使用行为的一个理由。这个理由当然也是错误的,是对《商标法》第48条规定及其中"商业活动"文义的曲解。受托生产本身就是商业活动,不是只有在国内市场销售商品才是商业活动。

⑧ 参见最高人民法院(2012)行提字第2号行政判决书。

⑨ 参见最高人民法院(2014)民申字第669号民事裁定书。

以来此类案件的当事人反复争论受托加工人对境外委托人在境外有没有合法商标权是否尽到了注意义务,以及法院花费大量笔墨分析判断注意义务问题,也同样是没有任何意义的。按照此前提进行正常的逻辑推理,可以得出的结论是只要生产的商品不进入流通领域,商标就不可能实际发挥识别作用,就不能认定为商标使用行为,不独涉外定牌加工行为如此。如果此种解释能够成立,那么市场监管部门、警察就没有任何理由或法律依据对尚未进入流通领域销售的假冒注册商标的商品或其生产行为进行行政执法,海关也不能对任何涉嫌侵犯商标权的出口商品进行执法。这种结论无疑是荒谬的,也说明亚环公司再审案等案件中关于商标使用概念的理解是错误的,不符合体系解释的原则。

商标使用概念是商标法的基本概念之一,它适用于商标法的各项制度、各种法律程序,对《商标法》第48条中商标使用定义的解释,要顾及商标注册、商标维持以及商标权保护等各个具体领域的制度,不使它在不同具体制度中的解释出现矛盾、冲突。例如,《商标法》第32条后半段、第49条第二款、第57条、第65条等条款,都有可能与涉外定牌加工问题发生交集;对国内假冒注册商标行为的行政执法、知识产权海关保护等同样也与商标使用行为相关,所以需要全面考量商标使用的含义,作出正确的、统一的解释。概念必须是统一的,在同一法律、法规、规章乃至整个法律体系中其语义和意义是一致的。[⑩] 对法律概念或法律条文的含义进行解释,不能仅仅停留于文义解释,更不能望文生义或者断章取义;法律解释应该结合生活经验和常识,并充分考虑法律规定的体系性。在法律解释适用方面之所以要特别注重体系性解释,最基本的考虑是要保证法律体系的融贯性,防止出现法律解释适用的前后矛盾。对于在文义上存在两种以上理解的法律规定,需要通过体系性的思考分析,才能发现其应有的准确含义。法律解释还必须考虑法律的目的,任何解释都必须符合法律的目的。"规则及其他各种形式的法一旦被创设,则应当根据其服务的目标被解释、阐述和适用。"[⑪] 体系解释、目的解释方法都是法律解释的基本方法,商标使用概念以及《商标法》第48条规定的解释也应该采用这些方法。

也许有人会说,《商标法》第48条中增加的"用于识别商品来源的行为"这一表述,可能有多种理解,含义不明确,是立法有缺陷,应该通过进一步修改法律予以明确。批判法律不如解释法律;法律规定的表述即使真的有缺陷,如果解释得好,也不会影响正确理解,甚至通过合理解释还可以弥补缺陷。按照通说,商标的基本功能是识别商品或服务的来源,商标使用的基本目的是发挥其识别作用,即实现其识别功能。因此,《商标法》第48条中增加的"用于识别商品来源的行为"这一表述,无非

[⑩]《法理学》编写组:《法理学》,人民出版社2010年版,第44页。
[⑪][美]罗伯特·S.萨默斯:《美国实用工具主义法学》,柯华庆译,中国法制出版社2010年版,第3页。

是对商标基本功能的描述或强调,完全可以把它理解为是对该条文前面所列举的"将商标用于商品、商品包装"等各种具体使用方式的归纳或概括,提炼出商标使用的本质特征,即商标使用的目的或作用是实现识别功能。原来的概念中没有这句话,这种内涵是隐含的;现在在立法中明确表述出来,只是对概念的定义表述更加科学,是对概念认识的进一步深化,恰恰说明立法技术有了进步,加上这句话并没有改变商标使用概念的内涵和外延。也就是说,这句话有或没有,都不影响商标使用概念的理解;原来在商标实施条例中的表述没有这句话,不等于商标使用不是用于识别商品来源的行为。因此,在2013年《商标法》修改之前认为属于商标使用的行为,绝不应该因为增加了这句话就不再认定为商标使用行为了。既然如此,那么增加这句话的意义又在哪里呢?这就要从该规定的目的方面予以解读,让它体现出应有的价值。法谚有云,"没有目的,就没有法律文本",规范目的是法律文本的灵魂。笔者认为,立法增加这句看似可有可无的话,可以理解为其目的是要把那些与商标基本功能无关的符号本身意义的使用排除在外,防止对商标制度的错误认识,避免将不属于商标使用的行为误判为商标使用行为。例如,《商标法》第59条第一款规定注册商标专用权人无权禁止他人正当使用注册商标中的通用名称,第二款规定三维标志注册商标中含有的使商品具有实质性价值的形状等商标构成要素的正当使用商标权人也无权禁止,法律规定的这类正当使用,是不与特定的商品或服务发生联系、单纯的商标符号或其构成要素本身意义的使用,当然不会发生识别商品来源的作用;因为使用的根本就不是商标,当然也就不构成商标使用行为,不在商标专用权的控制范围之内。这样理解,才能体现出修法时增加这句话所传达的正确理念,即商标注册并不是垄断了商标中所选用的符号或其构成要素。这种澄清有重要的价值,可以矫正对商标专用权的错误理解,防止商标异化问题继续蔓延。如果说增加这句话有影响,那么其影响应该是更凸显商标制度的目的和功能,更重视商标使用行为的本质特征,更有利于实现商标法的立法目的和商标法律制度的价值。德国法学家卡尔·恩吉施在其所著的《法律思维导论》一书的正文开始之前,专门引用了古罗马法学家塞尔苏斯(Celsus)的一句话,"认识法律不意味着抠法律字眼,而是把握法律的意义和效果",笔者认为,对研习法律或从事法律职业的人来讲,这句话是应该时刻牢记的。

如果对商标使用概念的理解还有疑义,还可以通过比较解释方法,通过比较其他国家的商标法以及与商标法有关的国际条约中怎么规定或定义商标使用,帮助我们得出正确的结论。由于篇幅所限,本文就不对这方面的内容展开分析了。

最高人民法院在本案的再审判决中,一改持续了多年的错误认识,明确指出《商标法》第48条中规定的"用于识别商品来源"指的是商标使用的目的在于识别商品来源,包括可能和实际起到识别商品来源的作用;在生产制造或加工的产品上使用商标,只要具备了区别商品来源的可能性,就应当认定属于商标使用。这种解释无疑是正确的,终于回归到应有的理解,值得予以充分肯定。[12] 但是,该判决接着从被诉侵权商品的相关公众包括运输等环节的经营者、存在回流国内市场的可能、中国消费者出国旅游存在接触和混淆的可能性等方面进行了论述,以论证二审判决对是否属于商标使用行为认定的错误,又似乎反映出裁判者对自己的解释不够自信,对是否商标使用行为与有无混淆可能性之间的关系的认识还不够清晰,看起来对商标使用概念的正确解释适用问题还解决得不够彻底,所以还有必要对相关问题作进一步的分析。

每个法律规范都是一部法律的一部分,也是法律整体的一部分,要与其他规范相配合才能发挥其功能或实现其意图。《商标法》第48条的规定也是如此。涉外定牌加工行为中贴附商标的行为,当然是将商标用于商品之上,当然属于商标使用行为,这原本是一个再简单不过的常识问题,不应该有任何疑虑。商标使用这一法律概念并不解决商标使用的具体事实状态或者具体法律后果问题,但是为什么有那么多当事人、律师、法官在实务中要大费精力去争论、解释这个问题,甚至不惜扭曲商标使用概念的解释呢?这背后的原因是比现象本身更值得我们深思的问题。一个行为是不是属于商标使用行为,与该行为是否构成侵犯商标权的行为,这是两个完全不同的法律评价问题。判断是否商标使用行为,只是认识和评价涉外定牌加工行为的一个起点,对具体的商标使用行为是否构成侵权的法律评价,涉及各个侵权构成要件是否满足的逐一审查判断,包括原告是否有合法的商标专用权的审查(可能涉及商标注册是否合法、商标是否存在无效或应该撤销的事由等),也包括被告的商标使用行为是否得到了合法授权、是否有正当的抗辩理由或是否存在侵权阻却事由等等,需要通过将案件事实与相关法律规则、法律原则或原理相结合去分析判断,针对具体的法律事实恰当解释适用相关的法律规则或法律原则。法律是以整体方式发挥规范作用的,司法审判中依据的法律应该是整体的法律,而不是仅仅根据某个法律概念、某个法律构成要件或者单个法律规则进行分析判断。[13] 试图通过商标使用概念的解释就简单、彻底地解决不同涉外定牌加工商标侵权纠纷中可能涉及的差异巨大的各种事实和法律问题,回避本应在侵权构成要件分析判断中解决的法律解释适用问题,可能才是现象背后的主要原因。

---

[12] 实际上最高人民法院在2017年裁判的"东风"商标再审案判决中已不再坚持涉外定牌加工中商标贴附行为不属于商标使用行为,而是认为"不用于识别或区分来源的商标使用行为,不会对商品或服务的来源产生误导或引起混淆,以致影响商标发挥指示商品或服务来源的功能",不构成侵权行为。该案判决对商标使用的认识已经有了一定的变化。参见(2016)最高法民再字第339号民事判决书。

[13] 陈金钊:《"依法"标签下错误思维及其校正——案说法律体系解释方法》,载《法律适用》2011年第7期,第113页。

三、涉外定牌加工商标侵权判断中的构成要件分析问题

涉外定牌加工商标侵权行为是商标侵权行为的一种,也属于民事侵权行为的一种,当然具有民事侵权行为的一般特征,其侵权构成要件分析和侵权判断理应受到侵权法理论和侵权责任法具体规则的约束,侵权行为概念、侵权行为的构成要件和侵权责任构成要件等常用分析方法,当然适用于其分析处理。笔者认为,通过对本案再审判决与原两审判决以及亚环公司再审案等相关案件裁判的对比分析,在涉外定牌加工商标侵权纠纷的侵权判断方面,有以下几个值得关注和思考的问题:

首先,值得注意的是归责原则问题。商标权是民事权利的一种,在民事权利分类中,它属于一种绝对权(对世权),任何侵入商标专用权权利范围或者妨害权利人权利圆满性的行为,原则上都属于侵权行为,商标权人都可以依法请求救济。知识产权救济中的停止侵害请求权属支配力回复请求权,这种请求权类似于物上请求权。[14] 按照民法基本原理,绝对权的权利人为了预防侵害发生或者排除对权利的妨碍,可以行使支配力回复请求权,它不以行为人有过错为条件,也不以发生实际损害或行为人获得不当利益为条件。涉外定牌加工商标侵权纠纷案件中,停止侵害请求权能不能成立、应不应该支持,同样也应该按照这样的思维方式进行判断。当然,这同样也需要体系思维,特别是要与对商标专用权的概念、受商标专用权控制的行为的理解结合起来思考。为生产经营目的在商品生产、销售(包括出口)活动中使用注册商标,当然属于受商标专用权控制的行为,未经商标权人许可,在上述商业活动中使用与其注册商标相同或近似的商标,都有可能侵犯其商标权。至于被控侵权人有没有主观过错、商标使用行为有没有实际发挥"识别商品来源"的作用、商标权人有没有实际损失,并不是构成商标侵权行为或者停止侵害请求权成立的要件,而是与侵权损害赔偿请求权有关的构成要件。在我国现行民法(包括侵权法)的立法体例下,由于没有区分物权请求权与侵权请求权,因而讨论侵权构成要件问题,必须与特定的诉讼请求和侵权责任承担方式相联系,不同的诉求和责任承担方式对应的归责原则、责任构成要件是大不相同的。[15] 涉外定牌加工商标侵权纠纷案件中对于归责原则问题的分析,也需要特别注意。本案再审判决在归责原则方面一带而过,未针对当事人提出的两类不同的诉讼请求分别论述归责原则问题,留下一点遗憾。

其次,在商标侵权判断中,有必要仔细分析商标侵权行为与商标使用行为之间的关系。一般来讲,商标侵权行为以存在商标使用行为为前提,但是存在商标使用行为不一定都要认定为侵权。在具体侵权争议中,一种被控侵权行为在形式上属于

---

[14] 李琛:《从知识产权司法需求论我国民法典的编纂》,载《法律适用》2016 年第 12 期,第 17 页。
[15] 王轶:《民法原理与民法学方法》,法律出版社 2009 年版,第 189-203 页。

《商标法》第 57 条所列举的行为之一,只是可能满足了一个要件,不一定就是真正的侵权行为。是否应该认定为侵权,还要根据案件具体情况,充分考虑被控侵权人的抗辩理由是否存在正当性、合理性,综合考察商标法和其他有关法律的规定,审查侵权构成的其他要件是否也满足,有时还需要进一步分析法律隐含的要件,才能作出最终的正确判断,而不能机械地理解《商标法》第 57 条的规定,仅仅根据其表面文义进行判断。例如,《商标法》第 59 条第三款规定的情形,就是有明确法律依据的不侵权抗辩理由;还有一些属于正当合理地使用他人商标指向商标权人的商品或服务的情形,以及特殊原因导致的商标善意共存现象,也不应该仅仅因为有商标使用行为就认定侵权。此外,还必须明确,法律仅保护合法的民事权益,商标权人的主张要得到支持,有一个隐含的前提,就是请求保护的商标权无论是在形式上还是在实质上都是合法的,权利人寻求法律救济也是正当的,不属于滥用权利的情形。例如,实践中并非罕见的误发商标注册证现象,并不能表明持此种商标注册证主张商标权的人真的有此权利。如果在具体案件中确有证据证明原告的商标是违背诚信原则抢注被告的商标,被告或者其关联企业才是商标商誉的创造者,当然也不能简单地认定被告使用商标的行为构成侵权。近年来,最高人民法院在几个与涉外定牌加工无关的侵犯商标权纠纷案判决中,作出了很好的判断,其中表述的裁判理由和使用的法律解释适用方法,对解决涉外定牌加工商标侵权纠纷案件是有很好的借鉴意义的。⑯还有一点值得注意的是,商标使用作为侵权构成要件同样不能绝对化,有一些特殊情形,即使没有商标使用行为,也有可能被认定构成侵权,如《商标法》第 57 条第 5 项规定的情形,就不存在使用与他人商标相同或者近似商标的行为。

再次,涉外定牌加工商标侵权纠纷中涉及的混淆可能性判断,也是一个值得注意的问题。对于这个问题,本案的再审判决认为,容易导致混淆指的是"如果相关公众接触到被诉侵权商品,有发生混淆的可能性,并不要求相关公众一定实际接触到被诉侵权商品,也并不要求混淆的事实确定发生"。这种理解是正确的。本案二审判决及以前最高人民法院的几个相关判决中,认为涉外定牌加工不构成商标侵权的另一个主要理由是涉案产品全部出口因而不会导致国内消费者发生混淆。此种认识存在的问题,一是对"混淆可能性"的含义理解有误;二是其隐含的逻辑是"混淆"是认定商标侵权的必备要件。前一个问题本案再审判决的上述理解已经解决了,本文不再赘述;后一个问题,即"混淆要件"问题,则有必要进一步作一点分析。首先,混淆并非所有商标侵权行为的构成要件,《商标法》第 57 条第一款规定的在同一种商品上使用与注册商标相同的商标,就没有规定混淆要件,因此,以涉外定牌加工产

---

⑯ 参阅最高人民法院以下三个与商标侵权有关的再审案件民事判决书:2014 年 8 月作出的王碎永诉歌力思商标侵权案再审判决,(2014)民提字第 24 号;2015 年 9 月作出的林东梁诉钜强公司商标侵权案再审判决,(2015)民提字第 49 号;2018 年 12 月作出的广州市指南针公司诉优衣库公司商标侵权案再审判决,(2018)最高法民再 396 号。

品不进入国内市场、不会造成混淆为由认定不构成侵权,至少对商品类别相同、商标相同的所谓"双相同"情形,在法律依据上存在问题。其次,《商标法》第 57 条第 2 项虽然规定了"容易导致混淆"这一要件,但是从该条第 3 项至第 7 项的规定也可以看出,在许多情况下,构成侵权并不一定要满足混淆要件。尤其是在驰名商标的保护中,从《商标法》第 13 条第三款对在中国已经注册的驰名商标保护的规定来看,并不以构成混淆为要件,而是使用了"误导公众"的表述,这一点通过与该条第二款对未注册驰名商标保护的规定使用"容易导致混淆"的表述形成对照,可以看得很清楚。在学理上,误导公众以及淡化、污损、丑化等损害驰名商标注册人利益的行为,并不在"混淆可能性"含义的范围之内,但同样有可能构成侵害商标权的行为。

再进一步讲,"容易导致混淆"尽管在一些情况下是侵权构成要件,其立法目的是对被控侵权行为是不是侵入了商标权人的权利范围、是否应该承担侵权责任的判断规定一个根据个案进行裁量的法定因素,以因应侵权纠纷具体情形的复杂性,特别是与商标知名度或显著性有关的商标禁用权范围的弹性。在商标近似或商品类似的商标侵权纠纷中,混淆可能性的考察具有双重功能:一是根据原告商标的商誉等情况衡量其商标禁用权范围的大小,划定其商标权的边界;二是综合衡量被告的商标使用行为接近原告商标的程度。理解混淆要件同样不能望文生义,而应该探究其实质。混淆可能性判断的实质在于考察被告的行为是否侵入原告的权利范围,如果被告使用的商标足够接近原告的商标,当然可能满足混淆要件。因此,被告的商品是否实际销售、是内销还是外销,都不影响是否构成侵权行为的定性。混淆要件所体现的还是诚实信用原则,是诚信原则在商标侵权判断中的具体化。在具体判断是否满足混淆要件时,首先要根据个案的法律事实审查请求救济的原告是否有值得保护的商标权益,如果国内商标权人是商标商誉的创造者,而在定牌加工中使用的商标与其商标有较高的近似度,就应该认为有混淆可能性。商标固然有地域性,但是商标上所代表的商誉却是没有国界的,因此对商标地域性的理解也不能绝对化。混淆可能性的考量不能仅看是否存在定牌加工合同等表面现象,要考虑的一个关键因素是涉嫌侵权人(包括加工人及其委托人)的行为是否具有正当性。从反面来看,被控侵权人的行为虽然在形式上属于《商标法》第 57 条第 2 项规定的情形,但是原告的商标本身是不当注册的,或者其商标没有真实使用或者没有商誉可言,即使两者的商标近似程度较高,也应该认定不满足混淆要件。也就是说,判断混淆要件是否满足,也应该考虑商标法的目的和价值判断。"体系化思维可以帮助裁判者从法律原则与价值目标中推演出新的规则。按照体系化的方法,面对新问题而缺少直接相应的具体规则时,法官可以从既有规则回溯至规则背后的原则与价值,而后推演出适合新情况的规则。"[17]涉外定牌加工商标侵权纠纷中的混淆可能性判断看似有一

---

[17] 李琛:《从知识产权司法需求论我国民法典的编纂》,载《法律适用》2016 年第 12 期,第 14 页。

些特殊性,但是通过对其基本原理、实质功能和规范意图的体系化分析,不难找到解决问题的正确路径。

最后,还应该提一提涉外定牌加工商标侵权纠纷中受托加工人的注意义务问题。此类纠纷中的一般情况是委托人在境外有商标权、境内没有商标权。委托人在境外有无商标权,实际上与受托加工人在中国的加工行为是否违法、是否侵犯境内的商标权是没有关系的。因此,境内受托加工人以境外委托人的所谓商标使用授权作为不侵权抗辩理由,当然是不能成立的。恰恰是境外委托人在中国境内有没有使用贴牌商标的权利,才是受托加工人需要注意的问题。因为国内商标注册都是有公告的,所以这种审查义务并非是过高的注意义务。本案中就涉及这个问题,再审判决也作出了正确的判断,值得充分肯定。

涉外定牌加工商标侵权纠纷问题的解决之所以显得如此复杂,实际上与商标注册领域的乱象有关。有一些商标在我国的权利人与在其他国家的权利人不同,其中不少涉及商标抢注问题,既有我国商标权人在中国抢注国外知名商标的问题,也有外国人在国外抢注我国知名商标的现象。涉及这种情况的涉外定牌加工商标侵权纠纷,当事人会提出各种各样的主张,如商标恶意注册问题、商标的地域性问题、商标使用的定义、是否可能导致混淆、对商标权人的利益或市场份额是否存在实际损害,等等,如果裁判者或研究者不能坚持商标法的基本理念,不能正确运用体系思维和正确的法律方法,就会左右为难,甚至出现错误判断。荀子说,"不知法之义而正法之数,虽博,临事必乱"[18]。他的这一论断正是强调从事法律职业的人熟练掌握运用法律规则背后的原理、目的和精神的重要性。现代法律学者也认为,"法律的运用不仅是法律规定的运用,还包括法学原理和法律方法与技术的运用"[19]。可惜很多法律专业人士对此还没有足够的重视。

法律的正确解释适用绝不是法官的责任,而是整个法律职业群体的共同责任。法院对案件的误判也绝不仅是法官的问题,某种程度上讲首先是案件的代理律师的问题,律师们有责任把案件涉及的相关法律解释适用问题研究透彻,道理讲得清楚、讲得有说服力,只有做到这样律师的工作才算是尽职尽责的,才有可能说服法官支持其意见,并有效减少法官误判的概率。涉外定牌加工商标侵权纠纷中涉及的相关公众、混淆可能性、归责原则、侵权构成要件等问题,还有继续深入讨论研究的必要,需要法学界、实务界人士共同努力,取得更多的共识。美国联邦最高法院首位女性大法官奥康纳在其所著的《法律的尊严》一书中感叹:"法律上的成功不过是社会共识的副产品。"诚哉斯言!

---

[18] 荀况:(唐)杨倞注、耿芸标校,《荀子》,上海古籍出版社2014年版,第147页。
[19] 陈金钊:《"依法"标签下错误思维及其校正——案说法律体系解释方法》,载《法律适用》2011年第7期,第113页。

Review on the Retrial of Honda v. Hengsheng for Trademark Infringement

Yin Shaoping

Abstract: In the retrial judgment of the Honda case, the Supreme People's Court gave a correct interpretation of the legislative definition of trademark use, returning to basic common sense, which deserves full recognition. This paper analyzes the application of legal interpretation involved in the judgment from three aspects: First, it clarifies the wrong definition of the concept of foreign-related licensing processing in practice. Second, it makes an in-depth analysis of the concept of trademark use and its legislative definition, and further analyzes the meaning of "acts used to identify the source of goods". Thirdly, from the perspective of the constitutive elements of trademark infringement, the author clarifies and analyzes how to follow the system constraints in judging the infringement of foreign-related trademark trademark, for the confusion elements with vague understanding in practice, and analyzes its normative intention and essential function with the method of system thinking.

Keywords: Foreign-related OEM processing; Trademark use; Infringement constitutive elements; Possibility of trademark confusion

涉外定牌加工行为的侵权认定
——最高人民法院"本田"案再审判决评析

钟 鸣[*]

摘要: 定牌加工行为是否侵害商标权的争议由来已久。从侵害商标权相关请求权规范构造及其解释适用角度来看,被诉侵权行为是否属于商标使用行为并非判断是否构成侵害商标权的前提,而是不构成侵害商标权的抗辩理由之一。在运送至国外或境外前,定牌加工行为的加工成果,不存在相关消费者,相关经营者也不需要通过商标识别来源,因此定牌行为不构成侵害商标权。类案的判断标准在于要件事实是否相同,定牌加工案件的要件事实都是一致的,因此改变在先案例结论的判决应当更加详细地说明其理由。当逻辑上或者解释上无法认定涉外定牌加工行为构成侵害商标权时,不能因为抽象的政策因素改变其结论,适宜的方式是通过修改现行法律将定牌加工行为纳入侵害商标权所规制的范围。

关键词: 请求权;抗辩;商标使用;混淆可能性;定牌加工

一、事实与裁判[①]

原告本田技研工业株式会社(以下简称本田株式会社)在中国拥有"HONDA"等3枚注册商标专用权,核定使用在摩托车等商品上。

美华公司常务董事、缅甸公民吴德孟昂(Thet Mon Aung)在缅甸拥有"HONDAKIT"注册商标,使用类别是车辆等。美华公司出具《授权委托书》:委托被告重庆恒胜集团有限公司(以下简称恒胜集团公司)加工生产涉案的摩托车散件,并贴附吴德孟昂

---

[*] 本文作者:钟鸣,知识产权法学博士,北京永新同创知识产权代理有限公司高级顾问。
[①] 本田技研工业株式会社诉重庆恒胜鑫泰贸易有限公司、重庆恒胜集团有限公司侵害商标权案,一审:云南省德宏傣族景颇族自治州中级人民法院(2016)云31民初52号;二审:云南省高级人民法院(2017)云民终800号;再审:最高人民法院(2019)最高法民再138号。本案再审判决入选"2019年中国法院十大知识产权案件""最高人民法院知识产权案件年度报告(2019)",获得第四届全国知识产权优秀裁判文书评选特等奖,被中国外商投资企业协会优质品牌保护委员会评为"2019—2020年度知识产权保护十佳案例",再审案件庭审获评第三届全国法院百场优秀庭审。

作为权利人的"HONDAKIT"注册商标(以下简称被诉侵权产品)。

恒胜集团公司负责涉案被诉侵权产品的生产,被告重庆恒胜鑫泰贸易有限公司(以下简称恒胜鑫泰公司)负责办理出口,两公司的法定代表人为同一人、住所地相同,系关联公司。

恒胜鑫泰公司申报被诉侵权产品出口时被海关查获,本田株式会社遂起诉恒胜集团公司、恒胜鑫泰公司(以下统称恒胜公司)侵害其注册商标专用权,请求法院判令两被告停止侵权,连带赔偿损失及合理开支300万元。

云南省德宏傣族景颇族自治州中级人民法院认定,恒胜公司的行为构成侵权,于是判令两被告停止侵权,连带赔偿本田株式会社经济损失及合理开支30万元。

恒胜公司不服,提起上诉。云南省高级人民法院认为,两被告的行为属于涉外定牌加工行为,该行为得到委托方缅甸美华公司的授权,受委托生产的产品全部出口至缅甸,中国境内相关公众不可能接触到该产品并产生来源混淆,在中国境内不构成商标法意义上的商标使用行为,因此不构成对本田株式会社在中国注册的"HONDA"等商标权的侵害,因此判决:撤销一审判决,驳回本田株式会社的诉讼请求。

本田株式会社不服,申请再审。最高人民法院提审后判决:撤销二审判决,维持一审判决。最高人民法院认为:

涉案被诉侵权行为属于涉案定牌加工行为。

商标使用行为是一种客观行为,通常包括许多环节,如物理贴附、市场流通等,是否构成商标法意义上的"商标的使用"应当依据商标法作出整体一致解释,不应该割裂一个行为而只看某个环节,要防止以单一环节遮蔽行为过程,要克服以单一侧面代替行为整体。在生产制造或加工的产品上以标注方式或其他方式使用了商标,只要具备了区别商品来源的可能性,就应当认定该使用状态属于商标法意义上的"商标的使用"。本案的相关公众除被诉侵权商品的消费者外,还应该包括与被诉侵权商品的营销密切相关的经营者。本案中被诉侵权商品运输等环节的经营者即存在接触的可能性。而且,随着电子商务和互联网的发展,即使被诉侵权商品出口至国外,亦存在回流国内市场的可能。同时,随着中国经济的不断发展,中国消费者出国旅游和消费的人数众多,对于"贴牌商品"也存在接触和混淆的可能性。二审法院因被诉侵权行为系定牌加工行为,认定被诉侵权产品不可能在中国境内起到识别来源地作用,不属于商标法意义上的商标使用行为,该判决在认定事实及适用法律均有错误,应予纠正。

商标的基本功能是区分商品或服务来源的识别功能,侵害商标权本质上就是对商标识别功能的破坏,使一般消费者对商品来源产生混淆、误认。《商标法》规定的

"容易导致混淆",指的是如果相关公众接触到被诉侵权商品,有发生混淆的可能性,并不要求相关公众一定实际接触到被诉侵权商品,也并不要求混淆的事实确定发生。本案中,恒胜公司在其生产、销售的被诉侵权的摩托车散件上使用"HONDAKIT"文字及图形,并且突出增大"HONDA"的文字部分,缩小"KIT"的文字部分,同时将 H 字母和类似羽翼形状部分标以红色,与本田株式会社请求保护的三个商标构成在相同或者类似商品上的近似商标。因此,被诉侵权行为构成商标的使用,亦具有造成相关公众混淆和误认的可能性,容易让相关公众混淆。

商标权作为知识产权,具有地域性,对于没有在中国注册的商标,即使其在外国获得注册,在中国也不享有商标权,中国境内的民事主体所获得的所谓"商标使用授权",也不属于我国商标法保护的商标合法权利,不能作为不侵害商标权抗辩事由。

我国经济由高速增长阶段转向高质量发展阶段,面临经济发展全球化程度不断加深,国际贸易分工与经贸合作日益复杂,各国贸易政策冲突多变的形势,人民法院审理涉及涉外定牌加工的商标侵权纠纷案件,应当充分考量国内和国际经济发展大局,对特定时期、特定市场、特定交易形式的商标侵权纠纷进行具体分析,准确适用法律,正确反映知识产权司法政策导向,强化知识产权创造、保护、运用,积极营造良好的知识产权法治环境、市场环境、文化环境,大幅提升我国知识产权创造、运用、保护和管理能力。自改革开放以来,涉外定牌加工贸易方式是我国对外贸易的重要方式,随着我国经济发展方式的转变,人们对于在涉外定牌加工中产生的商标侵权问题的认识和纠纷解决,也在不断变化和深化。归根结底,通过司法解决纠纷,在法律适用上,要维护法律制度的统一性,不能把某种贸易方式(如本案争议的涉外定牌加工方式)简单地固化为不侵犯商标权的除外情形,否则就违背了商标法上商标侵权判断的基本规则。

二、案件评析

(一)请求权基础

请求权基础,"系指得支持一方当事人(原告),向他方当事人(被告),有所请求的法律依据"。[②] 请求权基础的探寻是训练法律适用的思维方法,请求权基础的检索应当遵循一定的顺序以避免在检索某一特定请求权基础时需要以其他请求权基础作为前提,也能够避免请求权基础检索时发生遗漏。通常认为,请求权基础的检索顺序为合同上的请求权、缔约过失等类似合同关系的请求权、无因管理请求权、物权

[②] 王泽鉴:《法律思维与案例研习——请求权基础理论体系》,2021 年作者自版,第 42 页。

等绝对权请求权、不当得利请求权、侵权损害赔偿请求权以及其他请求权。[③] 在侵权案件中,权利人的诉求通常是停止侵害、排除妨碍、赔偿损失,即以绝对权请求权和侵权损害赔偿请求权为主。

"本田"案系涉外定牌加工行为是否构成侵害注册商标专用权(以下简称侵害商标权)的案件,发生在2013年《商标法》施行期间(再审判决日为2019年9月23日,晚于2019年《商标法》施行日期2019年11月1日),《民法典》尚未施行,因此其请求权基础应当是《民法通则》第118条:"公民、法人的著作权(版权)、专利权、商标专用权、发现权、发明权和其他科技成果权受到剽窃、篡改、假冒等侵害的,有权要求停止侵权,消除影响,赔偿损失。"《最高人民法院关于审理商标民事纠纷案件适用法律若干问题的解释》(法释〔2002〕32号)第21条第一款前半句也可以作为请求权基础:"人民法院在审理侵犯注册商标专用权纠纷案件中,依据民法通则第一百三十四条、商标法第五十三条的规定和案件具体情况,可以判决侵权人承担停止侵害、排除妨碍、消除危险、赔偿损失、消除影响等民事责任……"随着《民法典》的施行,上述司法解释做了适应性修改,将其中的"民法通则第一百三十四条"改为"民法典第一百七十九条"(其中引用的2001年《商标法》第53条也相应地改成了2019年《商标法》第60条),仍可以作为侵害商标权的请求权基础。但是由于《民法通则》已于2021年1月1日起失效,从狭义法律层面上,已经没有专门针对商标权或者知识产权被侵害时能够适用的请求权基础规范,而应统一适用《民法典》第1165条第一款:"行为人因过错侵害他人民事权益造成损害的,应当承担侵权责任"(脱胎于《侵权责任法》第6条第一款)。

《民法典》第1165条第一款规定,承担侵权责任的前提是行为人有"过错",因此理论上认为,该款规定的"侵权责任"指的是侵权损害赔偿责任,而属于绝对权请求权"责任承担方式"的停止侵害、排除妨碍、消除危险等不应当适用本条规定,而应当适用《民法典》第1167条:"侵权行为危及他人人身、财产安全的,被侵权人有权请求侵权人承担停止侵权、排除妨碍、消除危险等侵权责任。"在实际的侵害知识产权诉讼中,绝对权请求权和侵权损害赔偿请求权往往是一并主张的,法院通常也是一并审理并作出判决。根据前述商标司法解释第21条第一款和《民法典》第179条第三款(本条规定的承担民事责任的方式可以单独适用,也可以合并适用)的规定也可以看出,在侵害商标权案件中,绝对权请求权与损害赔偿请求权可以单用或者并用,损害赔偿的请求权基础是《民法典》第1165条第一款,绝对权请求权基础是《民法典》第1167条,或者统一适用前述商标司法解释第21条第一款主张所有的请求权。

[③] 吴香香:《请求权基础探寻方法——以"失物招领"案为例》,载《中德私法研究》(总第8卷),北京大学出版社2012年版,第171-188页。

通说认为,绝对权请求权不以过错和损害为要件,只要权利受到侵害或者妨碍就可以行使。而侵权损害赔偿请求权的成立,不仅要求权利受侵害,还要求加害人有过错、有损害结果,且加害行为与损害结果之间存在因果关系等其他要件。也就是说,绝对权请求权的成立要件可以包含在侵权损害赔偿请求权的要件之中,因此本文对绝对权请求权是否满足不再单独予以分析,而统一放在侵权损害赔偿请求权是否满足的分析之中。

理论上,一般将《民法典》第1165条第一款侵权损害赔偿请求权的成立要件分为七个:被侵害的民事权益、加害行为、责任成立的因果关系(加害行为与权益遭受侵害之间的关联)、损害结果、责任范围的因果关系(权益受侵害与损害之间的关联)、过错和违法性。④ 对于侵害商标权行为而言,被侵害的民事权益通常是已获准注册的商标权,该权利经过行政机关的审查和公示,权利范围相对确定,只要能够提供在加害行为(侵害商标权的行为)期间有效的商标注册证等权利证明,该要件就得到满足。责任成立的因果关系基本上都是按照常理推断确定;由于知识产权保护对象的无实体性,责任范围的因果关系也难以确定,因此实践中绝大多数采取法定赔偿的方式,由法院通过说理确定因果关系并根据案件具体情况确定赔偿数额。近年来,随着加大知识产权赔偿力度的呼声和法院审判精细化的进程,越来越多侵权案件赔偿数额的确定有了详细的事实依据和准确的计算方式,但这些案件仍属少数,因为大多数权利人在侵害知识产权案件中对赔偿问题存在举证不足或者根本不举证而直接请求法定赔偿的现象,"本田"案即如此。至于违法性要件,由于商标权是经过公示的绝对权,符合加害行为的构成一般就会推定具有违法性,从而需要被诉侵权人提供其行为不属于加害行为的抗辩。《民法典》和《商标法》中都规定了若干不侵权抗辩理由,由于"本田"案被诉侵权人均未提出主张,对此不再讨论。⑤

至于侵权损害赔偿请求权构成中的过错要件,由于其具有主观性,只能通过客观外部的事实来认定。在侵害商标权案件中,由于被侵害的权益是已获准注册并公示的商标权,因此认为被诉侵权人应当知晓该商标权的情况;又由于侵害商标权的行为一般是在相同、类似商品上使用与注册商标相同、近似标志、容易导致混淆的行为,被诉侵权人与商标权人通常系同行业的经营者,因此认为其对商标权人的注册

---

④ [德]托马斯·M. J. 默勒斯:《法律研习的方法:作业、考试和论文写作》(第9版),申柳华、杜志浩、马强伟译,北京大学出版社2019年版,第25-27页。

⑤ "本田"案中的被告认为,其行为不是商标使用行为也不会造成混淆,其中第一点关于被诉行为不是商标使用行为的主张,属于抗辩,第二点被诉行为不会造成混淆的主张则属于否认,但商标法司法实践对此认识有错误,容后叙述。关于否认与抗辩的区别,参见许可:《民事审判方法:要件事实引论》,法律出版社2009年版,第139-140页。实体法上关于抗辩、抗辩权的理论,参见朱庆育:《民法总论》(第二版),北京大学出版社2016年版,第516-517页。

商标不可能不知晓,但却又没有加以避让,即被诉侵权人应当注意到商标权人的在先已注册商标,作为同行业经营者也能够注意到该注册商标的存在,但却未注意而从事加害行为因此具有过错。⑥

应当注意的是,过错和过错推定、无过错的归责原则是不同的。过错推定规定在《民法典》第1165条第二款:"依照法律规定推定行为人有过错,其不能证明自己没有过错的,应当承担侵权责任。"无过错责任规定在第1166条:"行为人造成他人民事权益损害,部落行为人有无过错,法律规定应当承担侵权责任的,依照其规定。"过错推定和无过错推定都需要有法律的明确规定才能适用,而且它们和过错一样都是侵权损害赔偿请求权的归责原则,与绝对权请求权无关。但在"本田"案再审判决中,最高人民法院引用《商标法》第57条第2项规定之后明确指出:"从法律规定来看,商标侵权行为的归责原则应当属于无过错责任原则,且不以造成实际损害为侵权构成要件。"这一观点实际是将加害行为与过错要件混为一谈,而且《商标法》第57条第2项在对加害行为作出规定的同时,明确提到"未经商标注册人的许可",这已经是对过错的规定⑦。另外,"本田"案再审判决还将加害行为构成中的"容易导致混淆",错误地认为是损害结果要件,相应地认为不需要损害结果即可构成侵权行为,这同样属于对损害赔偿责任构成要件认识上的错位。

综上,在侵害商标权案件中主要争议发生在加害行为的认定上,尤其是在涉外定牌加工民事侵权纠纷中,对定牌加工行为是否属于《商标法》规定的侵害商标权的行为一直以来存在各种理论和实践,也构成了下文分析的核心。

(二)侵害商标权的行为构成

侵害商标权的行为,主要规定在《商标法》第57条,该条是关于《民法典》第1165条第一款中加害行为("侵害他人民事权益")的辅助规范。第57条中最重要的是其中第1项和第2项,这两项规定了核心的侵害行为,其中更重要的是第2项,因为诉讼中已经很少有第1项的在与注册商标核定相同商品上使用与注册商标相同标志的假冒注册商标的行为了,⑧更多的是第2项的混淆行为,即在类似商品上使用相同、近似商标标志或者在相同商品上使用近似商标标志从而容易导致相关公众混淆的行为。

---

⑥ 台湾的曾世雄教授将过失的真谛总结为"能注意而未注意":"能预见损害之发生、能避免损害之发生、未避免损害之发生",参见曾世雄:《损害赔偿法原理》,中国政法大学出版社2001年版,第79-81页。

⑦ 孔祥俊教授认为此属过错推定,恐不妥当。参见孔祥俊:《商标使用行为法律构造的实质主义:基于涉外贴牌加工商标侵权案的展开》,载《中外法学》2020年第5期,第1302页。民法学者关于侵权请求权中的过错、过错推定和无过错责任的区分,可参见吴香香:《中国法上侵权请求权基础的规范体系》,载《政法论坛》2020年第6期,第172-188页;或参见程啸:《侵权责任法》(第三版),法律出版社2021年版,第112-126页。

⑧ 目前,《商标法》第57条第1项的行为大多由地方市场监督部门查处,很少进入诉讼。

1. 侵害商标权的"商标使用行为"

对于《商标法》第 57 条第 2 项,理论和实践中通常认为其可以分成两个部分或者两个步骤——首先需要考察被诉行为是否为商标使用行为,其次考察被诉行为是否容易导致混淆。"本田"案也采取同样的模式,再审判决在确定被诉侵权行为属于定牌加工行为之后,紧接着就对被诉侵权行为是否属于商标使用行为进行了认定,然后再判断是否容易导致混淆,最后得出构成侵权的结论。再审合议庭成员针对"本田"案专门撰写的文章也强调,"贴牌行为是不是构成商标的使用,是判断涉外定牌加工行为是否构成商标侵权的基础问题,也是司法裁判争论的焦点问题之一"⑨。

在侵害商标权的判定中,首先判断被诉行为是否为商标使用行为,这种做法最早源于最高人民法院的裁判,后来被纳入规范性文件之中。最高人民法院在辉瑞产品公司立体商标侵权案中认为,对于不能起到标识来源和生产者作用的使用,不能认定为商标意义上的使用,他人此种方式的使用不构成使用相同或者近似商标,不属于侵犯注册商标专用权的行为。⑩"该裁决表明,商标侵权意义上的商标使用应以起到标识来源和生产者的作用为必要条件。"⑪ 2011 年 12 月 16 日印发的《最高人民法院关于充分发挥知识产权审判职能作用推动社会主义文化大发展大繁荣和促进经济自主协调发展若干问题的意见》在第 22 条中规定:"商标侵权行为应以在商业标识意义上使用相同或者近似商标为条件……"随后,各级人民法院在侵害商标权案件中基本上都遵循了先判断被诉行为是否构成商标使用、再判断是否容易导致混淆的侵权判定模式。比如,在"亚环"案中,最高人民法院关于定牌加工行为的定性虽然与"本田"案不同,但也同样指出:"在商标并不能发挥识别作用,并非商标法意义上的商标使用的情况下,判断是否在相同商品上使用相同的商标,或者判断在相同商品上使用近似的商标,或者判断在类似商品上使用相同或者近似的商标是否容易导致混淆,都不具实际意义。"⑫ 2020 年 6 月 15 日,国家知识产权局印发的《商标侵权判断标准》第 3 条第一款也规定:"判断是否构成商标侵权,一般需要判断涉嫌侵权行为是否构成商标法意义上的商标的使用。"有相当部分的学者也认可,在商标侵权判断过程中,被诉侵权行为是否为"商标性的使用"行为是侵权判断的前置条件。⑬

---

⑨ 林广海、秦元明、马秀荣:《涉外定牌加工商标侵权的法律适用——兼谈"本田案"最高人民法院再审判决的意蕴》,载《人民司法》2021 年第 16 期,第 52-60 页。
⑩ 最高人民法院(2009)民申字第 268 号民事裁定书。
⑪ 《最高人民法院知识产权案件年度报告(2009)》。
⑫ 最高人民法院(2014)民提字第 38 号民事判决书。
⑬ 参见刘铁光:《〈商标法〉中商标使用制度体系的解释、检讨与改造》,载《法学》2017 年第 5 期,第 76-87 页;熊文聪:《商标合理使用——一个概念的检讨与澄清》,载《法学家》2013 年第 5 期,第 148-163 页;张德芬:《商标侵权中"使用"的含义》,载《知识产权》2014 年第 9 期,第 3-10 页;刘维:《论界定商标侵权使用行为的两步审查法》,载《北方法学》2015 年第 2 期,第 28-35 页;李士林:《商标使用:侵权先决条件》,载《法律科学》2016 年第 5 期;蒋万来:《商标使用的恰当定位与概念厘清》,载《政法论坛》2016 年第 3 期,第 176-184 页;冯术杰:《商标法原理与应用》,中国人民大学出版社 2017 年版,第 201-202 页。

本文作者认为,在侵害商标权的判定中,根据商标权人的请求并不需要首先判断被诉行为是否构成商标使用行为,应当在被诉侵权人提出相应的抗辩并举证后再判断被诉侵权人的非商标使用抗辩是否成立。如果将是否属于商标使用行为作为判断是否侵权的前提,将导致与混淆可能性的判断重复,并导致举证责任归属的矛盾。

首先,商标和标志,在商标法上是具有不同意义的概念。标志(Sign)是表明特征的记号,其所表征的内容及其广泛,商标(Trademark 或者 Mark)则是识别商品或者服务来源或者提供者的标志,即商标属于标志的一种,其仅表征商品来源。相应的,商标使用行为,就是让公众看到在商业上所使用的"标志"就能认识到其附载在商品或者与服务关联的事物上实际起到表明该商品或者服务来自某个提供者的作用,并能够与同种商品或者服务上表示其他提供者的其他标志相区别。

其次,在侵害商标权的判定中,是否属于商标使用行为的判定被混淆可能性的判定所吸收。混淆可能性,是指相关公众误认为被诉侵权的商品或者服务由注册商标权利人提供或者其提供者与注册商标权利人存在投资、许可、加盟或者合作等特定联系。因此,混淆的前提就是被诉侵权商标的识别功能出现错误,无论它的使用人在主观上是故意还是过失,它在相关公众那里并没有指向被诉侵权人,而是指向了注册商标权利人。如果先判断被诉侵权行为是否属于商标使用行为,那么就需要判断被诉侵权商标的使用让相关公众识别其商品来源于谁,如果来源于被诉侵权人则不侵权,如果来源于注册商标权利人则构成侵权,而这一判断与混淆可能性的判断是完全重合的。即在侵权案件中,不可能出现商标使用行为和混淆可能性判定结论相反的情况。

再次,判断被诉行为是否构成商标使用行为,也许指的是要判断被诉侵权标志是否发挥了识别商品提供者的功能,至于到底识别的是何种来源则属于混淆可能性判断的范围。但混淆可能性判断就需要综合考虑被诉侵权人使用的标志、实际使用的商品等因素才能作出,把其中"是否在商业活动中使用标志"单独拿出去"建构出"另一个商标使用的构成要件,完全没有必要。

最后,在侵害商标权判定中不需要将是否属于"商标使用"作为判定要件之一,并不意味着不需要进行判断。《商标法》第59条第一款规定了商标权人无权禁止他人的非商标性使用或者描述性使用行为,通常认为这属于被诉侵权人不侵权抗辩的一种类型——正当使用抗辩。民事侵权诉讼存在利益和主张相互对立的两造:原告和被告。原告主张被告的行为构成侵害商标权,被告通常的主张是其行为不侵权,法院的审判则是根据双方当事人的攻击防御方法次第展开。只有当原告的主张和证据能够得到初步证明和支持时,才进入审查被告的抗辩和证据能否得到支持的环节。如果在审理侵害商标权案件时,首先就被诉侵权行为是否属于商标使用行为进行认定,可能出现两种结果——被诉行为构成商标使用或者被诉行为不构成商标使用。无论结论如何,都是在被告尚未提出抗辩的情况下,对本应属于被告主张的内容进行审理——如果结论是前者,即构成商标使用,则被告可能提出的正当使用抗辩就变得毫无意义;如果结论是后者,即不构成商标使用,则是在被告没有抗辩的前提下,偏向被告作出认定——均违反程序公平的原则。而且这种做法也导致举证证明责任分配不明,即原告主张构成侵权的,应当举证证明被告的行为属于商标使用行为;被告抗辩构成正当使用的,应当举证证明其行为不属于商标使用行为,即针对是否属于商标使用行为这一事实或者评价,原告和被告均负有举证证明责任,在事实真伪不明时,分配举证证明责任就变得逻辑混乱而不可能。所以,在侵害商标权案件中,将是否属于"商标使用"作为判定是否侵权的前提要件在逻辑上存在矛盾。

　　如果仔细研究法院最初确定商标使用作为侵害商标权的前提,能发现其实质是对正当使用抗辩的强调。比如,前述辉瑞产品公司立体商标侵权案中,被诉侵权人提出非商标使用的抗辩,才导致最高人民法院的上述认定。《最高人民法院关于充分发挥知识产权审判职能作用推动社会主义文化大发展大繁荣和促进经济自主协调发展若干问题的意见》第22条是关于"妥善认定商标侵权抗辩,维护正当经营者的合法权益"的规定,其明确商标使用作为侵权条件是为了确定"被诉侵权人为描述或者说明其产品或者服务的特点而善意合理地使用相同或者近似标识的,可以依法认定为正当使用",这一抗辩主张。因此,从理论逻辑、司法政策和司法实践的本质来看,被诉侵权行为是否属于商标使用行为,应当是侵权抗辩的内容,而不是在侵权案件一开始首先要加以审理的对象或者要求原告首先证明的事项。⑭

　　"本田"案中,被诉侵权人在诉讼中提出其行为不属于商标使用行为的抗辩,再审判决予以否定,认为涉外定牌加工行为就是商标使用行为。对此不妨以商标使用行为的认定标准来评判其结论。定牌加工的过程如下:定作人提出要求、提供材料或者商标标识,承揽人接受工作、交付工作成果并收取加工费用,双方之间是承揽合同或者委托合同关系,属于商业活动当无异议。但无论贴牌生产原材料的所有权属于定作人还是承揽人,贴牌后的工作成果的所有权最终都归定作人所有,无论承揽人收取的是加工费,还是原材料费用,都与工作成果所有权的对价无关。基于涉外定牌加工的基本特征,承揽人按承揽合同约定完成的工作成果在交付给定作人之前不可能流入中国市场,因此在承揽人向定作人交付工作成果之前,该成果不具有在市场可以交易的属性,作为不特定人的相关公众此时根本无从接触该成果,因此不能将该成果认定为商品。⑮ 而且,承揽人持有工作成果并向定作人转移该成果,并没

---

⑭ 类似的论证,也可参见王太平:《论商标使用在商标侵权构成中的地位》,载《法学》2017年第8期,第112-122页。
⑮ 余晖:《涉外定牌加工行为定性及其对商标侵权判定的影响——以最高人民法院"PRETUL"案判决为视角》,载《中华商标》2016年第4期,第62-66页。

有以自己的意思、向市场销售为目的提供该成果,正是由于这一工作成果仅在承揽人和定作人之间流转,双方均明确知晓该成果的所有权归属,其上无论是否有商标都无法发挥识别来源的功能,因此工作成果的交付与表示商品来源的商标使用并无关系,不能因为定作人与承揽人之间的商业活动就简单认定定牌加工行为就是商标使用行为。⑯ 所以,即使从定牌加工行为是否属于商标使用行为角度去判断,也应当认可被诉侵权人关于非商标使用的抗辩。

"本田"案再审判决在判断被诉侵权行为是否是商标使用行为时,提出有三类相关公众能够接触到被诉侵权产品,被诉侵权标志从而在中国境内发挥识别商品来源的功能:一是被诉侵权产品的运输者;二是出国旅游、购物的中国消费者;三是面对回流进入中国的被诉侵权产品的消费者。⑰ 首先,这三类人群能否作为在中国注册商标的相关公众尚有待商榷;其次,相关公众的范围及其判断其实是混淆可能性判断的核心内容,尤其前述第二、第三类"消费者"的接触说的其实就是是否存在混淆可能性的问题,对此下文予以详述,在此仅对第一类运输者的接触加以评析。运输者和定牌加工的承揽人是一样的,其所提供的运输服务也是一种劳务,收取的也是付出劳务的对价,至于被运输的货物上是否有商标、有何种商标、表示了何种来源都与其所提供的运输服务无关,即使运输服务是商业活动,但将货物从甲地运到乙地的过程中货物上的商标并没有发挥识别来源的功能,因此在运输过程中也不存在商标使用行为。

综上,在侵害商标权案件中,不应将被诉侵权行为是否属于识别商品来源的商标使用行为作为判断是否侵权或者混淆可能性的前置条件,而应当将被诉侵权人对被诉侵权标志的使用情况纳入混淆可能性的判断之中,⑱ 在侵权认定初步成立后,再从被诉侵权人的非商标使用抗辩的角度加以评价;涉外定牌加工行为系在定作人和承揽人之间的活动,工作成果上的商标也没有发挥识别商品来源的功能,因此即使需要对是否属于商标使用进行认定,在侵害商标权案件中涉外定牌加工行为也不应认定为商标使用行为。

2. 混淆可能性的判断

混淆可能性的判断,在实践中有两种模式:一种是基于是否容易导致混淆来判断商品是否类似、商标是否近似,即存在混淆可能性的则构成类似商品、近似商标,从而构成侵权;⑲ 另一种是基于商品的类似程度、商标标志的近似程度、请求保护商

---

⑯ 参见我国台湾地区"经济部智慧财产局":《商标法逐条释义》,第12页。
⑰ 林广海、秦元明、马秀荣:《涉外定牌加工商标侵权的法律适用——兼谈"本田案"最高人民法院再审判决的意蕴》,载《人民司法》2021年第16期,第52-60页。
⑱ 刘孔中:《比较商标法》,台湾新学林出版股份有限公司2014年版,第363-364页。
⑲ 参见《最高人民法院关于审理商标民事纠纷案件适用法律若干问题的解释》第9条、第10条、第11条和第12条的规定。

标的显著性和知名程度、相关公众的注意程度等因素判断是否容易导致混淆,如果存在混淆可能则认定构成侵权。[20] 这两种模式的区别在于混淆可能性是原因还是结果。2013年《商标法》修改前,由于2001年《商标法》第52条关于侵害商标权行为判定中只规定了相同、类似商品和相同、近似商标,没有明确规定混淆可能性作为考虑因素,所以法院采取第一种模式。2013年《商标法》修改后在第57条第2项的侵权判断中加入混淆可能性的因素,尤其是2017年《最高人民法院关于审理商标授权确权行政案件若干问题的规定》第12条规定了第二种模式,并且最高人民法院认为,在其他商标授权确权行政案件中涉及混淆可能性判断的,也可以参照该条,[21] 从而在侵害商标权案件中似乎也可以采取第二种模式。

支持采取第一种模式的观点认为,商标近似和商标标志(符号)近似在商标法上并非同一概念,基于商标是标志(符号)、商品、区分来源三者合一的概念,商标近似是指因为使用在商品上的标志接近而容易导致来源的混淆,因此商标近似应当包含混淆可能性的因素。[22] 但是,这种观点忽略了"商标"概念内涵的变化。2013年《商标法》修改前,关于侵害商标权的规定中,只有相同、类似商品上使用相同、近似商标的内容。商标近似和标志近似的区分理论也产生于2013年《商标法》修改前,[23] 该理论只是为了解决仅比较商标标志的音、形、义就判定是否近似从而不适当地扩大或者缩小注册商标禁用权范围的困境,在当时的实践和理论环境中有其合理性。2013年《商标法》修改后,第57条第2项关于侵权的内容中又增加了"容易导致混淆"这一要素,假如仍然采取商标近似中包含混淆可能性的解释结论,由于"商标近似"与混淆可能性同时出现在该项规定中,如果不重新界定该项规定中各要素的内涵及其相互关系,就变成了在认定是否构成商标近似时需要考察一遍是否容易导致混淆,在认定相同、类似商品和相同、近似商标之外还要再考察一遍是否容易导致混淆,这明显是画蛇添足。[24]

《商标法》上关于"商标"一词有多重含义。商标的本义,是指识别商品或者服务来源或者提供者的标志,是标志、商品或者服务、提供者或者来源三元素的统一。同时,在《商标法》中,"商标"一词还可能仅指商标标志本身,而不包含商品及其提供者。比如,《商标法》第49条第一款中"商标注册人在使用注册商标的过程中,自行改变注册商标……的",这其中的"注册商标"实际说的是"注册商标标志"。典型区

---

[20] 参见《最高人民法院关于审理商标授权确权行政案件若干问题的规定》第12条。
[21] 宋晓明、王闯、夏君丽、董晓敏:《〈关于审理商标授权确权行政案件若干问题的规定〉的理解与适用》,载《人民司法·应用》2017年第10期,第35-43页。
[22] 汪泽:《民法思维与商标权救济》,商务印书馆2020年版,第125-126页。
[23] 尤以2002年公布的《最高人民法院关于审理商标民事纠纷案件适用法律若干问题的解释》为典型。
[24] 参见宋晓明、王闯、夏君丽、董晓敏:《〈关于审理商标授权确权行政案件若干问题的规定〉的理解与适用》,载《人民司法·应用》2017年第10期,第35-43页。

分商标与标志的是《商标法》第 24 条:"注册商标需要改变其标志的,应当重新提出注册申请。"基于商标与商标标志含义的不同、商标一词在《商标法》条文中具有多重含义、Trips 协议第 16 条确立的商标权人有权禁止他人使用"标志"(而不是"商标")可能造成混淆的规则,可以将第 57 条第 2 项中的"商标"或者"注册商标"都解释为"标志",基于标志的相同、近似地对比再考察是否容易导致混淆就变得顺理成章,而这正是前述第二种模式的操作方法。㉕《最高人民法院关于审理商标授权确权行政案件的规定》第 12 条也是将商标标志的近似程度、商品的类似程度以及请求保护商标的显著性和知名程度、相关公众的注意程度等均作为判断混淆可能性的考虑因素,并且强调这些因素之间可以互相影响。

混淆可能性的判断,是裁判者"模拟"自己站在相关公众的角度看待主张保护的商标权与被诉侵权行为,当认为相关公众在市场上施以一般注意力容易误认为被诉侵权商品来源于商标权人或者与商标权人有投资、许可、加盟或合作等特定联系时,则认定存在混淆可能,从而构成侵权。因此,混淆可能性判断的主体是相关公众。根据《最高人民法院关于商标民事纠纷案件适用法律若干问题的解释》第 8 条,相关公众是"与商标所标识的某类商品或者服务有关的消费者和与前述商品或者服务的营销有密切关系的其他经营者",也就是说,"相关公众包括两部分:一是与商标所标识的某类商品或者服务有关的消费者,也就是最终消费者;二是与商标所标识的某类商品或者服务的营销有密切关系的其他经营者"。㉖ 从相关公众的界定可以看出,决定相关公众范围的是特定的商品或者服务,这一群体对某领域的商品或者服务有一定的了解,对商标及其所代表的商品提供者没有特别的偏好,而且相关公众是通过市场来了解商品或者服务的商标或者提供者的信息,因此作为非终端消费者的相关公众也从事该类商品或者服务的市场经营活动,这就可以排除两部分人群:一是商品的运输者,二是定牌加工的承揽人。运输行业的从业者,并不特定于运输某类商品,更不可能特定于运输某一品牌的商品,即运输者并不参与某类商品的市场营销,如果将运输者定位为某类商品的相关公众,那么在认定商品类似的时候就要考虑所有的商品类别都与运输服务构成类似,这将会导致商标禁用权范围过宽,甚至侵入了其他注册商标专用权的保护范围,因此不宜将运输服务的提供者作为某一特定类别商品的相关公众。承揽人在提供劳务过程中关注的重点并不在品牌,他们也并非通过商品营销的市场来区别商品来源,不管是其仅作为某一特定品牌的加工商,还是为同类商品的不同品牌提供加工服务,从承揽人角度看,这些品牌对其并无

㉕ 类似的解决方案可参见冯晓青、夏君丽:《商标授权确权中的混淆可能性判断研究》,载《湖南大学学报》(社会科学版)2018 年第 11 期,第 146 页。

㉖ 蒋志培:《〈最高人民法院关于审理商标民事纠纷案件适用法律若干问题的解释〉的理解与适用》,载中国人大网 http://www.npc.gov.cn/zgrdw/huiyi/lfzt/qqzrfca/2008-12/18/content_1462612.htm。

识别商品来源的意义,其对商品的了解也远远超出相关公众及其一般注意力的要求,不宜纳入相关公众的范围。

如前所述,"本田"案再审判决将相关公众分为三个部分:一是被诉侵权产品的运输者;二是出国旅游、购物的中国消费者;三是面对回流进入中国的被诉侵权产品的消费者。对于运输者不应当包括在相关公众的范围内的理由已如前述。另外两类中国消费者也不应当算作相关公众。首先,在国外旅游、购物的中国人,当其在国外消费时,可以算作是国外市场的终端消费者,但相关公众的范围应当以中国境内为限,因为在中国注册的商标其仅在中国享有商标权,在国外识别出商品的来源甚至发生混淆,都是属于中国注册商标权利人无权控制的事项。因此,在国外购物的人,无论是中国人还是外国人,都不是中国注册商标权保护范围内需要考虑的相关公众。其次,对于定牌加工出口的产品又回流至国内的,已经不属于定牌加工行为,定牌加工行为在产品运出国境后已经完成,产品回流至国内属于商品的进口或者销售行为,应当另行评价,不应当在对定牌加工行为的判定中加以评价。最后,"本田"案中的被诉侵权产品是摩托车散件,即生产摩托车的零配件,这些产品很少会出现在终端市场上,消费者通常难以见到,而购买散件的人通常对摩托车有较深入的了解也难以纳入相关公众的范畴。

综上,定牌加工后的成果全部交付给定作人,除定作人和承揽人之外,在定牌加工关系中再无其他人能够接触到该工作成果;基于涉外定牌加工关系,该工作成果不会在中国市场销售、其他同类商品的经营者对此也无法接触到,因此中国法域内的相关公众没有对定牌加工成果的"商品来源"产生混淆的事实基础,因此从逻辑上说,涉外定牌加工行为不应认定为侵害商标权的行为。

(三)侵权行为人的确定问题

通常认为,定牌加工中委托人与加工人的关系属于《民法典》中的承揽合同关系。根据《民法典》第770条第二款,承揽包括加工、定作、修理、复制、测试、检验等工作。根据《民法典》第770条第一款规定,承揽人负责完成工作并交付工作成果,通常认为在承揽人将工作成果交付之前,对其占有的承揽工作成果承担相应的责任和风险。因定牌加工行为引发的侵害商标权的纠纷,基本都是在承揽人通过海关向定作人交付成果的过程中,被我国海关扣押而产生,此时如果认定构成侵权,通常是将侵权人认定为承揽人并判令其承担侵权责任。即在涉及定牌加工的侵害商标权案件中,将承揽人认定为在中国境内使用被诉侵权商标的人属于通常的做法,至于承揽人在被判决承担责任后,是否向定作人追偿(在构成共同侵权的情况下)或者根据合同请求定作人承担违约责任(如果有约定),则可以另案处理。"本田"案即是如此处理的,其被告是恒胜公司,再审判决认定他们是被诉侵权行为的责任主体,本案原告也没有起诉境外商标的权利人吴德孟昂及其美华公司,对美华公司和恒胜公司之间委托定作关系是否影响本案侵权责任也没有作出认定。

实践中还有一种做法是,认为承揽人的工作是为定作人的行为提供帮助,只有在定作人的行为被认定构成侵害商标权时,承揽人才可能构成帮助侵权。在我国最早的定牌加工"NIKE"商标侵权案中,原告美国耐克国际有限公司同时起诉了定作人西班牙塞得体育公司、承揽人浙江省嘉兴市银兴制衣厂和出口代理商浙江省畜产进出口公司,在认定构成侵害商标权之后,认定三者系基于意思联络的共同侵权人,判令定作人承担主要的侵权赔偿责任,并由其对承揽人和出口代理商所承担的赔偿责任承担连带责任。[27] 这种认定存在的困难或者问题在于:一是需要境外的定作人参加本案诉讼,目前看这种做法并不多见,也许是因为涉外送达程序繁杂,审限压力大所致;二是将定作人认定为主要侵权人或者直接侵权人就意味着承揽人的加工行为所产生的工作成果在尚未交付定作人时,定作人就应当承担相应的风险和责任,这与承揽合同的实践是不符的;三是《商标法》第57条第6项规定的帮助侵权行为要求主观状态是"故意"才可构成,通常承揽人不太可能明知是侵权而为定作人进行加工,在这种情况下让承揽人承担帮助侵权之责不符合法律的规定。

也许是看到让承揽人承担直接侵权或者间接侵权责任在理论上都有缺陷,实践中又出现了第三种做法,即认为定牌加工关系属于包含承揽在内的委托合同关系,定作人作为委托人对作为受托人的加工、代办出口等事务承担责任,因此当受托人的行为被起诉侵权时,应当由委托人承担侵权责任。比如,在涉及"USAPRO"商标定牌加工的撤销连续三年不使用注册商标案驳回再审申请裁定中,最高人民法院认为:"上海台宏公司(受托人、承揽人)是优赛普罗公司(委托人、定作人)的授权生产商,其受优赛普罗公司的委托在中国境内生产带有诉争商标的商品,上海台宏公司是优赛普罗公司具体生产行为的代理人,其……在国内以贴附等方式使相关商标标识附着于相关产品的行为仅为物理行为,其出口行为亦系为优赛普罗公司将相关商品销售至中国境外而为之;而对优赛普罗公司而言,其系通过上海台宏公司的物理加工行为进行生产行为和销售行为;对相关公众而言,此批产品的具体生产者和报关者为上海台宏公司,但商品的来源是优赛普罗公司,即商标权利人仍然是优赛普罗公司,优赛普罗公司享受该商标权带来的收益并承担相应的责任。因此,上海台宏公司仅是具体的生产者和报关行为的办理者,商标法意义上的商标使用主体是优赛普罗公司。"[28] "USAPRO"案再审裁定的表述有些问题,如将受托人"视为"委托人

---

[27] 参见广东省深圳市中级人民法院(2001)深中法知产初字第55号民事判决书。
[28] 最高人民法院(2018)最高法行申8135号行政裁定书。

的"代理人",因为根据《民法典》第161条关于"代理"的规定,代理人实施的是民事法律行为[20],而定牌加工中受托人所从事的事务并非法律行为,而更多的是事实行为。但是,如果对"USAPRO"案裁定的论理做合理化的解释,可以认为最高人民法院在"USAPRO"案所确定的"代理",实际指的是委托合同关系中由委托人承担受托人在办理受托事务中的风险和责任的情形,这就能够对应到定牌加工中受托人负责生产、加工约定的产品、该产品的所有权属于委托人并由受托人代为从事出口通关事务这些委托事务上来。

本文倾向赞同第三种做法,理由如下。第一,定牌加工行为之所以产生是否构成侵害商标权争议在于,国内商标注册人与境外委托人之间的商标"权利"冲突,如果能够让双方在侵害商标权案件中直接对抗,则有利于确定商标权及其行使的正当性;如果国内注册人系恶意注册商标、境外委托人系真正权利人,则可以根据在案证据直接驳回诉讼请求;如果境外委托人系在境外对国内注册人的恶意注册再委托国内加工商生产,则可以通过认定构成侵权来制止侵权产品的扩散;如果国内注册人和境外委托人之间并无关联,仅因商标法的地域性导致在我国内外商标权归属不同,则不应当把侵权责任归到受托人身上,令其承受本不应当由其承受的负担。第二,如果仅以受托人为被告,对于前述关于商标权归属及其正当性方面的事实可能无法查清,而且将受托人作为承担侵权责任的主体也不符合责任承担的比例原则。因为,受托人接受委托进行加工生产并代为办理出口通关手续,仅收取加工费,最多还有一定的服务费,其对制成品不享有所有权,风险与责任均由委托人承担,结果在发生侵害商标权诉讼后却由其承担全部侵权行为的责任,其所获得的利益与所承担的风险和损失相差较大。虽然委托合同可能会约定在加工产品侵权而由受托人先行承担责任的情况下,受托人可以向委托人追偿,但是受托人通常处于合同的弱势地位,即使有如此约定,为了维持长期的委托关系,也难以实际向委托人提出请求,最终还是由其承担侵权责任。第三,前述第二种帮助型共同侵权模式并不适用定牌加工行为。帮助侵权通常包括帮助行为和直接加害行为两种,但是在定牌加工中,仅有作为帮助人的受托人的帮助行为——定牌加工行为,而没有直接加害行为,或者说直接加害行为尚未发生,处于侵权之虞的状态。但是,委托人收到加工成品后在其所处国家内进行销售是不构成侵权的,因为其在所属国有注册商标,而且该行为也是中国商标法基于地域性无权予以评价的,如果没有直接加害行为,就定义帮助行为构成侵权则不合逻辑。所以认定属于委托合同关系,由委托人承担侵权责任是相对合理的做法。

---

[20] 《民法典》第161条第一款:民事主体可以通过代理人实施民事法律行为。

(四)类案同判与法律政策考量

1. 类案同判

我国属于以制定法作为法律渊源的国家,案例或者判例不属于法律渊源,也就不具有普遍的法律拘束力。2010 年,最高人民法院发布《关于案例指导工作的规定》,确定了对全国法院审判、执行工作具有指导作用的指导性案例由最高人民法院统一发布、各级法院审判类似案例时"应当参照"的制度。2017 年,最高人民法院发布的《最高人民法院关于落实司法责任制完善审判监督管理机制的意见(试行)》又指出:各级法院"在完善类案参考、裁判指引等工作机制基础上,建立类案及关联案件强制检索机制,确保类案裁判标准统一、法律适用统一"。2020 年,最高人民法院又发布了《关于完善统一法律适用标准工作机制的意见》《关于统一法律适用加强类案检索的指导意见(试行)》等文件,除了重申指导性案例的参照效力、加强类案裁判标准统一外,还明确了类案的界定,"是指与待决案件在基本事实、争议焦点、法律适用问题等方面具有相似性,且已经人民法院裁判生效的案件",并提出"司法指导性文件、典型案例对于正确适用法律、统一裁判标准、实现裁判法律效果和社会效果统一具有指导和调节作用"。

在"本田"案再审判决作出之前,最高人民法院已经作出两件涉外定牌加工侵害商标权的案件,即"亚环"案和"东风"案。③ "本田"案与之前裁判的两个案件在裁判理由与结果上均相反,尤其是"亚环"案作为典型案例还收录于《最高人民法院知识产权案件年度报告(2015)》中,这是在最高人民法院知识产权审判部门自发布 2008 年的年度报告以来,迄今唯一一件收录于年度报告的裁判规则被之后最高人民法院的裁判推翻的案件,由此引发了业界对最高人民法院在"本田"案中是否遵循类案同判要求的怀疑。也许是为了回应业界的质疑,"本田"案再审合议庭成员撰文阐释"本田"案的裁判思路时,专门对比了"本田"案和"亚环"案的异同,认为两案存有两个重要差异:一是"亚环"案中请求保护的中国商标知名度不高、注册时间晚于境外委托人的商标、两个商标完全相同、中国商标注册人有抢注之嫌;而"本田"案请求保护商标知名度高,注册时间也早于境外委托人。二是"亚环"案中的被诉侵权产品完整使用了境外委托人的商标,而本案恒胜公司加工的被诉侵权产品上的商标与境外委托人的商标有区别,更接近本田公司请求保护的商标。

在探讨类案同判规则之前,首先需要确定何为类案。如果将前后两案事实细节均纳入考量,自然会得出"世界上找不到两片完全相同的树叶"的结论,也就没有任

---

③ "东风"案,指的是最高人民法院(2016)最高法民再 339 号上海柴油机股份有限公司诉江苏常佳金峰动力机械有限公司侵害商标权案,该案并非任何意义上的典型案例,故在本文不作讨论。

何类案可言。学者对类案的识别提出若干标准，[31]但是根据《关于统一法律适用加强类案检索的指导意见（试行）》，类案的识别，集中于基本事实、争议焦点、法律适用这三个方面。涉外定牌加工侵害商标权案件，在法律适用方面都需要适用侵权损害赔偿请求权和绝对权请求权规范，争议焦点都涉及两个方面的问题——被诉侵权行为是否属于商标使用行为、是否容易导致混淆，因此可能存在的差异也就在基本事实部分，"本田"案再审合议庭称为"要件事实"。要件事实，是民事诉讼法上的概念，它是指与发生某一法律效果（权利的发生、妨碍、消灭、限制）所必要的法律要件构成要素相对应的具体事实，也称主要事实、直接事实、基本事实。[32] 也就是说，要件事实是与权利发生规范、权利妨碍规范、权利消灭规范、权利限制规范规定的构成要件相对应的主要事实，不考虑细枝末节。前面已经提到侵权损害赔偿请求权和绝对权请求权规范，在侵害商标权案件中主要就是指《民法典》第 1165 条第一款规定的那些构成要件所对应的事实。本文前面也已经详细分析了两个重要的、基于事实的评价[33]——是否属于商标使用行为、是否容易导致混淆。

基于民事诉讼法关于要件事实的理论，"本田"案再审合议庭所列举的"本田"案和"亚环"案在"要件事实"上两个重要差异或者属于侵权抗辩内容或者涉及商标使用判断中的细节，都不属于侵权损害赔偿请求权构成要件事实的范畴。首先，"本田"案二审判决的理由与"亚环"案的理由基本相同，说明两案要件事实是类似的。其次，对于"亚环"案的中国商标注册人有抢注之嫌的"事实"，"亚环"案再审判决并未加以认定，而是以境外委托人没有参加诉讼、提出如此抗辩为由未予支持，而且即使确属抢注，通常是根据指导案例 82 号确立的裁判规则[34]，驳回商标权利人的侵权主张，根本无须考察被诉侵权人的行为性质。也就是说，指导案例 82 号针对的是被告提出的请求权不成立抗辩中原告主张的权益不存在这一理由，而定牌加工行为不属于商标使用行为或者不会造成混淆则针对的是请求权不成立抗辩中被告行为不满足加害行为的构成要件这一理由，这两个理由针对的侵权行为构成要件是不同的，不能混为一谈。再次，商标的使用是识别商品提供者的商标标志的使用，是否使用与商标注册的早晚、商标使用是否可能有恶意、商标使用的形态无关，只要使用人具有用该商标标志表明商品提供者的主观意图，其行为又足以使相关公众认识到该

---

[31] 参见孙海波：《重新发现"同案"：构建案件相似性的判断标准》，载《中国法学》2020 年第 6 期，第 262-281 页。
[32] 许可：《侵权责任法要件事实分析》，人民法院出版社 2018 年版，第 4-11 页。
[33] 关于事实与评价，其区分标准在于社会一般观念，"如果对某一事项依一般社会观念都能得出相同或者相似的印象，则可以将之作为事实问题处理；相反，如果属于不同的人会得出不同印象的事项，则应作为评价问题处理。诉讼中主张和证明的对象是事实，而非评价，因此某一事项属于评价事项时，应将其基础事实（根据事实）作为主张和证明的对象。"参见许可：《民事审判方法：要件事实引论》，法律出版社 2009 年版，第 24 页。
[34] 指导案例 82 号：王碎永诉深圳歌力思服饰股份有限公司、杭州银泰世纪百货有限公司侵害商标权纠纷案，其裁判要点为：当事人违反诚实信用原则，损害他人合法权益，扰乱市场正当竞争秩序，恶意取得、行使商标权并主张他人侵权的，人民法院应当以构成权利滥用为由，判决对其诉讼请求不予支持。

标志表明了商品提供者，发挥和起到了识别商品来源的功能和效果，那就可以认定构成商标使用。国内外不同主体商标注册时间不同是商标法地域性的具体体现，地域性是知识产权的基本特性，也是本案再审判决明确支持的，因此注册时间早晚、实际使用形态的差异并不是否定商标是否使用的理由。最后，"本田"案再审合议庭提及的国内外不同主体商标注册时间的差异以及实际使用商标标志形态的差异，是以此为由来说明被诉侵权人或者国外定作人在使用或者注册被诉侵权商标时有恶意。但这一理由与是否构成商标使用无关，涉及的是混淆可能性判断中一个参考因素——被诉侵权人的主观意图。而"本田"案再审判决中根本不存在被诉侵权人或者国外定作人有恶意的事实和认定，"本田"案再审合议庭实际是用裁判中没有认定的事实来为其裁判的正当性进行辩护。

综上，"本田"案在要件事实、争议焦点、法律适用方面与之前的"亚环"案非常接近，但在没有特别明确理由的前提下，最高人民法院未遵循已经成为典型案例的"亚环"案所确立的裁判规则，反而在解读"本田"案时指出，"东风案""亚环案"和"本田案"并非能够毫无疑义地被认定为中国指导性案例制度意义上的类似案件，"本田案"裁判规则未遵循在先的"亚环案""东风案"，也就没有违背同案同判规则，更不存在裁判标准不统一的情况。⑤ 这一解读貌似重申只有指导性案例才具有"应当参照"的法定拘束力，却实际上否定了最高人民法院"建立健全最高人民法院指导性案例、公报案例、典型案例等多位一体的知识产权案例指导体系，充分发挥司法裁判的指引示范作用"促进知识产权高质量发展⑥的要求，破坏了多年来形成的、遵循年度报告所确定裁判规则的默示规则，也可能使公众对最高人民法院裁判的权威性有所质疑。就算"本田"案再审裁判结果是正确的，该裁判及其合议庭解读的"副作用"也是极大的。

2. 比较法与法律政策

虽然上文从逻辑上、理论上论证了定牌加工行为不应当认定构成侵害商标权行为，但从政策上考量，将其"视为"侵害商标权的行为也并非不可能。这一点在比较法上也能得到证实。

Trips协议仅规定各国司法机关、海关有权阻止侵害知识产权的"进口"货物进入其管辖范围内的商业渠道（第44条第1款、第50条第1款、第51条），对出口行为并未加以规定。但是，各个国家和地区基于自己的市场环境、对外贸易情况在本国或者本地区的"立法"中大多将出口行为也纳入侵权规制的范畴。比如，日本《商

---

⑤ 林广海、秦元明、马秀荣：《涉外定牌加工商标侵权的法律适用——兼谈"本田案"最高人民法院再审判决的意蕴》，载《人民司法》2021年第16期，第52-60页。
⑥ 《最高人民法院关于加强新时代知识产权审判工作为知识产权强国建设提供有力司法服务和保障的意见》，最高人民法院2021年10月29日发布。

标法》第 37 条规定的"视为侵害商标权或专有使用权"中就有"以转让、交付或出口为目的,持有指定商品或者与指定商品或指定服务相类似的商品或其商品包装上贴附注册商标或近似商标之物品的行为"。德国《商标和其他标志保护法》第 14 条第 2 款规定:"……(2)未经商标所有人同意应禁止第三方在商业活动中使用……2. 在与受保护的商标所使用的同种或类似商品或服务上,与该商标相同或者近似的任何标志,并且在相关公众中存在混淆的可能性,包括该标志与该商标之间产生联系的可能";第 3 款进一步规定:"如果达到了第(2)款所述的必要条件,尤其应当禁止下列行为……4. 以该标志进口或出口商品……"英国《商标法》第 10 条关于"注册商标的侵权"规定中特别规定了"本条所述的标记的使用,尤其是指某人……(c)进口或出口带有此标记的商品……"

从上述规定可以看出,各个国家和地区对于定牌加工行为的定性并不一致。日本、德国、英国属于定牌加工产品的输入国,出口定牌加工产品的行为相对少很多,但是仍然规定出口和进口一样都构成对商标权的侵害,尤其是日本的前述规定,以转让、交付或者出口为目的地持有产品都"视为"是侵权行为,就将定牌加工的所有环节都纳入国内法予以规制;英国则将出口或进口行为均规定为侵害商标权中的"标记的使用",即通过认定属于商业使用行为来禁止在相同、类似商品上对相同、近似商标的定牌加工。

值得注意的是我国台湾地区的"商标法",其在第 5 条规定:"商标之使用,指为行销之目的,而有下列情形之一,并足以使相关消费者认识其为商标:(一)将商标用于商品或其包装容器。(二)持有、陈列、贩卖、输出或输入前款之商品……"其"官方解释"特别指出:"受外国商标权人委托制造之代工者,纯为制造产品回销外国,仅受委托人指示完成标示商标的商品并交货予委托人,且产品亦无流入国内市场,因代工者并无以自己之意思于市场行销之目的,自非该商标之使用人"[37]我国台湾地区和大陆有一个共同点就是都存在大量的代工厂商,但是台湾地区的"商标法"以承揽人并非商标使用人为由不认为承揽人的定牌加工行为构成侵权,对于当地的代工行业给予了较强保护。"本田"案再审判决将定牌加工行为确定为商标使用行为、将承揽人作为商标使用人认定其构成侵权并判令赔偿损失,则体现了另一种政策考量。"本田"案再审合议庭的解读文章中指出了其所基于两方面的政策考虑:第一,如果对涉外定牌加工行为不认定为侵权,会给我国优秀的民族品牌带来冲击,最终会给中国的国际贸易形象带来损害。第二,在国内高质量发展要求和国际贸易保护主义抬头的大背景下,行业转型不可避免,相关商标侵权认定的司法政策必须改变或者调整。[38]

---

[37] 参见我国台湾地区经济部智慧财产局:《商标法逐条释义》,第 12 页。
[38] 林广海、秦元明、马秀荣:《涉外定牌加工商标侵权的法律适用——兼谈"本田案"最高人民法院再审判决的意蕴》,载《人民司法》2021 年第 16 期,第 52-60 页。

但是,"本田"案再审判决的这两个政策考量恐怕都是站不住脚的。首先,涉外定牌加工涉及的是我国和境外两个不同商标主体之间权利分配问题,中、外两个权利主体并非当然地可以区分为"优秀的民族品牌"和外国品牌两种,还有真正的权利人和恶意注册的外国/中国品牌、同一品牌在不同国家的权利主体在我国境内的较量等类型,而且从目前已经发生的定牌加工类案件来看,涉及我国"优秀的民族品牌"保护的案例反而是少数。其次,我们国家现在确实是在经历经济转型和升级,但追求高质量发展,并不必然意味着代加工行业这种所谓"低端"行业就要被取消,这需要通过行业的自主选择进行转型而不是依靠司法判例进行逼迫和打压。即使在"追求高质量发展"的当下,我国多个自贸试验区规划仍都强调发展出口加工业。比如,福建自贸区的"深化改革开放方案"(以下简称"深改方案")提出建立"新型加工贸易监管模式";天津、广东自贸区的"深改方案"强调生产加工企业的发展与监管;《海南自由贸易港建设总体方案》也专门规划发展"生产加工",因此对定牌加工"一棍子打死"的做法显然不符合相关产业的长期战略规划。[39] 最后,《民法通则》第 6 条虽然将政策列为民事法律渊源之一,但是随着民事立法的发展和完善,政策的适用空间越来越受到限制,之后的《物权法》《侵权责任法》《民法总则》《民法典》均已不再将政策作为法律渊源之一,至多仅可作为法院裁判时可以酌情参考的资料。[40] 同时,"行业转型"的政策也不能成为放弃现有加工业模式的理由,因为定牌加工或者涉嫌侵害商标权的定牌加工仅是现有加工业的一个并不重要的"副产品"而已,如果要认定定牌加工行为构成侵权,合理的选择应该是像其他国家和地区一样修改现行法律,但从"本田"案再审判决及其解读来看,最高人民法院并没有将所有的涉外定牌加工行为都认定为侵权的意图,只是反对将该行为"固化"为非商标使用从而不侵权的结论。在"本田"案之后,上海知识产权法院处理的另一起定牌加工案通过调解结案时,也在调解书中确认涉外定牌加工行为不侵害国内注册商标专用权,[41]也说明政策因素在涉外定牌加工侵权案件中并没有特别突出的影响。

(五)结语

定牌加工行为是否侵害商标权的问题,实为考察侵害商标权相关请求权规范构造及其解释适用的典型事例。通过本文的分析可以得出如下结论:

第一,商标权系民事权利的一种,在《民法通则》《民法总则》《民法典》中均有明确的规定,侵害商标权行为及其责任的判定自然也要遵循《民法通则》《侵权责任法》

---

[39] 杨鸿:《主体区分视角下定牌加工侵权判定的合理路径》,载《法学》2021 年第 9 期,第 121 页。
[40] 李宇:《民法总则要义:规范释论与判解集注》,法律出版社 2017 年版,第 72-73 页。
[41] 何放、丁宪杰等:《境外 OEM 是否侵权再添重要新例》,载"知产力"微信公众号 2021 年 10 月 21 日 https://mp.weixin.qq.com/s/HBLi9MbteTl8qymABIPHXg。

《民法典》的规定。《民法典》是由全国人民代表大会制定的民事基本法律,而《商标法》是由全国人民代表大会常务委员会制定的法律,两者位阶不同,《商标法》并不具有相较于《民法典》的优先适用效力。[42] 从请求权基础规范的分布来看,《商标法》的相关规定也只能作为《民法典》相关侵权请求权规范的辅助规范适用,这是首先需要强调的。

第二,被诉侵权行为是否属于商标使用行为并非判断是否构成侵害商标权的前提,而是不构成侵害商标权的抗辩理由之一。《商标法》第57条第1项和第2项中"使用与其注册商标相同的商标""使用与其注册商标近似的商标"或者"使用与其注册商标相同或者近似的商标"的规定中的"商标"均是指"标志",并无指示商品或者服务来源的含义,后者是通过"容易导致混淆的"规定来实现的。

第三,侵害商标权意义上的相关公众是在一国法域内可能通过商标来识别商品或者服务的提供者的消费者和相关经营者,其对商标、商品或者服务,乃至整个行业的了解仅具一般性,从而排除了那些深入了解相关行业和品牌或者对此无须了解的相关消费者和经营者以及在该国法域外接触相关品牌的消费者和经营者。定牌加工行为,根据其性质,在加工成果运送至国/境外前,不存在相关消费者,相关经营者也不需要通过商标识别来源,因此该行为不构成侵害商标权。

第四,类案的认定需要通过要件事实,在定牌加工类案件中就是侵害商标权的请求权构成要件所指向的主要事实方面相同才能认定属于类案,次要事实或者某些特殊因素的差异不能得出不予参照类案的结论。在逻辑上或者解释上无法认定涉外定牌加工行为构成侵害商标权的,不能因为抽象的政策因素改变其结论,适宜的方式是通过修改现行法律将定牌加工行为纳入侵害商标权所规制的范围。

The Determination of Trademark Infringement in Foreign-related OEM
——Comment on the Retrial Judgment of the Supreme People's Court in the Honda Case

Zhong Ming

Abstract: There has been a long-standing dispute over whether the foreign-related OEM constitutes an infringement of trademark right. From the perspective

---

[42] 参见《立法法》第7条第二款和第三款。

of the normative structure, interpretation and application of basis for infringement claims of trademark rights, whether the alleged infringement belongs to trademark use is not the premise to judge whether it constitutes infringement of trademark rights, but one of the defenses that do not constitute infringement of trademark rights. Before transported abroad or overseas, there are no relevant consumers and relevant operators do not need to identify the source through the trademark for the products of the foreign-related OEM. Therefore, the foreign-related OEM does not constitute an infringement of the trademark right. The standard of similar cases lies in whether the ultimate facts are the same, and the ultimate facts of OEM cases are the same. If judgment changing the conclusion of precedents should explain its reasons in more detail. When it cannot be determined logically or interpretively that the foreign-related OEM constitutes infringement of trademark rights, the conclusion cannot be changed because of abstract policies. The appropriate way is to modify the current law to bring OEM into the scope regulated by infringement of trademark rights.

Keywords: Legal basis of claims; Defense; Use of trademark; Likelihood of confusion; OEM(Original Equipment Manufacturer)

附：中华人民共和国最高人民法院
行政判决书*

（2022）最高法行再 312 号

再审申请人（一审原告、二审上诉人）：本田技研工业株式会社。住所地：日本国东京都港区南青山 2-1-1。

代表人：仓石诚司，该社副社长。

委托诉讼代理人：米泰，北京市万瑞律师事务所律师。

委托诉讼代理人：胡晓霞，北京市万瑞律师事务所律师。

被申请人（一审被告、二审被上诉人）：国家知识产权局。住所地：中华人民共和国北京市海淀区蓟门桥西土城路 6 号。

法定代表人：申长雨，该局局长。

委托诉讼代理人：马霄宇，该局审查员。

再审申请人本田技研工业株式会社（以下简称本田技研）因与被申请人国家知识产权局商标申请驳回复审行政纠纷一案，不服中华人民共和国北京市高级人民法院（2019）京行终 2127 号行政判决，向本院申请再审。本院于 2021 年 12 月 6 日作出（2021）最高法行申 1859 号行政裁定，提审本案。提审后，本院依法组成合议庭审理了本案，本案现已审理终结。

本田技研申请再审称，国家知识产权局已于 2020 年 1 月 16 日针对引证商标作出撤销决定，撤销引证商标在全部核定使用商品上的注册，2020 年 5 月 20 日，国家知识产权局在 1696 期商标公告中公告撤销引证商标，引证商标不再构成本案诉争商标的在先权利障碍。故请求撤销一审、二审判决和被诉决定，判令国家知识产权局就诉争商标重新作出复审决定。

国家知识产权局提交意见称，二审判决作出之时，引证商标仍为有效商标。另查明，引证商标现已被撤销公告。

中华人民共和国北京知识产权法院一审查明：

一、诉争商标

1. 申请人：本田技研。
2. 申请号：18872248。

3. 申请日期：2016年1月13日。

4. 标识：HONDA MARINE

5. 指定使用商品（第4类、类似群0401-0402）：发动机油；传动带用润滑油；润滑油等。

二、引证商标

1. 注册人：广州市巧美化妆品有限公司。

2. 注册号：13181323。

3. 申请日期：2013年9月3日。

4. 专用权期限至2025年3月27日。

5. 标识：MARINE 深海之谜

6. 核定使用商品（第4类、类似群0401-0403；0406）：工业用油；油漆用油；润滑油等。

三、被诉决定

商评字[2017]第89099号关于《18872248号"HONDAMARINE"商标驳回复审决定书》。

被诉决定作出时间：2017年7月17日。

被诉决定主要内容：诉争商标构成《中华人民共和国商标法》（以下简称商标法）第三十条所指情形，驳回诉争商标在复审商品上的注册申请。

四、其他事实

本田技研在一审庭审过程中明确表示对被诉决定作出的程序、被诉决定关于商品类似的认定均不持异议，并向法院提交了船用润滑油在百度百科中的介绍、在先的"HONDA"商标的注册信息及相关的宣传使用证据等以支持其诉讼请求。

上述事实，有诉争商标和引证商标档案、行政阶段相关材料及当事人陈述等证据在案佐证。

一审法院认为，商标法第三十条规定："申请注册的商标，凡不符合本法有关规定或者同他人在同一种商品或者类似商品上已经注册的或者初步审定的商标相同或者近似的，由商标局驳回申请，不予公告。"

商标近似,是指商标文字的字形、读音、含义或者图形的构图及颜色,或者其各要素组合后的整体结构相似,或者其立体形状、颜色组合近似,易使相关公众对商品的来源产生误认或者认为其来源与注册商标的商品有特定的联系。本案诉争商标与引证商标均包含"MARINE",二者在文字构成、含义等方面相近,构成近似商标,共存在同一种或类似商品上易造成混淆误认,诉争商标与引证商标构成使用在同一种或类似商品上的近似商标,属于商标法第三十条所指的情形。

此外,现有证据不足以证明本田技研在先商标经使用具有较高知名度,从而可以与引证商标相区分,亦不足以证明诉争商标经使用已经与其形成稳定对应关系,从而可以与引证商标相区分。

一审法院判决:驳回本田技研的诉讼请求,案件受理费一百元,由本田技研负担(已交纳)。

本田技研不服,向中华人民共和国北京市高级人民法院提起上诉,请求撤销一审判决及被诉决定。其主要上诉理由是:第一,在引证商标申请日之前,"HONDA"商标基于大量、广泛的使用已具有极高的知名度,形成了稳定的市场秩序,并为相关公众所熟知。诉争商标由文字"HONDA"和"MARINE"上下两部分构成,相关公众见到诉争商标,首先会将诉争商标与本田技研联系,不会导致相关公众误认为诉争商标来源于引证商标权人。第二,本案诉争商标的注册不会对引证商标的显著性产生影响,相关公众见到诉争商标,不会将引证商标与本田技研联系,或误认为引证商标权利人即为本田技研,从而对商品来源产生混淆误认。第三,诉争商标经本田技研实际使用,已经与本田技研形成稳定对应关系,从而可以与引证商标相区分。

国家知识产权局服从一审判决。

二审法院审理查明,本田技研在一审庭审过程中明确表示对被诉决定作出的程序、被诉决定关于商品类似的认定均不持异议,并向法院提交了船用润滑油在百度百科中的介绍、在先的"HONDA"商标的注册信息及相关的宣传使用证据等以支持其诉讼请求。

上述事实,有诉争商标和引证商标档案、行政阶段相关材料及当事人陈述等证据在案佐证。

二审法院认为,商标法第三十条规定:"申请注册的商标,凡不符合本法有关规定或者同他人在同一种商品或者类似商品上已经注册的或者初步审定的商标相同或者近似的,由商标局驳回申请,不予公告。"

商标近似,是指商标文字的字形、读音、含义或者图形的构图及颜色,或者其各要素组合后的整体结构相似,或者其立体形状、颜色组合近似,易使相关公众对商品的来源产生误认或者认为其来源与注册商标的商品有特定的联系。本案诉争商标与引证商标均包含"MARINE",二者在文字构成、含义等方面相近,构成近似商标,共存在同一种或类似商品上易造成混淆误认,诉争商标与引证商标构成使用在同一种或类似商品上的近似商标,属于商标法第三十条所指的情形。

此外,现有证据不足以证明本田技研在先商标经使用具有较高知名度,从而可以与引证商标相区分,亦不足以证明诉争商标经使用已经与其形成稳定对应关系,从而可以与引证商标相区分。

二审法院判决:驳回上诉,维持原判。一审、二审案件受理费各一百元,均由本田技研负担(均已交纳)。

本院再审查明,国家知识产权局于2020年5月20日发布的第1696期商标公告对引证商标指定的全部商品及服务项目予以撤销公告。

本院认为,人民法院审理商标授权确权行政案件的过程中,国家知识产权局对诉争商标予以驳回、不予核准注册或者予以无效宣告的事由不复存在的,人民法院可以依据新的事实撤销国家知识产权局相关裁决,并判令其根据变更后的事实重新作出裁决。本案中,被诉决定作出之时,引证商标为有效注册商标,诉争商标与引证商标构成类似商品上的近似商标。国家知识产权局据此作出被诉决定,并无不当。被诉决定生效后,出现了新的事实,即引证商标已被撤销。国家知识产权局对诉争商标予以驳回的事由不复存在,其应根据变更后的事实重新作出决定。故本案一审、二审行政判决及被诉决定均应撤销。

依照《中华人民共和国行政诉讼法》第七十条、第八十九条第一款第(二)项、《最高人民法院关于适用〈中华人民共和国行政诉讼法〉的解释》第一百一十九条第一款、第一百二十二条的规定,判决如下:

一、撤销中华人民共和国北京市高级人民法院(2019)京行终2127号行政判决;

二、撤销中华人民共和国北京知识产权法院(2017)京73行初9186号行政判决;

三、撤销国家知识产权局商评字[2017]第89099号关于《第18872248号"HONDAMARINE"商标驳回复审决定书》;

四、由国家知识产权局就第18872248号商标重新作出决定。

一审、二审案件受理费二百元,由本田技研工业株式会社负担。

本判决为终审判决。

审判长 秦元明
审判员 马秀荣
审判员 吴 蓉
二〇二二年三月二十四日
法官助理 曾 志
书记员 张晨祎

著作权篇

翻译说明

人工智能生成物的著作权保护

——评腾讯公司诉盈讯公司侵害著作权及不正当竞争纠纷案

李明德[*]

摘要：依据知识产权保护的基本原理，只有自然人创作的作品才可以获得著作权保护。计算机软件生成的材料，包括人工智能生成的材料，不属于著作权法意义上的作品。深圳市南山区法院认定，本案所涉及的文章是由原告的主创团队运用"Dreamwriter"软件完成的，属于著作权法意义上的作品；被告未经许可而使用涉案作品，构成侵权。本文认为，涉案作品虽然属于自然人的表达，但不具有著作权法所要求的独创性，因而不应当获得著作权保护。

关键词：自然人；作品；表达；独创性；著作权

一、基本案情[①]

（一）基本事实

本案的原告是深圳市腾讯计算机系统有限公司，开发了一款名为"Dreamwriter"的软件，于2015年8月20日完成创作，并于2019年5月9日获得软件著作权登记证书。"Dreamwriter"软件属于智能写作软件，可以在人工操作下，利用相关的数据库从事智能写作。2015年以来，原告主持创作的人员利用"Dreamwriter"软件，撰写了大量的文章，每年约30万篇左右。就本案而言，原告于2018年8月20日在腾讯证券网发表了一篇题为《午评：沪指小幅上涨0.11%报2671.93点、通信运营石油开采等板块领涨》的文章。这篇文章虽然是由原告的创作人员利用"Dreamwriter"智能软件完成，但却在文章末尾注明"本文由腾讯机器人Dreamwriter撰写"。

---

[*] 本文作者：李明德，中国社会科学院知识产权中心名誉主任，中国法学会知识产权法学研究会常务副会长。
[①] （2019）粤0305民初14010号。

本案的被告是上海赢讯科技有限公司,开办了一个"网贷之家"的网站。根据案情,就在原告发表《午评》文章的当天,被告未经许可,在其网站上转载了涉案文章。当原告发现被告未经许可的转载之后,于 2019 年 5 月向深圳市南山区法院提起诉讼。然而在庭审中,被告已经在其网站上删除了涉案文章。

原告在诉讼中主张,涉案文章系由原告主持,代表原告意志创作,并由原告承担责任,其著作权应当归原告所有。被告未经许可,在其网站上复制原告的文章,并且在信息网络上传播,侵犯了原告的著作权,包括复制权和信息网络传播权。原告还主张,自己对于财经报道内容的高效产出是通过一系列创造性劳动所形成的,具有一定的竞争优势。被告未经智力劳动创作,直接复制涉案文章,用于被告网站,以获取网络流量,攫取竞争利益,违背了诚实信用原则和公认的商业道德,扰乱了财经媒体市场竞争的公平秩序,构成了不正当竞争。由此出发,原告依据《著作权》和《反不正当竞争法》的相关规定,要求被告停止侵权、支付损害赔偿,以及消除影响和支付合理的维权开支。

(二)判决要旨

法院在判决中认定,涉案文章属于《著作权法》规定的文字作品,构成法人作品,原告享有相应的著作权。被告未经许可复制原告的文章,在其"网贷之家"网站上向公众提供,侵犯了原告的信息网络传播权,应当承担停止侵权和支付损害赔偿的责任。法院还认为,在认定被告侵犯著作权,并依据《著作权法》给予相应民事救济的情况下,没有必要再依据《反不正当竞争法》给予原告民事救济。与此相应地,法院驳回了原告关于被告构成不正当竞争的诉讼请求。

关于著作权侵权,法院主要讨论了涉案文章是否构成文字作品,是否构成法人作品,以及被告是否侵犯了原告的著作权。

1. 涉案文章是否构成文字作品

法院在判决中说,按照我国《著作权法》第 3 条,受到保护的作品包括文字作品。文字作品是指小说、诗词、散文、论文等以文字形式表现的作品。作品是文学艺术和科学领域内具有独创性的表达。法院认为,涉案文章是一篇综述性文章,属于文学领域中的表达,具备可复制性。与此相应地,涉案文章是否构成文字作品,关键在于涉案文章是否具有独创性。

首先,涉案文章是否具有独创性,应当从是否独立创造的角度,以及在表现形式上是否与已有作品存在一定的差异进行判断。或者说,涉案文章与已有作品相比,是否具有最低限度的创造性。法院认为,涉案文章是原告主创团队运用"Dreamwriter"软件创作完成,其外在表现符合文字作品的形式要求,其内容反映了对于相关股市信息、数据的选择、分析、判断,文章结构合理,表达逻辑清晰,具有一定的独创性。

其次,涉案文章的生成过程,也体现了创作者的个性化选择、判断和技巧等因素。具体来说,原告组织编辑团队、产品团队和技术开发团队,形成主创团队,利用"Dreamwriter"软件,生成了涉案文章。其具体过程经历了数据服务、触发和写作、智能校验和智能分发四个环节。在上述环节中,数据类型的输入、数据格式的处理、触发条件的设定、文章框架模板的选择、语料的设定、智能校验算法模型的训练,均由主创团队相关人员予以选择和安排。与此相应地,原告主创团队在数据输入、触发条件设定、模板和语料风格取舍上的安排和选择,与涉案文章的特定表现形式之间,具有直接的联系,属于智力活动成果。

基于以上两点分析,法院认为涉案文章属于我国《著作权法》保护的文字作品。

2. 涉案文章是否构成法人作品

法院在判决中指出,按照我国《著作权法》的规定,由法人或者其他组织主持,代表法人或者其他组织意志创作,并由法人或者其他组织承担责任的作品,法人或者其他组织视为作者。就本案而言,涉案文章是在原告的主持下,由包含编辑团队、产品团队、技术开发团队在内的主创团队,运用"Dreamwriter"软件完成。这表明,涉案文章是由原告主持的多团队、多人分工形成的整体智力创作而完成的,体现了原告关于发布股评述类文章的需求和意图。文章的末尾虽然注明"本文由腾讯机器人Dreamwriter撰写",但其中的"腾讯"署名表明,文章的发布平台是原告,原告对于涉案文章承担责任。法院由此而认定,涉案作品是原告主持创作的法人作品,原告有权针对侵权行为提起民事诉讼。

3. 被告是否侵犯了原告的著作权

法院在判决中说,在原告对于涉案作品享有著作权的情形下,被告未经许可,在其经营的"网贷之家"网站上向公众传播涉案文章,供公众在其选择的时间和地点获得,侵害了原告享有的信息网络传播权,应当承担相应的民事责任。由于在庭审中确认,被告已经删除了涉案文章,故不再支持原告提出的责令被告停止侵权的主张。至于损害赔偿的数额,由于原告没有提出相关的证据,证明自己因为侵权而遭受的损失,或者被告因为侵权而获得的利益,法院综合考虑作品类型、合理使用费、侵权行为的性质及后果,以及原告为了维权而支出的合理费用,酌定判决1500元的损害赔偿。

法院在判决中还指出,对于原告主张的侵犯著作权的行为,已经依据《著作权法》的有关规定,认定被告侵权,并给予了原告必要的法律救济。在此前提下,原告关于被告的行为构成不正当竞争的主张,不再符合我国《反不正当竞争法》的适用条件,因而予以驳回。

二、评析

深圳市南山区法院判决的"腾讯公司诉盈讯公司"一案,被很多人称为中国第一例人工智能生成物可以获得著作权保护的第一案。这一判决,也迎合了一些专家学者炒作"人工智能作品""人工智能成为作者"的需求。然而,仔细阅读判决就会发现,法院并没有认可"人工智能生成作品"和"人工智能成为作者的说法"。关于法院的判决,可以从创作主体、独创性两方面予以说明。

1. 涉案作品是由原告的相关团队及其人员创作

在本案的诉讼中,涉案文章的末尾标注"本文由腾讯机器人 Dreamwriter 撰写"。原告在诉讼中还介绍了"Dreamwriter"智能软件撰写涉案文章的过程,包括智能软件收集和深度学习相关数据;智能软件经由触发条件而进入写作过程;智能软件在设定的模板上使用相关数据完成写作;智能软件进行校验和发布。显然,原告在文章末尾的署名方式,以及对写作过程的描述,似乎都要给人以一种感觉,涉案文章是由智能软件自我撰写的。

但是法院却在判决中指出,涉案文章是在原告的主持下,由包含编辑团队、产品团队、技术开发团队在内的主创团队,运用"Dreamwriter"软件完成的。"Dreamwriter"智能软件不过是相关人员创作的工具。这表明,"Dreamwriter"智能软件不是涉案作品的作者,"人工智能创作作品"的说法是不成立的,人工智能不可能成为著作权法意义上的创作者。

然而,法院的判决并没有明确指出,著作权法意义上的作品,应当是由自然人创作的。事实上,无论是依据欧洲大陆的著作权法体系,还是依据英美的版权法体系,只有自然人创作的作品,才可以获得著作权法或者版权法的保护。例如,即使是在计算机技术领域,欧盟 1992 年发布的《计算机程序保护指令》和 1996 年发布的《数据库保护指令》,都明确规定计算机程序作品和数据汇编作品,是由一个或者一群自然人创作的。显然,涉案文章末尾标注的"本文由腾讯机器人 Dreamwriter 撰写",以及很多专家学者津津乐道的"人工智能作品",就是忽视了著作权法或者版权法保护的作品,应当是由自然人创作的这一基本原理。

2. 涉案作品具有的独创性

按照著作权法的基本原理,受到保护的作品应当属于文学艺术和科学领域内具有独创性的表达。关于"表达",涉案文章显然属于文字表达,没有任何争议。关于

"独创性",原告仅仅主张,在涉案文章的创作过程中,在数据处理、触发条件设定、文章模板和语料设定、智能校验等环节中,主创团队及其相关人员进行了相关的选择和编排。关于这个问题,法院在判决中明确指出,独立创作有两层含义:一是相关的表达由原告的主创团队及其人员独立创作;二是体现了创作者的个性化选择、判断及技巧等因素。法院论证说,原告主创团队在数据输入、触发条件设定、模板和语料风格取舍上的安排与选择,属于智力活动。与此相应地,法院认定涉案作品具有独创性。

应该说,法院要求涉案作品应当具有独创性,这是没有问题的。然而,无论是依据英美的版权法体系,还是依据欧洲大陆的著作权法体系,独创性应当是来自创作作品的自然人,而非智能机器人。在这方面,版权法体系仅要求作品来自自然人作者,体现了作者的劳动、技能、判断,或者具有最低限度的创造性。而依据著作权法体系,作品不仅应当来自作者,而且应当体现作者的精神、情感、人格。与此相应地,著作权法体系的独创性标准高于版权法体系的独创性标准。

如果我们承认中国著作权法属于欧洲大陆的著作权法体系,作品应当体现作者的精神、情感、人格,那么涉案文章是否达到了这样的独创性标准就是值得质疑的。仅仅由创作团队在数据输入、触发条件设定、模板和语料风格的取舍上,进行相应的安排与选择,显然达不到著作权法体系的独创性标准,难以获得著作权法的保护。

最后要说明的是,仔细阅读本案的判决书,包括原告的主张,这似乎是一个刻意"做成"的案件。因为在整个诉讼中,被告没有提出任何抗辩或者主张,也没有就表达和独创性发表任何意见。至于法院,则是在原告主张的主导下,作出了相应的判决,并且被原告和一些专家学者称为"人工智能作品"第一案。

Materials Generated by Artificial Intelligence and the Protection of Copyright

Li Mingde

Abstract: On the basis of the intellectual property protection, the works created by natural persons are the works protected by copyright. The materials generated by computer, including by artifial intellegece, are not woks in the sence of copyright protection. In this case, the court decides that the works involved are created by a goup of natural persons using a computer program "Dreamwriter", thus can be protected by copyright. However, while the works involved are the expressions by human beings, they are short of the originality required by copyright protection, therefor shall not be protected.

Keywords: Natural person; Work; Expressions; Originality; Copyright

著作权法中"适当引用"的司法判定
——上海某出版社有限公司与孙某著作权权属、侵权纠纷案评析

冯晓青[*]

摘要：合理使用是著作权法中实现著作权人利益与公共利益平衡的重要制度。在合理使用制度中，基于介绍、评论或者说明某一问题的"适当引用"具有其独特的价值和意义。在著作权司法实践中，衡量被诉侵权人某一行为是否构成适当引用，可以从以下方面加以考量：权利人作品是否已公开发表、被控侵权作品引用权利人作品的主要目的、被控侵权作品引用权利人作品的具体方式、被控侵权作品是否依法指明作者姓名及作品名称、被控侵权作品是否会对权利人作品的正常使用和著作权人的合法利益造成负面影响等。

关键词：著作权法；合理使用；适当引用；利益平衡

基本案情[①]

一审上海市黄浦区人民法院查明：诗歌《西部畅想》系孙某原创。上海某出版股份有限公司、上海某出版社有限公司（以下简称上海某出版社）出版的《九年义务教育课本语文八年级第一学期（试用本）》（2015年5月第4版）（以下简称语文课本）一书的第5单元第十六课，即为诗歌《西部畅想》，署名孙某，并配有选自2002年2月20日《解放日报》，孙某，当代诗人、记者的注释说明。2018年8月18日，孙某与上海某出版社就《西部畅想》签订作品版权授权书及稿酬协议，授权上海某出版社在语文课本中使用上述作品，授权年限为教材使用年限。之后，孙某发现上海某出版社、

---

[*] 本文作者：冯晓青，中国政法大学二级教授、博士生导师、法学博士，中国法学会知识产权法学研究会副会长，中国知识产权研究会副理事长，最高人民法院案例指导工作专家委员会委员，最高人民法院知识产权司法保护研究中心研究员。

[①] 上海某出版社有限公司与孙某著作权权属、侵权纠纷案，上海市徐汇区人民法院（2019）沪0104民初15960号民事判决书、上海知识产权法院（2020）沪73民终154号民事判决书、上海市高级人民法院（2020）沪民申2416号民事裁定书。

上海某出版股份有限公司出版的被控侵权图书《说题做题语文课后练习精讲》(2014年6月第2版,2014年6月第1次印刷)中,在第十六单元"西部畅想"中部分使用了涉案诗歌,且既未署名,又未支付稿酬。法院确认了诗歌《西部畅想》的独创性和孙某作为《西部畅想》的作者依法享有该作品著作权。经审理,上海市黄浦区人民法院认定被告行为不符合适当引用标准,属于著作权侵权,故判决上海某出版社于本判决生效之日起15日内赔偿孙某经济损失及为制止侵权行为所支出的合理开支合计11000元,驳回孙某其他诉讼请求。

上海某出版社不服上述民事判决,向上海知识产权法院提起上诉。其主张,上诉人系为了介绍评论语文教材中的《西部畅想》,属于合理使用情形,不构成对被上诉人著作权的侵害。二审法院经审查,认定一审法院关于被控侵权图书使用《西部畅想》的事实认定有误,纠正如下:被控侵权图书第十六单元标题为"西部畅想",分为"阅读""表达""积累"三部分,其中"阅读"中引用了《西部畅想》中的部分诗词,用以介绍《西部畅想》作者通过这首诗所表达的意境及诗中所反映的历史文化名胜景观和自然景观。"表达"中列举了诗中所提到的多处景观,建议同学可上网查询相关资料或搜集照片、文字资料等。"积累"中介绍了与西部文化契合的三首古诗词。二审法院将本案争议焦点归纳为:上诉人对《西部畅想》的使用是否构成合理使用;一审法院确定的赔偿金额是否合理。

二审法院认为,著作权人的合法权益应当受到保护,但我国著作权法也规定了多种可对著作权权利予以限制的情形,其中"适当引用"为合理使用的一种情形,依法不构成对著作权人权利的侵害。法院认为,被控侵权图书系为了配合语文课本使用的课后练习精讲,其中第十六单元的内容分析评论了语文课本中《西部畅想》这首诗的意境、含义,并结合诗中的内容介绍了与之契合的古诗词及相关人文和自然景观等。故该部分内容系为了向读者介绍、评论和分析语文课本中《西部畅想》这首诗,且该部分内容亦无其他不当损害被上诉人利益的内容,故符合适当引用的标准,属于合理使用。上海知识产权法院遂判决撤销一审判决,驳回被上诉人孙某的全部一审诉讼请求。

孙某不服二审判决,向上海市高级人民法院提起再审申请。上海市高级人民法院认为,判定被控侵权作品是否构成"适当引用"的合理使用,应当从权利作品是否已经公开发表、被控侵权作品引用权利作品的主要目的、被控侵权作品引用权利作品的具体方式、被控侵权作品是否依法指明作者姓名及作品名称、被控侵权作品是否会对权利作品的正常使用和著作权人的合法利益造成负面影响等要件予以综合认定。

再审法院结合该案案情,依次对上述标准进行了认定,认为:权利作品《西部畅想》已经公开发表;被控侵权作品引用权利作品的目的在于被控侵权作品引用权利作品的主要目的系属为介绍、评论某一作品的范畴,而并非单纯向读者展现权利作品本身或利用权利作品的影响力提升被控侵权作品的影响力;判定引用适当与否的关键在于被控侵权作品是否完全或主要以引用他人作品来代替自身创作,本案则在引用权利作品的具体方式上不存在问题;对于著作权法"适当引用"情形中所规定的"指明"作者姓名及作品名称的理解,并不仅限于在作品中标注、载明等方式,还包括能使读者明确知晓被引用作品的名称和其作者姓名等信息的情形;被控侵权作品不会对权利作品的正常使用和著作权人的合法利益造成负面影响。基于上述认定,再审法院裁定驳回孙某再审申请。

评析

上述案件是上海2020年十大知识产权案件之一。之所以该案被选为当年度十大知识产权案例,是因为再审法院确立了关于合理使用中的"适当引用"的司法认定标准,对于人民法院审理涉及引用是否构成著作权侵权的案件具有较强的指导价值和启发意义。以下将结合著作权法相关原理、该案事实以及上述不同法院判决的观点和理由,并适当参考涉及是否为"适当引用"的其他典型案例,就如何认识著作权法中"适当引用"问题进行进一步探讨。

一、"适当引用"作为合理使用的正当性与重要意义

如前所述,合理使用制度是著作权限制制度的重要内容。所谓合理使用,是指在一定条件下使用受著作权保护的作品,可以不经著作权人同意,也不需要向其支付报酬,但应当表明相关信息,并不得侵害著作权人享有的其他权利。合理使用在本质上是对著作权作品的自由使用,与著作权作为专有权的秉性恰恰相反。因此,合理使用也被视为著作权法中公共领域的范畴。[②] 当然,国外也有学者认为,对于著作权作品的合理使用并不会产生一个独立的公共领域。它只是在受著作权保护的作品中承认公共利益的存在,而这种公共利益需要借助对著作权这一专有权利的限制而获得承认。[③] 无论是否将合理使用纳入著作权法中的公共领域范畴,合理使用制度作为著作权限制中的重要制度,其承载的维护社会公众自由使用受著作权保护作品的自由和便利,以及实现著作权法中的公共利益价值目标,都具有十分重要的意义和作用。因此,著作权法中的合理使用制度具有正当性和合理性。[④] 著作

[②] 参见杨利华:《公共领域视野下著作权法价值构造研究》,载《法学评论》2021年第4期,第117-129。
[③] Edward Samuels, The Public Domain in Copyright Law, 41 J. Copyright Socy. U. S. A. 137 (1993).
[④] 参见冯晓青:《著作权合理使用制度之正当性研究》,载《现代法学》2009年第4期,第29-41页。

权法既不能赋予著作权人对于思想的专有权利,也不能排除合理使用的例外性规定。⑤

正因为合理使用制度在著作权法中具有十分重要的价值和作用,著作权国际公约和各国、地区著作权法都无不建立了这一著作权限制与例外制度。我国《著作权法》也不例外。在2020年我国《著作权法》第三次修正前,我国《著作权法》对于合理使用制度的规定一直采用封闭式列举方式。例如,2010年《著作权法》第22条规定:在下列情况下使用作品,可以不经著作权人许可,不向其支付报酬,但应当指明作者姓名、作品名称,并且不得侵犯著作权人依照本法享有的其他权利……该条一共列举了12项属于合理使用作品的情形。基于随着社会发展,属于合理使用的情形会有所变化,为保持法律对社会关系调整的适应性,在第三次修改我国《著作权法》时,对于是否应当以及如何进行开放式规定,著作权法理论与实务界进行了热烈的讨论。在第三次修改过程的相关草案版本中,增加了"兜底项"。最终通过的现行《著作权法》第24条第一款第13项的规定为"法律、行政法规规定的其他情形"。这一修改,有利于随着社会生活的变化,适时增加新的合理使用表现形式,在不影响著作权人合法权益的前提下确保社会公众能够更好地使用受著作权保护的作品。

如上所述,我国《著作权法》是采用列举方式规定合理使用的具体情形的。根据我国《著作权法》的规定,适当引用是属于合理使用范围的合法行为,剽窃、抄袭则是严重侵犯他人著作权的违法行为。⑥"适当引用"也得到著作权国际公约及各国著作权法的普遍承认。⑦ 在合理使用的诸多情形中,现行《著作权法》第24条第一款第(2)项规定的"为介绍、评论某一作品或者说明某一问题,在作品中适当引用他人已经发表的作品",具有其独特的意义和价值。这种情况也就是通常所说的合理使用中"适当引用"问题。根据上述规定,适当引用构成合理使用的完整描述是:为介绍、评论某一作品或者说明某一问题,在作品中适当引用他人已经发表的作品,可以不经著作权人许可,不向其支付报酬,但应当指明作者姓名或者名称、作品名称,并且不得影响该作品的正常使用,也不得不合理地损害著作权人的合法权益。笔者认为,适当使用作为合理使用具有正当性,可以从以下几方面加以理解。

第一,适当引用是促进学术研究和创作的重要形式,将其纳入合理使用有利于保障创作自由和文化传承。从学术研究和创作的基本规律与特点来看,具有累积性和承继性特点,即人们需要对已有成果进行参考、借鉴,吸收其中的思想、观点和内容。实际上,人类的学习、研究和进步,都是一个推陈出新、不断继承和发展的过程。其中,学习、模仿和研究已有的成果、思想、观点等具有必然性。对于已有知识、观点

---

⑤ See Harper & Row, Publishers, Inc. v. Nation Enters., 471 U.S. 539 (1985).
⑥ 凌福珍:《谈合理引用的判定》,载《中国出版》1998年第4期,第56页。
⑦ 吴汉东:《论著作权作品的"适当引用"》,载《法学评论》1996年第3期,第14-19页。

和成果的学习、研究当然具有多种形式和手段,但针对作品的创作来说,基于介绍、评论某一作品或者说明某一问题的目的与需要,常常需要在自己的作品中引用他人作品中的表达。并且,为了便于读者了解引用成果的来源,也同时体现对被引用作者的尊重,引用时也会需要标明作者和作者信息,既便于读者查找,也便于区分引用人作品与被引用部分,明确界分作品的表达形式。换言之,引用早已成为学术研究和创作的重要形式。在人们看到的大量作品尤其是专业期刊发表的论文中,引用他人作品片段的现象可谓司空见惯。将引用纳入合理使用,无疑有利于人们的创作自由和文化传承。相反,如果著作权法规定不允许他人引用在先的受著作权保护的作品,就必然会极大地限制人们的创作自由,也不利于文化传承。当然,这里强调的是"适当"引用,而不是只要添加了引用来源就可以不受限制地引用他人的作品。

第二,适当引用有利于实现著作权法中的利益平衡机制,维护社会公众学习和研究的权利。著作权法是以保护作者及其他著作权人为直接目的或者说首要目的的知识产权法,这与知识产权法律制度以"私权保护"作为第一要务的基本理念和原则是一脉相承的。以我国《著作权法》为例,其基本制度和规定都是围绕如何确认和保障以作者为核心的著作权人利益的保护的。但是,也必须看到,著作权法对著作权的保护并不是绝对的,著作权法赋予作者或其他著作权人的著作权也从来不是一种绝对的权利。正如美国版权司法判例所指出的一样:法律虽然扩大了创作者对作品享有的专有权利,但从来没有赋予版权人对其作品的所有可能的使用享有完全的控制权。[⑧] 实际上,著作权法是一个典型的利益平衡机制,如何实现著作权人利益与社会公共利益之间的平衡,构成了著作权法的基本价值目标。"由于著作权同样是服务于公共利益的工具,应在用户利益和作者利益之间实现平衡"[⑨]。国外司法判例也认为,传统英国版权法、宪法制定者以及我们的判例法都认为,版权(著作权)法的结果和必要性都需要平衡,其原因在于赋予作者以专有权利作为激励其创作和传播的对价,必须同时赋予公众使用作品的便利。[⑩]

实际上,著作权法中利益平衡机制,主要是通过建构权利保护与权利限制的对价机制加以实现的。在著作权限制中,确保公众能够处于特定正当目的适当引用他人享有著作权的作品,能够使社会公众基于介绍、评论某一作品或者说明某一问题的目的自由使用受著作权保护的作品,也是对社会公众学习和研究权利的承认。从实际情况看,在学术研究过程中,适当地引用他人的成果也是正常和必要的。[⑪] 对著

[⑧] Sony Corp. of America v. Universal City Studios, Inc., 464 U.S. 417, 432 (1984).

[⑨] Estelle Derclaye & Marcella Favale, The Relationship Between Copyright and Contract Law: The State of the Art and a Research Agenda, 18 J. INTELL. PROP. L. 65, 70 (2010).

[⑩] See Golan, 132 S. Ct. at 900 (2012).

[⑪] 冯雪姣:《学术论文中"适当引用"的法律思疑》,载《出版发行研究》2009 年第 1 期,第 65-68 页。

作权合理使用中的"适当引用"准确定位,可以缓和信息独占与资源共享之间的矛盾,从而实现利益平衡的价值目标。[12]

第三,适当引用纳入合理使用,有利于实现著作权立法宗旨。著作权立法宗旨体现了著作权法律制度的目的和价值取向。通常认为,著作权的立法宗旨体现于充分有效保护作者和其他著作权人对作品享有的专有权利,以鼓励创作和对创作的投资,并在此基础上促进作品的传播和利用,最终实现繁荣文化科学事业与经济社会发展的目的。充分保护作者或其他著作权人享有的著作权也是著作权法的基本要义所在。但是,著作权法还具有更重要的维护社会公众的利益以及在此基础上的社会公共利益的目标。为了实现著作权立法宗旨,在著作权法律制度设计与安排上,必须同时兼顾公众利益。为此,著作权法需要建立包括适当引用在内的著作权限制制度。将适当引用纳入合理使用,因而也利于实现著作权立法宗旨。实际上,在前述《西部畅想》案件中,上海市高级人民法院也从著作权立法宗旨的角度揭示了该案中适当引用作为合理使用符合著作权立法宗旨。法院在判决书中明确指出:"保护作者合法权利及权益与促进作品传播及利用以提升社会福祉,应当是著作权法立法宗旨的一体两面。该法通过明晰权利边界、明确侵权责任等方式,也通过设置法定许可、合理使用等制度对该立法宗旨予以充分诠释。本案以介绍、解读、评论教学课文为主要目的的引用,虽具有一定营利性,但尚未逾越著作权法规定的著作权权利边界,亦未损害著作权人法定权益,仍在著作权法'适当引用'的合理使用范畴内,故教学课文之著作权人对此理应予以容忍,以更好地提升社会福祉、促进社会主义文化事业的发展与繁荣。"从以上阐述可知,包含适当引用在内的合理使用,不在著作权的权利边界范围之内,该行为不仅不会损害著作权人合法权益,反而有利于便利读者理解教学课文,有益于增进学习和教育,因而能够提升社会福祉,有利于我国社会主义文化事业的发展与繁荣。

第四,从经济学角度看,适当引用纳入合理使用,能够避免市场失灵现象,具有合理性。著作权法中的合理使用制度的正当性和合理性,可以从经济学视角加以理解和认识。从著作权法一般原理来说,使用作品的正常方式是取得授权许可,并支付使用费。这是因为,著作权是一种具有独占性、专有性的无形财产权。但是,基于前述著作权法利益平衡机制和著作权立法目的,社会公众对于作品同样具有合法的需求。除了正常情况下的授权许可制度外,在一定条件下使用受著作权保护的作品,如果也需要通过授权许可的形式才能实现,就可能因为交易成本过高而存在经济学上的市场失灵现象。由于包括适当引用在内的合理使用行为,如需要取得著作权人许可,则应进行许可使用方面的协商或者说谈判,且不说协商或者谈判本身需

---

[12] 李佳妮:《论著作权合理使用中的"适当引用"——以谷阿莫二次创作短视频为例》,载《东南大学学报(哲学社会科学版)》2019年第3期,第53-57页。

要投入时间和其他成本,协商或谈判本身存在失败的情形。从经济学上看,可能会存在交易成本过高或者交易无法实现的情形。换言之,不允许在未经著作权许可情况下的适当引用,因缺乏经济上的合理性而变得不可行。相反,如果将适当引用纳入合理使用制度范畴,就完全可以避开市场失灵的风险,便利地使用受著作权保护的作品。

第五,适当引用纳入合理使用,对于著作权人利益不仅无甚损害,反而有利于传播和交流著作权人享有著作权作品的思想,并提高该作品的影响力。引用行为固然是对受著作权保护作品的使用,本质上属于使用作品的范畴,而从著作权法理论上说,他人使用享有著作权的作品势必会对该作品著作权人利益产生影响。但是,从使用行为对著作权人利益的影响来说,需要考虑的是其是否会对著作权人作品的市场造成现实或者潜在损害,是否会对著作权人合法权益造成损害,以及是否会影响著作权人对作品的正常使用。就引用行为而言,引用过量固然会在一定甚至很大程度上构成对被引用作品的市场替代品,但在适当引用场合,则不仅对于著作权人利益无甚损害,反而有利于促进被引用作品思想的传播,并使被引用作品被更多人知晓,从而也有利于提高被引用作品的影响力。从实践中关于已发表作品的评价指标来看,"被高引"的情况往往是十分关键的指标。在当前的CSSCI刊物排名中,被评刊物发表文章被其他CSSCI引用的情况也是十分关键的指标。在一般意义上,作者也是希望其作品能够被他人引用,以获得更好的学术评价或者社会反响。因此,即使是从实际情况看,作者一般是不会反对其作品被他人引用的。只是这种引用应当适当,不能过度,特别是不能因引用过多而构成被引用人作品的实质替代品。

二、司法实践中认定"适当引用"的标准评价

如前所述,上述《西部畅想》著作权侵权纠纷案的焦点问题在于被控侵权作品使用原告诗歌的行为是否属于合理使用范畴的适当引用。对于"适当引用"的认定,再审法院上海市高级人民法院判决书根据我国2010年《著作权法》第22条第一款第(2)项规定提出的"五要素"标准具有重要的司法指导意义。以下将结合前述法院判决的认定进行评析和思考。

(一)权利人作品是否已公开发表

根据我国《著作权法》的规定以及其基本原理,包括适当引用在内的合理使用,一般应当限于对已发表作品的利用。以引用为例,原因在于,未发表作品涉及该作品作者的发表权问题,未经作者允许不得公之于众。同时,未发表作品的发表还可能涉及隐私权等民事权利。如果是科技类作品,则还可能涉及技术秘密以及申请专

利等问题,未经许可以引用或者其他方式使用,有可能涉嫌侵害这些权利。当然,在特定情况下,也存在对未发表作品的合理使用问题。例如,我国 2010 年《著作权法》第 22 条第一款第(8)项规定,图书馆、档案馆、纪念馆、博物馆、美术馆等为陈列或者保存版本的需要复制本馆收藏的作品,[13] 也属于合理使用范畴。从该案来看,权利人作品已经公开发表。因此,就在先作品是否公开发表而言,"适当引用"这一项条件是符合的。

(二)被控侵权作品引用权利人作品的主要目的

根据 2010 年《著作权法》第 22 条第一款第(2)项规定,在使用权利人作品的主要目的上,引用构成合理使用限于"为介绍、评论某一作品或者说明某一问题"。这一规定明确了适当引用可以基于介绍某一作品、评论某一作品,也可以基于说明某一问题的需要。在司法实践中的个案中,也可能存在上述三方面的目的都予以体现的情形。无论如何,只要符合其中之一即可认定在使用作品的目的上是符合《著作权法》规定的要求的。其中,"介绍某一作品"体现于就被引用作品的创作背景、作品思想和观点以及具体表达的内容向读者作出介绍,以便读者了解被引用作品的相关情况。"评论某一作品"也是文学、艺术和科学作品创作的重要形式。特别是就相关题材、内容的作品而言,经常需要对同类作品进行评价,至于一些作品主要涉及评论他人作品,更需要更多地引用他人作品。通过引用,不仅可以使读者更好地理解被引用作品,而且可以更好地理解引用人评论的观点和内容。相反,如果不允许通过引用他人作品的方式评论他人作品,就只能是较为抽象的评述,无法实现在引用基础上评论的效果。就"说明某一问题"而言,在很多情况下也需要引用他人作品,以便于读者更好地理解作者阐述的问题。尤其是在学术论文的写作中,很多作者为了说明某一问题,都需要引用在先的已发表作品。通过引用,能够增强论述的深度和说服力,也增强了作品的可读性和资料性。

就上述适当引用目的而言,在司法实践中应当注意区分引用作品的目的与引用人作品是否具有营利性的关系。引用人作品的营利性不能当然地排除引用目的的适当性。换言之,只要引用人、引用目的符合前述《著作权法》规定的情形,即应认定符合法律规定。针对该案被告作品中的引用行为是否符合《著作权法》的规定,一审法院判决则存在认识偏差,后被二审和再审法院纠正。具体而言,一审法院一方面认定根据上海课程改革委员会颁发给孙某的证书及上海某出版社与孙某之间签订的版权及稿酬协议,确认"供上海市普通中小学学生使用"的教科书包含《西部畅想》,但并不能得出可以在教学辅助资料中使用《西部畅想》的结论,并且上海市教育

---

[13] 现行《著作权法》第 24 条第一款第(8)项规定,图书馆、档案馆、纪念馆、博物馆、美术馆、文化馆等为陈列或者保存版本的需要,复制本馆收藏的作品。

局公布的教辅材料目录中并没有被控侵权图书;另一方面,一审法院还认定被告未经原告许可在不同版本书籍中使用涉案诗歌,"其目的主要是为编写相关试卷习题服务,具有营利性,不符合我国著作权法关于'法定许可'及'合理使用'的规定,其相关免责辩解不予采纳"[14]。显然,在认定引用目的方面,一审法院将引用人作品的营利性当成了引用目的,这自然不符合《著作权法》规定的精神。二审法院则认为,上诉人"虽引用了部分诗中的内容,但引用目的或是为了分析诗中部分语句所体现的意境或是为了介绍诗中所出现的相关自然景观和人文景观,供学生理解和掌握,这种使用方式均在适度范围内容"[15]。也就是说,二审法院认为引用人引用目的具有正当性和合理性,是便于学生理解和掌握《西部畅想》而为之。在该案再审中,上海市高级人民法院则认为,被控侵权图书八年级上册的《说题做题语文课后练习精讲》与同学期语文课本具有对应性,在性质上属于配合语文课本使用的教学辅导和参考材料。其中被控侵权作品第十六单元内容和权利人作品《西部畅想》也同样具有对应性。该案中引用人的引用行为,其主要目的在于"通过介绍、解读、评论语文课本上《西部畅想》诗歌的内容、含义、意境以及所涉及的相关自然景观、人文景观等,帮助读者更好地了解、感受、体会《西部畅想》这首诗歌"[16]。由此可见,再审法院同样肯定了被控侵权人引用行为是出于介绍、评论等目的,符合《著作权法》关于适当引用在引用目的方面的要求和标准。还值得指出的是,再审法院纠正了一审法院关于引用人作品营利与引用目的的关系:"被控侵权图书或被控侵权作品是否以营利为目的或是否实际营利并非判定被控侵权作品是否构成'适当引用'合理使用的要件。"[17]该观点表明,就合理引用而言,其是否符合《著作权法》规定的使用目的,并不取决于非营利性目的。换言之,即使引用人作品具有营利性,只要是基于介绍、评论某一作品或者说明某一问题,仍然可以满足合理使用的条件。相反,尽管引用人作品具有非营利性,如果不是出于介绍、评论某一作品或者说明某一问题的目的,则依然不符合合理使用条件。上述观点还对著作权司法实践中认定合理使用,是否一定需要满足作品使用的非商业性,也具有一定的启发意义。

当然,在著作权司法实践中,涉及是否为适当引用行为,在使用作品行为目的的认定上,也具有一定的复杂性,而不是简单地分为营利与非营利性质。例如,陈某某、陈某等诉北京某文化发展股份有限公司、上海某企业影视文化传播有限公司等侵害文字作品著作权案(以下简称书信作品著作权侵权纠纷案)就有一定的代表性。在该案中,针对三毛(本名陈平)父亲陈嗣庆写给三毛的信《过去・现在・未来》(以下

---

[14] 参见上海市徐汇区人民法院(2019)沪0104民初15960号民事判决书。
[15] 参见上海知识产权法院(2020)沪73民终154号民事判决书。
[16] 参见上海市高级人民法院(2020)沪民申2416号民事裁定书。
[17] 参见上海市高级人民法院(2020)沪民申2416号民事裁定书。

简称涉案书信),原告主张"涉案节目邀请演员对涉案书信进行朗读,在朗读过程中配合演员的手势、语气、表情,并加入背景音乐,属于对涉案书信的表演行为。涉案节目配合朗读书信的行为滚动出现与朗读内容一致的字幕的行为,是对涉案书信的复制行为"[18]。一审法院北京互联网法院经查实,涉案节目使用涉案书信1190字,主持人及解读嘉宾在朗读书信的前后对该书信进行了介绍及评论,其中评论涉案书信的时间约为3分30秒,朗读涉案书信的时间则为7分30秒。法院将该案的焦点问题之一概括为涉案书信的使用是否构成合理使用,特别是其中的适当引用。法院认为,从使用目的来看,基于涉案节目分为书信朗读和书信点评环节,其中朗读是核心环节。被告邀请专业演员声情并茂地朗读涉案书信,取得了很强的感染观众的效果。就该节目使用涉案书信来说,并非出于"为介绍、评论某一作品或者说明某一问题"的目的,而是通过朗读涉案书信的形式展示涉案书信的内容,借此取得较好的节目效果并最终吸引观众。因此,仅从使用目的来看,该节目朗读涉案书信的行为不符合适当引用这类合理使用的条件。[19]

(三)被控侵权作品引用权利人作品的具体方式

就引用他人作品而言,无论引用多少数量,总会占引用人作品的一定比例,尽管这一比例可以很小。从引用是否"适当"的角度来看,应当是引用人引用被引用人作品的量与引用人作品的相比具有合理性。从数量上看,引用量不能占据引用人作品的主要部分,即使不是主要部分,如果占据相当大的比重,也难以符合适当引用的要求。从质量上看,引用量不能构成引用人作品的实质部分;如果构成实质部分,则有替代被引用作品的市场风险,无疑会对被引用人作品的利用造成损害。[20] 在有的著作权侵权纠纷案件中,被控侵权人引用数量巨大,占据其作品的很大一部分,在未经著作权人许可的情况下,这种情况本质上构成了非法复制,仍然属于著作权侵权范畴。例如,在笔者处理的一起著作权侵权纠纷案中,被告作品中数十处引用了原告的同一作品。其中在第一次引用时,除了通常的标注作者和作品来源等信息外,还特别载明:本书后面凡是以楷体形式出现的文字和段落,一律引自原告某著作。在被告图书后面数十处引用原告作品之处,遂不再另外通过注释形式表明来源。经查,该案被告"引用"原告作品的数量占据被告作品的十分之一。这种未经许可的引用数量的过度,有陷入非法复制的著作权侵权风险。尽管该案以和解形式结案,对

---

[18] 北京互联网法院(2020)京0491民初2880号民事判决书。
[19] 北京互联网法院(2020)京0491民初2880号民事判决书。
[20] 2014年6月,原国务院法制办公布的《著作权法修订草案送审稿》第43条第一款第(2)项规定:"为介绍、评论某一作品或者说明某一问题,在作品中适当引用他人已经发表的作品,引用部分不得构成引用人作品的主要或者实质部分",属于合理使用的中的"适当引用"类型。尽管2020年修正的现行《著作权法》并未采纳该规定,但这并不妨碍从理论上深刻认识适当引用中关于引用方式的合理性。

于在著作权保护实践中如何认识与理解引用适当的标准和方式也具有一定的启发意义。

就该案而言,一审原告、再审申请人在再审申请中主张,被控侵权作品将权利人作品"主要诗句全部引用,侵权行为明显"。实际上,这是错误理解了适当引用与著作权侵权性质引用的区别,适当引用并不是针对引用人引用的数量与被引用人作品数量的比较,而是针对如上所述的"引用人引用被引用人作品的量与引用人作品的相比具有合理性"。在有些情况下,为了介绍或者评论某一作品或者说明某一问题的需要,甚至需要将被引用人的作品全部引用。例如,在摄影艺术评论中,需要将他人创作的摄影作品全部再现;在文艺评论中,需要将他人的一首完整的短诗引用。关于上述引用的具体方式,该案再审法院也做了中肯的阐述:"我国著作权法所指'适当引用'之'适当',并不是指被控侵权作品所引用的部分占权利作品的比重大小,而是该部分占被控侵权作品的比重以及被控侵权作品引用的具体方式是否合理,即便权利作品被全文引用的,亦不必然不构成著作权法所指'适当引用'的合理使用情形。易言之,判定引用适当与否的关键在于被控侵权作品是否完全或主要以引用他人作品来代替自身创作,若属此种情形,则应当认定引用方式不合理。"[21]从上述观点可以看出,适当引用不仅涉及对著作权人作品引用的数量问题,而且涉及引用的具体方式的适当和合理问题。适当引用既不能过量,也不能蜕变成替代自身创作的手段,否则都将损害在先的著作权人对其作品的合法权益。

应当说,被控侵权作品引用权利人作品的具体方式,在界定引用行为是否适当方面具有基础性作用,尤其是上述涉及引用的数量较大或占据引用人作品实质性部分时,更能够确认引用行为的不适当性。这在其他涉及引用是否适当的著作权侵权纠纷案件中也有体现。例如,在前述书信作品著作权侵权纠纷案中,法院认为:"一般来讲,原作品被使用得越多,使用的越是原作品的精髓部分,越难被认定为适当引用。本案中,从引用的数量看,涉案书信四千余字,涉案节目使用一千余字,无论从绝对数量还是相对占比,涉案节目使用涉案书信的程度均较高。"从引用的内容看,涉案节目展示的涉案书信内容,……基本涵盖涉案书信的大部分实质内容。综合引用数量和内容两方面因素,涉案节目使用涉案书信已达到基本再现涉案书信内容的程度,且该种使用并非出于介绍、评论或说明的目的,因而不属于适当引用。[22]

(四)被控侵权作品是否依法指明作者姓名及作品名称

根据 2010 年《著作权法》第 22 条第一款的规定,包括适当引用在内的合理使用,使用者应当依法指明作者姓名和作品名称。现行《著作权法》第 24 条第一款则

---

[21] 上海市高级人民法院(2020)沪民申 2416 号民事裁定书。
[22] 北京互联网法院(2020)京 0491 民初 2880 号民事判决书。

对上述规定作了进一步修改,将指明"作者姓名"扩大为"作者姓名或者名称"。这是因为,在实践中,有的作品为法人或者非法人组织署名并享有著作权的作品,这类作品署名就不存在作者"姓名"的问题,而只能表明单位的名称。进言之,包括适当引用在内的合理使用之所以要求应当作者姓名或者名称、作品名称,是因为这些信息是享有著作权作品的基本信息,通过指明这些信息,有利于读者清楚地了解到被使用作品的具体来源,从而便于追踪学习与研究。从对被使用作品的著作权人来说,则体现了对著作权人的尊重,特别是著作权人实现其著作人格权在很大程度上体现于通过在作品上署名的形式加以实现。不过,针对上述规定,在著作权保护实践中也有特殊情况,即从个案事实出发,读者可以明确无误地知晓被引用作品的作者姓名或者名称以及作品名称,此时就不能以未指明作者姓名和作品名称为由,主张引用人侵害署名权。原因在于,无论采取何种方式,上述规定的目的是便于读者了解被引用作品的基本信息。在特定情况下,如果读者能够通过相关的事实了解涉案中被引用人作品作者和作品名称等基本信息,就实质上起到的是一样的效果。

就该案而言,二审法院和再审法院即是根据涉案中被控侵权人使用作品的具体情况而推断被引用人作品作者姓名以及作品名称等基本信息能够被读者知晓,从而认定引用人符合上述指明作者姓名的法定要求。例如,二审上海知识产权法院明确指出:"文章明确标有作品名称,虽无作者姓名,但文中并无《西部畅想》这首诗的全文内容,相关公众在使用该图书时必然要结合语文课本中《西部畅想》这首诗的内容才能理解和掌握。而语文课本中的《西部畅想》已经明确列明这首诗的作者并对作者的身份做了详细的注释和说明,故在看到被控侵权图书中的文章前,相关公众已经通过语文课本知晓了被上诉人的作者身份。"[23]再审上海市高级人民法院则指出:"被控侵权作品虽未在其作品中标注或载明作者姓名,但基于被控侵权图书与语文课本以及被控侵权作品与权利作品的明确对应性,读者在阅读、使用该图书时必然要结合课本原文一起配套使用,而课本原文已经明确载明作者信息,读者在使用时势必会对此知晓,故被控侵权作品的相应行为并未违反著作权法的相关规定。"[24]

(五)被控侵权作品是否会对权利人作品的正常使用和著作权人的合法利益造成负面影响

2010年《著作权法》第22条第一款规定的合理使用的条件之一是"不得侵犯著作权人依照本法享有的其他权利"。现行《著作权法》第24条第一款则将上述规定修改为"不得影响该作品的正常使用,也不得不合理地损害著作权人的合法权益"。该现行《著作权法》的规定显然吸收了《著作权法实施条例》第21条规定的"使用可

---

[23] 上海知识产权法院(2020)沪73民终154号民事判决书。
[24] 上海市高级人民法院(2020)沪民申2416号民事裁定书。

以不经著作权人许可的已经发表的作品的,不得影响该作品的正常使用,也不得不合理地损害著作权人的合法利益"。适当引用作为合理使用的一种具体形式,显然也应满足上述条件。尽管在该案发生时,现行《著作权法》尚未实施,该案再审中上海市高级人民法院却已经将现行《著作权法》上述规定的内容用于解释该案被控侵权人引用权利人作品是否符合适当引用的条件。其原因在于,现行《著作权法》的规定,既是对上述《著作权法实施条例》第21条规定的吸收,也是对《保护文学艺术作品伯尔尼公约》关于合理使用规定的吸收。具体而言,关于被控侵权作品是否会对权利作品的正常使用和著作权人的合法利益造成负面影响,上海市高级人民法院指出:上述情形主要是指"被控侵权作品是否会因其中的引用而对被引用的权利作品产生替代效应,从而导致读者可以用被控侵权作品替代对权利作品的选择"。"被控侵权作品的主要目的在于介绍、解读、评论权利作品,其引用的方式在合理范畴,且权利作品系语文课本收录的课文,而被控侵权作品系帮助理解该课文的教学辅导和参考材料,故从日常生活常识角度而言,被控侵权作品不仅不会产生替代效应,导致教师、学生等主要读者从权利作品转而选择被控侵权作品,相反会对读者加深课文理解有所助益。因此,被控侵权作品并未对权利作品的正常使用和著作权人的合法利益造成负面影响。"[25]上述观点表明,评价引用是否会影响被引用人作品的正常使用,主要看引用行为是否会对被引用人作品产生市场替代效应。如果因为引用而产生了这种效应,使作品使用者从被引用人作品转向引用人作品,则由于对著作权作品市场产生现实或者潜在损害,从而不再符合合理使用上述条件。有研究成果也指出:"适当引用不得对原作品正常使用和市场价值产生不利影响。"[26]引用他人作品出现替代效应或者产生市场替代后果,在很大程度上体现于要么是引用数量过大,要么是引用构成了引用人作品的实质部分。由于市场替代的直接后果,是挤占了被引用人正常的作品市场,必然会对其利用作品的合法利益产生负面影响。也正是基于此,在美国《著作权法》中,针对合理使用规定了著作权法学界耳熟能详的"四要素"标准,其中之一便是对作品市场价值的影响。在美国发生的一些著作权案件中,该因素甚至被视为最重要的因素。当然,引用是否符合法律规定的条件,还存在市场替代效果以外的不合理损害著作权人的合法利益的情形。例如,引用时断章取义,误导读者,可能会损害被引用人享有的著作人格权。又如,引用他人作品不加注释,会使人误以为引用之处为引用人所独创,实质上与剽窃、抄袭行为无异,这种情形对于被引用人造成的合法权益损害将更大。

应当说,上述因素尽管相较于前面的四个因素具有一定的抽象性和概括性,但其从总体上表明了适当引用符合著作权法规定的要求,对于在前述四个因素基础上

---

[25] 上海市高级人民法院(2020)沪民申2416号民事裁定书。
[26] 张杰:《亟需完善我国〈著作权法〉中的适当引用制度》,载《中国编辑》2014年第6期,第59-62页。

进一步界定引用行为是否属于合理使用意义上的适当引用具有重要意义。也正是基于此,在我国涉及引用行为属于侵权还是合理使用争议的著作权侵权纠纷案件中,人民法院通常也会从是否影响被引用作品的正常使用以及是否会不合理地损害著作权人合法权益这两方面进行考虑。仍以前述书信作品著作权侵权纠纷案为例,关于是否影响涉案书信的正常使用,北京互联网法院认为:"授权他人使用作品是著作权人对作品加以利用的常规方式。涉案节目未经许可通过朗读的方式再现了涉案书信的实质内容,必然会对三原告授权他人以类似方式使用涉案书信产生影响。"

关于是否不合理地损害著作权人合法权益问题,法院则认为:"此处的合法权益不仅局限于经济利益,还应当包括人格利益等非经济利益。本案中,涉案节目在使用涉案书信的同时还对涉案书信进行了修改,不仅会影响三原告获得经济利益,还侵害了涉案书信的修改权这一包含作者人格利益的权利,造成了对著作权人合法权益的损害。"[27]该案与其他涉及引用是否合法的著作权侵权纠纷案有所不同的是,被控侵权人对于作品的使用是以朗读形式加点评形式进行的,而其中以朗读为主,而朗读本身属于表演的范畴,在著作权法意义上也是一种创造性智力劳动。但无论如何,基于表演是再现和使用作品的重要方式,朗读也是再现作品的重要方式,涉及对已有作品的引用。至于在该书信作品被朗读后再进行的介绍和评论,则亦需要根据前述关于适当引用的标准和原则加以判定。

三、结论

合理使用作为著作权限制中最重要的法律制度,在平衡著作权人利益与社会公众利益之间发挥了平衡器作用。适当引用则是合理使用制度中的一个重要类型。人们在日常的学习与研究中,特别是在创作自己作品过程中,基于介绍、评论某一作品或者说明,某一问题的目的,经常需要引用他人的作品。引用他人作品不仅对于引用人而言具有必要性,而且对于被引用人而言也会产生一定的影响。基于维护被引用人对其作品的合法权益考虑,引用他人作品构成合理使用,需要满足法定的条件。符合法定条件的引用,也就是本文所探讨的适当引用。在著作权司法实践中,涉及引用的案件也并非罕见。本文重点探讨的《西部畅想》著作权侵权纠纷案,以及适当探析的书信作品著作权侵权纠纷案就具有典型性。可以预计,随着当前创作手段的多样化和信息网络技术发展,在作品中引用他人作品的合法性问题仍将是著作权法领域中的一个重要问题。尤其是当前短视频、抖音等网络平台更多地涉及对已有作品的引用,如何界分合法的适当引用与具有著作权侵权性质的非法引用,值得

---

[27] 北京互联网法院(2020)京0491民初2880号民事判决书。

进一步研究。无论如何,包括本文所探讨的典型司法案例在内的著作权法司法实践能够为著作权法理论研究提供重要的素材和启发,著作权司法实践也需要借助著作权法理论指导进一步发展。

Judicial Determination of "Proper Citation" in Copyright Law

——Analysis of the Dispute Case of Ownership and Copyright Infringement between Shanghai Ltd. and Sun Mou

Feng Xiaoqing

Abstract:Fair use is an important system in copyright law to realize the balance between the interests of copyright owners and the public interest. In the fair use system, "proper citation" based on introducing, commenting or explaining a certain issue has its unique value and significance. In the judicial practice of copyright, to measure whether a certain behavior of the accused infringer constitutes appropriate citation, it can be considered from the following aspects: whether the work of the right holder has been publicly published, the main purpose of the allegedly infringing work citing the work of the right holder, the specific way of citing the work of the right holder in the allegedly infringing work, whether the allegedly infringing work specifies the name of the author and the title of the work in accordance with the law, and whether the allegedly infringing work will have a negative impact on the normal use of the work and the copyright owner's rights. whether the allegedly infringing work will negatively affect the normal use of the right holder's work and the legitimate interests of the copyright holder.

Keywords:Copyright law; Fair use; Proper citation; Balance of interests

审理短视频侵权案件的几个问题

——对侵害《奔跑吧兄弟（第三季）》综艺节目信息网络传播权一案的评析

陈锦川[*]

摘要：视听作品与电影作品、电影作品和类似摄制电影的方法表现的作品是可以互换的同义语；被诉侵权短视频是否使用了已有作品，判断标准是所使用部分是否已构成独创性表达；除了表演及向盲人提供两种情形外，通常情况下不应把以营利为目的作为认定不属于合理使用的依据；涉及信息网络传播权的保护的，应当首先选择适用《信息网络传播权保护条例》。

关键词：视听作品；短视频；作品的"片段"；合理使用；法律选择适用

一、案情

原告：浙江广播电视集团

被告：北京搜狐互联网信息服务有限公司

案由：侵害信息网络传播权纠纷案

原告浙江广播电视集团系《奔跑吧兄弟（第三季）》（以下简称涉案节目）的著作权人。被告北京搜狐互联网信息服务有限公司未取得许可，从涉案节目中抽取精彩片段，分别剪辑成从几十秒至四分钟不等时长的短视频，并重新命名后，于2015年10月31日开始上传于被告经营的视频网站长达近三年。被告上传的每段剪辑视频在电脑PC端及手机移动端点击播放时，均附有片头贴片广告、暂停广告、静态角标广告、片尾贴片广告。

原告认为，被告未经授权，擅自剪辑原告享有著作权的节目并且上传至其经营的大型门户视频网站，通过大量、持续的侵权行为获得巨大视频点击量，为其带来包括广告收入在内的巨额经济利益，严重影响了原告就案涉作品在网络传播领域的

---

[*] 本文作者：陈锦川，全国审判业务专家。

正常销售授权,给原告造成重大经济损失,严重损害了原告的合法权益。

被告辩称:被告网站内容并未构成实质性替代,不但未给原告带来损失,反而起到了宣传效果。根据行业惯例,电视台或者其他影视剧著作权人,在影视作品正式发行前,与视频网站存在资源互换,借助网络的强大影响力给自己的影片带来宣传最终达到高收视率,因此被告网站有规律地呈现4分钟以内的片段。涉案作品系大型竞技类真人秀节目,短短的几个片段并不会对原告作品构成实质性替代,原告也不会因此遭受损失。且被告在收到原告起诉后,立即进行了清理下线。

二、裁判要旨

判决认为:

涉案节目包括编剧、导演、台词、音乐等因素,系摄制在一定介质上,由一系列有伴音或者无伴音的画面组成,并且借助电视播放等方式传播的作品,具有独创性,符合我国著作权法关于作品构成要件的规定,属于以类似摄制电影的方法创作的作品。涉案节目由原告出资制作,且节目上已明确署名"本节目著作权由浙广集团所有"。在无相反证据的情况下,可以认定原告系案涉作品的著作权人。

涉案七段剪辑视频时长较短,但含有原告作品中精彩片段,是对每一期节目的剪辑与衔接,内容完全来源于原作品,在涉案作品每一期节目都构成作品的基础上,涉案七段剪辑视频也应当构成单一作品。本案中,从使用的目的上来看,涉案七段作品免费供大家观看,但视频中穿插的广告推广以及后续视频点击量带来的流量变现,构成商用原作品的目的;涉案视频属于以类似摄制电影的方法创作的作品,结合被告提供的上线时间说明,均为原告涉案作品首播后上传至平台,故不存在为节目宣传的目的,剪辑后视频产生的流量不可避免会对原作品的消费市场产生一定的影响,也会对每一期节目的潜在观众存在一定影响。被告未能举证证明其取得涉案七段作品有合法来源,故被告上传涉案七段作品的行为不构成合理使用。被告未取得涉案七段作品的授权使用,构成侵害信息网络传播权行为。被告应承担停止侵权、赔偿损失之责任。

根据《中华人民共和国著作权法》第10条第一款第(12)项、第11条、第15条、第48条、第49条,《最高人民法院关于审理著作权民事纠纷案件适用法律若干问题的解释》第7条、第25条第一款及第二款、第26条,《中华人民共和国民事诉讼法》第64条之规定,判决:被告北京搜狐互联网信息服务有限公司赔偿原告浙江广播电视集团经济损失及维权合理支出140000元;驳回原告浙江广播电视集团的其他诉讼请求。[①]

---

① 杭州互联网法院(2018)浙0192民初7469号民事判决书。

三、判解研究

（一）关于视听作品与电影作品、以类似摄制电影的方法创作的作品的关系

判决认为："涉案节目包括了编剧、导演、台词、音乐等因素，系摄制在一定介质上，由一系列有伴音或者无伴音的画面组成，并且借助电视播放等方式传播的作品，具有独创性，符合我国著作权法关于作品构成要件的规定，属于以类似摄制电影的方法创作的作品。"

2001年修订的《著作权法》规定了"电影作品和以类似摄制电影的方法创作的作品"的作品种类，2010年修订的《著作权法》继续沿用该提法。但2020年修订《著作权法》时，将这种作品类型修改为"视听作品"。立法作此修改，是为了扩大此类作品的范围。② 也就是说，在立法者看来，视听作品的范围大于电影作品和以类似摄制电影的方法创作的作品的范围。

要说清楚这个问题，有必要进一步分析视听作品与电影作品、以类似摄制电影的方法创作的作品的本质以及内涵和外延。我国《著作权法实施条例》指出，电影作品和以类似摄制电影的方法创作的作品是指"摄制在一定介质上，由一系列有伴音或者无伴音的画面组成，并且借助适当装置放映或者以其他方式传播"的作品。根据这一定义，虽然电影作品和以类似摄制电影的方法创作的作品有"摄制在一定介质上""借助适当装置放映或者以其他方式传播"等条件限制，但它们的本质特征在于"由一系列有伴音或者无伴音的画面组成"。有学者认为构成电影类作品的三个因素是，有一系列的图像或画面；能以某种连续的方式显示这些图像或画面；当这样放映图像或画面时能够形成一种动态的印象。③ 因此，只要表达上系"一系列连续画面"，或者说是"活动状态下的连续画面"，即符合我国著作权法关于电影作品和以类似摄制电影的方法创作的作品的本质要求。

我国2001年《著作权法》采用的"电影作品和以类似摄制电影的方法创作的作品"的概念来自《伯尔尼公约》（以下简称《公约》）。《公约》列举了"电影作品和以类似摄制电影的方法表现的作品"的作品类型，④ 其中电影作品主要是从传统标准的意义上来考虑的，而后者是在公开传播的新技术手段出现后产生的，它们类似影片但与影片存在差异，如制作方法不同，或者存在以某种物质形式固定的困难。在《公

---

② 2020年11月10日在第十三届全国人民代表大会常务委员会第二十三次会议上作的关于《中华人民共和国著作权法修正案（草案）》的报告。
③ 李明德、许超：《著作权法》（第二版），法律出版社2009年版。
④ 《伯尔尼公约》1948年布鲁塞尔文本第2条第1款，"电影作品和以类似摄制电影方法创作的作品"，《伯尔尼公约》1971年巴黎文本第2条第1款中，使用的术语改为"电影作品和以类似摄制电影的方法表现的作品"。

约》斯德哥尔摩会议上以及在此之前,专为限定哪些作品可以视同电影作品进行了多次讨论,最后达成的共识是,像新闻简报一类的电视节目,不论录制在胶片上还是通过摄像机现场直播,在观众看来都是一样的。无论在哪种情况下,二者都是屏幕上显示的画面。故《公约》在解释"以类似摄制电影的方法表现的作品"与电影作品的关系时特别指出:"与其说所使用的方法类似,不如说由这种方法产生的效果、声音、影像类似",⑤其之所以采用"以类似摄制电影的方法表现的"的表述,意在强调"以类似摄制电影的方法表现的作品"与传统电影的表现形式是类似的即可。因此,不论是电影作品还是以类似摄制电影的方法表现的作品,二者的相同点也是根本点都在于以屏幕上显示的一系列的连续画面为表达。至于视听作品的概念,《公约》并非没有注意到,而是认为,"'电影作品'和'以类似摄制电影的方法表现的'作品的表述应十分宽泛而足以涵盖'视听'作品在内"。⑥《世界知识产权组织管理的版权和相关权条约指南及版权及相关权术语汇编》即指出:"'视听作品'是《伯尔尼公约》第2条第1款非穷尽式列举的文学艺术作品中'电影作品和以类似摄制电影的方法表现的作品'的简称。""当它(即电影作品,笔者注)在《伯尔尼公约》的条款中使用时,应该理解为不仅指狭义的电影作品,而是指《伯尔尼公约》第2条第1款在对文学艺术作品的非详尽列举中指出的更广泛的一类,即'电影作品和以类似摄制电影的方法表现的作品'。这一类与'视听作品'的概念相当。"因此,在《公约》看来,视听作品与电影作品、电影作品和类似摄制电影的方法表现的作品是可以互换的同义语。我国2001年《著作权法》中的"电影作品和以类似摄制电影的方法创作的作品"的含义与《公约》中的"电影作品和以类似摄制电影的方法表现的作品"的含义应该是一致的,自然与视听作品也是可以互换的同义语。

(二)关于被诉侵权的短视频只是使用了他人作品的"片段"是否构成对信息网络传播权的侵害

在本案中,被告只是从原告的综艺节目中抽取精彩片段,并分别剪辑成从几十秒至4分钟不等时长的短视频。因此,问题在于,被告只是使用了整个节目的一小部分,是对作品的使用吗?落入信息网络传播权控制的范围吗?

有观点认为,如果被诉侵权的短视频只是使用了在先长视频几分钟的内容,则不构成向公众提供"作品"的行为,充其量只是提供了作品的"片段",因为作品的"片段"不是单独的作品,因此不构成对信息网络传播权的侵害;甚至认为,信息网络传播权所针对的作品应当是权利人作品的复制件,如果在网络上提供的不是原作品的

---

⑤ 《保护文学和艺术作品伯尔尼公约指南》,刘波林译,中国人民大学出版社2002年版,第15页。
⑥ [澳]山姆·里基森、[美]简·金斯伯格:《国际版权与邻接权——伯尔尼公约及公约以外的新发展》(第二版),郭寿康、刘波林、万勇、高凌翰、余俊译,中国人民大学出版社2016年版,第376页。

复制件,则不构成信息网络传播行为,也就不涉及侵害信息网络传播权的问题。

此问题涉及两个方面:一是对已有作品的部分甚至只是很少部分、很短"片段"的使用是否是对已有作品的使用;二是信息网络传播权所规制的提供作品的行为是仅指提供作品的完全复制件还是包括提供作品的部分复制件的行为。

是否对已有作品的使用,其判断标准在于所使用部分是否已构成独创性表达。对此,可以从三个方面来分析。作品是具有独创性的并能一定形式表现的智力成果,因此,只要某一形式已经相对完整地反映出了作者的思想情感、传达了一定的信息、以一定的形式表现出来而且具有了独创性,则该表达就构成可受保护的作品,而无论该表达是长达上百万字、几十万字的长篇、中篇小说、几千字几百字的短篇小说还是几十个字的微小说、诗歌甚至更短的广告语等。从作品创作完成的角度理解,一件作品只要具备了法定的条件,体现了足够的独创性,便已创作完成,从而受到保护,至于它停留在创作过程中的哪一个阶段并不重要。[⑦] 故"作品创作完成"不仅指一部作品全部内容已创作完成,还指作品的局部或某一阶段的创作完成。只要作者的某一思想或者某一构思已经完整地以某种形式表达出来了,已经可以被感知了,即使这只是作者全部构思的一个组成部分,甚至是非主要的组成部分,或者只是在创作过程的某一阶段,也应视为作品在一定阶段上的完成,并不要求作品的完成必须是作品全部内容都已完成。论文的写作计划、写作大纲、草稿、画家的草图、尚未完成的乐谱以及电视连续剧的某一集、连载小说的一部分等,都应视为已创作完成,成为作品。从作品的整体与部分关系看,作品的独创性,既可以体现在作品的整体上,也可以体现在组成作品整体的各个部分中。不仅作品作为整体可以产生著作权,对整部作品中体现出作者个性的某部分,作者也可以主张著作权。"假如某部作品的很小一部分纯粹在表达上体现了受著作权法保护的独创性特征,那么,即使是对该部作品这一小部分进行的抄袭也构成对著作权的侵犯。"[⑧] 美国第二巡回上诉法院在 1982 年的"巴若"一案中指出:"即使两部作品只有一小部分实质相似,也有可能构成版权侵权。"[⑨] 因此,对作品的使用不能仅从整部作品来看,只是作品中的部分甚至是小部分,但作品的该部分和小部分构成了独创性的表达,就属于对作品的使用。

某一行为是否涉及著作权人的信息网络传播权,关键是看网络上传播的信息(或作品)是否使用了该权利人的作品,而这种使用,既包括以复制的方式使用,也包括以改编、翻译、摄制、表演等著作权法规定的方式的使用,而后者都或多或少地改变了权利人的作品,不完全是对被使用作品的复制。

[⑦] 韦之:《著作权法原理》,北京大学出版社 1998 年版,第 87 页。
[⑧] [德] M.雷炳德:《著作权法》,张恩民译,法律出版社 2005 年版,第 122 页。
[⑨] 李明德:《美国知识产权法》(第二版),法律出版社 2014 年版,第 363 页。

著作权是著作权人享有的以特定方式利用作品的权利,也是排除他人未经许可以特定方式利用其作品、利用其独创性表达的权利。而所谓"以特定方式利用作品",根据我国著作权法,即指复制、发行、出租、展览、表演、放映、改编、翻译、信息网络传播等13种法定方式。因此,著作权的核心在于保护著作权人的独创性表达的利用,除非法律另有规定(如合理使用、法定许可等),只要他人未经许可在法律规定的范围内使用了著作权人的独创性表达即构成对著作权的侵害。因此,虽然被诉侵权的短视频不是权利人作品的完全复制,但其中却包含了受到法律保护的独创性表达,被告在网络上传播短视频,就是在网络上传播了原告的作品、传播了原告受到法律保护的独创性表达,当然构成侵权。

《著作权法》第13条规定:改编、翻译、注释、整理已有作品而产生的作品,其著作权由改编、翻译、注释、整理人享有,但行使著作权时不得侵犯原作品的著作权。根据这一规定,虽然演绎作品著作权人享有《著作权法》第10条所规定的全部著作人身权和财产权,但演绎作品的著作权依附于已有作品的著作权,在行使时要受到已有作品著作权的控制。也就是说,演绎作品的著作权人使用演绎作品时,必须经已有作品作者的同意,或者要求其他使用者另外取得已有作品著作权人的许可。第三人要使用演绎作品,除了须取得演绎作品著作权人的许可外,还应得到已有作品著作权人的同意,否则即使获得了演绎作品的同意,也会构成对已有作品著作权的侵犯。利用已有作品的表达制作的短视频,如果制作者进行了新的创作,体现了一定的独创性,因而构成对已有作品的改编,其使用依法也应事先取得已有作品著作权人的许可。

因此,不论是从原始著作权人所享有的著作权的角度还是从演绎作品著作权性质的角度,在网络上传播利用已有作品制作的短视频的行为都会涉及信息网络传播权。著作权是控制以著作权法规定的特定方式使用作品、使用独创性表达的权利,只要是以特定方式使用了作品,就落入了著作权的范围。

判决认定被告未取得涉案七段作品的授权使用,构成侵害信息网络传播权行为,是完全正确的。

(三)关于合理使用制度适用中的几个问题

涉及短视频侵权纠纷诉讼中一个经常遇到且争议较大的问题是被告在网络上传播利用他人作品制作的短视频是否构成合理使用。本案中,被告辩称,其网站内容并未构成实质性替代,不但未给原告带来损失,反而起到了宣传效果。对此,判决认为:"(被诉侵权)视频中穿插的广告推广以及后续视频点击量带来的流量变现,构成商用原作品的目的……(被诉侵权视频)均为原告涉案作品首播后上传至平台,故不存在为节目宣传的目的,剪辑后视频产生的流量不可避免会对原作品的消费市场产生一定的影响,也会对每一期节目的潜在观众存在一定影响。……故被告上传涉案七段作品的行为不构成合理使用。"

在讨论本案之前,针对实务中,有必要首先对合理使用制度几个问题作如下说明。

一是关于"三步检验法"的使用。根据有关国际公约,合理使用应当符合三个要件,即有关的使用是就具体的特殊情况而言,该特殊情况下的使用没有影响著作权人对于作品的正常使用,也没有不合理地损害著作权人的合法权益。这就是"三步检验法"。我国2001年、2010年《著作权法》对此没有体现,而是在《著作权法实施条例》中作了规定。2020年修订《著作权法》时把该规定纳入了著作权法中。在实务中对"三步检验法"的错误认识之一是脱离开《著作权法》列举的合理使用情形单独适用"三部检验法"评判是否属于合理使用。不论是之前的《著作权法》还是根据2020年《著作权法》第24条的规定,"三步检验法"与该条所列举的12种或者13种合理使用情形是紧密联系在一起的。我国《著作权法》对合理使用采用"享有权利是原则、限制权利是例外"模式,对构成例外即合理使用的情形作了穷尽式的列举,因而不允许在所列举的情形之外认定其他合理使用情形,故"三步检验法"的使用应当与法律所列举的情形结合起来,或者说只能在法律所具体列举的情形框架下予以适用。2010年《著作权法》第22条以及2020年《著作权法》第24条一开始的"在下列情况下使用作品……"的规定,意味着有关的使用是法律规定的特例而言,也即"三步检验法"中的第一个要素。⑩

二是关于合理使用的具体情形。著作权法律是由《著作权法》《著作权法实施条例》《计算机软件保护条例》《著作权集体管理条例》《信息网络传播权保护条例》等法律法规组成的一系列法律规范,它们共同构成了人民法院审理著作权纠纷案件的法律根据。《著作权法》第24条详细列举了13种合理使用的情形,但合理使用的具体种类并不止这些。除了《著作权法》,《计算机软件保护条例》《信息网络传播权保护条例》也对特定领域内的合理使用作了特别规定。《计算机软件保护条例》第17条规定,为了学习和研究软件内含的设计思想和原理,通过安装、显示、传输或者存储软件等方式使用软件的,可以不经软件著作权人许可,不向其支付报酬。《信息网络传播权保护条例》第6条、第7条规定了9种合理使用情形,它们是在《著作权法》第24条所列举的13种合理使用情形的基础上,把合理使用制度延伸到网络环境下。可见,《计算机软件保护条例》是从软件这一特殊类型作品出发规定针对软件的合理使用情形;而《信息网络传播权保护条例》则围绕信息网络传播权的性质规定了该权利的具体限制情形。因此,我国著作权制度中的合理使用除了《著作权法》第24条

---

⑩ 李明德、许超:《著作权法》(第二版),法律出版社2009年版,第96页。

列举的13种之外,还有《计算机软件保护条例》第17条及《信息网络传播权保护条例》第6条、第7条所列举的情形。当然,它们所针对的情况并不相同,应注意区分。

本案认定被告上传涉案七段作品的行为不构成合理使用,其理由之一是被告"构成商用原作品的目的"。实务中也有观点认为,"我国著作权法规定的合理使用情形之前提均不适用于商业,混剪因此与营利无缘";或者是将被诉行为是否以营利为目的作为判断是否合理使用的重要因素。在个案中,有的当事人以使用目的是实现公益性作为构成合理使用的理由。应该说这些认识是不全面的,或者说是有偏差的。综观著作权法的具体规定,把不以营利为目的作为构成合理使用条件的情形只有两种,一是《著作权法》第24条第一款第(9)项规定的表演情形:免费表演已经发表的作品,该表演未向公众收取费用,也未向表演者支付报酬且不以营利为目的。二是《信息网络传播权保护条例》第6条第(6)项规定:不以营利为目的,以盲人能够感知的独特方式向盲人提供已经发表的文字作品。除此之外的合理使用情形都没有把不得营利作为构成合理使用的必要条件,事实上,合理使用下也是允许使用人通过使用获得利益的,比如将国人已经发表的以国家通用语言文字创作的作品翻译成少数民族语言文字作品在国内出版发行,自然允许使用者通过出版发行获得利润。当然,使用人是否以营利为目的以及营利的情况,对于在考虑使用是否影响著作权人对于作品的正常使用、是否会不合理地损害著作权人的合法权益时有时候是重要的参考因素。

(四)关于涉及信息网络传播权保护时的法律适用

本案判决认定被告上传涉案七段作品的行为不构成合理使用,但并没有引用具体的法条,故无法确定法院是依据《著作权法》还是《信息网络传播权保护条例》对此作出的认定。从实务中看,在不少类似的案件中,判决仅适用《著作权法》的规定而没有引用《信息网络传播权保护条例》具体法条的情况并不少见,在"三生三世十里桃花"一案中,被告运营的App和网站中上传有原告享有信息网络传播权的"三生三世十里桃花"一剧的"图解电影"图片集,本案的争议焦点之一在于将原告作品进行截图制作图片集并在网络上提供的行为是否属于合理使用。对此,判决依据2001年《著作权法》第22条及《著作权法实施条例》第21条认为,被告的行为已超过适当引用的必有限度,不属于《著作权法》第22条第一款第(2)项规定的"为介绍、评论某一作品或者说明某一问题,在作品中适当引用他人已经发表的作品"的合理使用。不久前审结的"延时北京"延时摄影短片一案中,法院同样依据《著作权法》第22条第一款第(2)项对被告在网络上提供被诉侵权作品的行为是否属于合理使用进行了认定。

笔者认为,正如前面所述,《著作权法》《著作权法实施条例》《计算机软件保护条例》《著作权集体管理条例》《信息网络传播权保护条例》等都是调整著作权法律关系的法律规范。在具体案件中,应当根据具体情况选择适用具体的法律法规。

为应对信息技术发展的需要,2001年《著作权法》修改时为著作权及相关权利人增加了信息网络传播权。但鉴于网络环境下著作权保护问题十分复杂,故《著作权法》第58条又规定,信息网络传播权的保护办法由国务院另行规定。国务院据此制定了《信息网络传播权保护条例》。现行《著作权法》第64条继续保留了该规定。作为授权立法,在授权的目的和范围内,被授权机关享有与授权机关同样的立法权。[11] 可见,《信息网络传播权保护条例》在法律等级上具有相当高的法律地位,并非只是著作权法的附属。因此,在现行法律体系下,《著作权法》与《信息网络传播权保护条例》的关系是,传统环境下对作品的使用,归著作权法管,网络环境下对作品的使用,由《信息网络传播权保护条例》管。[12] 具体而言,涉及信息网络传播权保护的,应首先适用《信息网络传播权保护条例》。

从《著作权法》和《信息网络传播权保护条例》具体规定内容上看,《著作权法》只是原则上规定了信息网络传播权,关于信息网络传播权的具体保护则由《信息网络传播权保护条例》作了进一步的规定,承担起了具体的规制责任。《信息网络传播权保护条例》在著作权法的基础上,对网络环境下技术措施的保护及其例外、权利管理电子信息、合理使用、法定许可、通知与删除以及避风港等制定了详细、明确的规范。因此,从规范角度,在涉及《信息网络传播权保护条例》规制的事项时,自应适用《信息网络传播权保护条例》的规定对相关事项进行调整。

《信息网络传播权保护条例》关于合理使用部分的规定较为详尽。《信息网络传播权保护条例》第6条、第7条列举了9种合理使用情形,它们是在2001年《著作权法》第22条(现行法第24条)所列举的12种合理使用情形的基础上,把合理使用制度延伸到网络环境下,也就是说,著作权法设定的是传统环境下的合理使用制度,而信息网络传播权保护条例则是按照网络的特殊性设定的针对信息网络传播权的合理使用制度,它们的基本逻辑虽然是一致的,但在具体规定的细节上亦存在差异。

把《著作权法》和《信息网络传播权保护条例》规定的合理使用情形进行比较后可以发现,有的在《著作权法》中规定的合理使用情形在《信息网络传播权保护条例》中并不存在,比如《信息网络传播权保护条例》没有规定个人使用、免费表演、临摹的合理使用,因为这3种情况下,并不存在信息网络传播行为。有的当事人主张其在网络上提供作品系为个人学习、研究或者欣赏,是合理使用,这是没有任何法律依据的。因为与《著作权法》不同,《信息网络传播权保护条例》根本没有为此种行为提供

---

[11] 参见张建华主编:《〈信息网络传播权保护条例〉释义》,中国法制出版社2006年版,第5页。
[12] 当然,在确认原告是否享有信息网络传播权以及被告构成侵害信息网络传播权需要承担何种法律责任时,可以引用著作权法的相关规定。

合法的空间,对信息网络传播权进行限制。对于有的合理使用情形,《著作权法》和《信息网络传播权保护条例》的规定基本相同,不同只在于适用的环境不同。比如适当引用情形,《著作权法》规定的是"为介绍、评论某一作品或者说明某一问题,在作品中适当引用他人已经发表的作品",而《信息网络传播权保护条例》的规定则是"介绍、评论某一作品或者说明某一问题,在向公众提供的作品中适当引用他人已经发表的作品",二者看似相同,但仔细分析可以看出,前者"为介绍、评论某一作品或者说明某一问题,适当引用他人已经发表的作品",系发生在传统环境下的复制、发行等使用,后者所谓的"向公众提供作品"正是信息网络传播权所针对的行为,因此《著作权法》的相关规定适用于传统环境下适当引用作品情形的判断,《信息网络传播权保护条例》的相应规定则系用于规范网络环境下适当引用行为的审查。还有一种情况是,《信息网络传播权保护条例》的规定针对网络传播的特点对相同的合理使用情形作了与《著作权法》不同的规定。比如"媒体刊登或者播放其他媒体已经发表的时事性文章"的情形,《著作权法》规定的是"报纸、期刊、广播电台、电视台等媒体刊登或者播放其他报纸、期刊、广播电台、电视台等媒体已经发表的关于政治、经济、宗教问题的时事性文章,但作者声明不许刊登、播放的除外",《信息网络传播权保护条例》第6条第7项的相应规定是"向公众提供在信息网络上已经发表的关于政治、经济问题的时事性文章"。二者除了所规定的行为一个发生在传统环境下、一个发生在信息网络中的差异之外,《信息网络传播权保护条例》把"时事性文章"限定为"政治、经济问题"方面的,而《著作权法》则包括了宗教性方面的。因此,媒体刊登宗教问题的时事性文章可能构成合理使用,但通过信息网络提供宗教问题时事性文章的,不属于合理使用;其次,《信息网络传播权保护条例》没有"作者声明不许刊登、播放的除外"的除外情况。其他的情形也存在或多或少的不同。关于图书馆等公共文化机构提供馆藏作品的合理使用,《著作权法》的规定是"图书馆、档案馆……为陈列或者保存版本的需要,复制本馆收藏的作品",而《信息网络传播权保护条例》第7条第一款的规定是,图书馆等可以通过信息网络向本馆馆舍内服务对象提供本馆收藏的合法出版的数字作品和依法为陈列或者保存版本的需要以数字化形式复制的作品。可见,相对于《著作权法》仅允许图书馆复制收藏作品,《信息网络传播权保护条例》除了允许图书馆在一定条件下制作数字复制本外,还规定了图书馆有限的网络传播。在一起涉及图书馆将涉案图书以数字化形式复制并通过馆内局域网提供全文阅读以及通过互联网向公众提供涉案图书正文前24页的在线阅读是否构成合理使用的案件中,二审法院认为,本案应当适用《信息网络传播权保护条例》第7条的具体规定,一审法院未适用该规定而是适用《著作权法》第22条第8项评价被诉行为是否构成合理使用,属于适用法律错误。二审法院依据《信息网络传播权保护条例》第7条进一步认为,被告复制的图书未达到"已经损毁或濒临损毁"的情形、被告通过馆内局域网提供全文阅读及通过互联网向公众提供涉案图书正文前 24 页的在线阅读均不构成合理使用。[13] 本案如果仅依据《著作权法》，显然找不到调整图书馆上述行为的法律根据，二审法院适用《信息网络传播权保护条例》对被告实施的信息网络传播行为进行评价是正确适用了法律。

Several Issues in the Case of Short Video Infringement
——the Evaluation of the Case of Infringement of the Information Network Communication Rights of the "Running Man (Season 3)" Variety Show

Chen Jinchuan

Abstract：Audiovisual works are synonymous with cinematographic works, cinematographic works and works expressed in similar methods of filmmaking; Whether the short video of the alleged infringement uses an existing work is judged by whether the part used constitutes an original expression, and that, except for performances and the provision of two situations to the blind, profit-making should not normally be used as a basis for determining that it is not a reasonable use; When it comes to the protection of the right to disseminate information network, we should first choose to apply the regulations on the protection of the right of information network dissemination.

Keywords：Audiovisual works；Short video；"Fragments" of a work；Fair use；Choice of law applies

---

[13] 参见北京知识产权法院（2019）京 73 民终 3393 号民事判决书。

侵权行为构成要件对"接触加实质性相似"规则的制衡

——浅析侵害著作权纠纷的裁判思路

张晓霞　张嘉艺[*]

摘要：在著作权侵权纠纷案件审理中，"接触加实质性相似"被认为是认定构成侵犯著作权的一种规则。本文以东阳市乐视花儿影视文化有限公司诉蒋胜男等侵害著作权纠纷一案中原、被告不同的诉辩主张所蕴含的不同思路作为切入点，通过结合侵权构成要件，阐述"接触加实质性相似"规则的本质，指出"接触加实质性相似"规则仅是认定被诉侵权作品是否使用了权利作品的一种盖然性判定方法。当抗辩方提出关于权属有约定在先的合同抗辩时，意味着需要审查权利是否受到侵害这一侵权构成要件是否成立，故此时应当先对合同约定的事实予以审查，权利是否受到侵害相关的事实优先于"接触加实质性相似"相关事实的确认。

关键词：合同抗辩；侵权行为构成要件；"接触加实质性相似"规则；举证责任分配对象

一、问题的提出

2020年10月，北京知识产权法院对东阳市乐视花儿影视文化有限公司（以下简称花儿影视公司）与蒋胜男、浙江省文艺出版社有限公司（以下简称浙江文艺出版社）、北京中关村图书大厦有限公司（以下简称中关村图书大厦）侵犯著作权纠纷作出二审判决。[①] 在电视剧《芈月传》剧作方花儿影视公司与该剧本和小说的作者蒋胜男之间历时数年的合同纠纷、名誉权纠纷、署名权纠纷后，该案可谓他们之间系列纠纷的最后一起定音之案。

花儿影视公司以其委托蒋胜男创作电视剧《芈月传》剧本，且约定了该剧本著作

---

[*] 本文作者：张晓霞，北京大学民商法学博士，北京知识产权法院审判监督庭庭长。张嘉艺，北京大学法律硕士，北京知识产权法院审判监督庭法官助理。

[①] 见北京知识产权法院(2018)京73民终1174号民事判决书。

权归花儿影视公司所有为由，认为由浙江文艺出版社出版发行的《芈月传》小说，与剧本相似度高达62.85%，由于无论是剧本还是小说，作者都是蒋胜男，符合"接触加实质性相似"规则，未经剧本著作权人的同意擅自改编为小说，已经构成对剧本的抄袭。而蒋胜男则辩称，其与花儿影视公司签订合同明确约定《芈月传》小说著作权归蒋胜男所有，故蒋胜男出版小说的行为是在行使其合同约定的权利，未构成侵权。一审判决②一方面认为合同已经约定小说权属于蒋胜男，故小说完成时间不影响侵权认定；另一方面推定认为小说完成于剧本之前而不适用"接触加实质性相似"规则。表面上是从两个方面阐述了反驳原告诉求的理由。但是，两个理由中存在的矛盾逻辑亦体现了一审裁判被"接触加实质性相似"规则带入的倾向，似乎只有否定"接触加实质性相似"规则中的要件之一才能正面回应不构成侵权的认定。笔者看到，不仅是该案，在司法实务中，"接触加实质性相似"作为一种裁判规则出现在侵害著作权案件的审理中，甚至被称为认定著作权侵权的"公理"③，或将其称为认定著作权侵权的一项规则或是判断标准。④ 在该案审理中，如果将"接触加实质性相似"作为裁判的规则，意味着如果不能否定"接触加实质性相似"规则中的一个要件，被诉侵权的一方只能以《中华人民共和国著作权法》（2010年修订版）第22条⑤进行抗辩。而被告提出的合同抗辩在侵权诉讼中居于什么样的地位却少有探究，该问题恰恰折射出的是侵害著作权纠纷案件审理思路的问题。

二、"接触加实质性相似"规则的渊源及含义

（一）"接触加实质性相似"规则的渊源

"接触加实质性相似"规则最早于美国法院1869年的"Lawrence v. Dana案"中提出，该案认为如果与他人作品中具有价值的独创性部分相似，且无法排除独立创作，那么该不当挪用即造成对原作的实质性侵害。此后，在判断是否构成实质性相似的认定上，各联邦巡回上诉法院通过一系列判例规则的横向援引形成了多种判断方法。⑥ 虽然该规则并没有得到美国国会与最高法院的明确承认，然而各联邦巡回

---

② 见北京市海淀区人民法院(2016)京73民终24428号民事判决书。
③ 法院在审理中广泛适用该规则，似乎有将该规则视为著作权侵权"公理"的意思，见熊琦：《"接触+实质性相似"是版权侵权认定的"神器"吗？》，载《中国知识产权报》2017年7月，来自其对这一说法的批评。
④ "接触加实质性相似"规则在著作权侵权审理中功能和作用，实务中存在多种说法，有的开宗明义，直接声称"接触加实质性相似"是认定著作权侵权行为的一项判断标准；有的表述为它是认定侵犯著作权行为的一项规则，见陈锦川：《小议"接触加实质性相似"规则》，载《中国版权》2018年第1期，第28-29页。
⑤ 针对该条在2020年修订的《中华人民共和国著作权法》中，体现在第24条、第25条。
⑥ 1930年汉德法官在"Nichols案"中提出了抽象观察法，即思想与表达二分法；随后的"Arnstein案"中，美国第二巡回上诉法院又采用了整体观察方法，此后还总结有外部/内部测试法、抽象/过滤/比较法等判断方法。

上诉法院均采取该规则进行侵权判定。自美国判例创设这一规则以来,争议和质疑未曾停止,但其在著作权侵权行为认定中的核心位置却没有改变。[7] 在大陆法系国家,具有代表性的德国和日本,虽然也没有将该规则写入法律条文中,但亦在一些判决中引入了美国实质性相似的侵权判定规则。[8]

我国20世纪90年代,首先在计算机软件著作权侵权案件中对美国相关判例规则进行借鉴,而后广泛适用于其他作品类型中。司法实践对该规则的适用采取一种积极借鉴的态度,该规则不仅出现在法院内部审理指南的规范中[9],还出现在各级法院著作权侵权判定的裁判文书中。但由于该规则是国外裁判规则的借鉴,发展过程中又融入我国司法实践的经验总结。这就意味着,该规则在我国的适用不仅要克服不同著作权侵权制度、语境的差异,也要克服立法与司法实践中的差异。这些因素导致了不同裁判者对该规则的认识不尽相同,比如在该案审理中,有的法官认为著作权侵权纠纷首先适用该规则进行认定,即判断作品实质性相似与接触要件是否符合,而能够使被告摆脱侵权认定的抗辩理由只有审查法定的合理使用是否成立。在学术界,一些学者认识到了该规则司法适用中出现了问题,指出应当区分侵权判定规则与侵行为判定规则,该规则仅仅是著作权侵权行为的判断规则[10],以澄清理顺"接触加实质性相似"规则的含义,改变司法实践中概念定位模糊的状况。

(二)"接触加实质性相似"规则的含义

创新性是智力成果获得保护的前提条件,在著作权法中创新性被表述为"独创性"[11],独创性要求作品必须是作者创造性劳动成果。鉴于著作权法保护的作品的独创性与专利法保护客体要求的新颖性不同,即便被诉侵权作品与权利作品构成"实质性相似",并非一定是可责难的行为。因为各自分别独创但偶合构成相似并不为著作权法所禁止。但是,如果行为人有接触前一作品的可能,就意味着可能并非自己独创而存在不正当利用他人智力成果的行为。如此澄清后,"接触加实质性相似"规则应当表述为"实质性相似加接触"规则。在被诉侵权作品与权利作品构成"实质性相似"的情况下,才有证明与认定被诉侵权行为人有"接触"事实的必要性。构成

---

[7] 阳贤文:《美国司法中实质性相似之判断与启示》,载《中国版权》2012年第5期,第13-15页。

[8] Keiji Sugiyama & Dennis S. Karjiala, *Fundamental Concepts in Janpanses and American Copyright Law*, 36 AM. J. COMP. L, 1988, 613 or 649-650. 日本学者杉山启治与Dennis S. Karjiala指出,日本法院通常会以思想表达二分法界定在先作品的保护范围,并根据其他的间接证据判定在后作品是否"不当复制"了在先作品受到著作权保护的实质性内容从而进行侵权判定。

[9] 北京市高级人民法院2018年6月《侵害著作权案件审理指南》第10.7条侵权认定基本规则,被诉侵权作品与原告主张权利的在先作品的相关内容相同或者实质性相似,被告在创作时接触过原告主张权利的作品或者存在解除的可能,且被告不能举证或者说明被诉侵权作品合法来源的,可以认定被告侵害了原告著作权。

[10] 参见吴汉东:《试论"实质性相似加接触"的侵权认定规则》,载《法学》2015年第8期,第63-72页。

[11] 同上注。

实质性相似并有无法排除作者独立创作的可能,才能推定在后创作者对权利作品的使用。司法实践中存在一些对该规则审查顺序的"不在意"的情况,反映出该规则在实践中定位之不清晰状态。比如在北京小明文化发展有限责任公司与统一企业(中国)投资有限公司侵害著作权及不正当竞争纠纷一案中,一审判决先对"接触"事实进行了认定,此后再对作品进行实质性相似比对。⑫ 而二审认为,确定剽窃与否,首先需要对是否构成实质性相似进行判断。当两者构成实质性相似时,如果在后创作作品的作者具有接触在先作品的可能性,则推定排除在后作品为其作者独立创作而成,构成剽窃行为。⑬ 从司法实务的立场尝试对"接触加实质性相似"规则在法律体系中的定位以判理的方式进行阐述。

三、著作权侵权的判定

(一)一般侵权责任构成要件

我国最早于1986年颁布的《中华人民共和国民法通则》(以下简称《民法通则》)确立的体系是侵权行为成立与侵权责任成立以及侵权责任方式承担是一脉相承的。所以,在当时侵权民事责任构成要件与侵权行为构成要件基本作为一个问题进行研究。《民法通则》第106条第二款规定,"公民、法人由于过错侵害国家的、集体的财产,侵害他人财产、人身的,应当承担民事责任"。随后2010年实施的《中华人民共和国侵权责任法》第6条第一款规定,"行为人因过错侵害他人民事权益,应当承担侵权责任"。再到2021年颁布的《中华人民共和国民法典》侵权责任编第1156条第一款一般侵权责任规定为"行为人因过错侵害他人民事权益造成损害的,应当承担侵权责任"。回顾立法变迁,法条的内容没有改变。但围绕着法条所体现出的侵权责任构成要件,在民法理论界一直有着不同的观点,这些观点中又以五要件说、四要件说、三要件说较为主流。五要件说主张构成要件包括:损害的权利、侵权行为、过错、违法性、行为与损害之间的因果关系。四要件说将违法性与行为融合,而三要件说则认为违法性应为过错所吸收,不应当作为独立的构成要件。⑭ 曾有一段时期,理论界争议的焦点主要集中在三要件说和四要件说上,三要件说的支持学者们主张所谓

---

⑫ 见北京市海淀区人民法院(2015)海民(知)初字第32865号民事判决书。
⑬ 见北京知识产权法院(2016)京73民终1078号民事判决书。
⑭ 五要件说目前支持学者已经较少,曾经一度理论界最大的分歧主要在于三要件说与四要件说之争,支持四要件说的代表学者较多,具有代表性的包括杨立新、程啸、张新宝等,参见杨立新:《侵权法论》(第二版),人民法院出版社2004年版,第140页;程啸:《侵权责任法》(第二版),法律出版社2015年版,第208页;张新宝:《侵权责任法原理》,中国人民大学出版社2005年版,第50页。主张三要件说的学者也不在少数,代表性的包括王利明、孔祥俊等,参见王利明:《侵权行为法研究》(上卷),中国人民大学出版社2004年版,第348页;孔祥俊、杨丽:《侵权责任要件研究》(上),载《政法论坛》1993年第1期,第13页。

的违法性就包含在过错概念中,具有过错就意味着未尽到一般注意义务,也就没有必要将不法作为侵权责任的独立要件。[15] 而四要件说则主张违法性应为过错之外的独立构成要件,违法性与过错含义及功能均存在不同,"违法性要件的侧重点是,法律为人们勾勒出的自由界限,而过错要件的侧重点是,在明确了特定权益应当受保护,并且行为人(以及某些情况下的社会公众)就侵害行为不享有正当利益之后,要求人们不能滥用其自由意志而侵害他人的该当权益。倘侵害应受保护的权益的行为人并未滥用其意志自由,没有过错,侵权责任仍不能成立。这样一来,行为人的行为自由就得到了进一步的保障"[16]。司法实践中,判决体现出多支持四要件说,"从1958 年的中央政法干校《中华人民共和国民法基本问题》讲义中就提到了四个要件的主张,其后四要件说就成了通说并成为法院的主流思想"[17]。最高人民法院1993 年发布的《中华人民共和国最高人民法院〈关于审理名誉权案件若干问题的解答〉》第 7 条明确地将违法性规定为过错之外的独立要件。[18] 最高人民法院于 2001 年发布的《中华人民共和国最高人民法院〈关于确定民事侵权精神损害赔偿责任若干问题的解释〉》也在几个条文中规定了"非法"的要求。起草说明指出,按照侵权法原理,侵权的构成要件之一是行为具有违法性。[19] 可见,权利(权益)受到损害、违反性行为、因果关系、过错的一般侵权责任构成四要件成为司法实践中的主流。

(二)过错与一般侵权责任构成要件关系之厘清

在我国物权法制订过程中,理论界从探讨物权请求权开始反思过错与民事责任之间的关系问题,开始重新审视过错在"民事责任"构成中的定位。学者们认识到根据我国的民法通则确定的侵权民事责任体系,实际上是以"侵权请求权取代了传统民法中的物权请求权。同时也确立了一种不同于传统民法的侵权责任制度,即侵权责任的承担方式不限于损害赔偿,尚包括停止侵害、排除妨碍、消除危险、返还财产"[20]。

侵权行为最本质的特征是行为人的行为侵害了他人受国家保护的权利或权益,其行为为法律所禁止。而侵权责任构成要件则是指构成侵权行为人应承担民事责任的具体必备条件,是民事侵权责任有机构成的基本要素。侵权行为的认定,是行为人承担民事责任与否、承担何种民事责任的前提。

---

[15] 参见孔祥俊、杨丽:《侵权责任要件研究》(下),载《政法论坛》1993 年第 2 期,第 18 页。
[16] 张金海:《论违法性要件的独立》,载《清华法学》2007 年第 4 期,第 82 页。
[17] 杨立新:《中国侵权行为法理论体系的重新构造》,载《法律适用》2004 年第 7 期,第 23 页。
[18] 该解答的第 7 条规定:"是否构成侵害名誉权的责任,应当根据受害人确有名誉被损害的事实、行为人行为违法、违法行为与损害后果之间有因果关系、行为人主观上有过错来认定。"
[19] 参见唐德华主编:《最高人民法院〈关于确定民事侵权精神损害赔偿责任若干问题的解释〉的理解与适用》,人民法院出版社 2001 年版,第 9 页。
[20] 王轶:《论侵权责任承担方式》,载《中国人民大学学报》2009 年第 3 期,第 15 页。

过错要件是一个主观和客观相结合的概念,是指支配行为人从事在法律上和道德上应受非难的行为的故意和过失状态。而其他大陆法国家中,归责原则仅针对损害赔偿之民事责任而设定的,即归责原则"是在损害事实已经发生的情况下,为确定侵权行为人对自己的行为所造成的损害是否需要承担民事赔偿责任的原则"。[21] 所以,过错作为归责原则适用前提是侵权行为已经发生,只有在是否承担损害赔偿责任的认定中,才有对过错要件审查的必要。如此分析,过错是损害赔偿责任之构成要件。

(三)著作权侵权行为认定的构成要件

关于著作权侵权认定的法律规定,无论是 2010 年《中华人民共和国著作权法》第 47 条还是 2021 年 6 月 1 日实施的《中华人民共和国著作权法》第 52 条均采取对侵权行为进行列举的方式进行规定,"有下列侵权行为的,应当根据情况,承担停止侵害、消除影响、赔礼道歉、赔偿损失等民事责任,未经著作权人许可,发表、剽窃、使用他人作品……"这种重在具体侵害行为列举的立法经过长时间的审判实践适用,使得其在与一般侵权行为认定进行"对话"时产生了鸿沟。依照一般侵权行为认定构成要件,著作权侵权的认定,不仅包括具体侵害行为的认定,同时还应当对权利、因果关系等其他要件进行考察。正是因为著作权法对侵权行为有明确而具体的列举,久而久之,司法实践中针对侵权行为的认定形成了固有的裁判思维模式,进而割裂了与其他构成要件关系的考察。而"接触加实质性相似"规则与这种思维模式相叠加,产生了特别适合操作的效果,导致其成为侵犯著作权行为判断的思维模式似乎也顺理成章。

但是,著作权属于《中华人民共和国侵权责任法》第 2 条明确规定的民事权利中一种,侵犯著作权纠纷作为侵权纠纷中的一种,不能排斥一般侵权行为构成要件的适用,即需要满足权利(权益)、侵权行为、因果关系构成要件。著作权纠纷案件中双方诉辩及法院的审理思路、事实查明均需要围绕构成要件展开。首先审查原告主张的权利,被告可以进行否定权利效力的抗辩。如果权利要件审查完成,下一步在对具体侵害行为进行审查,此时才涉及"接触加实质性相似"规则的适用,即由原告对作品是否构成实质性相似进行初步证明,原告的作品在先公开时间是否先于被诉侵权作品创作时间、被告有无"接触"该权利作品的条件和事实等。可见,相对一般侵权行为构成要件的审查应当优先于"接触加实质性相似"规则的适用。

(四)权利约定的合同抗辩在侵权行为构成要件中的定位

无论是一般侵权案件还是著作权侵权案件的审理,均应当围绕侵权行为构成要

---

[21] 王利明、杨立新、王轶、程啸:《民法学》,法律出版社 2005 年版,第 774 页。

件进行。当抗辩方认为双方有权利归属约定存在时,只有确定了其要件的归属,才能解决裁判思路的正当性问题。只有在侵权构成要件的体系下考察合同抗辩的定位,才能确保审理思路始终在法律的框架下,避免审理思路错位。

针对被诉侵权的诉讼请求,通过否定侵权构成要件进而否定侵权行为成立是最直接有效的抗辩。明确权利约定的合同抗辩针对损害权利(权益)、违法性行为、因果关系要件中的定位是该案审理思路突破的难点。从三要件各自的功能出发,首先排除的是因果关系要件。其余要件,以下作逐一考察:

违法性要件。违法性要件的主要功能在于界定及区别受保护的权利,这些权利有一定保护范围,具有社会公开性,当侵害他人权利时,即推定侵害行为的违法性。只有当法定的违法性阻却事由出现后,方能排除违法性要件成立。[22] 在我国侵权责任法体系中,《中华人民共和国侵权责任法》第三章"不承担责任和免除责任的情形"中第30条及第31条[23]分别规定了正当防卫以及紧急避险,在2021年1月1日实施的《中华人民共和国民法典》第八章"民事责任"中的第181条及第182条也采取了同样的表述。正当防卫与紧急避险作为阻却违法性事由均属于法定免责事由。可见,侵权行为要件中违法性的法定性是特别显著的特征,而合同是双方当事人意思自治的体现,其创设的权利并非法定,权利约定归属不属于法定的违法阻却事由。所以,权利约定的合同抗辩不是针对违法性行为要件的抗辩。

损害权利(权益)要件。权利(权益)损害的真实存在是侵权行为成立的基本前提,原告需要对其主张的受保护的权利(权益)受到侵害进行充分举证,具体涵盖权利(权益)的归属、范围、期限等,明确权利(权益)的保护范围与损害事实。而被告对此的抗辩则针对权利(权益)损害不存在,具体可能包括权利(权益)不存在或超越范围、权利(权益)未生效、权利(权益)已过保护期等等[24]。当被告以合同中约定了自己是被诉侵权作品的权利人进行抗辩时,则意味着原告已经通过合同的方式认可被诉侵权作品属于被告,被告的行为属于在其权利范围内行使权利,而原告所主张的权利范围则将受到限制,抗辩成立对原告来说则不存在权利受到侵害这一构成要件。故,以合同约定进行抗辩,置于整个侵权审查中属于原告权利是否受到侵害这一要件。由于辩方提出合同抗辩对应的是原告权利是否受到侵害这一构成要件,而诉方一直主张适用的"接触加实质性相似"规则对应的是是否使用了权利作品的事实判

---

[22] 参见程啸:《侵权责任法》(第二版),法律出版社2015年版,第294页,阐述违法性阻却事由的概念主要为明确以违法性作为侵权责任成立要件的国家或地区(比如德国、中国台湾地区)所采用,正当防卫、紧急避险属于违反阻却事由,它们能够阻却加害行为的违法性,从而使得行为人无须为侵权承担侵权赔偿责任。

[23] 《中华人民共和国侵权责任法》第30条,因正当防卫造成损害的,不承担责任。正当防卫超过必要的限度,造成不应有的损害的,正当防卫人应当承担适当的责任。第31条,因紧急避险造成损害的,由引起险情发生的人承担责任。如果危险是由自然原因引起的,紧急避险人不承担责任或者给予适当补偿。紧急避险采取措施不当或者超过必要的限度,造成不应有的损害的,紧急避险人应当承担适当的责任。

[24] 参见吴汉东:《试论"实质性相似加接触"的侵权认定规则》,载《法学》2015年第8期,第63-72页。

断方法,故应当先对约定权利范围的合同事实进行审查,在此之前无适用"接触加实质性相似"规则的必要。

四、权利是否受到侵害之事实认定

既然合同的约定是权利是否受到侵害的前提,那么,合同约定的内容至关重要。当事人之间存在合同约定的前提下,充分尊重当事人意思自治,既秉承契约自由精神亦符合诚实信用原则。由于当事人进行权利边界划分是在其预见可能的风险范围内而进行的自愿分配,所以唯有按照当事人的真实意思确定其相应的权利义务才符合合同订立的意图。但是,由于文字表达的局限性,事后对合同文字的解读产生分歧时,根据《中华人民共和国合同法》第125条第一款规定:"当事人对合同条款的理解有争议的,应当按照合同所使用的词句、合同的有关条款、合同的目的、交易习惯以及诚实信用原则,确定该条款的真实意思。"㉕可见,解释过程应该从合同所使用的词句本身含义入手,通过合同上下文条款作出符合当事人真实意思的解释。同时,在必要时需结合订立合同的目的、双方的履行情况、交易习惯以及诚实信用原则对合同条款进行解释。

(一)针对"小说"含义的解释

案件中双方约定的《创作合同》的条款中涉及了剧本与"原小说"(或"原创小说")权利归属的约定。对此,花儿影视公司认为"原小说"(或"原创小说")是指在合同签订前蒋胜男已经创作完成的7000字小说,试图说明被诉侵权小说不是合同约定的内容,而蒋胜男否定花儿影视公司的解释,认为合同保留了其出版发表小说的权利,《芈月传》小说就是合同约定的小说。可见,双方对合同中约定的小说含义产生了分歧。

而事实表明,《创作合同》中约定蒋胜男在享有"原小说"发表和出版权利的同时,保证不在网络上发布。而在该合同签订之前,7000字小说已经在晋江文学网上发表。与之相关,作为《创作合同》从合同的《补充协议》的第一条再次对蒋胜男发表、出版小说时间进行限定,明确约定蒋胜男"承诺在电视剧《芈月传》播出的同期,才会将此原著创意出版小说并发行,在此之前不会出版此原著相关内容以及网络发布(不包括合约签订前2009年网络流出的七千字草稿)"。这里的七千字草稿就是指七千字小说。因此,一审判决认为:"从合同文本整体内容来看,双方对网络流传出的七千字小说有明确的称谓,即'在此之前不会出版此原著相关内容以及网络发

㉕ 关于意思解释,《中华人民共和国民法典》第142条第一款规定:有相对人的意思表示的解释,应当按照所使用的词句,结合相关条款、行为的性质和目的、习惯以及诚信原则,确定意思表示的含义。

布(不包括合约签订前2009年网络流出的七千字草稿)'称之为七千字草稿。可见双方对合同签订前网络流出的七千字小说有明确的定义,据此'原著创意小说''原著创意'等均不应与七千字小说一致,且'原创小说(还未出版)'明显与七千字小说内涵不同,无法将二者等同解释"是正确的。花儿影视公司认为合同中的小说是指七千字小说意在证明被诉侵权小说不是合同约定范围的理由难以成立。

(二)针对"改编"含义的解释

《创作合同》明确约定了乙方即蒋胜男享有"原小说"的发表和出版的权利。但因为在约定蒋胜男享有"原小说"的发表和出版权利时提及了"剧本是基于小说而改编",为此花儿影视公司认为如此约定意味着合同排除了小说根据剧本改编的情形。那么,是否因为合同中有"剧本根据小说改编"之表述,进而在剧本与小说之间建立了一个先后顺序,需要证明小说创作在先,否则就认定小说根据剧本改编而构成侵权呢?《中华人民共和国著作权法》(2010年修正)第10条第一款第(十四)项规定:"改编权即改变作品,创作出具有独特性的新作品的权利。"㉖说明在著作权法领域,"改编"有特定的含义。在这样的语境下理解合同中的"改编",唯有先有小说后有剧本,才能体现出剧本是对小说的改编。一般情况下,合同中使用的法律概念应当遵从法律赋予的固有含义。但是,双方签订的《创作合同》作为一个委托创作合同,合同第一条开宗明义要聘任蒋胜男担任电视剧《芈月传》编剧。接下来,对双方权利进行约定,即花儿影视公司享有蒋胜男担任该作品编剧期间的有关该作品或者同该作品电视剧剧本相关联的一切创作和智力劳动成果,并明确花儿影视公司拥有将本电视剧作品改编为电影的权利。接下来,花儿影视公司特别强调的"改编"一词在合同中是这样出现的:"但该作品是原创小说改编剧本",最后又约定:蒋胜男仍享有原小说的发表和出版权利。在这样的语境中,"改编"一词是否专门限定了小说与剧本之间一定存在序位关系,而且绝对不得有小说是根据剧本进行改编这一情形呢?

综观整个合同,其中对蒋胜男享有的权利进行了比较严格的限制,具体为:花儿影视公司享有将蒋胜男小说改编为电视剧、电影、游戏、漫画、动画片等主要作品类型的权利,而蒋胜男仅仅享有发表出版小说的权利。在对根据蒋胜男创作的小说改编作品类型进行较为详细罗列的前提下,如果排除蒋胜男根据剧本改编小说的情形,特别是如果"改编"的顺序会导致权利归属发生变化如此重要后果的话,应当在合同中予以明示才符合签订合同时的真实意思。既然在详细列举的归属花儿影视公司的各种作品类别中不包括小说,就不能直接根据合同约定得出花儿影视公司享有小说作品著作权的结论。为了理解合同签订时双方的真实意思表示,如果合同强

㉖ 《中华人民共和国著作权法》(2020年修订)第10条第一款第(十四)项与其表述相同。

调"改编"含义中的顺序关系,甚至顺序会导致权利归属发生变化,意味着一旦不能证明小说创作在先就可以推定小说根据剧本创作完成进而构成侵权。那么,在合同签订之时,在花儿影视公司起诉之前,合同中关于小说权利的归属就处于不确定的状态。显然,这样解释与合同约定存在矛盾。另外,如果因为小说是根据剧本创作完成而将小说的权利划归花儿影视公司,剧本就成了合同中约定的"原创小说"。这样解释又与合同约定的"该作品是原创小说(还未出版)改编剧本"存在矛盾。

双方签订委托创作合同是源于花儿影视公司最初被发表在晋江文学网上的七千字小说引人入胜的故事情节吸引。而且,委托创作合同往往基于对创作者创作水平的信任而签订,具有更强的人合属性。在这种前提下,限定双方拥有不同类型作品的权利才是订立合同时必须明确的,而强调"改编"的顺序进而限制不能根据剧本改编小说的情形,对双方没有任何实际意义。合同中使用"改编"更多的是为了保证剧本的内容是对七千字小说情节的延续,进而确保剧本与小说之间的关联性和同源性。至于蒋胜男选择在同一时期内同时创作剧本和小说,还是选择腹稿创作小说而后以有载体的方式完成剧本,不应该是合同所关注与限定的内容。

通过对双方有分歧的"小说"和"改编"两个概念含义的解释,可以认为双方合同明确约定了蒋胜男享有《芈月传》小说作品的权利。

五、与裁判思维相关联的举证责任问题

关于小说完成时间这一事实的举证责任分配的争议是该案是否适用"接触加实质性相似"规则之裁判思维的另外一种投射。按照诉方的思维逻辑,满足"接触加实质性相似"规则即可认定侵权,被诉侵权作品与权利作品已经构成实质性相似,加之同一作者,小说完成时间的事实能够证明接触事实成立与否。而在双方当事人之间,应由距离证据更近或更易取得证据的一方进行举证,证据距离并非指物理意义上的距离,而是当事人控制证据的掌控力,该举证原则被称为证据距离原则。㉗ 证据距离原则公平、有效又可以节约举证成本,减少举证不能的可能。从证据距离原则出发,由于被告同为小说及剧本作者,该证明责任应当分配给被告,作为作者如果不能证明完成时间应当承担不利后果。

《中华人民共和国民事诉讼法》第 64 条规定:"当事人对自己提出的主张,有责任提供证据。"民事诉讼中当事人对自己提出的主张,有责任提供证据加以证明,在

㉗ 参见叶自强:《民事证据研究》,法律出版社 1999 年版,第 166 页。关于证据距离原则,德国学者莱纳克指出,举证责任分配应当考量举证可能性,拥有更多举证可能性的一方当事人,应负该事实的举证责任。举证的可能性即是由证据与当事人距离的远近决定的,如果一方当事人远离证据,该证据全在另一方当事人保持范围内,他就没有可能得到,那么此类案件就应当保持该证据的一方承担举证的责任。

案件事实真伪不明时,如果负有举证责任的当事人未能举证证明待证事实,则要承担相应举证不能的后果,举证责任包既包含一种行为责任同时又包含结果责任。而当一些事实仍无法查清时,由法院将待证争议事实的证明责任分配给一方当事人,使其负有证明责任的诉讼制度则为举证责任分配。那么,什么样的事实会产生举证分配是值得重视的问题。《最高人民法院关于适用〈中华人民共和国民事诉讼法〉的解释》第91条规定,"(一)主张法律关系存在的当事人,应当对产生该法律关系的基本事实承担举证证明责任;(二)主张法律关系变更、消灭或者权利受到妨害的当事人,应当对该法律关系变更、消灭或者权利受到妨害的基本事实承担举证证明责任"。可见举证责任分配对象为案件的基本事实,对于基本事实,《最高人民法院民事诉讼法司法解释理解与适用》进行了进一步的解释"基本事实与要件事实同义,即权利及法律关系的构成要件所依赖的事实"。也就是说,直接影响权利发生、变更或消灭之法律效果的要件事实才是证明责任分配的对象,只有在要件事实无法查清时才涉及证明责任的分配,进而由负有证明责任的人承担举证不能的不利法律后果。

侵权审查顺序决定了待证的基本事实,根据构成要件顺序,先对权利要件进行审查,只有与证明权利要件成立与否的事实才为该案该阶段的基本事实。当辩方提出合同抗辩时,如上文分析属于构成要件中权利是否受到损害要件。而被诉侵权作品完成时间属于侵权行为判断中的要件事实,显然损害权利要件要具有优先顺位,合同相关事实便是该阶段的基本事实,需要诉辩双方进行举证。故在对涉及权利要件的基本事实进行认定前,尚不需要对处于下一顺位的侵权行为要件的相关事实进行举证责任分配。一审判决没有探究证明责任分配的对象,似乎不得不对究竟谁负有责任证明作品完成的时间作出回应,于是推定被诉侵权小说完成时间在先,认为被告对被诉小说完成时间已经完成了初步举证,被原告指出进行了错误的举证责任分配。

六、结语

著作权侵权的成立需要满足一般侵权行为认定的构成要件,在司法审查过程中无论是审理逻辑的确立还是对具体事实的举证均需要在侵权构成要件的大框架下将诉辩双方的主张进行法律意义的"翻译",将其对应到具体构成要件中,按照顺序逐一审查,只有所有构成要件均成立,才能得出侵权行为成立的认定。在侵权案件中当辩方提出合同约定权属属于对损害权利(权益)这一要件进行抗辩。而"接触加实质性相似"规则作为判断具体使用行为的盖然性方法,在违法性行为这一下一顺位构成要件认定中才需要适用,不可将其扩大化使用,将其与侵权行为成立划等号。

Balance of the Infringement Constitutive Elements on the Rule of Contact and Substantial Similarity
——Brief Analysis of Judgment Thought of Copyright Infringement Disputes

Zhang Xiaoxia　Zhang Jiayi

Abstract: In the trial of copyright infringement disputes, "contact and substantial similarity" is considered to be a rule to determine the infringement of copyright. Here, we take the different thoughts, which were contained in the proposals of prosecutor and defendant in the copyright infringement litigation of Dongyang LETV Huaer film and television company against Jiang Shengnan and others, as the breakthrough point. Via combing with infringement constitutive elements, we explained the essence of the contact and substantial similarity rule, and pointed out that the rule is only a probability judgment method to determine whether the sued infringing copyrights use the right work or not. Once the defendant raised a contract defense with prior agreement on ownership, which meant it was necessary to check whether the rights were infringed, one of infringement constitutive elements, was established, the facts agreed in the contract should be checked first. The facts related to whether the rights were infringed take precedence over the confirmation of the facts of contact and substantial similarity.

Keywords: Contract defense; Infringement constitutive elements; The rule of contact and substantial similarity; Distribution target of proof burden

论作品类型的认定
——兼评"音乐喷泉案"

熊超成 李琛*

摘要：著作权登记是对作品的辅助性公示，不影响诉请对象受到应有保护。作品类型具有例示性，作品类型条款的规范意旨在于衔接相应的权利义务规则。我国法院适用作品类型弹性条款未超越司法权限，造成的不对等保护后果十分有限，符合国内法与国际条约关系的处理要求。法院在选择认定作品类型时，除了构成要件符合性，更要考虑法律效果的妥当性。在《著作权法》修正之后，法院认定作品新类型需要经由作品抽象概念和弹性条款，并审慎类推现有作品类型的规则。

关键词：著作权登记；作品类型；弹性条款；法律效果；类推

案情简介①

原告：北京中科水景科技有限公司

被告：北京中科恒业中自技术有限公司、杭州西湖风景名胜区湖滨管理处

原告诉称：其对《倾国倾城》《风居住的街道》两首音乐喷泉作品拥有著作权，两被告未经其许可在西湖建设相关设施、配置相应软件，再现了涉案音乐喷泉，侵犯其著作权，要求被告承担停止侵害、赔礼道歉、赔偿损失等侵权责任。

被告辩称：原告登记的作品类别是电影和以类似摄制电影方法创作的作品，不能涵盖其在本案中所要保护的喷泉与特定音乐结合而形成的喷射表演效果；涉案作品的著作权归属于青岛世园公司，与原告无关；其中，被告之一的西湖管理处还辩称，即使在西湖喷放涉案作品，但因未向游客收取费用，是免费表演，属于合理使用。

一审法院认为：

1. 中科水景公司提供的权属证据具有证据优势。原告提供了著作权登记证书、推荐函、证人证言等证据，能够初步证明其对涉案作品享有著作权。

---

* 本文作者：熊超成，中国人民大学法学院博士研究生；李琛，中国人民大学法学院教授。

① 详见北京市海淀区人民法院民事判决书(2016)京0108民初15322号、北京知识产权法院民事判决书(2017)京73民终1404号。这两份判决作出于《著作权法》第三次修改之前，故条款序号均依当时的法律文本。

2. 原告主张的音乐喷泉作品,所要保护的对象是喷泉在特定音乐配合而形成的喷射表演效果、具有美感的独特视觉效果。《著作权法》规定的具体作品类型中,并无音乐喷泉作品或音乐喷泉编曲作品这种作品类别,但这种作品本身确实具有独创性,应受到《著作权法》的保护。(适用了第3条第9项"法律、行政法规规定的其他作品")

3. 西湖管理处通过喷放涉案作品的行为不属于合理使用。

综上,一审判决被告停止侵权、公开致歉并赔偿经济损失与合理支出共90000元,驳回原告其他诉请。

两被告均不服一审判决,提出上诉。

两被告上诉理由大致相同:

1. 涉案音乐喷泉并不属于《著作权法》第3条规定的法定作品类型,不在《著作权法》保护范围之内;

2. 即使涉案音乐喷泉构成作品,其著作权也属于相关合同委托方青岛市政公司,并转移给了青岛世园公司,并非归属于中科水景公司;

3. 对于剽窃、抄袭等涉嫌侵权行为。

中科恒业有限公司诉称:按照我方施工,西湖音乐喷泉可以进行多种音乐喷泉的喷放,我方具体施工与展现出抄袭涉案音乐喷泉喷射效果之间没有必然确定性。我方即使试喷也是在有围挡状态下进行的内部施工、无声调试,并未公开使用,不构成侵权。

西湖管理处诉称:即使涉嫌侵犯了中科水景公司的权益,也与我方无关。我方自2016年5月1日起正式喷放的曲目中并无涉案音乐喷泉曲目。正式竣工前的试喷测试等工作均由施工单位负责,与我方无关,我方也无法控制。

4. 即使涉嫌侵权,由于西湖音乐喷泉是免费的、并未向游客收取费用,也属于《著作权法》第22条第(九)项规定的合理使用的范畴,不应承担侵权责任。

二审法院认为:

涉案请求保护的权利载体可以称为涉案音乐喷泉喷射效果的呈现。在目前尚无法律、行政法规明确增加了其他具体作品类型的情况下,在司法裁判中适用该条款是立法明确排除的。因此,本院对一审判决适用"法律、行政法规规定的其他作品"的法律条款予以纠正。涉案音乐喷泉喷射效果的呈现符合《实施条例》第2条规定的作品的一般构成要件,属于《著作权法》保护的作品的范畴。涉案音乐喷泉喷射效果的呈现是一种由优美的音乐、绚烂的灯光、瑰丽的色彩、美艳的水型等包含线条、色彩在内的多种要素共同构成的动态立体造型表达,属于美术作品的保护范畴。在青岛市政公司与同方公司、同方公司与中科水景公司的相关合同中未对"乐曲的喷泉编辑"的著作权归属作出明确约定的情况下,由于中科水景公司实际创作了涉案作品,其著作权应归中科水景公司所有。中科恒业公司、西湖管理处虽主张涉案作品的著作权归属于青岛世园公司,但并未提供充分证据予以证明。

综上,一审判决对作品认定的定性正确,在作品类型认定上适用法律条款虽有不当,但并未影响结论。

二审法院判决:驳回上诉,维持原判。

评析

本案中有三个关键问题:(1)涉案争议对象及其权属的确定。本案被告一再辩称,既然原告将"音乐喷泉"登记为电影作品,那么就无法涵盖涉案"音乐喷泉",但是,著作权登记的性质是著作权及其权属的依据吗?另外,本案中委托创作作品的权属该如何认定?(2)对作品类型及其弹性条款的理解。作品类型是否只能法定,法院是否可以适用弹性条款认定新作品?一审法院认定"音乐喷泉"构成《著作权法》第3条第9项"法律、行政法规规定的其他作品",意味着作品类型并非只能法定;二审法院认为在立法没有规定其他作品类型的情况下,弹性条款被排除司法适用,这本质上认为作品类型法定,司法不得创设新类型作品。(3)"音乐喷泉"是否构成作品以及构成何种作品。一审法院认为"音乐喷泉"是新类型作品,无法归为现有的作品类型,而二审法院则认为"音乐喷泉"可以解释为美术作品。

一、争议对象及权属的确定

一般而言,著作权纠纷中的涉案争议对象与原告请求的权利保护对象一致。不过,本案中原告请求的权利保护对象并不清晰。正如被告指出,"原告登记的作品类别是电影和以类似摄制电影方法创作的作品,不能涵盖其在本案中所要保护的喷泉与特定音乐结合而形成的喷射表演效果,因此,原告无法明确其主张的著作权权利是什么"。换言之,涉案争议对象是其著作权登记的电影作品——对"音乐喷泉"的摄制画面,还是喷射表演效果?尽管两审法院均认定争议对象为后者,其中二审法院还提出了"关于涉案请求保护的权利载体的确定"问题,但是两审法院都没有给出理由。暂且不论本案中被告抗辩是否成立,对法院来说,现实的问题是,请求保护的"作品"并非著作权登记的作品类型,或者更一般地说,著作权登记的类型错误,是否影响对该"作品"的司法保护,此时著作权登记的效力又如何?

问题关键在于对著作权登记性质与效力的认识。著作权登记是民事权利登记之一种,也具有公示作用。不过并非所有公示都具备相同的效力,比如,同为绝对权的物权,其登记可能是权利生效要件,也可能是公示要件。在我国,著作权自创作完成之日起产生,作者自动取得著作权,显然,著作权登记不是作品受著作权法保护的要件,并非著作权生效要件。然而,它也不是物权法上的公示要件。即使只是公示要件的物权登记,在物权变动中也具有公信力,可以保护善意第三人。著作权登记公示则并非交易之必须程序,另外,著作权的公示方式还包括在作品上署名,其权利推定效力并不弱于著作权登记。至此,著作权登记的性质与效力基本清晰:著作权登记只是辅助性公示,不具有公信力。因此,著作权登记可以作为创作完成的证据,这一定程度上有助于著作权交易安全,但它不是主体取得著作权的依据。这样一来,作品类型登记主要是为了程序的便利,并非对作品类型的审批认定,比如,本案原告将"音乐喷泉"登记为电影作品是权宜之计,行政管理机关也没有实质审查,因此登记也不是确定作品类型的依据。法院确定请求保护的权利载体仍应当以原告诉请为依据,如果诉请保护的对象构成作品,著作权登记可以作为权利取得时间及权属证据。同时,对作品类型登记错误,并不妨碍诉请对象受到应有保护,法院应依据案件事实认定其类型。本案中,二审法院基本肯定了一审法院的认定结果,并且进一步把原告获得授权使用的两首音乐作品排除出请求保护范围,将保护对象限定为"伴随音乐的节奏、曲调、力度、速度等要素及其变化而呈现出的与乐曲相呼应的灯光、色彩、气爆、水膜等多样动态造型的变换",即"涉案音乐喷泉喷射效果的呈现",这是正确的。

另外,在权属问题上,由于著作权登记无法作为著作权归属的唯一依据,可能被其他证据推翻。本案被告上诉中提出,涉案作品的著作权归属委托合同的委托方青岛市政公司,并转移给了青岛世园公司。对此,二审法院指出,在相关委托合同中未对著作权归属作出明确约定的情况下,其著作权应归属于实际创作者中科水景公司。这符合我国《著作权法》采取的"有利于作者"的解释原则。[②] 但是委托创作合同系民事合同之一种,同样受到合同解释一般原则的约束。[③] 该案发生时,我国《合同法》第 125 条规定:"当事人对合同条款的理解有争议的,应当按照合同所使用的词句、合同的有关条款、合同的目的、交易习惯以及诚实信用原则,确定该条款的真实意思。"因此,不排除在特定情形下,尽管双方没有明确约定权属,但可以根据合同目的推定著作权转让给委托人。作为被告之一的中科恒业公司在上诉中提出,"虽然……并未约定'20 首乐曲的喷泉编辑'的权属,按照业内惯例并不会在合同中对音乐喷泉编辑的著作权单独作出约定"。如果被告能证明这种业内惯例真实存在,那么法院应当考量。

[②] 《著作权法》第 19 条规定,"受委托创作的作品,著作权的归属由委托人和受托人通过合同约定。合同未作明确约定或者没有订立合同的,著作权属于受托人"。

[③] 李琛:《知识产权法关键词》,法律出版社 2006 年版,第 85 页。

二、作品类型化的例示性与规范意旨

本案核心争议是,如何理解适用《著作权法》第3条(本文称为作品类型条款),[④]即作品类型是否只能法定,法院可否适用弹性条款认定新类型作品?一审判决认定"音乐喷泉"构成《著作权法》第3条第9项"法律、行政法规规定的其他作品",实质上意味着一审法院认为作品类型并非只能法定。二审判决认为在立法没有规定其他作品类型的情况下,弹性条款被排除适用,一审判决在作品类型认定上适用法律条款不当。这本质上认为作品类型法定,司法不得创设作品新类型。与此相应,学界观点大致也分为两种:一种观点认为,《著作权法》第3条对作品类型的规定是封闭式的,实行"作品类型法定"[⑤];另一种观点认为作品类型例示性的,"凡是公认符合作品定义的新表达,只要立法未明确排除,应当予以著作权保护"[⑥]。本文即持后一种理解,理由如下。

(一)作品类型化的例示性

"作品类型法定"观点持有者首先从法理上给出了基本理由:著作权法定,进而要求著作权客体及其类型法定。[⑦] 著作权法定的确是学界通说。[⑧] 从权利设立的角度而言,著作权属于绝对权,具有对世效力,只绝对权法定相对人才可以确定行为的边界,履行义务。从经济学角度而言,产权的界定可以更好地保护交易安全和降低交易成本。问题是,绝对权法定在何种程度上要求客体法定,著作权法定是否必然要求作品类型法定?

首先,物权法与著作权法都没有规定客体法定。"作品类型法定"观点持有者指出:立法不强调物权客体的法定,是因为人们"对什么是'物'早已达成普遍共识",而

[④] 2020年修法前,《著作权法》第3条规定,"本法所称的作品,包括以下列形式创作的文学、艺术和自然科学、社会科学、工程技术等作品:(一)文字作品;(二)口述作品;(三)音乐、戏剧、曲艺、舞蹈、杂技艺术作品;(四)美术、建筑作品;(五)摄影作品;(六)电影作品和以类似摄制电影的方法创作的作品;(七)工程设计图、产品设计图、地图、示意图等图形作品和模型作品;(八)计算机软件;(九)法律、行政法规规定的其他作品。"

[⑤] 王迁:《论作品类型法定——兼评"音乐喷泉案"》,载《法学评论》2019年第3期,第10页;陈锦川:《法院可以创设新类型作品吗?》,载《中国版权》2018年第3期,第26页。

[⑥] 李琛:《论作品类型化的例示意义》,载《知识产权》2018年第8期,第4页。

[⑦] 李建华:《论知识产权法定原则——兼论我国知识产权制度的创新》,载《吉林大学社会科学学报》2006年第4期,第85页。

[⑧] "知识产权的种类、权利以及诸如获得权利的要件及保护期限等关键内容必须由成文法确定,除立法者在法律中特别授权外,任何机构不得在法律之外创设知识产权。"郑胜利:《论知识产权法定主义》,郑胜利主编:《北大知识产权评论》第2卷(第2版),法律出版社2004年版;有学者主张对其缓和,"民事制度中的相关学说、理论与规则,可以克服知识产权法定主义与类型化之不足的局限,对完善知识产权法律救济体系起到重要的补充作用"。易继明:《知识产权的观念:类型化及法律适用》,载《法学研究》2005年第3期,第110-125页。这也是有根据的,《著作权法》第10条:"(十七)应当由著作权人享有的其他权利……"

对于法律抽象物的"作品",如果法律没有明确限定,极易产生争议。⑨ 这一理由难以成立。"物"与"作品"都是法律上的抽象概念,人们眼见的都是具体的"物"和"作品"。"物"作为法律概念与生活事实中的物并不是相同的,其指涉对象、范围同样存在争议,比如,"物"是否仅指有体物,声、光、电、热是否属于"物",⑩"物"是否还包括了权利或抽象的物(智慧财产)。概念的语义具有空缺结构,边界是模糊的,法律概念也很难给出完全封闭周延的定义,有时还与生活概念不完全对应。不过,对于概念的语义核心区域,公众对其所指有着基本一致的认识,对于典型的物与典型的作品,公众都不会产生误解。立法对于术语的选择,也会力求与人们的生活认知基本一致。因而,绝对权法定对客体法定的程度要求基本一致。

其次,即使客体法定,也不能推出客体种类法定。物权法定一般只要求物权种类和内容法定,而未见物类法定。⑪ "物"的法定也不等于"物类"法定,法律亦未必希望权利客体局限于立法所举;相反,社会鼓励创造新物,除了明令禁止的流通物,某种物即使前所未见,也不影响其受到保护。⑫ 这一点在著作权领域更加明显。就创作规律而言,作品的产生方式既可以和现有作品类型相同,也可能游离于现有类型之外。这两种方式都是文艺创作的可能途径,后者甚至可能开出一派新的文学艺术。但是,后者的作品性一开始往往更容易遭受质疑,因其艺术手法对于一般人而言过于突兀,所以霍姆斯曾说:"由那些只受过法律训练的人来判断美术作品的价值是危险的"⑬,所以法官在认定作品时,需采取不问艺术价值原则,而不能据此拒绝保护。再者,创作自由是我国宪法上公民的一项基本权利,国家鼓励有益于人民的创造性工作。⑭ 对待创作自由,法律有必要保持谦抑性,不能要求作者"依法定类型创作",而应当是"法无禁止即可创作",除非法律明令禁止或者排除出保护范围。我国《著作权法》第 1 条开宗明义,本法旨在促进社会主义文化和科学事业的发展与繁荣。在这种价值取向下,"新作品"不能仅因为难以归类而不受同等保护。诸如"音乐喷泉"的新表现形式丰富了人们的精神文化生活,若仅因为它异于典型类型,就将其排除出作品保护范围,则有悖立法宗旨。

---

⑨ 王迁:《论作品类型法定——兼评"音乐喷泉案"》,载《法学评论》2019 年第 3 期,第 12 页。
⑩ 有观点认为这些是无体物。梁慧星:《民法总论》(第 4 版),法律出版社 2011 年版,第 150 页;也有观点认为属于有体物。王利明:《物权法》,中国人民大学出版社 2015 年版,第 16 页;李永军:《对〈物权法〉第一编的反思》,载《当代法学》2010 年第 2 期,第 10 页。
⑪ 《物权法》第 5 条:"物权的种类和内容由法律规定。"尹田:《物权法》,北京大学出版社 2013 年版,第 58 页;张志坡:《物权法定,定什么?定到哪?》,载《比较法研究》2018 年第 1 期,第 53 页。申卫星:《物权法定与意思自治——解读我国〈物权法〉的两把钥匙》,载《法制与社会发展》2013 年第 3 期,第 134 页。王利明:《物权法研究》(上卷),中国人民大学出版社 2013 年版,第 156-157 页。
⑫ 李琛:《论作品类型化的例示意义》,载《知识产权》2018 年第 8 期,第 4 页。
⑬ Bleistein v. Donaldson Lithographing Co., 188 U.S. 239, at 251(1903).
⑭ 《宪法》第 47 条:中华人民共和国公民有进行科学研究、文学艺术创作和其他文化活动的自由。国家对于从事教育、科学、技术、文学、艺术和其他文化事业的公民的有益于人民的创造性工作,给以鼓励和帮助。

既然立法对作品类型并非强制,是否只要给出作品概念条款涵摄事实即可,作品类型条款则无足轻重?答案似乎是否定的,比较法上,多国著作权法使用"尤其""作品的例示"之类的用语,表明类型的开放性。可见,作品立法类型的例示性既是立法通例,也是理论通说。[15] 解释时先假定立法如此规定有其理由,那么立法对作品分类仍有其重要意义,适用者需要依据类型化原理审视其规范意旨,即规范目的与功能何在。

(二)作品类型化的规范意旨

类型化是一种逻辑思维工具,法律作为人类理性的产物,同样会借用这种工具。与纯粹事实的逻辑分类不同,法律具有第二性,以实现其规范意旨。对于繁复的社会现实,法律会通过一定的方式进行有选择地忽略、撷取有限甚至较小数量的重要情况。[16] 虽然法律不能无视第一性的生活事实,但它也会根据人的需要来建构的,看重法律效果。[17] 即使第一性上无法做到对具体事物进行逻辑周延的定义,法律仍可从规范目的出发对该事物进行界定。类型化正是法的第二性原理的典型体现,是一种对事实与规范的形式化界定或区隔方法。传统民法中的类型化,以法律对类型的强制程度为标准,即是否只有法律规定的类型才合法,可以分为两种。一种是类型法定(numerus clausus),[18] 即只有法定类型才是合法的,法律不允许当事人拥有内容形成上的自由。除物权法定外,传统婚姻家庭法中也存在类型法定,比如符合法定条件的婚姻才是合法婚姻;在法律适用上,不同类型之间亦禁止类推适用。[19] 另一种类型化虽进行类型划分,但不意味着类型强制,更不意味着法定类型以外即非法,当事人可以自由创设新的事实类型。比如当事人之间可以创设新的无名合同;在法律适用上则可以类推适用,无名合同可以类推适用相近的有名合同的规则。[20] 以上两种类型化虽然强制程度有别,但都符合类型化的基本要求——同一类型的法律效果一致。只是对于生活事实的形式强制不同,即是否只有法定的第一性事实,才能

---

[15] 该文考察了法国与德国相关规定使用了"尤其",日本《著作权法》在相应部分直接用"作品的例示"作为标题,我国台湾地区用了"例示如下",《伯尔尼公约》则是"诸如";此外还考察了一些国外学者对作品类型化的例示性观点。李琛:《论作品类型化的例示意义》,载《知识产权》2018年第8期,第4-5页。

[16] [德]迪特尔·梅迪库斯:《德国民法总论》,邵建东译,法律出版社2001年版,第53页。

[17] 李琛:《法的第二性原理与知识产权概念》,载《中国人民大学学报》2004年第1期,第96页。

[18] 在拉丁文中,numerus的基本含义为数字,而clausus意指封闭,扩展理解为囚徒、奴隶,二者组合起来即指封闭的数量。谢大任:《拉丁语汉语词典》,商务印书馆1988年版,第102、371页。转引自刘征峰:《家庭法中的类型法定原则——基于规范与生活事实的分离和整合视角》,载《中外法学》2018年第2期,第484页。

[19] 即使事实层面具有相似性,同居关系也不能类推适用有关婚姻的规定,否则其合法与非法的区隔作用将遭重创。不过,如果家庭法已对同居关系等生活事实进行了类型化调整,仅在具体法律效果上存在漏洞,则仍可能类推。同前注,第484-485页。

[20] 《合同法》第124条规定:本法分则或者其他法律没有明文规定的合同,适用本法总则的规定,并可以参照本法分则或者其他法律最相类似的规定。

产生相应的法律效果。类型强制程度的不同,原因在于类型化的规范目的不同:物权法严格要求物权的法定,因为一旦赋予其绝对性和排他性,更需要保障交易安全和秩序;而合同法对合同的分类更多的是要辅助当事人的意思自治,进行权利义务规则的匹配,因而确定有名合同性质和分类归属的主要标准是主合同义务。[21]

  作品类型化同样遵循类型化基本原理,即同一类型法律效果一致。我国著作权法上的作品类型条款借鉴了美学分类,这符合人们对作品的直观认识,也方便裁判者找法、减轻解释负担。[22] 但是在认知功能之外,作品类型化还有规范功能,或者说前者服务于后者,作品类型化条款最终要通过权利义务等法律效果调整人的行为。作品类型规范要服务于规范群之整体,除了事实分类,更重要的是建构法律效果分类的一致性。正如学者所言,作品分类在借鉴美学分类时其实兼顾了规范目的,充分考虑特定对象在保护规则方面的特殊性,例如美术作品之外单列图形作品。[23] 后者就是在事实基础上突出了法律效果。那么事实分类和规范效果,哪一个才是作品类型条款的规范重心呢?如果以前者为重心,容易导致如下观点:在物权法上,"物"可以依据物理标准简单分为动产和不动产,而对作品定义更困难,因此以类型化的方式进行缓解。[24] 比如,我国《著作权法实施条例》第 2 条给出了作品的概念,与原《著作权法》第 3 条形成了"内涵加外延"的定义模式。[25] 这样一来,一旦出现难以归入现有作品类型,但又符合作品内涵且未被立法明确排除的对象,就会导致该对象既是作品又不是作品(其实指不受保护)的矛盾。[26] 这种认识,反映的是作品定义的困境:虽然作品分类起到了缓解定义困难的功能,但又造成定义不周延。究其原因,这种观点仍然是在第一性上看待法律概念与类型化的关系。其实,我国原《物权法》第 2 条将"物"分为动产和不动产,并非严格按照物理标准,而是从财产价值和社会意义的角度,将重要财产从一般财产中区分出来,予以不同的管理和保护,采取不同的公示方法。[27] 这种物权归属和变动规则才是规范意旨所在,因为这直接影响权利义务关系。作品分类也有方便登记的功能,但本质上还是属于在第一性上快速找到逻辑种属,因为这也可能只是科学目录表式的需求,仍不会直接产生法律规范的需求。本文认为,立法对概念的定义问题,并非完全取向第一性上的周延与互斥,而更

---

[21] 刘承韪:《论演艺经纪合同的解除》,载《清华法学》2019 年第 4 期,第 132 页。
[22] 李琛:《论作品类型化的例示意义》,载《知识产权》2018 年第 8 期,第 5 页。
[23] 刘春田主编:《知识产权法》,中国人民大学出版社 2014 年版,第 55 页。
[24] 金海军:《作品分类在著作权法上的意义》,载《中国版权》2019 年第 3 期,第 22 页。
[25] 这导致有观点认为,作品内涵构成要件只是判定作品的必要条件而非充分条件,还应结合某一类型作品的特殊要求,也就是说不存在列举作品类型之外的受保护作品。崔国斌:《著作权法——原理与案例》,北京大学出版社 2014 年版,第 126 页;陈锦川:《法院可以创设新类型作品吗?》,载《中国版权》2018 年第 3 期,第 26 页。
[26] 该观点以法院不得创设新作品类型为前提。金海军:《作品分类在著作权法上的意义》,载《中国版权》2019 年第 3 期,第 21-22 页。
[27] 如果按照物理标准理解该条对物的分类,将"存在不可克服的缺陷",因为物理标准无法就分类达成一致。张素华:《论我国物权法的调整对象与范围——兼论物权法草案第 2 条》,载《法学评论》2006 年第 3 期,第 16 页。

应取向规范意旨的实现。类型化除了要求事实形态的相似,更重要的是配置相同的规范效果。作品的类型化,规范重心也不在于作品完整定义的实现,而在于规范意旨的实现。换言之,作品类型条款的规范功能在于透过对事物的形式化界定,衔接相应的法律效果,实现权利义务规则的匹配。

明确了作品类型的规范功能,对确定作品类型化的强制程度会更为清晰。物权的类型强制,物类划分为动产与不动产,对于更难为细分的著作权与作品类型来说,参照意义不大。不妨转换至合同分类的参照系,更容易看清楚作品分类的强制程度:创作自由与合同自由在价值取向上基本一致,二者都以自由为原则,同时创作与订立合同都不完全是按照既有类型进行,事实第一性上,二者更为相似。在法律效果上,对待创作成果也应当与对待合同一致,一般不得限制民事主体的自由。[28] 合同分类的目的如前述,在于区别不同的权利义务规则,而不是限定合同类型;作品分类的规范目的,也应当是区别不同的权利义务规则。例如,出租权仅限于计算机软件和电影作品两类作品;电影作品的著作权只能由其制片者享有;制作录音制品的法定许可仅限于音乐作品。因而作品分类的事实强制程度不会像物权一般绝对法定、封闭式列举,而是与合同类型一样保持开放、例示性列举。可以说,作品类型是对相关权利义务关系类型的强制,但在事实类型层面上,因为作品概念的存在反而具有开放性。对既有类型之外的作品,著作权法并非不以作品相待,问题存在于如何对之适用类型规则。

(三)适用弹性条款的妥当性

这一问题集中反映在弹性条款的适用及其影响上:假若我们承认立法对作品类型列举的例示性,法院是否就可以依据弹性条款认定新的作品类型?《伯尔尼公约》未加言明的空白地带,保护新类型作品是否会造成不对等保护,我国该做何选择?

1. 顾虑一:司法适用弹性条款是否越权?

在"音乐喷泉案"中,二审法院提出了这一顾虑:《著作权法》第 3 条第 9 项中,"其他作品"之前有"法律、行政法规规定"的限制,司法有必要保持谦恭,除非法律、行政法规明确增加了具体作品类型,否则意味着立法排除司法对该弹性条款的适用。[29] 显然,二审法院认为,一审法院直接适用弹性条款超越了司法权限。

然而,如果只有立法增加作品类型,法院才能进行认定,这无异于"作品类型法定"。此外,该项规定如果不能被适用,还能被称为弹性条款吗?二审法院的说理存在矛盾,但其顾虑确有由来。我国作品类型条款虽然借鉴了《伯尔尼公约》第 2 条的

---

[28] 王轶:《民法原理与民法学方法》,法律出版社 2009 年版,第 48 页。
[29] 北京知识产权法院民事判决书(2017)京 73 民终 1404 号。

规定,但却没有完全采用公约的表述。《伯尔尼公约》第 2 条通过"诸如"二字,表明它采取的是既列举典型作品类别,又保持规范弹性的立法模式。[30] 我国《著作权法》第 3 条在列举了典型的作品类型之后,也以"法律、行政法规规定的其他作品"弹性方式,为新类型作品预留了空间,但"法律、行政法规"的限定在这里显得"犹抱琵琶半遮面"。[31] 真正意义上的弹性条款应当对同质事项直接涵盖,而非转致其他法律、行政法规。对于作品类型,真正的弹性条款应当表述为"其他作品",无须"法律、行政法规"限定,因而该条款被学者认为是"半兜底"条款。[32]

这种"半兜底"结构意味着,我国作品类型条款并非完全开放性的例示。虽然"半兜底"也给未来立法留有空间,但真正的弹性条款还直接将判定"其他作品"的自由裁量权交给了法院。"半兜底"条款情形下则可以有两种理解,一种是"其他作品"的判定权完全由立法机关保留,法院无权创设新的作品类型,另一种是立法可以创设"其他作品",但也不排除法院的认定权限。从上文对作品类型的例示性来看,后一种理解更可取。2020 年《著作权法》第三次修订后,"包括"一词的位置有一个明显的变动,与《伯尔尼公约》"诸如"位置一致,同时"半兜底"条款也被彻底打开,这强烈表明了立法者开放作品类型的意图。[33] 不过,即使采前一种理解,法院亦并非无所作为。私法并不禁止类推适用,对事实上的新类型作品,法院可以适用现有作品类型的规则,这在法律续造范围以内。因为无论如何理解规范,事实类型都是开放的,"半兜底"结构只对规范效果类型严格强制,但对创作事实开放留白。当然,这不意味着法院就可以轻易依赖所谓弹性条款,仅以其为裁判依据,首先,"半兜底"条款未将自由裁量权干脆地给司法机关,这就要求法院认定新的作品类型更为谨慎,不能轻易向弹性条款逃逸;其次,弹性条款本身并没有完成对于权利义务规则的适用或者类推适用。无论如何,适用作品类型弹性条款未超越司法权限,此种续造乃立法

---

[30] "'文学和艺术作品'这一表述必须理解为包括一切能够受到保护的作品。为了说明这一点,第 2 条第一款对作品进行了列举。使用'诸如'二字,表明这一列举完全是一种示例,而不是详尽的;它只是给各国立法者提供若干指导。""由于仅仅列举示例,公约准许成员国超出这一范围,而将文学、科学和艺术领域内的其他产物也作为受保护的作品对待。"《保护文学和艺术作品伯尔尼公约(1971 年巴黎文本)指南》。

[31] "为什么要规定这一项?一是随着文化和科学事业的发展,有可能出现新的思想表达形式,如计算机软件是随着现代科学技术的发展而出现的,现在已有越来越多的国家将其列入著作权客体,今后还有可能出现新的思想表达形式,需要列入著作权客体给予保护。二是有可能将现在尚未作为一著作权客体的列入著作权客体,如有些国家将原来不属于著作权客体的录音制品,后来作为著作权客体给予保护。需要指出的是,能否作为著作权法所称的其他作品,必须由法律、行政法规规定,不能由其他规范性文件规定,以保证法制的统一。"胡康生主编:《中华人民共和国著作权法释义》,法律出版社 2002 年版,第 21 页。

[32] 刘银良:《著作权兜底条款的是非与选择》,载《法学》2019 年第 11 期,第 12 页;民法一般称为转介条款或者引致条款,指本身没有独立的规范内涵,甚至不具有解释规则的意义,单纯引致到某一具体规范,法官需要从所引致的具体规范的目的去确定其效果的法律条款。它是民法学者在研究不同法域(如公法与私法)互动关系时提出的解释性概念。例如,《合同法》第 52 条第 5 项规定:违反法律、行政法规的强制性规定。彭真明:《论现代民商合一体制下民法典对商事规范的统摄》,载《社会科学》2017 年第 3 期。

[33] 2020 年《著作权法》第三次修订完成后,第 3 条规定,"本法所称的作品……包括:(九)符合作品特征的其他智力成果"。

目的使然。

2. 顾虑二:司法如何处理《伯尔尼公约》与国内法的关系?

与其他法律部门不同,一国处理涉及知识产权的问题时,需要受到国际公约的限制。㉞ 我国法院将某一新对象扩张解释或类推认定为现有作品类型时,可能存在以下顾虑:《伯尔尼公约》的弹性规范方式是否意味着,其对未列举的作品类型并不强制成员国保护,此时我国司法保护列举之外的新类型作品,是否会造成不对等保护?

譬如有观点主张,《伯尔尼公约》仅解决著作权保护的地域性问题,实行无歧视原则和国民待遇原则,其第 5 条第 3 款允许成员国对源自本国的作品提供低于公约要求的保护水平,是公约对国家主权的尊重,如果我国法院自行创设或扩大解释作品类型,会导致国际法上不对等保护的后果。㉟ 比如,如果我国将"音乐喷泉"作为作品保护,而甲国不将其作为作品保护,那么依据国民待遇原则,我国的"音乐喷泉"在甲国无法受到版权保护,而甲国"音乐喷泉"可以在我国享受版权保护。

这一推理的前提存在误区。《伯尔尼公约》主要解决著作权保护的地域性问题,但也提出了实体意义上的最低保护标准,《与贸易有关的知识产权协定》(简称 TRIPS 协定)更是明确了这一点。㊱ 这是因为在极端情况下,某一公约成员国如果对著作权保护水平极低,制定和实施低水平的知识产权法,即使该国对他国实行国民待遇,但源自其他成员国的作品在该国受到低水平的保护,而该国国民却在高水平保护国家受到高水平保护,导致各国知识产权保护水平参差不齐。最低保护标准就是为了防止这种情况的出现。㊲《伯尔尼公约》已经是博弈和妥协的结果,任何成员国对作品的保护水平都应当达到公约的最低保护标准。我国既然选择加入《伯尔尼公约》,就代表我国承诺通过一定的努力,将我国的著作权保护水平至少提升至公约要求的保护水平。无论是我国立法还是司法机关,在处理涉及著作权问题时,都需要受到其限制。这时有意义的问题是,公约第 2 条的弹性规范涵盖的对象是否在最低保护标准范围内,是否属于"受本公约保护的作品"。虽然对未被列举出来的客

㉞ 万勇:《深层链接法律规制理论的反思与重构》,载《法律科学(西北政法大学学报)》2020 年第 1 期,第 38 页。

㉟ 《伯尔尼公约》第 5 条第 3 款规定:"在(作品)起源国的保护,由该国法律规定。"世界知识产权组织编写的《伯尔尼公约指南》对此指出:"作品在起源国受到的保护,在作者是该国国民的情况下,完全由该国法律确定;公约不提供任何保护。"世界知识产权组织编:《保护文学和艺术作品伯尔尼公约(1971 年巴黎文本)指南(附英文文本)》,刘波林译,中国人民大学出版社 2002 年版,第 29 页,第 5.9 段(英文文本);王迁:《论作品类型法定——兼评"音乐喷泉案"》,载《法学评论》2019 年第 3 期,第 10 页。

㊱ 《伯尔尼公约》第 5 条第 2 款规定:"除本公约条款外,保护的程度以及为保护作者权利而向其提供的补救方法完全由被要求给以保护的国家的法律规定",意味着本公约存在最低保护要求;我国加入了 TRIPS 协定,TRIPS 协议确立了最低保护标准原则,将《伯尔尼公约》的实体内容完全吸收包容,《伯尔尼公约》是 TRIPS 协议保护标准的起点,这也说明《伯尔尼公约》存在最低保护标准。

㊲ 当然这种情况几乎不会出现,因为如果一国不履行对公约的承诺,一般不会允许其继续作为该公约成员国。赵秀文主编:《国际私法案例研习》,中国人民大学出版社 2013 年版,第 187 页。

体是否属于文学艺术作品容易产生争议，一般会在公约修正时通过增加新种类作品来回应，但这绝不等于未被明确列举就不属于公约兜底范围内的作品。[38] 公约兜底范围仍应属于"受本公约保护的作品"，只是各国保护方式和保护程度可能有所差异。有论者提出国外早已出现"音乐喷泉"，但《伯尔尼公约》却未将其列入作品类型，说明"音乐喷泉"不在公约的作品范围之内。[39] 本文认为，"音乐喷泉"未被列入只能说明"音乐喷泉"未必是新的作品类型；其次，即使是新的作品类型，也不能就此认为"音乐喷泉"不在公约的规范范围内，因为弹性条款恰恰是为这种情况而设立，并且他国可能实质上对"音乐喷泉"进行了保护，未必需要公约进一步协调。

至于不对等保护的后果，本文认为，我国知识产权立法需要反对的是超国民待遇，但不必然反对前述不对等保护，更不能将国内知识产权保护水平寄托于他国保护水平的提高。首先，我国已连续多年是全球审理知识产权案件最多的国家，各类新型案件不断增加，"在很多情况下，国外已无现成的经验可以为我国借鉴"[40]。退一步讲，即使承认公约将兜底范围中的作品交由各国自主决定是否保护，一国在国际公约允许的自由地带，就应当作出不保护的选择吗？而若我国对源自本国的作品提供低于公约水平的保护，恰恰可能造成超国民待遇现象。因为其他成员国一旦依据公约主张权利，我国恐怕还得保护，这时他国作品可在我国受保护，我国作品反倒不受保护了。事实上，包括《伯尔尼公约》在内的国际条约既是妥协的产物，更是一些国家尤其是知识产权经济强国主导和推动的产物，这些国家的知识产权保护水平往往还要高于公约，它们的不对等保护岂不是更多？主要原因恐怕在于它们国内的产业保护需求，保护的效益要高于不对等保护造成的风险。因此，一国在考虑采取何种保护水平时，出发点首先应当是本国的现实需求，回应的是本国问题——对本国国民的法律保护水平。这是国民待遇的参照基准。《伯尔尼公约》不妨碍各国提供高于公约水平的保护，我国明确保护的口述作品就在一些国家未受到保护，而"杂技艺术作品"甚至遭遇了现实案例，但并没有造成所谓不对等保护的严重后果。[41] 其实，不仅知识产权，对于其他财产，各国保护规则也并非一致，对财产保护水平高的国家在国际贸易中未必吃了不对等保护的亏，甚至因为更优的营商环境而获益更多。当然，这首先是我国立法机关的事权，但在建设知识产权强国的今天，法院至少不应鼓励向低水平保护标准看齐。相反，由于版权法具有域外效力，国际版权执法、司法应尽量避免这种版权保护中劣币驱逐良币或者说"竞次"现象。[42]

---

[38] 万勇：《功能主义解释论视野下的"电影作品"——兼评凤凰网案二审判决》，载《现代法学》2018 年第 5 期，第 96 页。

[39] 王迁：《论作品类型法定——兼评"音乐喷泉案"》，载《法学评论》2019 年第 3 期，第 21 页。

[40] 万勇：《深层链接法律规制理论的反思与重构》，载《法律科学（西北政法大学学报）》2020 年第 1 期，第 42 页。

[41] 北京市第一中级人民法院民事判决书(2010)一中民初字第 10067 号。

[42] 阮开欣：《论版权的地域性和域外效力》，载网址：https://mp.weixin.qq.com/s/h_HNwCB2u5D5ss_2TvL9Iw。

三、作品类型选择的考量因素

两审法院一致认为"音乐喷泉"构成作品,但是学界有观点认为"音乐喷泉"不构成作品,因为喷泉喷出的水花是受到水流的压力和角度控制,不能从功能性的要素中分离出来。[43] 这一理由并不成立。所谓著作权法只保护艺术美感,而不保护实用功能,指的是如果某一艺术表现形式同时具有实用功能,并且该种实用功能只能以这种表现方式实现,那么该表现形式不构成作品,否则保护的是实用功能从而脱离了著作权法的领域限定。然而,这绝不等于某件艺术设计的呈现依赖了某种技术功能,就不保护这件艺术设计。现实中很少有艺术作品的呈现能脱离功能性要素,比如雕塑等艺术造型的展示也很难脱离实体物,实用艺术作品更是如此,但只要艺术美感与实用功能可分离,或者说实用功能的实现可以脱离艺术美感,那么这种艺术美感就可以成为作品。高压水柱不过是再现喷泉造型的载体,高压水柱功能的实现不依赖于喷泉造型,二者是可分离的。

"音乐喷泉"具有艺术美感并不违反公众认知,也不会变相保护实用功能,难点在于判断其所属类型。二审法院认为,美术作品不排除动态的、持续时间较短的、立体的形式,"音乐喷泉"构成"动态立体造型表达"。[44] 反对观点则认为二审法院认定有误,一是平面美术作品和立体美术作品的区分依据是其载体的维度,而非二审法院所说的"立体视觉效果",平面美术作品也能以透视原理画出"立体视觉效果"。[45] 显然,在三维世界中,"音乐喷泉"是立体艺术,无论其表现形式还是载体都是立体的,即使二审区分依据欠妥,也不影响结论。直观上的认知困难在于,它是立体电影作品还是立体美术作品。在《著作权法实施条例》中,电影作品和美术作品的核心定义分别为画面和造型,[46] 语义上将"音乐喷泉"归入二者似乎皆可,且美术作品常见表现形式为静态,电影作品常见表现形式为动态,这就更容易令人将其归为电影作品。[47] 如果仅从"画面"一词的中文意思出发,"音乐喷泉"似乎更符合"有伴音或者无伴音的画面",本案原告及作品登记机关就将"音乐喷泉"登记为电影作品。但仔细

---

[43] "喷泉是不是作品?我本人持否定意见。在北京知识产权法院判决之前,我认为它不构成作品,因为喷泉喷出的水花是受到水流的压力和角度控制,不能从功能性的要素中分离出来。"讲座实录:李明德对话李雨峰、李扬:《两大法系背景下的作品保护制度》,载网址:https://mp.weixin.qq.com/s/v7zC6hUEIdbavqX1elc8Gw。

[44] 北京知识产权法院民事判决书(2017)京73民终1404号。

[45] 王迁:《论作品类型法定——兼评"音乐喷泉案"》,载《法学评论》2019年第3期,第24-25页。

[46] 美术作品条款堪称作品类型条款的再版,甚至直接用"等"字打开了美术作品创作方式与类型可能。《著作权法实施条例》第4条规定:"著作权法和本条例中下列作品的含义:……(八)美术作品,是指绘画、书法、雕塑等以线条、色彩或者其他方式构成的有审美意义的平面或者立体的造型艺术作品……(十一)电影作品和以类似摄制电影的方法创作的作品,是指摄制在一定介质上,由一系列有伴音或者无伴音的画面组成,并且借助适当装置放映或以其他方式传播的作品……"

[47] 崔立红:《短时艺术品著作权保护的实证研究》,载《山东大学学报(哲学社会科学版)》2018年第6期,第69页。

考据可以发现：现行著作权法中"画面"原本对应的"image"更恰当的中文是"影像"，呈现的是真实景象的影子与镜像，本案争议对象是喷泉本身的线条与形状，而不是影像，其本质是一种"水塑"。㊽ 这样一来，喷泉造型就不是影像，不构成电影作品。退一步讲，即使"音乐喷泉"不是严格意义上的雕塑，由于美术作品定义条款中"等"字的存在，这种立体造型艺术作品仍可以构成广义的美术作品。

除了构成要件符合性，更重要的是法律效果的妥当性。前已述及，作品类型条款的分类标准兼顾美学标准和规范目的。例如在美学领域，图形作品也是一种美术作品，但我国在美术作品之外单列了图形作品。这考虑到了图形作品的特殊性，比如，与绘画和雕塑不同，根据产品设计图制造产品这种从平面到立体的复制行为，并不侵犯复制权。将"音乐喷泉"解释为美术作品而非电影作品，也因为二者权利归属规则与受到的限制不同。"音乐喷泉"一般呈现在公共场所供人欣赏，往往成为公众拍摄的对象，为了平衡社会公共利益，理应构成一种合理使用，认定为美术作品可以在制度上实现这一要求。㊾

四、《著作权法》修正之后如何认定作品新类型

尽管"音乐喷泉"最终并非作品新类型，但是该案引人思考。尤其是《著作权法》第三次修正完成后，"半兜底"条款被彻底打开，作品类型的例示性已完全彰显，当新类型作品成为现实，司法如何认定？

从作品条款"内涵加外延"的立法形式来看，法院认定作品似乎应先判定作品性，再认定具体类型，但实际可能是一个反向的过程，即法院先检视争议对象是否属于法定作品类型。在检视作品具体类型时，主要依据是作品的美学分类，如果并无疑问，则作品认定到此告结。如果难以归入法定类型，恰恰要回头审查争议对象是否具有作品性，是否符合作品的一般构成要件。㊿ 法定作品类型是长期以来文艺理论和创作实践的总结，立法不轻易创设新作品类型并非没有道理，因而如果该表达难以归类，恰恰可能是其作品性存疑。再者，作品虽然要求具有艺术美感、带来审美体验，但具有美感的对象并非必然是著作权法保护的作品。比如，该对象是否符合作品的领域限定——文学、艺术和科学领域，比如"计算机字体构成作品"就十分可

㊽ 李琛：《〈著作权法〉中的几个翻译问题（上）》，载《中国版权》2019 年第 5 期，第 79 页。

㊾ 2020 年修法前，《著作权法》第 22 条规定，在下列情况下使用作品，可以不经著作权人许可，不向其支付报酬，但应当指明作者姓名、作品名称，并且不得侵犯著作权人依照本法享有的其他权利：……（十）对设置或陈列在室外公共场所的艺术作品进行临摹、绘画、摄影、录像；《最高人民法院关于审理著作权民事纠纷案件适用法律若干问题的解释》第 18 条。

㊿ 在修法之前，已有学者主张可以适用作品抽象概念或转介适用其定义。例如，可对作品类型条款中的"包括"作"包括但不限于"的解释，从而为司法认定新作品类型提供依据；再如，借鉴中国台湾地区学者提出的转介方案，激活我国《实施条例》第 2 条的作品定义条款，那么凡是符合该定义条款的作品都是"其他作品类型"。李琛：《论作品类型化的例示意义》，载《知识产权》2018 年第 8 期，第 7 页。

疑,再如,一些学者质疑香水气味构成作品,其实也是在质疑其作品资格,国外法院判决也有反复。[51]我国司法对此有必要保持谦抑、谨慎。不过,在我国知识产权司法力量大为发展之今日,"刹车"想必不难做到,相较社会实践之丰富,反倒可能谦抑有余。[52]另外,作为一种分析框架,《著作权法》的"宽进宽出"结构完全有能力做到体系内的利益平衡。[53]

经过抽象概念的资格审视,该对象仍认为是作品,此时弹性条款有必要出场,但并非终结。作品抽象概念审查的肯定性结论,只解决了作品性问题,这为争议对象提供了救济的正当性,但没有解决作品的归类问题。弹性条款的出场虽然更进一步——争议对象不属于既有作品类型,但同样未完成任务。因为法官的裁判依据并不能停留在弹性条款,而是必须得出争议对象的适用规则。因此,弹性条款适用的背后,考验的是法官对整个作品类型,甚至著作权规则体系的把握。这反映的是作品类型是著作权规范群的部分,是法的第二性要求,凸显了作品类型的规范目的,即不同作品类型具有不同的规范配置。此时,类推现有作品类型是关键,法院在将新类型作品"归入"或类推现有作品类型时,并非将之在事实上等同于现有作品类型,而是适用其规则。这种路径更优,因为在新作品的认定个案中,法官面临着当事人甚至社会公众的质疑,在这种压力下,法官也会更审慎地解释作品类型,并且要进行充分说理,使得权利义务关系匹配妥当。比如,不同作品类型的权利配置与合理使用规则并不完全相同,恰恰需要法官仔细考量实际情况。这样,通过类型要素的动态开放,在不频繁修法的情况下,做到"持法达变"[54],既回应了现实审判需求,又起到激励创新的效应。

On the Judicial Recognition of Types of Works
——Comments on "Music Fountain Copyright Case"

Xiong Chaocheng   Li Chen

Abstract: The registration of a copyright is an auxiliary publicity of the work and does not affect the due protection of the object of the claim. The type of work is

---

[51] 法国最高法院于2006年和2008年两次否认香水气味可构成作品,理由是"香水气味仅是应用技术诀窍(know-how)的结果,在著作权法意义上,它不能被视为一种创作而成的、能从著作权保护中受益的表达形式,著作权保护只能用于智力作品"。转引自王迁:《论作品类型法定——兼评"音乐喷泉案"》,载《法学评论》2019年第3期,第16-17页。

[52] 对于"音乐喷泉案",无论二审法院在判决总表露的观点,还是一些实务观点,对此呈现的都是较为保守的态度。陈锦川:《法院可以创设新类型作品吗?》,载《中国版权》2018年第3期,第26页。

[53] 蒋舸:《论著作权法的"宽进宽出"结构》,载《中外法学》2021年第2期,第327-345页。

[54] 陈金钊:《法律如何调整变化的社会——对"持法达变"思维模式的诠释》,载《清华法学》2018年第6期,第79页。

exemplary, and the normative purpose of the type of work clause is to connect the corresponding rules of rights and obligations. Our courts have not exceeded their judicial authority in applying the flexibility of the type of work clause, and the consequences of unequal protection are very limited, which is in line with the requirements of the relationship between domestic law and international treaties. When the court chooses to recognize the type of work, in addition to the conformity of the constituent elements, it should also consider the appropriateness of the legal effect. After the amendment of the Copyright Law, the court recognizes new types of works by means of the abstract concept of works and the flexibility clause, and cautiously extrapolates the rules of the existing types of works.

Keywords: Copyright registration; Types of Works; The flexibility clause; Legal effect; Analogy

商 标 篇

"不得与在先权利冲突"视角下的商标专用权属性

黄 晖[*]

摘要:商标注册所获得的专用权本质上是一种阻止他人不经许可进行非法使用的权利,亦即"禁用权"(right to exclude)。在面对在先权利时,没有经过司法程序检验的在后注册,主要是一个与在先权利没有冲突的初步证据(prima facie)。因此,在后商标永远不能禁止在先权利人的使用,同时在先权利人仍可以主张在后商标的使用行为侵权,除非相关的行政程序生效判决已经认定并不存在注册障碍,或在先权利人因为自身存在懈怠或不使用或使用不充分等条件不适格的问题而无法宣告在后商标注册无效。在不能无效的情况下,商标注册人自然可以在其注册范围内自由地使用其商标,或者也可以说拥有了"介入权"(intervening right)或"使用权"(right to use)。

关键词:在先权利;商标专用权;禁用权;使用权;介入权

在我国,商标专用权经注册获得。同时商标法从商标注册条件及注册审查、异议及无效等程序应对商标注册不得与在先权利冲突的问题,通过商标局的主动审查以及在先权利人提起的异议或无效宣告,我们一般可以阻止问题商标获得注册或宣告其注册无效。

之所以说一般,主要是假定商标局及在先权利人都会充分而及时地行使各自的权利或职责,而现实世界中则存在疏漏、错过异议或无效时限以及证据不充分的问题。不仅如此,这些问题都还仅仅是在单纯的商标注册是否应当维持的语境下进行的讨论,尚不涉及这个商标投入实际使用中可能引发的对在先权利侵犯的问题。

因此,在本文中,我们将更多地讨论商标一旦注册且开始使用,法律赋予注册商标的专用权会不会构成在先权利的维权障碍。这一问题可以说是商标注册制度中一个十分复杂的"立交桥",解决不好,轻则影响我们通过的速度,重则导致普遍的交通堵塞。

---

[*] 本文作者:黄晖,北京万慧达律师事务所。

接下来,我们会首先讨论商标专用权的定义和权利范围,接着讨论保护在先权利原则对在后商标"使用权"的否定,然后讨论在先权利自身问题造成对在后商标"使用权"或"介入权"的肯定。

一、商标专用权的定义方式和权利范围

根据 TRIPS 协定第 16 条,商标注册人拥有商标专用权。商标权的核心在于避免消费者对商品或服务的出处产生混淆,具体说来:"注册商标所有人应享有专有权,防止任何第三方未经许可而在商业中使用与注册商标相同或近似的标志,去标示相同或类似的商品或服务,以造成混淆的可能。如果已将相同的标志用于相同的商品或服务,则应推定已有混淆的可能。"

我国《商标法》第 1 条开宗明义明确要保护商标专用权,第 3 条则规定商标注册人享有商标专用权。《商标法》接着在第 56 条规定"注册商标的专用权,以核准注册的商标和核定使用的商品为限",在第 23 条规定注册商标需要在核定使用范围之外的商品上取得商标专用权的,应当另行提出注册申请,又在第 57 条第 1、2 项规定侵犯商标专用权的两类构成要件、在第 3—6 项规定了其他四种特殊的侵权行为,在第 7 项规定了兜底的其他侵权行为。商标法实施条例、商标民事侵权司法解释以及《商标侵权判断标准》则列举了若干属于第 7 项的其他侵权行为。

关于商标专用权,TRIPS 协定基本是以否定的方式定义商标专用权,而我国则分别从肯定和否定的双重方式来定义商标专用权,而且看上去第 56 条与第 57 条的规定还不太一致:前者规定注册商标的专用权,以核准注册的商标和核定使用的商品为限,后者则规定除了在相同商品上使用相同商标,他人在类似商品上使用近似商标也是对商标专用权的侵犯,这是什么原因呢?

我们先来看看这种情况的历史沿革:我国 1904 年颁布的第一个商标法《商标注册试办章程》第 19 条只提到"有侵害商标之专用权者,准商标主控告、查明责令赔偿",未见有对应现行《商标法》第 56 条的规定;1923 年北洋政府颁布的商标法开始有了第 56 条的一半的规定:"商标自注册之日起,由注册人取得商标专用权。商标专用权,以呈请注册所指定之商品为限。"1930 年国民政府颁布的商标法对此沿袭未动。

1950 年的《商标注册暂行条例》第 19 条已有类似第 56 条的规定,即"商标的专用权,以核准注册的图样、名称以及所指定的商品为限",基本与第 56 条内容吻合。同时,根据第 29、31 条规定,商标专用权所有人,认为专用权被侵害时,得向当地人民法院起诉,惩处伪造、仿造已注册的商标,此处的"仿造"应该指的是近似商标。1963 年《商标管理条例》没有保护商标专用权的内容;1982 年以来的商标法关于商

标专用权以核准注册的商标和核定使用的商品为限的规定一直未变,但侵犯商标专用权的范围在不断调整和扩大,核心的仍然是可以超越相同商品相同商标,对抗他人在类似商品上使用近似商标。

换句话说,国外立法一般采取TRIPS协定或欧盟商标指令或条例的做法,即主要从禁止他人使用的角度入手规范商标权利的范围。我国对商标专用权则先确定"保护的客体",再基于该客体和商标的显著性和知名度以及使用的情况确定"保护的范围"。这一方式与法国《知识产权法典》的做法较为接近,即第L713-1条规定商标注册就指定的商品或服务上的商标赋予其注册人以所有权,然后在第L713-2条、第L713-3条的后面两条规定在成就混淆、联想等条件下禁止在相同、类似乃至不类似的商品上使用相同、近似商标,后者的范围也比前者宽。

而从商标之外的知识产权保护,也可看到类似的立法例,比如《专利法》第64条第一款规定发明或者实用新型专利权的保护范围以其权利要求的内容为准,第二款规定外观设计专利权的保护范围以表示在图片或者照片中的该产品的外观设计为准,但司法保护对发明或者实用新型所采的等同原则以及对外观设计所采的近似认定,实际也并未固守权利要求书以及图片或照片中的外观设计。

这与2000年《欧洲专利公约》关于第69条(1)解释之议定书的思路比较接近,实际也是中心限定原则和周边限定原则的一种折中:第69条不应当被理解为一份欧洲专利所提供的保护仅由权利要求的严格字面含义限定,而说明书及附图仅用于解释权利要求中的含糊不清之处;也不能解释为权利要求只是确定了一个总的发明核心,仅具有指导作用,保护范围可以从所属领域的技术人员对说明书及附图的理解出发,扩展到专利权人所期望达到的保护范围。而应当从上述两种极端解释的中间立场出发,使对权利要求的解释既能够为专利权人提供公平的保护,又能确保给予公众以合理的法律稳定性。

因此,《商标法》第56条中"以某某为限",与专利法中"以某某为准"一样,目的不过是首先固定人(注册人)-物(商品或服务)-志(商标)的关系以及需要保护的权利客体,以便于侵权比对认定相同、近似、类似乃至等同。不然,如果失去这个先决条件,商标的保护范围就容易成为"无锚之船"而任意漂流。不仅如此,对于确定商标是否投入使用、变形使用或超范围使用,乃至是否需要重新注册、是否构成冒充注册商标或假冒注册商标罪,同样有便于锚定的价值。

虽然《商标法》第56条所确定的范围带有允许商标注册人使用的意味,但并不能具有对抗在先权利的当然效力。只有在面对在先权利怠于作为或存有缺陷时,第56条所确定的权利范围,对于判定在后权利的抗辩是否成立,才会显现至关重要的意义,或者才会显露商标使用权的存在。否则,在后商标的"使用权"就容易成为困扰乃至否定在先商标的"禁用权"的借口。

二、保护在先权利原则导致对在后注册商标"使用权"的否定

TRIPS 协定在规定商标权利的第 16 条中有一个重要的"在先权利保留"的限制,即注册赋予的商标专用权"不应妨碍任何现行的在先权利",《巴黎公约》第 6 条之五也要求商标注册不得损害他人的既有权利,欧盟商标法也规定商标专用权不得损害在先权利。因此,保护在先权利这一原则实际也是整个知识产权法所要求的一个基本原则。

实际上,我国《商标法》分别在第 8 条和第 32 条两个地方都对这一原则予以了确认。商标注册条件中的在先性,实际就是为了解决商标的注册申请不得与在先权利冲突的问题。我们现在重点要讨论的是,已经注册的商标行使商标专用权时,会不会损害在先权利。

根据《权利冲突司法解释》第 1 条,原告以他人注册商标使用的文字、图形等侵犯其著作权、外观设计专利权、企业名称权等在先权利为由提起诉讼,符合《民事诉讼法》第 119 条规定的,人民法院应当受理。这里提到的可以直接对抗在后商标专用权的在先权利明确包括在先著作权、外观设计专利权、企业名称权等。此外,《商标授权确权司法解释》第 18 条则规定《商标法》第 32 条规定的在先权利,包括当事人在诉争商标申请日之前享有的民事权利或者其他应予保护的合法权益。

类似地,专利纠纷若干规定第 11 条首先确立了"人民法院受理的侵犯专利权纠纷案件,涉及权利冲突的,应当保护在先依法享有权利的当事人的合法权益"的原则,接着在第 12 条就外观设计规定了"《专利法》第 23 条第三款所称的合法权利,包括就作品、商标、地理标志、姓名、企业名称、肖像,以及有一定影响的商品名称、包装、装潢等享有的合法权利或者权益"。因此,在先权利应该和 TRIPS 协定第 16 条里面的"在先权利"及《巴黎公约》第 6 条之五里面的"既得权利"一样,作尽可能宽泛的解释。

接下来我们就商标注册最容易发生冲突的在先权利逐一探讨商标专用权行使时可能存在的问题。

(一)在先著作权与在后商标的关系

根据权利冲突司法解释,著作权可以禁止在后注册商标的使用而不必先无效再起诉。这一精神实际是对早期司法实践尤其是"武松打虎"案[1]以及"三毛"案[2]的确认。

---

[1] 北京市第一中级人民法院(1997)一中知终字第 14 号,《案例精要》,第 40 页。
[2] 上海高级人民法院(1997)沪高民终(知)字第 48 号,《案例精要》,第 39 页。

"武松打虎"是早期比较经典的商标未经许可使用他人享有著作权的作品遭到禁止的案例。在该案中,北京市第一中级人民法院认为,景阳冈酒厂未经刘继卣的许可,将其作品作为瓶贴和装潢使用于景阳冈陈酿酒瓶上、修改权、保护作品完整权和获得报酬权等合法权益,应承担相应的法律责任。一审法院认定事实清楚,根据景阳冈酒厂在《著作权法》生效后仍实施侵权行为而适用《著作权法》确定景阳冈酒厂的法律责任,适用法律正确,一审判决结果应予维持。虽然一审判决景阳冈酒厂停止使用刘继卣的作品《武松打虎》组画对其经营确有影响,但景阳冈酒厂仍然可以与著作权人协商取得该作品的使用权。

从处理与在先著作权的关系来看,在后注册商标的专用权既不是可以用来禁止在先著作权使用的一种"禁用权",也不是可以对抗在先著作权行使"禁用权"的一种"使用权"。在该案的审理过程中,曾有意见认为,即使商标的注册和使用并没有得到在先著作权人的许可,但鉴于该商标注册和使用时间较长,不应该禁止。关于这个问题,我们后面集中讨论时间或懈怠因素对于在后权利的影响。

但从一开始商标注册侵犯了在先著作权的角度看,由于注册时并未涉及对在先著作权的主动审查和保护,以及虽然存在异议程序,但该程序由于不允许在先著作权人在失利的情况下复审或提起行政诉讼因而并不完备,所以商标注册的推定效力相对较弱,一旦遇到在先著作权人的民事程序追究,在后商标注册人并没有豁免的权利。

需要注意的是,根据是否投入实际使用,最高人民法院在"鳄鱼"案[③]和"蜡笔小新"案[④]中,对具体的诉讼前置条件先后作出了两个较为重要的批复:一是在商标授权程序中,当事人仅因他人申请注册商标时使用其作品而主张保护著作权的,应通过商标法规定的异议等救济程序解决。在已提出异议的情况下,当事人又以他人使用其作品申请注册商标并获初审公告的行为构成侵权为由,提起民事诉讼的,人民法院不宜受理;一个是双叶社的起诉请求不仅主张诚益公司、世福公司在注册或者持有的商标中非法使用了其享有著作权的"蜡笔小新"美术作品,还主张恩嘉公司未经许可在产品销售、宣传时非法使用其美术作品。双叶社对上述产品销售、宣传等实际使用行为提起诉讼,属于民事权益争议,在符合《民事诉讼法》第108条规定的情况下,人民法院应当予以受理。

(二)在先使用并有一定影响商标与在后注册商标的关系

1. 商标法对在先使用的认可

TRIPS协定在规定商标权利的第16条中,除了前面一开始提到的在先权利,还

[③] 最高人民法院(2005)民三监字第2号,见《中国商标及不正当竞争案例精要》,第38页。
[④] 最高人民法院(2007)民三监字第14-1号,见《中国商标及不正当竞争案例精要》,第36页。

有一个重要的限制,即商标专用权"不应影响各成员方以使用为条件获得注册权的可能性",这一条规定充分体现了美国基于使用保护商标的需要。为了落实这一条的规定,我国《商标法》2001年修订时增加了现在成为第32条的后半段的内容,即不得以不正当手段抢先注册他人已经使用并有一定影响的商标。之后,2013年修改《商标法》第59条第三款增加了有一定影响的使用在先商标可以在原有范围内继续使用的规定,2017年反不正当竞争法修订时,也将之前的知名商品特有名称、包装和装潢的措辞,调整为有一定影响的商品名称、包装和装潢,与前两条的规定已经非常接近。

就《商标法》第32条而言,前面已经在授权确权的语境下进行过讨论,核心在于除了证明已经使用并有一定影响,还要证明抢注人的不正当手段,尽管该恶意通常可以基于在先使用商标已经有一定影响,而商标申请人明知或者应知该商标推定得出。

就《商标法》第59条第三款而言,2013年《商标法》修改时增加了一个极为重要的厘清注册与使用关系的规定,即商标注册人申请商标注册前,他人已经在同一种商品或者类似商品上先于商标注册人使用与注册商标相同或者近似并有一定影响的商标的,注册商标专用权人无权禁止该使用人在原使用范围内继续使用该商标,但可以要求其附加适当区别标识。核心意思就是,已经使用并有一定影响的商标可以继续使用。通俗说来,正像饭店包场预定不能禁止已经在里面就餐的人继续就餐一样,在后的注册也应该对在先使用礼让三分。

所以应该说新的规定回应了学界长期的呼吁,在第32条的基础上往前走了半步,即不能禁止善意的在先使用人在原有范围内继续使用其商标了。不过,2013年的这个步子走得其实还不够彻底,即在先使用依据《反不正当竞争法》第6条,本来所拥有的禁止他人使用的权利,一种意见认为至少对于在后商标注册人不能再行使,因为后商标注册人甚至可以自由地进入在先使用的地域,并要求在先使用人附加识别标志。

这一点相对2007年《反不正当竞争法司法解释》第1条第二款的规定是个大反转,该款的核心意思是保护在先使用人的利益,在不同地域范围内使用相同或者近似的知名商品特有的名称、包装、装潢,在后使用者能够证明其善意使用的,不构成《反不正当竞争法》第5条第(二)项规定的不正当竞争行为。因后来的经营活动进入相同地域范围而使其商品来源足以产生混淆,在先使用者请求责令在后使用者附加足以区别商品来源的其他标识的,人民法院应当予以支持。但不知为何,该款规定在2022年新的反不正当竞争法司法解释删除了。

从域外的立法来看,美国作为基于使用在先建构商标法保护框架的国家,在先使用自然是可以对抗在后商标注册的,TRIPS协定第16条第1款最后那句注册所赋予的商标专用权"不应影响各成员方以使用为条件获得注册权的可能性"的规定，很大程度上就是美国商标法的体现。就主要属于大陆法系的欧盟商标条例来说，该条例第138条明确规定仅在一地有效的权利可以禁止在后欧盟商标的使用，实际也是体现对在先使用的尊重。

当然，我国毕竟是实行商标注册制的国家，《商标法》第59条第三款只是在禁用权上明确体现了对在先使用的谦抑，至于在先使用商标是否可以在原有范围内阻止在后注册商标的使用权，可以从两个方面来分析：一方面，从商标注册人有权进一步要求在先使用人附加识别标志而言，《商标法》似乎隐含了允许在后注册商标进入在先使用区域同时使用的可能性，尽管在后注册商标虽不进入在先使用地域却仍要求其附加识别标识的可能性也不能排除；另一方面，从与指导案例有关的另一个"歌力思"案⑤来看，最高法院肯定在先的知名商品特有名称权益起诉在后注册商标依法有据，在先注册人似乎又不能进入在先使用范围。因此，这一问题似乎还没落下帷幕，应该还有继续讨论的空间。

在对在先使用的形式上，最高法院在"双飞人"案⑥中又有进一步的发展。虽然都昌县医药公司销售双飞人药水的行为，因未履行相关审批手续而被都昌县行政部门查处，上述商品销售行为不应当被认定为在先使用，但最高法院认为，赖特斯公司提交的证据可以证明，法国利佳制药厂自20世纪90年代起在中国大陆部分地区的报纸上刊登"双飞人药水"广告，持续时间较长、发行地域和发行量较大，可证明法国利佳制药厂在先使用的"双飞人药水"所采用的"蓝、白、红"包装有一定影响。双飞人公司明知"双飞人药水"存在于市场，却恶意申请注册与"双飞人药水"包装近似的立体商标并行使权利，其行为难言正当，赖特斯公司的在先使用抗辩成立。

2. 商标法对在先使用的限制

我们接下来在现行法的框架下，从平衡在先使用与在后注册商标各自利益的角度，来看看在先使用并有一定影响的商标，在他人取得商标专用权之后可能面临的限制。

北京高院2018年在当前知识产权审判中需要注意的若干法律问题中认为，合理界定"原使用范围"，应结合该条款设立的立法目的，以在先使用人后续使用仍为善意且合理为判断标准，综合考虑商标所使用的具体商品或服务、所使用的标志、使用方式以及使用主体等因素。通常而言，在先使用人使用的标志应以在先使用的标志为限；在先使用人使用的商品或者服务类别应以原使用商品或者服务为限。

国家知识产权局在关于《商标法》第59条第三款法律适用问题的批复中认为⑦，

---

⑤ 最高人民法院(2016)最高法民申1617号裁定书，见《中国商标及不正当竞争案例精要》，第267页。
⑥ 最高人民法院(2020)最高法民再23号。
⑦ 国知发保函字〔2021〕77号。

该款规定的目的在于平衡商标注册人和商标在先使用人之间的利益,在不损害商标权注册取得制度的基础上,维护在市场上已经具有一定影响但未注册商标的在先使用人的权益。因此,适用该款规定,在先使用人须同时满足以下五个要件:一是在商标注册人申请商标注册前已经使用;二是先于商标注册人使用;三是在商标注册人申请商标注册前的使用达到"有一定影响"的程度;四是不得超出原经营商品或服务、原经营区域等原使用范围;五是商标注册人要求其附加适当区别标识的,在先使用人应当附加区别标识。

最高法院2013年在处理"鸭王"案⑧中已经表示,北京鸭王在先使用所形成的在先权益应该得到保护,其有权在北京地域范围内继续使用其在先使用的鸭王标识。在后来的司法实践中,最高法院进一步明确了在先使用商标的抗辩范围尤其是地域范围。

又如,在"理想空间"案⑨中,原告林明恺享有涉案"理想空间"注册商标的专用权,使用在第20类的家具等商品。原告起诉被告富运家具经营部在名片、店招等多处使用涉案标志,侵犯其商标权利。被告则辩称其使用被诉侵权商标系经过案外人富运公司授权,"理想空间"商标是富运公司在先使用并具有一定影响力的商标,自己只是在原有范围内继续使用。对此,最高法院进一步明确了在先使用抗辩的适用条件,即(1)在先使用人对相关标志的使用,应当早于该商标注册人申请商标注册的时间,同时必须早于该商标注册人使用该商标标志的时间。(2)在相同或者类似商品上在先使用。(3)在先使用相同或者近似的标志。(4)在先使用人对该未注册商标的使用,必须在商标注册人申请商标注册日和使用日之前,就已经具有一定影响。(5)原有范围内使用。在确定原有范围时,应当主要考量商标使用的地域范围和使用方式。

其实,就在先使用商标而言,一旦有人善意地在后注册相同近似的商标,该在先商标超出原有范围,较之注册商标即会成为一种在后使用。也就是说,在先使用并不永远在先,结合地域因素并从"井水不犯河水"的角度讲,在后注册不能进入在先使用地域,在先使用不能逸出已有的使用地域范围,都才是对各自在先权利的尊重。

(三)在先驰名商标与在后注册商标的关系

《巴黎公约》第6条之二除了规定在后商标不得注册或已经注册应予无效以外,还规定可以禁止其使用。TRIPS协定不仅涵盖了巴黎公约对未注册驰名商标的保护,还增加了对已注册驰名商标的扩大保护。

因此,在我国,根据《驰名商标司法解释》第11条,被告使用的注册商标违反

---

⑧ 最高人民法院(2012)知行字第9号,见《中国商标及不正当竞争案例精要》,第166页。
⑨ 最高人民法院(2018)最高法民再43号,见《中国商标及不正当竞争案例精要》,第475页。

《商标法》第13条的规定,复制、摹仿或者翻译原告驰名商标,构成侵犯商标权的,人民法院应当根据原告的请求,依法判决禁止被告使用该商标,但被告的注册商标有下列情形之一的,人民法院对原告的请求不予支持:(一)已经超过《商标法》第45条第一款规定的请求宣告无效期限的;(二)被告提出注册申请时,原告的商标并不驰名的。简言之,驰名商标如果在后一个商标申请注册时已经驰名的,可以直接起诉注册商标侵权,除非因为5年的无效时限已过且无恶意证据的。

之所以规定这一点,主要的考虑可以说有以下几个方面:一是我国的商标主动审查中没有驰名商标的主动保护,二是即使理论上讲驰名商标可以作为提起异议的理由,但由于和前面提到的异议程序中在先权利人,在异议不成功的情况下,没有司法复审的机会,故后一商标获得注册并不一定意味着已经消除了与在先驰名商标的冲突。

因此,就与驰名商标的冲突而言,商标注册的有效性及稳定性都不够充分,故在后的注册商标面对在先的驰名商标既不能行使"禁用权",也无所谓"使用权"。

(四)在先注册商标与在后注册商标的关系

1. 不允许在先注册商标直接起诉在后注册商标

2008年发布2020年修订的《权利冲突司法解释》中规定,原告以他人使用在核定商品上的注册商标与其在先的注册商标相同或者近似为由提起诉讼的,人民法院应当根据《民事诉讼法》第124条第三项的规定,告知原告向有关行政主管机关申请解决。

这一规定的基本出发点,也许是对于商标注册主管机关实行主动的在先注册商标审查制度效力的一种考虑或谦抑。因为正常情况下,商标在经由商标局的主动审查及在先注册人的异议程序之后,一般会被认为不存在混淆的可能性,而如果民事法院直接受理在先注册商标对在后注册商标的起诉并判定存在混淆的可能性,则容易与已有的注册决定发生矛盾。

这种注册商标不可诉注册商标的规定,往往被解读为对在后商标一旦注册即拥有"使用权",即可以对抗在先"禁用权"的一种支持。但且不论前面已经论述过的在先权利、在先使用、在先驰名的情况下并不存在所谓的"使用权",至少不存在当然可以对抗这三种在先情形的"使用权",也谈不上在后注册商标对在先权利、在先使用和在先驰名商标行使"禁用权"。

商标获得注册只是对在后商标暂未发现与在先商标存在确定性冲突的初始证据,换句话说,如果行政程序最终认定在后商标可以注册,在后商标自然可以使用,这和其他没有注册但不存在冲突的标志一样,其实也无所谓有"使用权";反之,在后商标如果侵权程序先行且成立,在后商标自然不能注册,也不存在可以对抗在先商标禁用权的在后"使用权"。如果有冲突,只能通过下文将要提到的懈怠失权或介入权制度来调停处理,方才谈得上承认在后商标的"使用权"问题。

事实上,2013年《商标法》修改以后,在先商标注册人通过异议程序阻止在后商标注册的能力遭到了削弱,因为一旦异议不被商标局支持,则只有接受在后商标先获得注册的事实,然后只能提出无效宣告请求;对于拥有六个月优先权的外国申请而言,这一情况由于审查加速到四个月甚至会更加突出,因为等这些商标六个月内来到中国时,在后有冲突的商标很可能已经获得注册,唯一的救济仍然只有无效宣告请求。

2009最高法院服务大局意见第9条对权利冲突司法解释似乎有一种隐含的突破,该条规定,凡被诉侵权商标在人民法院受理案件时尚未获得注册的,均不妨碍人民法院依法受理和审理。也就是说,只要民事法院受理时被诉商标还处于申请乃至异议程序中,尚未有定论的,即使后来该商标因异议不成立获得注册的,民事法院仍可继续审理并作出判决。

但在商标已经注册的情况下,最高法院在"三角洲军马"案[10]中认为,由于商标权是通过授权程序产生的法定权利,基于授权程序的特性,可能存在保护范围相互重叠的商标权,即存在商标权权利冲突的可能。权利冲突司法解释旨在对存在权利冲突的商标权侵权纠纷给出指引。根据《商标法》第36条第二款规定,经审查异议不成立而准予注册的商标,商标注册申请人取得商标专用权的时间自初步审定公告三个月期满之日起计算。自该商标公告期满之日起至准予注册决定作出前,对他人在同一种或者类似商品上使用与该商标相同或者近似的标志的行为不具有追溯力;但是,因该使用人的恶意给商标注册人造成的损失,应当给予赔偿。因此,商标公告期满之日起至准予注册决定作出前,商标申请人已经获得了商标权。

最高法院指出,本案中被诉侵权期间延续至商标公告期满之日至准予注册决定作出日的期间范围。在此期间,虽然涉案商标一的权利人不具有禁止他人使用的禁用权,但其仍具有使用权,因此,涉案商标一与军马公司的"军马"商标仍然存在使用权上的权利冲突,由此产生的纠纷宜由权利冲突的司法解释调整。而且被诉侵权行为是持续的行为,涉案商标一获准注册后则必然涉及两枚有效商标的权利冲突问题,根据权利冲突的司法解释规定,亦由原告向行政主管机关申请解决。为避免重复占用公共资源,不宜人为将连续的法律行为划分由不同的争议解决机关分别处理。

从"三角洲军马"案看,最高法院严格以受理案件的时间点为准,受理时已经注册的,不管之前未实际注册时的情况如何,民事法院都将不予受理,留待授权确权程序处理结果之后再处理。反之,服务大局意见中指向的则是受理时没注册的情况,

---

[10] 最高人民法院(2020)最高法民申4348号。

因此不管受理以后注册的情况,仍可以继续审理。因此,不存在"三角洲军马"案改变服务大局意见的问题。

当然,从保持审理标准一致的角度讲,审理过程中如果被诉商标发生了异议程序,也要留意是否有机会被后面的行政诉讼生效判决认定商标可以注册,如果异议人是在终审之前输掉异议的情况下,民事法院并不一定受其羁束,因为被诉商标的注册仍有可能遭遇新的无效程序,而民事程序的侵权成立的结论实际也可用来支持无效成立。

国家知识产权局也持类似意见[11],即对于涉嫌侵权商标已获初步审定公告或处于异议程序的情形,因其尚未获得注册商标专用权,一般不中止案件的审理。但考虑到涉嫌侵权商标的权利状态可能对案件定性产生影响,执法部门可以结合涉嫌侵权商标的实际使用情况、被异议的情况等具体案情决定是否中止案件的查处。

2. 允许在先注册商标起诉在后注册商标超范围使用

当然,我国权利冲突司法解释也指出,原告以他人超出核定商品的范围或者以改变显著特征、拆分、组合等方式使用的注册商标,与其注册商标相同或者近似为由提起诉讼的,人民法院应当受理。这是上述逻辑的延续,既然在核定商品和核准商标不可诉,一旦超出这个范围则允许起诉。这实际也是对之前司法实践的一种确认。

在"金鳄"案[12]中,法院就认为,泰鳄公司在其生产的被控侵权产品上虽然使用了第173394号"金鳄及图"注册商标,但在使用过程中或突出使用鳄鱼图形,刻意淡化该注册商标的其他文字及图形,或干脆单独使用该注册商标中的鳄鱼图形。上述鳄鱼图形与拉科斯特公司在先的第141103、1318589号注册商标整体视觉效果相近似,泰鳄公司在相同商品上使用了与他人注册商标相近似的标识,违反了《商标法》的规定,足以造成消费者对商品来源的混淆误认。泰鳄公司的行为侵犯了拉科斯特公司的注册商标专用权,故应当承担相应的民事责任。

超出注册范围的使用形式不一,国知局2020年发布的《商标侵权判断标准》即有所补充,如(1)自行改变注册商标或者将多件注册商标组合使用,与他人在同一种商品或者服务上的注册商标相同的,属于《商标法》第57条第一项规定的商标侵权行为。(2)自行改变注册商标或者将多件注册商标组合使用,与他人在同一种或者类似商品或者服务上的注册商标近似、容易导致混淆的,属于《商标法》第57条第二项规定的商标侵权行为。又如,不指定颜色的注册商标,可以自由附着颜色,但以攀附为目的附着颜色,与他人在同一种或者类似商品或者服务上的注册商标近似、容

---

[11] 国知发保函字〔2021〕191号。
[12] 北京市高级人民法院(2007)高民终字第1243号,见《中国商标及不正当竞争案例精要》,第348页。

易导致混淆的,属于《商标法》第57条第二项规定的商标侵权行为。注册商标知名度较高,涉嫌侵权人与注册商标权利人处于同一行业或者具有较大关联性的行业,且无正当理由使用与注册商标相同或者近似标志的,应当认定涉嫌侵权人具有攀附意图。

3. 允许在先注册商标直接起诉在后注册商标的尝试

欧盟商标法2015年修改时确认了欧盟法院在FCI案[13]中的结论,即《欧盟商标条例》第9条(1)中的"第三人"应当包括任何使用与商标权利人的商标相混淆的标志的第三人。即使拥有在后的共同体注册商标,也在"第三人"的范围之内,不能仅以在后的欧盟商标作为侵权的抗辩理由。对于注册商标之间侵权纠纷,不需要撤销在后商标亦可判定其构成对他人在先商标的侵犯。

欧盟之所以允许在先商标直接起诉在后商标,主要是因为商标专用权的取得不得以损害在先权利为代价,与在先商标禁用权相比,没有经过司法程序的在后商标注册,其实只是取得商标专用权的一种初步证据(*prima facie*),并不具有对抗在先权利及注册的当然效力。实际操作中,由于受理法院同时也有无效宣告权,法院既可以在原告请求之下先宣布在后商标无效,再对侵权进行审理,也可以直接判决在后注册商标侵权,除非在先商标已经懈怠容忍在后商标使用五年从而丧失无效的权利,在后商标有效与否并不是一个法定障碍。

我国早期曾有过同样允许在先注册商标直接起诉在后注册商标的"恒升"案[14],此案二审虽经调解结案,但一审法院对此问题的论述仍有现实意义,法院认为,商标是用于区别不同的商品生产者或者服务提供者的标识,商标的重要性就体现在其识别性上,在同一核定使用范围内,一个商标只能存在一项专用权,与其相同或相近似的商标不符合法定的注册条件。同时,从公平及诚实信用原则出发,任何权利的行使,均不能对他人的合法权益造成损害。与他人在先权利相冲突的商标,不具备合法性,无论其是否注册,行为人均无使用该商标的合法依据,否则,会给消费者判断商品来源造成困难,亦会给在先商标注册人的合法权益造成损害,与商标法的立法目的相违背。故作为商品的生产者或者服务的提供者,其在使用或者申请注册商标时,必须尊重他人权益,不得侵犯他人的合法在先权利,不能与他人在先的注册商标相同或相近似。

该案的特殊之处在于,被告的商标注册时,原告曾以受让商标为基础,申请作为原商标注册人的继受人,参与正在进行的异议复审及后续的行政诉讼程序而未被允许,而在先商标的原注册人也未参与后续的复审及诉讼程序,也就是说,在后商标的

---

[13] 欧盟法院C-561/11,FCI案。
[14] 北京第一中级人民法院(2001)一中知初字第343号。

最终注册没有经过实质性的对抗过程。否则,既然司法机关在行政程序里已经允许在后商标注册,则已说明在后商标与在先商标不存在混淆可能性或权利冲突,其使用自然也不应该受到禁止,至于这样一种状态是不是可以称之为"使用权",实际应该也并不重要。

回到权利冲突司法解释,我国目前不允许直接起诉在后注册商标的直接后果就是,在先注册商标的禁用权将被暂时被冻结,而且这种冻结甚至不是中止审理,而是不予受理。如果权利冲突司法解释2008年制定时似乎还具有一定的合理性,因为在先商标注册人至少可以提起异议且当时异议程序可以有司法复审的保障,这样在后商标一旦经过异议程序及其后续行政诉讼的情况下获得注册,至少理论上说明不存在与在先注册商标的明显冲突。

但2013年商标法修改时废除了在先商标异议人的复审权利及诉讼救济,也就是说,有点类似前面的"恒升"案,在先商标注册人在没有机会一直走到司法复审阻止在后注册的情况下,就必须承受无效程序期间无法主张其商标专用权的后果,即这一期间内,不仅无法禁止在后商标使用,甚至成功无效在后商标注册的情况下,由于有的法院将《商标法》第47条第二款适用于被无效的侵权人商标注册上并要求赔偿以存在恶意为条件,在先商标注册人也难以获得事后的赔偿。

相比之下,已经失效的北京市高院2004年[15]提出的解决思路,只需要将其中的"撤销"替换为"请求无效宣告",似乎仍然有其合理之处。北京高院在解答中认为:不宜直接认定侵权成立,但可以裁定中止诉讼,并要求当事人在一定期限内向商标行政主管部门提起撤销对方注册商标的申请。被告的商标最终被维持有效的,应当认定被告使用自己注册商标的行为不构成侵权。被告的商标被撤销的,其注册商标专用权视为自始不存在的,应当认定被告行为构成侵权。原告的商标被撤销,其注册商标专用权视为自始不存在的,应当驳回起诉。如果原告申请制止被告的行为或者采取防止损失扩大的措施,并提供了担保,经法院审查认为其申请符合有关规定,可以在裁定中止诉讼的同时一并作出有关裁定。这样,北京高院的思路可以更好地平衡先后注册商标的利益,进退都有余地。当然,这也要求不再将此类中止案件记入未结案的考评中。

三、在先权利的自身问题导致对在后注册商标"使用权"或"介入权"的肯定

在前面,我们集中论述了商标专用权的产生和行使不能损害包括商标在内的所

---

[15] 北京市高级人民法院《关于审理商标民事纠纷若干问题的解答》京高法发〔2004〕48号。

有在先权利。但一方面,如果在先权利并没有积极主张权利甚至放任容忍在后商标的注册和使用,则可能会产生懈怠失权的问题(一);另一方面,由于商标专用权的保护范围取决于注册,但是它的对抗范围实际又和商标使用密不可分,也可能会发生在先商标专用权因为自身使用的原因而不能对抗他人的使用的情形(二),如商标注册以后3年没有使用或停止使用达3年之久以及商标的使用尚未产生足够的显著性或知名度。

(一)在先权利懈怠失权

商标注册条件以及无效程序已经涉及《商标法》第45条5年的无效期限问题,即自商标注册之日起5年内,在先权利人或者利害关系人可以请求商标评审委员会宣告该注册商标无效。对恶意注册的,驰名商标所有人不受5年的时间限制。根据驰名商标司法解释,超过这个期限的,驰名商标则不仅不能宣告在后注册无效,也不能禁止在后注册商标的使用。这实际也是督促在先权利人尽早或及时行使权利,我们由此甚至可以推论,比驰名商标还弱的其他权利或商标,自然不能超越五年,禁止在后注册商标的使用。

服务大局意见第9条进而规定,与他人著作权、企业名称权等在先财产权利相冲突的注册商标,因超过商标法规定的争议期限而不可撤销的,在先权利人仍可在诉讼时效期间内对其提起侵权的民事诉讼,但人民法院不再判决承担停止使用该注册商标的民事责任。

但2020年《最高院关于全面加强知识产权司法保护意见》第3条也要求充分运用法律规则,在法律赋予的裁量空间内作出有效规制恶意申请注册商标行为的解释,促进商标申请注册秩序正常化和规范化。

从实际操作来看,目前已经有不少案例突破五年的时间限制,对在后商标的使用判决停止使用及赔偿。例如,在涉及陈某美术作品"女士"案[16]中,厦门中院及福建高院均认为,商标虽然获准注册,但如果存在侵犯著作权等在先权利的情况,仍应承担侵权的相关法律责任。即使被诉侵权的注册商标因为已经超过商标法所规定的五年无效期而无法被裁定无效,但考虑到被诉商标并未实际使用,尚未建立起稳定的市场秩序和发挥区别商品来源的作用,人民法院在侵权诉讼中仍可判令商标权人停止对被诉商标的使用。又如,在"非诚勿扰"案[17]中,北京市知识产权法院也认为,尽管五年无效期限已过使商标无法被宣布无效,但华谊兄弟公司仍然有权对其提起民事诉讼,被告申请注册并在网站的使用并非合法的商标性使用行为,构成著作

---

[16] 福建高级人民法院(2018)闽民终1033号。
[17] 北京高级人民法院(2019)京73民终2701号。

侵权应该承担赔偿责任。二审维持了一审判决。再如,在"一品石"案[13]中,最高人民法院指出,虽然被控侵权人使用的标志已作为商标注册且已经超过了法律规定的提出无效宣告请求的时限,但只要其构成对他人在先著作权的侵害,就应依法承担侵害著作权的民事责任。著作权人是否已将其作品作为商标使用,并不影响对其著作权的保护。因此,判决商标注册人停止使用且赔偿损失。

因此,不仅注册商标,甚至注册已满五年的商标,如果侵犯在先著作权的,依然会被判决停止使用和赔偿损失,并不存在所谓的"使用权"。这似乎又回到了"武松打虎"案里面提出的问题。允许超过5年还可以追究著作权侵权固然有一定的合理之处,因为不应该要求在先权利人时刻关注商标公告并在五年内提出无效请求,但另一方面,在后商标如果已经公开使用也为在先权利人所知悉且容忍,权利的天平似乎也应该适当向在后商标倾斜和移动。

这方面也许可以借鉴欧盟商标立法的懈怠失权制度,来达到在先权人与在后商标注册人的利益平衡。欧盟的做法是,如果在后商标注册以后开始使用,在先权利人明知其使用却放任不管超过五年的,则不能再主张在先权利对抗在后注册商标无效且不能禁止其使用。因为法律不保护躺在权利上睡觉的人。

相比之下,这种基于懈怠失权的做法更有合理性,我国简单以注册满五年即不可再提无效确实对在先权利人,尤其是商业标识以外的著作权、人身权等其他权利人不够友好,因为他们可能根本没有意识到有人抢注了他们的作品、姓名、肖像,要求他们实时监控商标公告也不现实,唯有他们明知他人使用却不采取行动才足以产生失权的后果。

5年失权制度或更合理的懈怠失权制度,恰恰是对注册商标专用权的"使用权"面向的一种承认:使用权并不是一种一注册就可以对抗在先权利的特权,但也不能说从来都没有什么"使用权",因为在一定条件下尤其是在先权利睡觉的情况下,在后商标的"使用权"就可以产生对抗性。当然,从绝对意义上,在先权利优先仍然是不可动摇的原则,因为即使在先权利失权,商标专用权的禁用权对于在先权利仍然不发生对抗性。

我们也许可以借用涉及"两本账"的"鹦鹉"案[14],来类比懈怠失权的法律效果。"鹦鹉"案是一个在十分特殊的历史背景下发生的一个罕见的个案,在先的英文"鹦鹉"商标本来只能出口,不能内销,在后的中文"鹦鹉"只能内销不能外销,1982年商标法之前可以说是"井水不犯河水"的共存局面。法院最后允许两个"鹦鹉"均可内销和外销,虽然只是法律变迁而不是懈怠失权的结果,但两者的效果却也很接近,前

---

[13] 最高人民法院(2021)最高法民再121号。
[14] 最高人民法院(2020)最高法民再25号。

后两个商标注册人所享有的商标专用权,即使对第三人仍然可以行使禁用权,但在彼此之间的效力,已经转化为一种单纯的使用权。表面上看是在先商标内销妨碍了在后商标,但在后商标实际也因此可以外销,应该说新的共存局面也是互有得失。

(二)在先商标缺乏使用

1. 在先商标没有使用带来的问题

我国虽然有3年不使用撤销及不赔偿制度,但已经3年不使用的商标仍然可以继续受到保护,例如,北京高院2016年在当前知识产权审判中需要注意的若干法律问题指出,商标自核准注册后,其专用权即告成立,我国采取的是商标注册制,而非商标使用制,注册商标是否实际使用并不影响其专用权的行使,也不影响禁用权的救济。《商标法》第64条系对起诉前三年不使用注册商标赔偿数额界定的规定,而非对是否侵害商标权定性的规定。因此,在商标民事案件中,权利人的注册商标未实际使用,仅是判定赔偿数额的考虑因素,不影响侵权的认定。

这就造成连续3年没有使用的商标,一旦开始使用,就仍然可以借助其最早的申请日对抗他人的申请及使用,而他人申请时这个所谓的在先商标实际已经处于可撤销的状态。不仅如此,即使在先商标仍然可以撤销,由于在后商标的驳回复审程序与引证商标的撤销程序之间存在时间差,且按现在的规定,商标注册撤销后的效力,不是在不使用满3年的时候或者2002年实施条例规定的商标局撤销决定作出之日,而是在撤销公告之后才消失,故之前仍有可能妨碍他人。这种只具注册形式而不具使用实质的在先注册商标,已丧失作为在先权利的正当性,仍然允许其阻碍在后商标注册并禁止其使用,则可能加剧商标资源越来越稀缺的态势。

2. 在先商标使用不足带来的问题

商标经使用取得显著性通常情况下应该是在申请前具备,但实践中仍然有可能出现缺乏显著性的商标被错误注册的情况,显著性因此可能在注册后才取得;至于直接影响保护范围的较高显著性、知名度乃至驰名度更是可能产生在注册之后。同时,由于使用不当或停止使用,还会发生丧失显著性或知名度降低或消失,进而导致可以撤销该商标注册或允许更多正当使用抗辩的情况,这些商标对抗在后注册商标的强度和范围自然就做不到整齐划一,而应该是一个动态的过程。

3. 欧盟"介入权"制度的启发

欧盟2015年对其商标指令和商标条例进行了大幅度的修改,在指令和条例中分别引入了第8、18条和第16条,即建立了明确的"介入权"制度(intervening right)。该制度的第一层意思就是,要想阻止他人注册或使其注册无效,就必须证明自己在该日以及提起无效之日前5年,对商标进行了真实的使用或有不使用的正当理由。否则就无法阻止或无效在后商标的注册,自然也不能禁止其使用。第二层意思则是,在先商标必须证明该商标于在后商标申请日或优先权日已经足够显著或取得较高显著性和知名度或成为声誉商标。否则,就不能阻止他人的注册或使其无效,而不能无效的话,就不能禁止在后注册商标的使用。

欧盟商标指令第 30—32 条立法理由详细阐述了"介入权"制度的目的和意义,总体就是为了维护法律的确定性和在后合法获得的商标权利,减少商标注册以及冲突的数量,没有使用的商标没有保护的正当性。这一制度的核心就在于给商标注册涂上使用的色彩,没有一个一成不变的僵化的注册,而必须时刻结合使用的情况来决定保护的范围。

这也就意味着,当在先商标自身条件不够好的时候,例如已经三年或五年不使用了,或者知名度还不够高,其他人的申请就不能拒绝注册或无效,亦即只能共存。看上去,这会带来更多的冲突,但允许一个自身条件不够的商标霸占过宽的保护范围也不具有正当性,尤其是注而不用的冗余商标日渐增多,问题和矛盾越来越突出,欧盟商标法中的"介入权"制度不失为一种行之有效的办法。

从这个意义上讲,这一制度实际也是对在后注册商标"使用权"的一种肯定,在后商标经由注册这一法定公开的形式所赋予的"使用权",不至于受到在先没有使用或使用不足的形式注册的阻碍,真正实现注册与使用的完美结合。

4. 我国有关"介入权"的相关实践和立法可能

一方面,我国虽然意识到商标注册但长期不使用的危害,建立了不使用可撤销以及不赔偿制度,但这个问题并未得到彻底解决。另一方面,对于在先商标因使用不足带来的显著性和知名度不足的问题,我国商标法、司法解释以及司法实践中已经出现类似"介入权"的解决思路,例如,根据《商标审查审理指南》(2021)下编第十章 4.1(1)、4.2(1)以及驰名商标司法解释第 11 条第二项,驰名商标在对抗他人的注册申请或已经注册的商标时,必须证明商标已在他人申请商标注册前已经驰名。又如,根据《商标审查审理指南》(2021)下编第五章 3.2.1、3.2.2、5.1.16 以及商标授权确权司法解释第 12、13 条,在先商标尚不具备较高显著性或知名度的,也会影响到它的对抗范围和强度。

司法实践中也已经有了类似的判例,例如:在"小肥羊"案[20]中,北京高院认为,本案中,西安小肥羊烤肉馆主张内蒙古小肥羊公司抢先注册了其在先使用并且已经具有一定影响的"小肥羊"文字商标。"小肥羊"文字在一定程度上确实表示了"涮羊肉"这一餐饮服务行业的内容和特点,故包头市小肥羊酒店于 1999 年在第 42 类上申请"小肥羊及图"商标、西安小肥羊烤肉馆于 2000 年在第 42 类上申请"小肥羊及

---

[20] 北京高级人民法院(2006)高行终字第 94 号,见《中国商标及不正当竞争案例精要》,第 172 页。

图"商标,商标局对于"小肥羊"文字均不予批准。这就是说,"小肥羊"文字作为商标注册缺乏固有显著性,因此,西安小肥羊烤肉馆关于内蒙古小肥羊公司违反商标法第31条(现第32条),抢先注册其在先使用并具有一定影响的未注册商标的主张不能成立,但这并不排除"小肥羊"文字可以通过使用和宣传获得"第二含义"和显著性。

又如,在"散列通"案[21]中,最高人民法院认为,人民法院依据商标法第31条(现第32条)审查判断诉争商标是否侵害他人在先权利,一般应当以诉争商标申请日前是否存在在先权利为时间界限。当时,形式上在先的散利痛商标实际是药名即通用名称,因而并不具有在先商标的实际效力,故不能阻止在后的散列通商标注册。

再如,在"微信"案[22]中,最高人民法院也认为,"微"具有"小""少"等含义,与"信"字组合使用在上述服务项目上,易使相关公众将其理解为是比电子邮件、手机短信等常见通信方式更为短小、便捷的信息沟通方式,是对上述服务功能、用途或其他特点的直接描述,而不易被相关公众作为区分服务来源的商标加以识别和对待,因此,被异议商标在上述服务项目上缺乏显著特征,因此不能注册。换句话说,创博亚太公司虽然申请在先,但由于不具有显著性,实际并不能在另案中成为腾讯公司申请"微信"商标的在先权利。

另外,在"蒙娜丽莎"案[23]中,最高法院认为,蒙娜丽莎集团公司涉案1476867号商标最早被认定驰名的时间为2006年,迟于第1558842号商标申请注册的1999年及核准注册的2001年。故蒙娜丽莎集团在后驰名的商标应扩张保护以对抗在先核准注册的第1558842号注册商标的主张,该院不予支持。

而且,不能对抗的结果就是,不仅不能制止他人的使用,同时自己也不能去到这个在后商标所在的商品领域发展了。因为接下来,在另外一个经历了一审、二审、抗诉和再审的"蒙娜丽莎"案[24]中,蒙娜丽莎集团公司在瓷砖上的1476867号驰名商标试图延伸到11类的产品上所注册的4356344号商标时,遇到了基于1558842号商标提出的无效宣告申请,并在经历一系列反转后,在北京高院的再审判决中被最后认定,第1476867号商标注册在第19类商品上,蒙娜丽莎公司主张该商标具有较高知名度的商品为第19类的"瓷砖"商品,即使第1476867号商标已经具有较高知名度,但其与争议商标(4356344号商标)和引证商标(1558842商标)核定使用的第11类商品分属于不同的商品类别,不同商品上的商誉不能当然地延续到其他类别的商品上。

---

[21] 最高人民法院(2009)行提字第1号,见《中国商标及不正当竞争案例精要》,第170页。
[22] 最高人民法院(2016)最高法行申3313号,见《中国商标及不正当竞争案例精要》,第59页。
[23] 最高人民法院(2017)最高法民再80号,见《中国商标及不正当竞争案例精要》,第395页。
[24] 北京高级人民法院(2022)京行再1号。

我国正值第五次商标法修改的进程中,"介入权"的问题有望得到立法者充分的重视和讨论,真正排除未使用商标或使用不足商标的禁用权,认可在后商标申请时所具有的合法状态赋予的"使用权",以解决我国日益增加的商标注册总量以及由此产生的大量冲突。

The Attributes of Exclusive Right to Use of Trademarks under the Perspective of "No Conflict with Prior Rights"

Huang Hui

Abstract: The exclusive right to use acquired by trademark registration is mainly a right to prevent others from unlawful use without permission, or the "right to exclude". In the face of prior rights, a subsequent registration that has not been tested in judicial proceedings is mainly *prima facie* of no conflict with prior rights. Therefore, on the one side, the subsequent trademark can never prohibit the use of the prior right owner, on the other side the prior right owner can still claim the infringement against the use of the subsequent trademark, unless the effective judgment has found that there is no ground to invalidation, or the prior right owner is unable to invalidate the registration of the subsequent trademark because of its own laches or non-use or insufficient use. When its registration cannot be invalidated, the trademark registrant is naturally free to use its trademark within the scope of its registration, or it can be said to have the "intervening right" or "right to use".

Keywords: Prior rights; Exclusive right to use of trademark; Right to exclude; Right to use; Intervening right

商标共存疑难问题研究

宋建立[*]

摘要：商标共存是商标实务中的疑难复杂问题。商标共存实质是商标权利共存，系不同市场主体基于法律规定、历史成因、共存协议等因素，允许近似商标使用在类似或相同商品或服务上，并保持必要的互不干扰，将消费者产生混淆的可能性通过适当措施降至最低。商标共存从内容上可分为法定共存、事实共存、协议共存。是否接纳共存协议以及接纳共存协议的程度，不仅是法律问题，也是经济学问题。除攀附或相互"搭便车"等恶意造成消费者混淆误认等极端情形外，市场主体以自由意志作出的市场安排，应当得到审查机关或司法机关更多尊重。故对商标共存协议的审查应当采取宽容态度，在尊重商标权人自由意志基础上，兼顾保障消费者利益。但对涉及公共卫生与健康等重大公共利益领域，商标注册审查机构或司法机关对此类共存协议应严格审查。

关键词：商标权；法定共存；事实共存；协议共存；公共利益

一、实践引发的问题

依据商标法基本理论，商标权具有排他性专有权利属性，在相同或类似商品上的两个相同或近似商标是不允许共存的。然而，现实中却存在近似商标共存的现象。比如，对于使用在《类似商品和服务区分表》中同一类似群组商品或服务上的相同或近似商标，在引证商标所有人同意诉争商标共存的情况下，商标审查部门或司法机关对共存协议的审查应持何种态度？2009年最高人民法院在司法文件中指出："在依法保护在先权利的同时，尊重相关公众已在客观上将相关商标区别开来的市场实际。要把握商标法有关保护在先权利与维护市场秩序相协调的立法精神，注

---

[*] 本文作者：宋建立，最高人民检察院知识产权检察办公室副主任，法学博士。

重维护已经形成和稳定的市场秩序",①这是最高人民法院首次对商标共存问题表态。就商标共存纠纷的案件性质而言,行政授权确权案件居多数,民事侵权纠纷则较少,且所涉案件通常具有历史成因。实践中,商标局和司法机关作为审查机构对商标共存的认定在相同案件中作出不一致结论的情形时有发生,即使是同一审查机构对同类案件作出的审查结论也不尽一致。在德克斯户外用品有限公司与商标评审委员会商标行政纠纷中,商标评审委员会在第13172号决定书中认为,申请商标为字母组合"UGG",引证商标为国际注册第951748号"UCG",两商标均为纯字母组合商标,仅有一字母之差,且字母"C"和"G"外观近似,均使用在同一种或类似服务上,已构成近似商标,且认为他国共存情形不能成为申请商标注册的必然理由。一审法院认为,引证商标权利人对申请商标可与引证商标共存的同意并不能排除消费者对两商标混淆误认的可能性,其出具的《同意书》无法成为申请商标予以注册的理由。二审判决则推翻了一审判决认为,引证商标所有人同意申请商标在中国注册和使用,可以看出引证商标所有人认为申请商标与引证商标共存于相同或类似服务上引起混淆的可能性较低或者是可以容忍的,《同意书》体现了商标所有人对其商标权的处分,在无证据表明该《同意书》会对消费者利益造成损害的情况下,应当予以尊重。在谷歌公司与商标评审委员会商标行政纠纷中,商标评审委员会认为,谷歌公司提出注册的申请商标为第11709162号"NEXUS",指定使用商品为第9类"手持式计算机、便携式计算机"。引证商标为第1465863号"NEXUS"商标,核定使用商品为第9类自行车用计算机。二者构成近似,对申请商标予以驳回。后引证商标权利人株式会社岛野出具商标共存同意书。一审、二审法院经审理均认为,诉争商标与在先商标指定使用的商品相同或类似,且诉争商标标识与在先商标标识相同或极为近似,容易造成消费者的混淆误认,此种情形下一般不会采信相关共存协议。最高法院再审则认为,综合考虑申请商标与引证商标标志的差异程度、指定使用的商品的关联程度,以及株式会社岛野出具同意书的情形,认定申请商标的注册未违反原《商标法》第28条的规定,应允许注册。② 上述两个案件均涉及商标的共存协议,也反映出在缺乏明确法律依据和审查标准的情况下,共存协议能否被采信仍然存在诸多不确定因素,造成市场主体缺乏应有的市场预期,无法开展正常的商业活动。据数据统计,商标评审部门因共存协议败诉的一审案件,2019年为110件,2020年为114件,2021年为97件。③ 说明涉及共存协议的商标注册申请案件并不少见,而商标评审部门和司法机关对于共存协议的审查标准认识不一。因此,对于商标共存的审查原则及标准仍有较大的讨论空间,以便形成共识,统一裁判尺度和标准。

---

① 《最高人民法院关于当前经济形势下知识产权审判服务大局若干问题的意见》(法发〔2009〕23号)。
② 参见最高人民法院(2016)最高法行再103号行政判决书。
③ 参见《国家知识产权局商标局评审法务通讯》2022年第1期,第5页。

二、商标共存的概念及分类

依据我国现行《商标法》第 30 条和第 31 条之规定,我国实行注册取得制度,商标权人申请注册才能取得注册商标专用权,且相同或者近似的商标申请注册时商标局予以驳回。此规定立法本意在于禁止相同或者近似的商标共存于市场,防止消费者混淆误认,维护消费者利益。如果从上述规定简单地进行理解,"类似商品近似商标+足以混淆误认"即推定构成商标侵权系处理商标案件的一般理念。这涉及商标的两种基本权能——专用权和排斥权,专用权的边界通常是明确清晰的,即注册商标的专用权,以核准注册的商标和核定使用的商品为限。排斥权则是不允许他人在相同或者类似商品上再行注册和使用相同或者近似商标的权利。在相同商品上排斥相同商标已成共识,但在类似商品上的排斥权以及对于近似商标的排斥权,无论是类似商品的界定还是近似商标的认定,均有不确定性,故排斥权具有一定弹性。有学者指出,对于商品之间是否类似以及商标之间是否近似的问题,实际上不应作出"是"或"否"的绝对回答,而是一个对程度的判断过程。④ 正如社会生活复杂多样,司法面对的案件各具特色,法官往往要根据具体案情作出裁断,自然具有强烈的个案色彩。因此,稳妥处理一般与特殊、原则与例外等关系是裁判者时常面对的问题。忽视原则及原则性规定,秩序则无法建立;而没有例外规定,就无法实现特殊情形下的公平。在商标实践中,在任何情况下使所有的商标都能够保持清晰的边界,无疑是一种理想化的状态。⑤ 诚如所言,混淆误认无法完全排除,也没有必要完全排除。当混淆误认给消费者利益造成的影响小于商标共存产生的经济效益时,该种混淆程度属于可以容忍的市场状态。⑥

何谓商标共存(Trademark Coexistence),世界知识产权组织(WIPO)网站载文指出:"商标共存是指,在两个不同的企业从事商品或服务使用近似或相同商标的情形下,彼此能够保持必要的互不干扰。"⑦ 国际商标协会(INTA)将商标共存协议(Trademark Coexistence Agreement)定义为:"两个或两个以上的市场主体达成的协议,均同意近似标识在不存在任何混淆可能的情况下予以共存;允许当事人制定规则,使彼此标识能够和平共处。使用相同的标识在相同或类似商品或服务上,通

---

④ 王迁:《知识产权法教程》,中国人民大学出版社 2019 年版,第 507 页。
⑤ 孔祥俊:《商标法适用的基本问题》,法制出版社 2012 年版,第 131,134 页。
⑥ 李怡豪:《卡梅框架视角下的商标共存协议》,载《清华知识产权评论》2020 年第 1 辑,第 110 页。
⑦ "Trademark coexistence describes a situation in which two different enterprises use a similar or identical trademark to market a product or service without necessarily interfering with each other's businesses." 载 https://www.wipo.int/wipo_magazine/en/2006/06/article_0007.html.,2022 年 7 月 25 日访问。

常应受地理边界限制。"⑧国内有学者将其定义为:"商标共存是同一法域内属于两个或者两个以上主体的两个或两个以上互相有冲突的商标基于某种原因同时合法存在的情形。"⑨显然,商标共存与商标共存协议是有区别的。商标共存形式各异,以协议形式共存是其中之一,协议共存因包含了单方出具的"共存同意书"或双方签署的"共存协议"而形成的共存。一般而言,商标共存是指不同市场主体因法律规定、历史格局的形成、共存协议的签署等,允许近似商标使用在相同或类似商品上,彼此保持必要的互不干扰的一种市场状态。从司法实践看,商标共存从内容上可以分为三类:一是法律规定的共存,亦称法定共存,也被称为未注册商标与注册商标的共存。比如,《商标法》第59条第三款规定了在先使用制度,即在先使用人可在原范围内继续使用未注册商标,注册商标专用权人无权禁止,但可以要求其附加适当区别标识。二是事实上的共存,亦称事实共存,属于特定历史情况下对于一定程度混淆的容忍。就一些具有特殊历史背景的商业标识而言,相关当事人对于各自商标的发展和商誉的累积均作出独有贡献,再加上法律与政策变化的因素,近似商标即使会产生一定程度的市场混淆,但和平共处实属不可避免。事实共存既有注册商标之间共存的情形,也有未注册商标与注册商标共存的情形。三是以同意书或协议方式的共存,亦称协议共存。简言之,就是近似商标基于同意书或协议而共存,也是商标共存的常见类型。协议共存是指两个或两个以上市场主体基于各自的商业判断和考量而达成的、以协议形式允许彼此近似的商标在相同或类似商品上并存。不同市场主体提交共存协议的目的在于说服商标授权确权审查部门或者司法机关相信共存协议约定的条件不会致使相关消费者产生混淆误认。

三、判断商标共存需考量的因素

(一)法定共存需要考量的因素

根据《商标法》第59条第三款的规定,判断构成商标在先使用需考量以下因素:一是在先使用人必须先于商标注册人使用该商标。二是在先使用行为须发生在商标注册人申请注册日前。三是在先使用人的实际使用行为已经产生一定影响。判断商标是否有一定影响,通常考虑以下因素:(1)相关公众对该商标的知晓程度;(2)该

---

⑧ The International Trademark Association (INTA) defines a trademark coexistence agreement as "an agreement by two or more persons that similar marks can coexist without any likelihood of confusion" and "allows the parties to set rules by which the marks can peacefully coexist. To use the same mark into connection with the same or similar goods or services, usually limited by geographic boundaries." 载 https://www.inta.org/TrademarkBasics/Pages/glossary.aspx/., 2022年7月28日访问。

⑨ 王太平:《商标共存的法理逻辑与制度构造》,载《法律科学》2018年第3期,第100页。

商标使用的持续时间和地理范围；(3)该商标广告的时间、方式、程度、地理范围；(4)其他使该商标产生一定影响的因素。⑩ 四是商标注册人将相同或近似商标使用在相同或类似商品或服务上。如果商标注册人申请注册的商标用于不相同或不类似的商品或服务上，显然不会发生混淆问题，也就不存在权利的冲突。五是在先使用人须在原有范围内继续使用。所谓原有范围，一般来说，是指在先使用人原使用的标识和原使用的商品和服务类别。而且，商标注册人可以要求商标在先使用人附加适当的区别标识。六是在先使用人主观上具有善意。此处的非善意，通常是指在先使用人明显违背诚实信用原则，明知或应知其行为违反法律规定、有碍公序良俗、损害公共利益或侵犯他人权利，但为了牟取不正当利益，仍然实施相应行为的主观心理状态。⑪

(二)事实共存需要考量的因素

商标立法基本目的之一是尽量划清商标之间的界限，但特殊情况下的商标共存又必不可少。近年来，司法机关依据包容性增长理论，基于历史渊源等因素妥善处理了一些特殊情况下构成要素近似商标之间善意共存的案件。实践中，由于历史成因，两个注册商标之间的共存比较常见。比如，鳄鱼商标侵权案、⑫"散列通"与"散利痛"商标案，⑬等等。上述案例表明，诉争商标通常具有特殊的历史和发展历程，以及已经客观形成的市场格局，往往成为判断争议商标能否共存的关键因素。因此，在决定撤销或认定侵权时应格外谨慎。需要指出的是，在处理具有历史渊源的诉争商标案件时，不能仅仅比对标识本身的近似性，还需要结合使用历史、使用状况、相关公众认知等因素予以综合认定，特别是不能忽视已经形成的市场格局，防止把商标构成要素近似等同于商标近似的简单处理。而未注册商标(商业标识)与注册商标的共存情形，实践中并不常见。比如，由于历史原因，商品装潢和商标标识分属不同主体使用，且两主体长期生产的涉案商品在各自地域范围内均具有一定知名度，那么一主体取得和行使注册商标权利，并不影响另一主体继续享有之前已经形成的知名商品特有装潢权益，两者可以共存。⑭ 这种客观存在的商标共存状态，很大程度上证明了消费者经过长期使用，消除或弱化了原本可能存在的混淆误认。因为，相关公众的认知是可以改变的，即便最初因种种原因存在混淆可能性的两个近似商标共存于市场，但经过长期使用后消费者是能够培养出区别来源的能力的。因此，如果

---

⑩ 杜颖：《商标先使用权解读〈商标法〉第59条第三款的理解和适用》，载《中外法学》2014年第5期，第1362-1363页。
⑪ 国家知识产权局：《商标审查审理指南2021》，知识产权出版社2022年版，第160页。
⑫ 参见最高人民法院(2009)民三终字第3号民事判决书。
⑬ 参见最高人民法院(2009)行提字第1号行政判决书。
⑭ 参见重庆市第一中级人民法院(2017)渝01民终3926号民事判决书；余博：《历史成因下知名商品特有装潢可与近似商标共存》，载《人民司法·案例》2019年第11期，第91页。

无视市场格局已经形成等客观情况,而仅仅对于标志本身的是非曲直进行判断,则可能脱离实际,有违公平。[15]

关于事实共存排斥延续注册的问题。有观点指出,既有共存排斥延续注册。[16]最高法院在新近判决中认为,洁涤商行的商标与白猫公司的商标因历史原因共存,且双方签署了和解协议以尽可能避免市场混淆,在此情形下,维持诉争商标注册不利于双方划清彼此商标标志界限,并会破坏已经形成的市场秩序。[17]

(三)约定共存需要考量的因素

共存协议的概念目前尚无明确的内涵和外延。司法实践、商标注册机关和司法机关对于共存协议可注册性的判定并不完全一致,共存协议经历了一概否定、例外认可、有限认可的演变过程。对于共存协议能否被采信,司法实践存在三种观点:一是否定说。商标的区分性能够使消费者快速辨识产源并建立消费者喜好,而如果允许代表不同产源和品质的近似商标共存,则不可避免会增加消费者的辨识成本,甚至可能使消费者产生误认和误购,从而损害消费者合法利益。[18] 二是肯定说。商标权作为一种私权应该得到尊重。如果商标共存约定不违反法律、法规的强制性规定,系当事人真实意思表示,且没有损害消费者利益及公共利益,则应当认定合法有效。[19] 三是折衷说。将商标共存协议作为是否会引起混淆的重要参考,但不作为商标获准注册的当然理由,已经成为我国商标审查及司法实践对待商标共存协议的一致做法,这种做法既考虑了当事人的意思自治和合同自由,同时也考虑了公共利益。[20] 本文作者认为,商标共存的约定,系在后商标申请人为排除争议商标注册的法律障碍,经与在先商标权人磋商,由在先商标权人作出同意近似标志共存的意思表示,体现了知识产权的私权属性,那么商标权人依据商业判断处分商标权利的自由也应获得适度的尊重。换言之,约定共存系由自身具有直接利益关系的在先商标权人与商标申请人共同达成的协议,其基于商业实践,对共存协议可能产生混淆以及混淆程度的判断,更符合市场实际。更为重要的是,商标权是一种民事权利,商标法允许通过转让、许可等方式实现权利资产化。同样,适度容忍不同市场主体近似商标的存在,在不明显损害社会公共秩序的前提下,商标法允许商标权人以共存协议的方式对其专用权作出适度的让渡具有合理性。因此,在无相关因素证明诉争商标和引证商标存在明显损害消费者利益,且无证据表明共存协议违反法律、行政法规

---

[15] 孔祥俊:《商标法原理与判例》,法律出版社2021年版,第200页。
[16] 参见《国家知识产权局商标局评审法务通讯》2021年第1期,总第5期,第12页。
[17] 参见最高人民法院(2019)最高法行申4577号行政判决书。
[18] 参见北京知识产权法院(2017)京73行初7970号行政判决书。
[19] 参见北京市高级人民法院(2019)京行终8299号行政判决书。
[20] 参见北京知识产权法院(2017)京73行初8319号行政判决书。

或足以损害社会公共利益的情形下,应当尊重引证商标所有人对引证商标的处分和对诉争商标注册的考量。

四、完善商标共存制度的思考

目前,《商标评审规则》《商标审查审理指南 2021》均未对商标共存作出明文规定。北京市高级人民法院于 2019 年颁布了《商标授权确权行政案件审理指南》,其中第 15 节的第 10 款至第 12 款作出了若干规定,明确了共存协议可以作为排除混淆的初步证据,只有当共存协议真实、合法、有效,且不损害国家利益、社会公共利益和第三人合法权益等情形时,才能予以采信。由此可见,北京市高级人民法院上述规定,是以混淆误认为基本原则,将商标共存协议作为排除混淆的初步考量因素,而非轻易否定共存协议,此规定对于确立协议共存的审查标准具有一定积极意义。实际上,商标共存协议涉及两个独立的商标,二者或在视觉上存在差异,或在核准使用的商品范围有所不同,但协议双方均无意使用对方商标,而主要是通过协议方式避免未来使用自身商标所产生的法律障碍或法律风险。鉴于商标共存协议审查的复杂性,有必要对共存协议的审查标准作进一步研究。

国际上,商标协议共存的典型案例是英国苹果公司(Apple Corp)拥有的甲壳虫乐队的唱片商标与美国技术公司——苹果计算机公司(Apple Computer)于 1989 年达成的商标共存协议。在协议签署前,双方意识到彼此商标的近似性,为避免双方商业活动的混淆,以及保护各自商标权利需要,有必要达成协议。[21] 按照协议约定,美国苹果计算机公司作出承诺,将不会将其标识使用在唱片和音乐作品或文化艺术表演方面,且不使用诉讼或类似方式撤销对方已注册商标。共存协议达成后,2003 年 9 月,美国苹果计算机公司发布了 iTunes 软件,英国苹果公司则以美国苹果计算机公司的行为违反共存协议为由,在英国法院提起侵权诉讼。作为原告的英国苹果公司认为,数字音乐是传统音乐传播的另一种形式,数字音乐亦违反共存协议;作为被告的美国苹果计算机公司则认为,数字音乐的售卖,不应认为属于共存协议约定的范围。英国高等法院从消费者角度评估后作出判决,认为美国苹果计算机公司的行为没有违反共存协议。理由主要是,美国苹果计算机公司的标识被用在了软件上而非音乐服务上。[22] 本案带给我们的启示是,不同市场主体在达成商标共存协议时,一般需要考虑各自商标的使用范围和使用方式,极力预防或避免可能产生混淆误

---

[21] Marianna Moss, Trademark "Coexistence" Agreements: Legitimate Contracts or Tools of Consumer Deception, 载 https://lawecommons.luc.edu/cgi/viewcontent.cgi?article=1198&context=lclr,2022 年 8 月 1 日访问。

[22] IP and Business: Trademark Coexistence. 载 http://www.erdem-erdem.av.tr/publications/lettre-dinformation/coexistence-agreements/.,2022 年 8 月 1 日访问。

认,否则,共存协议将面临不予采信的风险。

实践中,出于商业目的考虑,拥有近似商标的不同市场主体,往往通过协商方式限制或约束彼此商标使用的随意性。比如,慎重考虑商标的形式、式样、说明、使用的特定区域以及可能产生混淆的预防措施等。土耳其《工业产权实施法相关规定》(The Regulation on the Implementation of Industrial Property Laws)第5条和第10条规定了商标共存协议应包含的内容。按照此规定,土耳其专利与商标事务办公室强制要求有效共存协议须包括如下内容:(1)提供共存协议申请人的证明文件和联络信息。(2)如果在申请阶段提交同意书,需列明商标的式样;如果在异议阶段提交同意书,需列明申请的编号。(3)商标或服务的类别号码。(4)签署商标共存协议的申请人或商标所有人的代理人,需取得合法有效的授权。[23] 此外,在达成共存协议时,当事人还可以结合各自的商业计划,就商标使用的范围和具体方式进行商讨,关键是保持彼此商标应有的区别,不能因共存协议而误导消费者,并且亦不能成为其他竞争者进入市场的障碍。[24]

(一)共存协议的正当性基础

对共存协议应持何种态度?众所周知,禁止混淆是商标制度的基本原则之一,商标制度的基本功能是以划清边界、避免混淆为原则。但目前的商业实践已经存在大量的商标共存,共存已是客观事实,是必须面临的法律问题。从世界各国实践看,主要分为两种类型,即自由主义和保守主义,自由主义表现为对共存协议的充分尊重,如英国、法国、德国、瑞士等国家,认为共存协议体现了当事人的意思自治,属于私权的范畴,除影响社会公共利益的情形外,公权力不宜轻易介入;保守主义表现为对共存协议的有限认可,如美国、澳大利亚、加拿大、新加坡等国家,认为协议书系各方为避免相关公众混淆而采取的安排,作为重要的考量因素,具有较强的说服力。由此可见,大多数国家商标实践表明,商标共存是一种不可避免的现象,只是各国认可商标共存的条件和价值取向有所差别。从北京市高级人民法院上述规定看,我国司法机关亦秉持有条件接受共存的态度,即有限认可,但与保守型审查方式相比,我国司法实践仍将混淆误认作为最终判断标准,仅将共存协议作为初步考量因素,而不是作为重要考量因素。同时认为,消费者通常并不知晓签署了共存协议,也无从得知协议内容,若允许近似商标共存将增加消费者识别成本,可能导致消费者利益受损,在此情形下,即便不同市场主体达成了共存协议,也不能予以认可。这是目前司法机关遵循的基本审查逻辑,也是共存协议在我国司法机关采纳率低的重要因素。

---

[23] IP and Business:Trademark Coexistence. 载 http://www.erdem-erdem.av.tr/publications/lettre-dinformation/coexistence-agreements/.,2022年8月1日访问。

[24] 同上。

在是否接纳共存协议以及接纳共存协议的程度上,不仅是个法律问题,同时也是个经济学问题。特别是对于应否将"排除混淆误认"作为判断商标共存的最终审查标准,存在不同观点。有观点认为,合法的商标共存应受到一定条件限制,即主观上要求近似商标使用人善意即不具有攀附商标的故意、客观上商标共存不会造成相关公众混淆误认。㉕ 但也有学者认为,商标共存必定意味着商标之间的冲突,以不存在混淆可能性为条件以及认为商标共存协议是排除混淆可能性的有力证据均属对商标共存的认识误区。㉖ 如何对待商标共存协议的效力,本质上反映的是价值选择问题。承认共存协议效力是对在先商标权人意愿的尊重,立足商标权保护;否定共存协议对于商标近似性认定和在后注册商标的影响,是立足消费者利益。二者之间的选择在本质上是商标法的政策取向问题,即如果强调在先商标权人保护的取向,则消费者混淆位于其次,应当允许共存协议;反之,如果强调消费者利益保护的取向,将避免市场混淆的考量置于在先商标权人意志之上,则不允许共存协议。而现代商标法的发展逐渐呈现强化商标权人保护的趋势,以商标权为私权及保护商标权人为由,根据在先商标权人的意愿允许在后申请人注册近似商标,具有一定合理性。首先,商标之间存在混淆性近似是共存协议签署的动因。在后商标注册人或使用人寻求在先商标权利人同意的事实恰恰是存在混淆可能性的重要证据。如果客观上根本不存在混淆可能性,相关商标就无须有关当事人同意就可以注册或使用,也就无动机签署共存协议。只有当相关商标的近似性可能产生市场混淆时,签订共存协议才成为必要。简言之,商标共存的前提是存在混淆可能性。其次,共存协议的签订并不必然消除相关公众混淆误认的后果。共存协议中的当事人基于对市场预期和消费群体的判断,往往通过协商方式采取一些具体措施帮助消费者区分商标或服务来源。比如,在商标使用的地理范围、商标使用方式、商品的包装装潢、附加识别标志、宣传广告方案等方面作以区别,这些措施的目的在于最大限度地防止消费者进一步混淆误认,尽量减少对消费者利益的潜在影响,但并不能真正避免或消除消费者的混淆可能性。再次,尊重市场主体自主的商业安排。在市场自由竞争机制下,商品和服务的生产取决于市场参与者不断变化的愿望和能力,它使市场能够按照供需规律自由运作,供需规律是由个人和公司而不是政府制定的。商标因其专用权而形成相应的市场份额,并蕴含一定的商业价值,不同市场主体基于商业判断作出允许近似商标并存的协议,如避免因纠纷产生的诉讼风险,以及维持稳定的市场格局等多种因素。在排除攀附或相互"搭便车"等恶意造成消费者混淆误认等极端情形外,商标权利人完全出于自身经济利益考虑,往往认为商标共存带来的经济效益大于消费者混淆可能产生的风险与损害,而且尽量采取必要措施在减少混淆可能

㉕ 罗邱兰:《商标共存法律问题研究》,载《传播与版权》2020年第7期,第204页。
㉖ 王太平:《商标共存的法理逻辑与制度构造》,载《法律科学》2018年第3期,第100页。

性的情形下,更多体现的是商标的私权属性,市场主体以自由意志作出的市场安排,应当得到审查机关更多的尊重。因此,从这个意义上讲,对商标共存协议的审查应当采取宽容态度,在兼顾消费者利益基础上,尊重商标权人对自有权利的处分。

总之,当前商标实践中将"排除混淆误认"作为判断商标共存的最终审查标准与商标共存被有条件认可的客观事实相矛盾。如果机械地将"排除混淆误认"作为采信共存协议的根本原则,那么近似商标几乎没有共存的余地。因此,应当客观面对商标共存的事实和商业需求,鼓励市场主体通过意思自治以协议方式规范各自商标使用方式或使用范围使消费者尽可能识别来源、防范未来法律风险。但是,共存协议中当事人意思自治并非没有界限,对于攀附、相互"搭便车"或损害公共利益等行为应当得到规制。

(二)损害公共利益的共存协议应予排除

在考量共存协议下的公共利益前,有必要厘清共存协议的法律性质。显然,申请商标权利人与引证商标权利人签订的商标共存协议体现双方意思自治,作为竞争者的协议双方,从"理性经济人"角度,为实现利益最大化作出的商业判断,其本质系合同。在商标授权确权行政案件中,该合同系作为共存协议应否被采信的证据呈现,此时的商标注册审查部门和司法机关在考虑此证据时,仍应坚持证据的审查标准即真实性、合法性和关联性,由此涉及《民法典》和《合同法》中有关合同的规定。其中,是否违反公共利益是一项重要的考量因素。现实中,一些法院在商标授权确权行政案件中直接认定共存协议的效力即作出有效无效的认定未必妥当。因为共存协议是作为考量诉争商标应否予以注册的证据之一,司法机关仅须对共存协议的内容和形式进行审查,且审查共存协议是否会明显损害消费者利益、损害社会公共利益。若允许共存的最终结果损害了社会公共利益,则该共存协议不应被采信,而非对共存协议的效力作出直接的评判。可见,共存协议是否会损害社会公共利益成为该协议应否被采信的关键。那么,对社会公共利益的审查应注意什么?一是是否存在市场垄断的可能性。商标共存源于竞争、归于竞争。法律赋予注册商标垄断地位是为鼓励权利人参与市场竞争,并对其所享有的专有权予以保护,但若以协议方式自行谋求市场份额分配,则可能破坏公平竞争的市场秩序,限制其他竞争者的市场准入和竞争。商标共存协议双方系有竞争关系的经营者,如果不作审查,一概允许双方以协议形式达到市场划分的目的,则可能存在诸如分割市场、价格操纵等限制和排除其他竞争者的市场准入和竞争。一旦共存协议存在排除、限制竞争的情形,该共存协议就陷入"合法化"危机。二是是否涉及损害公共卫生健康等重大公共利益。在艾福格案件中,最高人民法院认为,申请商标与引证商标构成近似,且均使用以在第5类农业用杀菌剂等与农业生产和生态环境密切相关商品项目上为由,认定两商标的共存可能损害公共利益,故该共存协议未于采信。[27]世界知识产权组织(WIPO)网站亦载文指出:"共存协议磋商前需要考虑的一个重要问题就是公共利益,……尤其在公共健康领域,对于两个不同的制药企业共用近似商标应给予特别关注,即便两公司的经营地域区分明显。"[28]因为涉及食品、药品、医疗等与公共利益更密切的领域,商标除了区分商品或服务来源的功能外,还具有品质和商誉的保证功能,如果以协议方式允许此类商品或服务的近似商标共存,那么,任何混淆都可能对人体健康造成不可逆的伤害,这是任何一国相关公众都无法接受和容忍的。因此,对公共卫生与健康等涉及重大公共利益领域,商标注册审查机构或司法机关对商标共存协议应负有更严格的审查义务。

(三)审查共存协议内容应作为采信协议的必要条件

在自由竞争的市场环境中,消费者辨识商品来源的能力与商业主体自身经济利益并不矛盾,辨识度越高,产生的经济效益可能越高。任何正常的商业主体均不会有制造市场混淆的动机,相反会以独有包装装潢、显著标识、特有销售方式和渠道等方式,开拓市场、积累商誉、赢得消费者。如果商标共存协议仅仅在形式上载明双方同意共存的意愿,并不具有说服商标审查机构接受共存协议的证明力。从这个意义上讲,共存协议不该是一个简单同意与否的文本,而是在市场竞争机制下理性商业主体经过深思熟虑整体考量商业利益后作出的商业判断,应当包括签署共存协议的商业目的、双方尽可能减少混淆可能性的实质措施,或者对消费者利益影响容忍度的评估等内容。具体而言,衡量共存协议证明力可以从以下方面考虑:(1)共存协议是否属于当事人双方真实意思表示,有无违反法律行政法规的禁止性规定,即共存协议的合法有效性;(2)双方是否达成了预防和减轻混淆可能性的共识,对商标使用方式是否作了必要限制,如改变字形或颜色、增加标注等,使消费者能够尽可能识别商品或服务来源;(3)商标是否在长期使用后没有引发市场混淆或者混淆控制在市场容忍程度内的证明;等等。在综合考虑上述因素基础上,兼顾保障消费者利益,信赖市场主体基于自身利益作出的选择,似应成为审查共存协议内容的基本原则。

(四)商标共存协议不应适用于相同商品或服务上的相同商标

排斥权是商标的基本权能之一,即在相同或类似商品上排斥他人注册和使用相

---

[27] 参见最高人民法院(2017)最高法行申 3845 号民事裁定书。

[28] "An important question to be considered before negotiating a coexistence agreement is that of public interest. A court may invalidate an agreement if it considers that the coexistence of similar trademarks in a particular case would be against the public interest. This may arise notably in the area of public health if two different medical products bore the same trademark-even if the companies operated in distinct geographical areas."载 https://www.wipo.int/wipo_magazine/en/2006/06/article_0007.html.,2021 年 7 月 26 日访问。

同或近似商标的权利。显然,在相同商品或相同服务上排斥相同商标是无可争辩的。因此,共存协议是不能适用于相同商品或服务上的相同商标。TRIPs 第 16 条第 1 项规定:"在对相同商品或者服务使用相同标识的情况下,应当推定具有混淆的可能性",即"双相同"下的推定混淆。而且,这种推定是一种不可推翻的绝对推定。如 WIPO 的相关资料亦指出:"TRIPs 第 16 条第 1 项规定,在相同商品或者服务上使用相同商标的情况下,推定其具有混淆的可能性。由于混淆是推定的,它就不再作为一项独立的要求,以及不必根据证据认定。此时,对其进行的保护是绝对的。"[29] 事实上,在市场竞争机制作用下,在相同商品或服务上,允许完全混淆的两个相同商标共存于同一市场是违背市场基本规律的。即使因为历史原因,产生了商标共存的市场格局,立法及司法裁判可要求一方经营者添加适当的区别标识,以确保近似商标的混淆发生在一定范围。[30] 另外,从理性市场主体角度,以占有更多市场份额、获取尽可能大的商业利益出发,也不会达成如此的共存协议,除非主观存在扰乱市场秩序的恶意。

实践中,如何定义相同商品或服务、相同商标并非易事。相同商品或服务的判定是实践难题,商标审查部门认为,相同商品、相同服务的认定包括两种情形:"一种情形为权利人核定使用的商品、服务名称与被控侵权商品、服务名称相同,认定为相同商品、相同服务;另一种情形是权利人注册商标核定使用的商品、服务名称与被控侵权商品、服务名称不同,但实际上是指同一种商品、服务的情形。"[31]相同商标的判断亦主要包括两种情形:"一种情形为他人使用的商标与权利人注册商标完全相同;另一种情形为两商标虽有不同但基本无差别、相关公众难以分辨。基本无差别、相关公众难以分辨,是指他人商标与权利人商标虽有个别次要要素不完全相同,但主要要素完全相同或者在整体上几乎没有区别,以至于在隔离对比的情况下,很难在视觉上或者听觉感知上将二者区分开来。"[32]当前互联网和传统行业深度融合,不断催生新业态新领域,具有交叉重合的特性。因此,需要根据纠纷呈现的具体情况,综合考虑商品物理属性、商业特点、性质以及商品分类原则、标准等因素进行判定。在本文首部提及的谷歌公司案件中,最高人民法院不仅从使用方法、行业领域、用途、功能、销售渠道和消费群体,甚至从当事人真实的市场活动情况作出判断,认定"手提电脑、便携式电脑"与"自行车电脑"存在差别。[33] 其实,这也是对当事人双方达成的共存协议赋予了更多的尊重,合理信赖市场主体的商业判断以及对自身商业价值的考量。

---

[29] WIPO,The enforcement if Intellectual Property Rights: A Case Book,p. 42.
[30] 欧阳福生:《商标共存的裁判规则探究——基于典型案例的类型化分析》,载《法治论坛》2019 年第 4 期,第 27 页。
[31] 参见《商标侵权判断标准》第 9、13 条,载 http://www.gov.cn/zhengce/zhengceku/2020-06/17/content_5520001.htm.,2023 年 1 月 25 日访问。
[32] 同上。
[33] 参见最高人民法院(2016)最高法行再 103 号行政判决书。

(五)共存协议对此后商标转让行为的受让人产生拘束力

共存协议签署并经商标审查部门审查后,一方当事人若将其商标转让给他人,那么,共存协议对受让的第三人是否产生约束力。本文认为,应当产生约束力。按照民法一般原理,当事人将其所有的商标权利转让给第三人,只要转让行为符合民法典第502条的规定,该转让行为即为有效。在商标转让中,商标转让人应当将商标的真实权利状态告知受让人,自然应当包括共存协议的签署情况。商标转让人隐瞒共存协议,如果受让人认为该隐瞒行为致使其无法达到合同目的,可以根本违约为由要求解除转让协议,并要求转让人赔偿相应的损失;如果不存在根本违约的情形,可依据转让协议的有关规定,要求转让人承担相应的违约责任。承认商标转让行为中共存协议的效力及于受让的第三人,有利于维护商标秩序的稳定。当然也有观点指出,可以参照国外的相关做法,实行商标共存协议的备案公示制度,[34]这样有利于商标受让人及时了解受让商标的真实权利状况,便于作出相应的商业判断,也有利于减少和避免因未披露共存协议而产生的纠纷。

(六)境外共存协议对我国商标混淆性判断的影响应在个案中具体分析

在拉科斯特股份有限公司与鳄鱼国际私人有限公司、上海东方鳄鱼服饰有限公司北京分公司侵害商标专用权纠纷再审案件中,最高人民法院判决认为,因双方当事人签订的1983年和解协议列明的适用地域不涉及中国境内,原审判决直接确认其效力不当,但将其作为认定诉争标识共存的重要考量因素亦无不可。[35]而在拉科斯特股份有限公司与被申请人卡帝乐鳄鱼私人有限公司、国家工商总局商标评审委员会商标争议行政纠纷案件中,最高人民法院判决认为,争议商标是否应予注册,应当根据商标法及其司法解释的规定进行判断,境外共存协议不影响商标近似性的判断。[36]最高人民法院在上述两个案件中对境外共存协议的考量并不完全一致,可见共存协议考量因素的复杂性。上述案件中所提及的境外共存协议是指双方于1983年6月17日签订和解协议,"一揽子"解决当时在多个国家正在进行的纠纷。协议约定,双方可以在指定的中国台湾、新加坡、印度尼西亚、马来西亚、文莱国家和地区分别使用"头朝左鳄鱼图形"(利生民公司、卡帝乐公司的前身)和"头朝右鳄鱼图形"(拉科斯特公司),并以此为双方在同一市场共存的前提。显然,排除中国大陆的境外共存协议,其效力只适用于协议约定的共存区域,该约束力显然不当然及于约定之外的中国大陆。鉴于商标的地域性原则,审查机关则应更多地考虑当事人在中国

---

[34] 胡刚等:《商标共存问题研究(下)》,载《中华商标》2020年第11期,第78页。
[35] 参见最高人民法院(2009)民三终字第3号民事判决书。
[36] 参见最高人民法院(2018)最高法行再134号行政判决书。

大陆彼此商标的申请、注册和保护的历史状况等因素,以我国商标法及其司法解释的相关规定为基础,对商标的近似性作出判断更为合理。境外共存协议应否作为我国商标审查机关或司法机关的考量因素,应在个案审查中结合其他相关因素予以具体分析。

商标共存问题一直是商标法实践中的疑难复杂问题,疑难复杂是由事物本身的复杂性所决定。因此,需要引起理论和实务界的特别关注,共同探寻商标共存的合理因素,以便统一商标审查部门的标准以及司法机关裁判的尺度,亦有利于市场主体作出合理的市场预期,促进商标制度的健康发展。

Analysis of Legal Issues on Trademark Coexistence

Song Jianli

Abstract: Trademark coexistence is a complicated issue in trademark practice. The essence of trademark coexistence is the coexistence of trademark rights. Based on legal rules, historical reasons, coexistence agreements and other factors, different market players allow similar trademarks to be used on similar or identical goods or services, and maintain the necessary of non-interference in order not to confuse consumers. The likelihood of the event is minimized by appropriate measures. Trademark coexistence can be divided into statutory coexistence, de facto coexistence and coexistence agreement in terms of content. Whether to accept the coexistence agreement and the degree of acceptance of the coexistence agreement are not only legal issues, but also economic issues. Except for extreme cases such as clinging or mutual "free-riding" that maliciously cause consumers to confuse and misunderstand, market arrangements made by market players with free will should be more respected by agencies or judicial review. Therefore, a tolerant attitude should be adopted in the review of trademark coexistence agreements, and on the basis of respecting the free will of trademark owners, taking into account the protection of consumers' interests. However, for areas of major public interest such as public health, trademark registration review agencies or judicial authorities should strictly review such coexistence agreements.

Keywords: Trademark rights; Statutory coexistence; Factual coexistence; Agreement coexistence; Public interest

"描述性"标志的欺骗性及显著性的认定

——评第 5861721 号"冰川"商标无效宣告行政纠纷案

程永顺 吴莉娟[*]

摘要：商标法规定缺乏显著性的标志不能作为商标注册，具有欺骗性的商标则不能作为商标使用。实践中，描述性标志很容易被认定为具有"欺骗性"或缺乏"显著性"，尤其是被认定为"仅直接表示商品的质量、主要原料、功能、用途、重量、数量及其他特点"。本文拟通过对第 5861721 号"冰川"商标无效纠纷的解析，探讨"描述性"标志的欺骗性与显著性的认定标准问题。

关键词：描述性标志；欺骗性；显著性；相关公众

一、基本案情及法院裁决

第 5861721 号"冰川"商标（标样参见下图，以下简称诉争商标）由四川蓝剑鳌华山天然矿泉水有限公司（以下简称蓝剑公司）于 2007 年 1 月 22 日向原国家工商行政管理总局商标局提出申请，2009 年 12 月 21 日核准注册。核定使用的商品为"乳清饮料；水（饮料）；矿泉水（饮料）；果汁饮料（饮料）；无酒精饮料；花生奶（软饮料）；乳酸饮料（果制品，非奶）"。蓝剑公司是四川蓝剑饮品集团下属独立法人企业，为中国最大的矿泉水生产基地，与"怡宝""农夫山泉"一起被称为中国饮用水产业的三大"巨头"。"冰川"系列矿泉水也获得过许多荣誉。

第 5861721 号"冰川"商标

---

[*] 本文作者：程永顺，北京务实知识产权发展中心；吴莉娟，法学博士，北京务实知识产权发展中心。

峨眉山市清泉饮料食品厂（以下简称清泉饮料厂）成立于2014年3月8日。自2013年起，清泉饮料厂及其创始人在第32类上注册了一系列与"冰川"相关的商标，绝大多数均已被驳回或无效。

2019年1月22日，清泉饮料厂就诉争商标向国家知识产权局提出无效宣告请求，认为：第一，冰川水是人类珍贵的淡水资源，中国唯一可以进行冰川水商业开采的冰川是新疆天山中国一号冰川，蓝剑公司所在地并没有可用于商业开采的冰川，因此将"冰川"用在其产品上，夸大宣传并具有欺骗性，容易引人误认。诉争商标的注册违反了《商标法》第10条第一款第（七）项的规定。第二，冰川是一种水源，诉争商标仅表示本商品的原料，属于描述性商标，不具有固有显著性，无法起到识别商品来源的作用，诉争商标的注册违反了《商标法》第11条第一款第（二）项的规定，且诉争商标的注册不利于公平市场经济秩序的维护，诉争商标的使用必将使相关公众产生误认。

国家知识产权局于2019年11月7日作出无效裁定①，认定无效宣告理由成立，并宣告诉争商标无效。

北京知识产权法院一审认为，诉争商标为汉字"冰川"，冰川是一种优质清洁的淡水资源，可以作为天然饮用水的水源。诉争商标核定使用在矿泉水（饮料）、无酒精饮料等商品上，直接表示了核定商品的原料特点，如果核定使用商品具备该原料特点，则违反2001年《商标法》第11条第一款第（二）项的规定；如果核定使用商品不具备该原料特点，则违反2001年《商标法》第10条第一款第（七）项规定。因此，被诉裁定的认定结论正确。②

北京市高级人民法院二审判决③则推翻了国家知识产权局和一审判决，认为，通常意义上，冰川是存在于高山或极地地区能沿地面倾斜方向移动的天然冰体，是水的一种存在方式。若诉争商标指定使用在"矿泉水（饮料）、无酒精饮料"等商品上，以一般人的通常认识和生活经验，一般不会误认为使用诉争商标的"矿泉水（饮料）、无酒精饮料"等商品系为天然冰川融化、灌装而来，也不会使相关公众产生误导消费的欺骗性认识。国家工商行政管理总局商标评审委员会、国家知识产权局也有多份行政审查决定、裁定及本院生效法律文书均有认定含有"冰川"要素的注册商标指定使用在"矿泉水（饮料）"等商品上不具有"欺骗性"，故诉争商标未构成《商标法》第10条第一款第（七）项所指情形。诉争商标核定使用的商品还包括"果汁饮料（饮料）、花生奶（软饮料）"等，亦难使消费者产生诉争商标"冰川"直接表示了"果汁饮料（饮料）、花生奶（软饮料）"等商品的质量或主要原料等，不构成商标法第10条第一款

---

① 参见国家知识产权局《商评字〔2019〕第0000267405号关于第5861721号"冰川"商标无效宣告请求裁定书》。
② 参见北京知识产权法院(2020)京73行初577号行政判决书。
③ 参见北京市高级人民法院(2021)京行终4649号行政判决书。

第(二)项规定之情形。二审法院还考虑到诉争商标在2009年12月21日就获准注册,且诉争商标及关联商标已经使用了较长时间,即便其在申请时不具有显著性也已通过长期的使用取得了显著性,不宜轻易撤销注册。

二、商标法中"显著性"与"欺骗性"条款的关系

《商标法》[④]第10条第一款第(七)项规定,"带有欺骗性,容易使公众对商品的质量等特点或者产地产生误认的"标志不得作为商标使用;第11条第一款第(二)项规定,"仅直接表示商品的质量、主要原料、功能、用途、重量、数量及其他特点的"标志不得作为商标注册。这两个条款的规定都是针对描述性标志作出的。

对于描述性标志来说,部分描述性标志作为商标注册可能会面临两方面的问题。比如,有些描述性标志真实地表明了商品或服务的某些性质,那么使用该标志则可能无法产生区别力,因此不能作为商标使用;相反,如有些描述性标志对于商品或服务的某些性质的表示是不真实的,那么使用该标志则可能具有欺骗性,因此也不能作为商标使用。那么这是否意味着无论涉及商品或服务的什么性质,所有的描述性标志都绝对不能作为商标注册并使用呢?答案是否定的。一方面,商标法的这两个条款只是规定了描述性标志中两种特殊的情形,而并非囊括了所有描述性标志;另一方面,在我国商标实践中,有大量描述性标志被核准注册为商标。

从上述两个条款的具体规定来看,《商标法》第11条第一款第(二)项只规定了"仅直接表示商品的质量、主要原料、功能、用途、重量、数量及其他特点的"标志不得作为商标注册。该条款突出强调的是应同时具备"仅"和"直接表示"两个要件,而不是一个描述性标志一旦表示了商品的质量、主要原料、功能、用途、重量、数量及其他特点就绝对不得注册,实践中,还有大量表示了商品的质量、主要原料、功能、用途、重量、数量及其他特点的标志,但它们并非"仅直接表示……",对于这些标志来说,它们并不属于不得作为商标注册的范围。也就是说,《商标法》第11条第一款第(二)项以及第10条第一款第(七)项两条法律规定之间不存在非此即彼的关系,即一个描述性标志不可能要么违反《商标法》第11条第一款第(二)项"仅直接表示商品的质量、主要原料、功能、用途、重量、数量及其他特点",要么违反第10条第一款第(七)项属于"带有欺骗性的"。这里至少还存在第三种情形,对于并非"仅直接表示商品的质量、主要原料、功能、用途、重量、数量及其他特点的"描述性标志,是可以作为商标注册并使用的,而且也不会被认定为具有"欺骗性"。而本案中,一审法院将这两款规定理解为非此即彼的关系,即要么违反了2001年《商标法》第11条第一款

---

④ 本案适用的是2001年《商标法》,现行的2019年《商标法》中的相关条款没有大的变动,在本文中不作区分。

第(二)项的规定,要么违反了第 10 条第一款第(七)项的规定,从而直接得到争议商标被宣告无效的结论,是值得商榷的。此外,根据法律的确定性,在商标无效审查时,对于某一确定的法律规定,如 2001 年《商标法》第 10 条第一款第(七)项的理解和适用,要么该案的证据足以支撑该条款适用,可以依据该条款宣告商标无效,要么该案的证据不足以支撑该条款的适用,则不能依据该条款宣告商标无效。如果案件的证据足以支撑多个法律条款的适用,行政机关和司法机关可以同时援用多个条款宣告商标无效;但若案件的证据不足以支撑某个法律条款适用,即相关商标的注册并不违反该禁止性的规定,行政机关和司法机关不宜在单独适用相关条款尚不够充分的情况下,又补充了一些其他理由的法律适用方式和论证方式,在商标是否应无效的认定和法律适用上模棱两可。

三、关于"描述性"标志的"欺骗性"与"显著性"的认定

本案中,国家知识产权局和一审法院均没有对"描述性"标志的认定标准做过多的说理,而仅仅依据"冰川"是一种水源,直接得出了"冰川"商标注册在矿泉水(饮料)、无酒精饮料等商品上,要么因缺乏"显著性"(即违反《商标法》第 11 条第一款第(二)项)而应被宣告无效,要么因具有"欺骗性"(即违反《商标法》第 10 条第一款第(七)项)而应被宣告无效的结论。

二审法院在案件的裁决过程中,对于"描述性"标志的"欺骗性"与"显著性"的认定主体的认知水平进行了论述。《最高人民法院关于审理商标授权确权行政案件若干问题的规定》第 11 条规定:"商标标志只是或者主要是描述、说明所使用商品的质量、主要原料、功能、用途、重量、数量、产地等的,人民法院应当认定其属于商标法第 11 条第一款第(二)项规定的情形。商标标志或者其构成要素暗示商品的特点,但不影响其识别商品来源功能的,不属于该项所规定的情形。"带有欺骗性是指商标标志或者其构成要素对其指定使用商品或者服务的质量等特点或者产地作了超出其固有程度或与事实不符的表示,容易使公众对商品或者服务的质量等特点或者产地产生错误的认识。但是,"带有欺骗性"并不意味着当然会导致消费者的误认,如果消费者基于日常生活经验,并不会因某欺骗性标志而误购的话,该标志依然可作商标注册使用。《北京市高级人民法院商标授权确权行政案件审理指南》第 8.4 条规定:"公众基于日常生活经验等不会对诉争商标指定使用的商品或者服务的质量等特点或者产地产生误认的,不属于商标法第 10 条第一款第(七)项规定的情形。"也就是说,实践中,虽然有些标志或者其构成要素有夸大成分,但根据日常生活经验或者相关公众的通常认识等并不足以引人误解,则不宜将其认定为夸大宣传并带有欺骗性的标志。具备"显著性"是申请商标获得注册的前提条件之一,商标的功能在于

识别和区分商品和服务的来源,如果某一标志使用在指定商品或服务上,并未直接表示商品的质量、主要原料、功能、用途、重量、数量及其他特点,即便有可能具有一定的暗示,也不宜认定为不具备显著性。在判断申请注册的商标是否具有"欺骗性"或"显著性"时,应当符合相关公众的认知水平。相关公众并非毫无生活经验,其至少应具备一定的知识能力和生活经验。笔者对此表示认可。

一般来说,对于"描述性"标志是否具有"欺骗性"与"显著性"的认定,可以从以下几个方面予以考量:

第一,应从标志构成本身进行客观判断。认定一个标志是否具有"欺骗性"或"显著性",首先应从客观角度判断该标志是否仅仅或主要是直接描述、说明所使用商品的质量、主要原料、功能、用途、重量、数量、产地等,同时,相关描述与实际情况是否存在较大差异,而可能使相关公众产生错误的认识。在这个层面上,申请人主观上是否具有欺骗的意图不属于考量因素。

第二,应结合产品或服务的类别进行认定。商标应与商品或服务相结合,才能起到识别商品或服务来源的功能,因此,需要结合相关商品或服务自身的特点进行个案分析和认定。例如,在第4809805号"硒谷香米 xiguxiangmi 及图"商标驳回复审案中,该商标指定商品为面粉制品、玉米花、八宝饭、糕点、豆浆、食用淀粉产品、调味品等。而原告提交的检测报告仅能证明诉争商标指定使用的商品"米"中含有一定量的硒,却无法证明其他指定使用商品均含有硒元素,因此,法院认为,标志本身或其构成要素具有超出其使用的商品或服务固有属性的描述,足以误导消费者,使相关公众产生错误认识,即构成带有欺骗性,违反了《商标法》第10条第一款第(七)项之规定,不应予以注册。⑤ 又如,在第6799237号"莞香"商标争议纠纷中,法院认为,"莞香"因作为香料原料和其药用价值等功能、用途而为广大公众所知晓。《莞香·香市》《香市博览》中还记载莞香叶可作茶叶用,莞香茶泡出的茶水为上佳茶饮。将"莞香"作为商标指定使用在茶商品上,仅仅直接表示了商品的主要原料等特点,缺乏注册商标应有的显著特征,已构成2001年《商标法》第11条第一款第(二)项规定之情形。⑥

第三,应基于相关公众的认知水平。判断标志是否带有欺骗性,应与公众的普遍认知水平和认知能力相一致。正如本案中,就"冰川"商标的"显著性"而言,"冰川"是一个非常浩大的体系和自然现象。就一般常识来说,冰川是指固体、流动的天然冰体,构成地理环境、地质面貌的一部分。单从冰川的水资源意义讲,地球表面70%的淡水储存在冰川中,冰川融水后成为水资源的一部分。水体自然运动的这种链条复杂而庞大,因此不存在瓶装矿泉水直接从冰川取水那样的神话。退一步讲,

---

⑤ 参见北京市高级人民法院(2020)京行终791号行政判决书。
⑥ 参见北京知识产权法院(2015)京知行初字第1302号行政判决书。

如果认为冰川和矿泉水之间存在上述链条关系,也需要人们进行联想才能够实现的。常识告诉我们,冰川与瓶装矿泉水之间不具有唯一的、直接的联系。地球上星罗棋布的江河、湖泊、水库等地理名称直接使用在矿泉水、瓶装水等商品上都很难说是"仅仅直接表示"了水的来源,更何况"冰川"这样一个宏大的体系与矿泉水之间的关系,二者之间根本不存在行业关系。冰川不是仅仅指向水资源,更不是直接表示矿泉水的质量、原料等的词汇。因此,"冰川"商标属于具有显著性的标志,用在矿泉水商品上仅具有少许暗示、联想的作用。而就"冰川"商标的"欺骗性"而言,正如二审法院所指出的,在判断申请注册的商标是否具有欺骗性或显著性时,应当符合相关公众的认知水平。相关公众并非毫无生活经验,其至少应具备一定的知识能力和生活经验。如果公众基于日常生活经验等不会对商标指定使用的商品或者服务的质量等特点或者产地产生误认的,不属于"欺骗性"条款规定的情形。冰川是水的一种存在形式,诉争商标使用在"矿泉水(饮料)、无酒精饮料"等商品上,以一般人的通常认识和生活经验,一般不会误认为使用诉争商标的"矿泉水(饮料)、无酒精饮料"等商品系为天然冰川融化、灌装而来,也不会使相关公众产生误导消费的欺骗性认识。更毋庸使用在"果汁饮料(饮料)、花生奶(软饮料)"等商品上,相关公众一般也不会认为其直接表示了商品的质量或主要原料。

第四,在认定商标是否具有"欺骗性"时,还应考虑该标志是否产生误导的可能性以及是否会影响相关公众的购买决定。这个要件并不要求实际上产生了误认或者影响相关公众购买,即被欺骗的后果,只要标志本身存在使公众产生误认的可能,就符合"欺骗性"条款规制的情形。而如果从相关公众的一般认知水平、生活经验、行业习惯等角度考虑,商标不属于误导性描述,也不会影响相关公众的购买决定,则对于这种不足以引起公众误认的描述很难认定为具有"误导性"或"欺骗性"。《商标法》第10条第一款第(七)项规定的是,"带有欺骗性,容易使公众对商品的质量等特点或者产地产生误认的"。显然,构成欺骗性应予以无效的商标,应当满足"容易引起消费者混淆误认"这个构成要件。这里所说的"误认"是对标志和商品质量、产地之间关系等的错误认识,认定标准是具有一般认知水平的普通消费者。而其法律后果是,如果构成了"欺骗性"标志,即使是作为商标注册了,也不能使用。本案中,依据该标准,相关消费者会不会产生以"冰川"为商标的"冰川"牌矿泉水是直接取自冰川水,或者该矿泉水的产地(灌装地)是在冰川地带的认识呢?具有一般常识和生活经验的消费者,是不可能产生这种认识的。由于冰川通常地处人迹罕至的边远地区,不便进行商业开发;而且出于保护生态环境的要求,通常也不会允许直接在水资源保护地区开办工厂;退一步来说,即便允许开发,成本也会十分高昂,对于通常以价格为导向的普通消费者消费的瓶装或桶装矿泉水和纯净水来说,消费者不可能将"冰川"商标理解为"采用冰川融水加工而成的"。在实践中,不管是潜在消费者还是已经熟悉"冰川"牌矿泉水或纯净水的相关公众,"冰川"只是一个区分商品来源的识别符号,消费者仅是凭此认牌购物而已。

四、结语

《商标法》第 10 条第一款第(七)项和第 11 条第一款第(二)项规定了"描述性"标志不能作为商标使用或注册的两种情形。但这两种情形并不能囊括所有"描述性"标志的全部类型。在认定"描述性"标志是否可以作为商标注册或使用时,应当从标志本身、指定使用的商品或服务类别、相关公众认知水平以及因标志的误导而导致相关公众对商品的质量等特点或者产地产生误认,或者影响相关公众的购买决定等方面予以考量。在认定商标是否应予无效时,应依据相关证据作出准确认定,而不应模棱两可。

Identification of Deceptiveness and Distinctiveness of "Descriptive" Marks
——Commentary on Trademark Invalidation Administrative Dispute Concerning Trademark No. 5861721"冰川"

Cheng Yongshun　Wu Lijuan

Abstract:According to the Trademark Law, marks lacking of distinctiveness cannot be registered as trademark, while deceptive marks cannot be used as trademark. In practice, it is quite common that a descriptive mark is identified as deceptive or lacking of distinctiveness, particularly the mark "which consists exclusively of direct indications of the quality, primary raw material, functions, intended purposes, weight, quantity or other characteristics of goods". This essay attempts to conduct discussion on the criteria of the identification of deceptiveness and distinctiveness of descriptive marks by means of analyzing the Trademark Invalidation Administrative Dispute concerning Trademark No. 5861721"冰川".

Keywords:Descriptive mark; Deceptiveness; Distinctiveness; The relevant public

商标侵权中商标性使用的判定

——由"青花椒"案所引发的思考

李雨峰　李润潇[*]

摘要：商标专用权的保护范围需要受到显著性的影响。弱显著性商标的商标专用权在行使时需要让步于公共利益，不得侵害同业竞争者的合法权益。商标性使用作为商标侵权认定的前置条件，在进行判断时应当将识别商品或服务来源这一实质性要件理解为达到存在识别商品或服务来源的可能性即可。正当使用作为非商标性使用的典型类型，在进行抗辩时，应当着重从使用人的角度进行分析。法院在对类型化案件进行审理时，需要秉持诚实信用原则进行个案分析，以保障市场竞争秩序的稳定和谐。

关键词：商标性使用；正当使用；混淆可能性；类型化案件

案情简介

原告：上海万翠堂餐饮管理有限公司（下文简称万翠堂公司）

被告：温江五阿婆青花椒鱼火锅店（下文简称五阿婆火锅店）

2014年7月7日，上海可奈实业有限公司注册取得第12046607号注册商标，商标内容为从上至下排列的"青花椒"文字，有效期至2024年7月6日，核定服务项目为第43类，包括饭店、餐厅等。2016年4月6日，原国家工商行政管理总局商标局出具商标转让证明，证明第12046607号商标转让给了万翠堂公司。

2016年9月7日，万翠堂公司注册取得第17320763号注册商标，商标内容为横向排列的"青花椒"字样，左侧带有云朵状的花椒图案，有效期至2026年9月6日，核定服务项目为第43类，包括饭店、餐厅等。

2018年6月21日，万翠堂公司注册取得第23986528号注册商标，商标内容为横向排列的"青花椒"字样，上方带有云朵状的花椒图案，有效期至2028年6月20日，核定服务项目为第43类，包括饭店、餐厅等。

---

[*] 本文作者：李雨峰，西南政法大学知识产权研究院教授；李润潇，青岛市黄岛区人民检察院。

2021年5月21日,万翠堂公司的委托代理人来到四川省成都市温江区兴盛一街3栋附近进行时间戳视频取证。视频显示被诉侵权店铺的店招为"青花椒鱼火锅",店内悬挂的地址为"游家渡小区附33-34号",微信支付收款界面显示"五阿婆青花椒鱼火锅",出具的发票上印有"温江五阿婆青花椒鱼火锅店"的鲜章。五阿婆火锅店注册于2019年10月17日,类型为个体工商户,经营者为邹利勇,经营场所为四川省成都市温江区天府街游家渡小区6号楼附33-34号。万翠堂公司主张,五阿婆火锅店在店招上使用"青花椒"标识是商标性使用,易使相关公众产生混淆或误认,侵害了万翠堂公司的注册商标专用权。

一审法院认为,被诉侵权标识被五阿婆火锅店用于店招等处,且属于突出使用,其使用方式、使用位置起到了识别服务来源的功能,属于商标性使用。且涉案商标的核定服务项目与被诉侵权服务相同,均为饭店。将被诉侵权标识"青花椒"与涉案商标相比对,二者均完整包含了"青花椒"三字,虽字体细微不同,但其读音、含义均相同,易使相关公众在识别、呼叫、判读时误以为被诉侵权服务与涉案商标权利人具有一定联系,产生混淆或误认。五阿婆火锅店侵犯了涉案注册商标专用权。

五阿婆火锅店不服一审判决,上诉至四川省高级人民法院。上诉理由是:五阿婆火锅店在店招上使用的是"青花椒鱼火锅"标识,并且同时标注了自身的商标"邹鱼匠",对于"青花椒"文字的使用,是对其经营特色菜品的描述,系正当使用,不会导致相关公众的混淆或误认,不构成商标侵权,不应承担一审判决确定的法律责任。

二审法院认为,五阿婆火锅店对"青花椒"字样的使用系正当使用,五阿婆火锅店店招上的标识为"邹鱼匠青花椒鱼火锅",其上含有的"青花椒"标识与万翠堂公司涉案商标中含有的"青花椒"文字以及呼叫相同,但五阿婆火锅店在"青花椒"字样前面附加自己的注册商标"邹鱼匠"标识,后面带有"鱼火锅"三个字,"青花椒"与"鱼火锅"在字体、字号、色彩、高度、字间距等方面均保持一致,没有单独突出使用,而是与"邹鱼匠""鱼火锅"共同使用,与万翠堂公司的涉案商标存在明显差异。五阿婆火锅店在店招上的标识中包含的"青花椒"是对其提供的特色菜品鱼火锅中含有青花椒调味料的客观描述,并非商标性使用。五阿婆火锅店使用注册商标"邹鱼匠"经营青花椒味的火锅,没有攀附万翠堂公司涉案商标的意图,不会导致相关公众产生混淆或误认,其使用行为不构成商标侵权,不应承担侵权责任。

评析

一、导论

在商标侵权案件中,商标性使用作为侵权判定的前置性要件已经为理论界和实务界广泛认可,但商标性使用的认定标准在司法实践中尚未统一。法院在对商标性使用进行判断时往往会考察消费者的混淆可能性,这使得商标性使用和混淆可能性的判断标准相互杂糅。此外,法院在对涉案商标显著性较弱的侵权案件进行审理时,需要平衡社会公共利益和商标权人的利益,被诉侵权行为属于商标性使用还是正当使用便成为司法裁判中的难题。本案便是结合上述问题的典型案例。涉案"青花椒"商标属于跨类别注册的通用名称,一审法院认为,五阿婆火锅店在店招中突出使用了涉案商标,属于商标性使用;二审法院则认为,五阿婆火锅店的使用行为属于正当使用,不构成侵权。更为特殊的是,在一审、二审法院适用的法律条文几乎一致的情况下,一审、二审法院得出了截然相反的裁判结果。尽管"青花椒"案已经审结,但仍有三个重要问题值得进一步探讨:(1)"青花椒"作为一种调味品的通用名称能否作为商标获准注册?(2)在通用名称跨类别注册有效的基础上,对于此类弱显著性的商标,商标专用权的保护范围该如何限制?(3)商标性使用的判断标准以及其与混淆可能性、正当使用的关系。

二、通用名称跨类别注册的限制

通用名称是指在某一范围内约定俗成的,被普遍使用的某一类商品或服务的名称,具有公有的性质。通常情况下,消费者无法仅凭通用名称确定商品或服务的来源。处于公有领域中的通用名称不应为私权所垄断。如果通用名称为少数经营者所垄断,同业竞争者将无法在同类商品上使用该词汇,这不仅破坏了正常的市场竞争秩序,还不当地增加了消费者的搜索成本。出于对公共利益的保护,我国《商标法》第11条规定,仅有本商品的通用名称、图形、型号的,不得作为商标注册。从文义来看,通用名称并非在任何类别上都不能作为商标注册,在其所属的商品或服务领域以外的其他类别上,只要符合显著性要件就可以作为商标注册。实践中,通用名称跨类别注册的情况十分常见,例如"苹果"手机。"苹果"作为一种水果的通用名称,其本身属于固有词汇,不能在第31类新鲜水果上获得商标注册。将"苹果"这一词汇申请注册在电子产品上可以认为其具有显著性,可以作为商标获得保护。本案的特殊之处在于,"青花椒"作为川渝地区常用的调味品,属于调味品类的通用名称,而调味品与餐饮服务行业之间又天然地存在联系。且与"苹果"不同的是,"青花椒"属于地方性的通用名称,其作为商标注册本身就不合理地侵占了公共资源,同业竞争者的选择可能性更小,自由公平的营商环境会遭到破坏,不利于市场经济的发展。从二审法院的判决理由来看,其认为"青花椒"申请注册在第43类服务上具有一定的显著性,能够起到区分服务来源的作用。但是,这种天然而又必然的联系是否会不当地侵占公有领域、侵害同业竞争者的利益值得深思。

商标作为区分商品或服务来源的标识,是信息的承载体,能够指向某一特定的商品或服务。商标的价值在于其能够向消费者传达某一商品或服务所指向的企业信息,能够降低消费者的交易成本。① 商标注册需要满足显著性要件,商标的本质是显著性,商标的本质功能是来源识别功能。在商标侵权案件中,正是因为侵权行为人打破了商标与特定商品或服务之间的关联,所以需要承担侵权责任。诚然,商标注册申请应当由商标局进行审查,法院无权对已获准注册的商标进行有效性的判断,通用名称跨类别注册亦无可厚非。笔者认为,对于本案通用名称与其所申请注册的类别之间存在天然联系的情况,该通用名称不应当作为商标获得保护。如果允许通用名称以此种方式获得商标专用权,那么仅在餐饮服务业中,"青花椒""椒麻鱼""串串香"等调味料、菜肴的通用名称都将从公有领域流向专有领域。公有领域的缩小将破坏市场的公平和稳定,小微餐馆作为市场主体的重要组成部分,通常会将特色菜品标注于店招上以招揽顾客,若因此需要承担被诉的风险,显然不符合一般公众的常识,亦不符合常理。此外,万翠堂公司"青花椒砂锅鱼"的经营范围主要集中在上海市及周边城市,在川渝地区并未开设分店,并没有通过使用获得商标的显著性。因此,通用名称跨类别申请商标注册时,商标局应当更关注对商标显著性的审查,以避免出现私权不当侵占公有领域的情况。

三、商标专用权的边界

注册商标受到保护的程度应与其显著性相适应,商标专用权的合理边界由此划定。对显著性较弱的商标的保护范围进行限制可有效防止商标权人不当使用其权利,可以避免市场经济受到消极影响。

本案二审法院指出,商标显著性与商标识别功能呈正相关,商标显著性越弱,辨识度越低,混淆的可能性越小,商标专用权的保护范围相对较小。二审法院的说理对弱显著性的商标如何认定侵权提供了参考依据。根据固有显著性的强弱对商标进行划分,可以分为臆造商标、任意商标、暗示商标和叙述商标。② 固有显著性较低的标识只有经过使用产生原属含义以外的"第二含义"后才能作为商标获准注册。由于此类弱显著性商标的原属含义是对商品或服务的质量、功能、用途等特点的描述,所以,为了防止权利人垄断该描述性词汇或者通用名称,商标权人在行使权利时需要让步于公共利益,权利人无权禁止其他经营者在合理范围内使用。商标显著性越弱,商标禁用权的范围就越窄,过宽的保护范围将妨碍市场中同类竞争者的正当使用,影响公平竞争的市场秩序。

---

① [美]理查德·A.波斯纳:《知识产权法的经济结构》,北京大学出版社2016年版,第205页。
② 张玉敏主编:《知识产权法学》,法律出版社2017年版,第309-310页。

本案一审判决忽略了显著性因素对商标权保护范围的影响,片面地强调了被控侵权标识同涉案商标的相似程度。这种审判思路与《最高人民法院关于审理商标民事纠纷案件适用法律若干问题的解释》第10条第3款"判断商标是否近似,应当考虑请求保护注册商标的显著性和知名度"的规定相悖。基于"青花椒"这一词汇与餐饮服务业之间的天然联系,万翠堂公司无权禁止同业竞争者在店招上使用"青花椒"字样作为对其提供的菜肴风味的描述,且万翠堂公司在经营活动中使用涉案商标的行为亦是为了说明其提供的菜肴属于"青花椒风味",这种使用行为符合餐饮行业的习惯,五阿婆火锅店的使用行为构成正当使用。将本案与"草莓音乐节"案[③]进行对比不难发现,尽管两个商标都属于通用名称跨类别注册的情形,但是"草莓"在音乐节类服务上具有较高的显著性,容易为消费者所识别,所以被告的正当使用抗辩并未得到法院的支持。因此,注册商标专用权的权利范围应当与商标显著性程度相适应,显著性越低,注册商标专用权的权利范围越窄。

四、商标性使用与混淆可能性的关系

商标作为维系经营者和消费者之间的纽带,蕴含着商品或服务的信息。当商标权人与其提供的商品或服务之间的联系被他人不当破坏时,相关公众难以通过商标来识别不同经营者提供的商品或服务,商标的来源识别功能便遭到了破坏。我国《商标法》第48条规定:"本法所称商标的使用,是指将商标用于商品、商品包装或者容器以及商品交易文书上,或者将商标用于广告宣传、展览以及其他商业活动中,用于识别商品来源的行为。"该条款从行为类型和实质效果两个角度对商标性使用进行了界定。学界主流观点认为,商标性使用是判断商标侵权的前置程序,[④]这在司法实践中也得到了最高人民法院的认可。[⑤] 目前关于商标性使用存在的分歧是混淆可能性的判断是否应当置于商标性使用的构成要件中,这一分歧在司法实践中也呈现出不同的审判标准:第一种,商标性使用应当达到相关公众能够识别商品来源的程度[⑥];第二种,商标性使用仅要求存在相关公众误认商品来源的可能性即可。[⑦] 同样地,在学界大多数学者主张商标性使用应当独立于混淆可能性以外,[⑧]也有少数学者

[③] 参见北京市丰台区人民法院(2015)丰民(知)初字第11567号民事判决书;江苏省南京市中级人民法院(2016)苏01民终8584号民事判决书。

[④] 凌宗亮:《商标性使用在侵权诉讼中的作用及其认定》,载《电子知识产权》2017年第9期,第76页;祝建军:《判定商标侵权应以成立"商标性使用"为前提——苹果公司商标案引发的思考》,载《知识产权》2014年第1期,第22页。

[⑤] 参见最高人民法院(2014)民提字第38号民事判决书。

[⑥] 参见广东省高级人民法院(2015)粤高法民三终字第145号民事判决书;浙江省杭州市中级人民法院(2019)浙01民终3855号民事判决书。

[⑦] 参见浙江省高级人民法院(2015)浙知终字第268号民事判决书。

[⑧] 吕炳斌:《商标侵权中"商标性使用"的地位与认定》,载《法学家》2020年第2期,第80页。

认为商标性使用不具有独立的认知价值,商标侵权认定的重心应当回归到消费者混淆可能性的判断上。⑨

笔者认为,商标性使用作为商标侵权的前置性要件并不会对"混淆标准"的地位造成冲击。事实上,商标性使用是隐含在"混淆标准"的判断步骤中的。商标性使用和混淆可能性作为商标侵权"混淆标准"的两个部分,存在因果关系。侵权行为人对他人商标进行商标性使用是"因",相关公众对该使用行为产生了商品或服务来源的混淆是"果"。如果被控侵权人没有实施"具有识别商品来源"的使用行为,相关公众就不会产生混淆。因此,在商标侵权的语境下,在判断商标性使用时,法律更加关注的是被控侵权人是否将其提供的商品或服务与他人的注册商标之间建立了联系,消费者在客观上是否会产生混淆则是需要进一步判断的内容。具体而言,对商标性使用的判断需要结合使用对象、使用方式、使用位置以及使用人的主观意图等因素,这些因素是相对客观的。混淆可能性的判断则需要通过对涉案商标和被控侵权标识的比对、原被告的商品或服务类别的比对来对相关公众心理状态进行猜测,这个判断过程相对复杂和主观。如果法院在判断商标性使用时一并考察了混淆可能性,那么混淆可能性就会同商标性使用杂糅在一起,商标性使用在商标法上的独立地位将不复存在,法官主观色彩对审理结果的影响也会更为严重。

从本案审理思路来看,一审法院将"商标性使用"的认定同"混淆可能性"的认定相分离,这实际上是支持混淆可能性的判断置于商标性使用构成要件之外的观点。但是在具体说理时,一审法院又仅凭五阿婆火锅店的使用方式、使用位置两个因素就简单认定五阿婆火锅店的行为属于商标性使用,而将具体的使用对象以及使用者的主观意图等因素在侵权比对中进行分析,这显然混淆了商标性使用和混淆可能性的具体判断标准。原则性的法律规定会给司法审判带来诸多困难,厘清商标性使用同混淆可能性之间的关系是统一商标性使用认定标准的前提条件。因此,在商标侵权案件中,"用于识别商品来源"这一要件应当被限制在对行为人主观意图的判断上,具体认定商标性使用时应更多地关注使用对象、使用方式、使用位置以及使用人的主观意图等因素。

五、商标性使用与正当使用的关系

正当使用条款作为对商标侵权的抗辩,旨在对注册商标专用权进行限制,以达到维护社会公共利益的目的。我国《商标法》第59条第1款规定:"注册商标中含有的本商品的通用名称、图形、型号,或者直接表示商品的质量、主要原料、功能、用途、

---

⑨ 赵旭:《商标性使用作为商标侵权前提的反思》,载《知识产权》2021年第9期,第76页。

重量、数量及其他特点,或者含有的地名,注册商标专用权人无权禁止他人正当使用。"有学者主张,正当使用条款同商标性使用条款属于一体两面的关系,应当删除正当使用条款,以避免法律条文出现重复规定。⑩

商标性使用的对立面是非商标性使用,二者以能否发挥商标的识别功能为界限。事实上,正当使用与非商标性使用在内涵上并不等同,正当使用是指经营者为了说明商品来源、指示商品用途等目的,在不得已的情况下以善意、合理的方式使用他人商标标识的行为。正当使用的常见类型有描述性正当使用和指示性正当使用。描述性正当使用通常是对弱显著性商标"第一含义"的使用。例如在"熊仔"案中,星巴克分店在"熊仔焦糖榛子蛋糕"中使用的"熊仔"字样就是为了描述商品的形状,属于描述性正当使用。⑪ 指示性正当使用是指经营者为了客观地表明其提供的商品或服务与其他商品或服务之间存在某种联系而合理地使用他人商标的行为。例如,汽车4S店通常将"宝马"的商标标示在店招上,以说明其为宝马汽车提供维修服务。正当使用是非商业性使用的常见表现形式,并不能涵盖全部的非商业性使用行为。例如在"苹果"案⑫中,马某在其生产的智能手机上使用了与苹果公司注册商标相同的软件图标,以发挥协助消费者操作智能手机的功能性作用,属于非商业性使用。因此,正当使用作为非商业性使用的典型被法律固定下来的做法具有合理性。

北京市高级人民法院在2006年出台的《关于审理商标民事纠纷案件若干问题的解答》第26条对正当使用他人商标标识行为的构成要件进行了明确:第一,使用出于善意;第二,不是作为自己商品的商标使用;第三,使用只是为了说明或者描述自己的商品。相较于2004年的版本,删除了"未造成相关公众混淆"这一要件。这是司法界对混淆可能性和正当使用之间关系的回应,印证了正当使用与混淆可能性可以并存的观点。⑬ 在商标侵权案件中,即使使用行为在客观上存在混淆可能性,但是只要被告能够提出符合上述三个要件的正当使用抗辩,就不构成侵权。由于商标性使用需要行为人主观上具备误导消费者的认知,即使五阿婆火锅店的使用行为客观上存在造成消费者混淆的可能,其也可以基于正当使用提出抗辩。

在司法实践中,法院往往将"突出使用"与否作为判断使用人主观态度的关键。本案一审法院以被告将"青花椒"用于店招处的行为属于突出使用为由认定其被告的使用行为构成商标性使用,进而认定侵权。笔者认为,一审法院判决五阿婆火锅店的使用行为构成商标性使用是不合理的。"青花椒"作为菜肴风味的描述存在于店招之中,而"鱼火锅"也是对其提供菜品类别的描述,五阿婆火锅店并未对"青花

---

⑩ 王太平:《论商标使用在商标侵权构成中的地位》,载《法学》2017年第8期,第119页。
⑪ 参见福建省高级人民法院(2020)闽民终1484号民事判决书。
⑫ 参见深圳市宝安区人民法院(2013)深宝法知刑初字第23号刑事判决书。
⑬ 李雨峰、刁青山:《商标指示性使用研究》,载《法律适用》2012年第11期,第87页。

椒"字样进行字体、字号上的突出使用,其使用行为符合正当使用的构成要件,不会造成消费者的混淆。并且,五阿婆火锅店在店招上对其所有的注册商标"邹鱼匠"进行了明显的标示,主观上具备为"邹鱼匠"商标积累商誉的主观意图,应当认定其使用行为是善意的。诚然,将"突出使用"与侵权行为人主观存在恶意相联系并无不妥,但需要明确的是,整体使用他人商标并不必然构成突出使用。突出使用的认定还需要结合涉案商标的显著性强弱、涉案商标在被控侵权标识中所处的位置、字体、字号、颜色以及其他可以证明行为人主观善意的因素进行综合考量,否则法院审判便会陷入只要被告完整地使用了涉案商标就构成商标性使用的误区。

综上所述,法院在审查正当使用抗辩时,应重点从使用行为的合理性和正当性入手,参考使用方式、使用位置、客户范围、产品类别等因素进行综合判断,混淆可能性不应成为认定正当使用的阻碍。商标制度的目的不在于杜绝混淆可能性,[13]而在于保护商标权人积累的商誉的同时,平衡公共利益,对于本应属于公有领域的词汇,在其原有含义内的合理、正当地使用,即使会发生混淆也应当认定为正当使用。对于符合正当使用情形、具备正当性基础的案件可以直接援引《商标法》第59条径行作出裁判,而无须对商标性使用进行认定。

六、本案揭示的其他问题

一审法院认定五阿婆火锅店在店招中使用"青花椒"字样的行为属于商标性使用,构成商标侵权,这一判决结果有悖社会常理。究其根本原因,一审法院受类型化审判思维影响严重,商标性使用的认定需要结合使用对象、使用方式、使用位置以及使用人的主观意图等因素进行综合判断,不能仅凭被告整体使用了涉案商标就认定其构成侵权。"青花椒"案能够引起社会广泛关注,成为典型案例,不仅在于二审判决综合考量了各方因素,秉持公平正义原则作出了合理的判决,更在于其暴露出类型化裁判思维带来的法律问题和社会问题。法院不能仅凭法条和事实罗列就得出侵权与否的结论,这有悖商标法的立法宗旨。法院在对类型化案件进行审理时,需要秉持诚实信用原则进行个案分析,以保障市场竞争秩序的稳定和谐。

此外,万翠堂公司在短时间内针对全国范围内的多家提供青花椒鱼火锅的餐厅提起了诉讼,进行了规模化的维权。这种规模化维权行为是否构成对商标专用权的滥用值得我们思考。诚然,依法维权应当得到法律的支持,权利人基于其权利提起诉讼无可厚非。但是,"青花椒"案的特殊之处在于,万翠堂公司依法取得的"青花椒"商标原本应属于公有领域,"青花椒"可以用于描述菜肴风味,原则上不应由私权

---

⑬ 和怀文:《"商标性使用"的法律效力》,载《浙江大学学报(人文社会科学版)》2014年第2期,第173-174页。

所垄断。万翠堂公司在获得本应属于公有领域的商标专用权后,在尚未通过长期经营使用提升商标的显著性和知名度的基础上,向全国各地的小微餐馆提起商标侵权诉讼,扰乱了正常的市场竞争秩序,构成了对商标专用权的滥用,法院应当依法给予其否定性评价。

Determination of Trademark Use in Trademark Infringement
——Reflections on the "Green Pepper" Case

Li Yufeng Li Runxiao

Abstract:The scope of protection of the exclusive right to use a trademark needs to be affected by distinctiveness. Weakly distinctive trademarks need to give way to the public interest in the exercise of the exclusive right to use the trademark, not to infringe on the legitimate rights and interests of competitors in the same industry. Trademark use, as a precondition for the determination of trademark infringement, should be judged by understanding the substantive element of identifying the source of goods or services as the possibility of identifying the source of goods or services. As a typical type of non-trademark use, legitimate use should be analyzed from the point of view of the user when defending. The court in the typology of cases, need to uphold the principle of good faith for case analysis, in order to protect the stability and harmony of the market competition order.

Keywords:Trademark use; Legitimate use; Likelihood of confusion; Typology case

知识产权合同条款含义的正解与添附制度移植的解析

——红牛维他命饮料有限公司与天丝医药保健有限公司商标权权属纠纷案评析

陶 钧[*]

摘要：《民法典》第142条确立了多种合同条款含义发生争议的解释方法，力求客观公允地反映各方当事人订立合同之初的真实意思表示，进而在确定条款具体含义的基础上明确界定合同相对方的权利义务关系。若知识产权合同条款含义出现分歧时，应遵循《民法典》的上述规定，以主客观相结合的标准，合理适用前述解释方法，确定具体条款的真实意思表示。同时，虽然知识产权具有绝对权、财产权的属性，但物权取得制度中的添附制度并不能直接"移植"至商标权取得的方式中，因商标权系无形财产，被许可人基于许可关系使用、宣传商标而致"商誉"的增加，并未形成新"物"亦无新"权"，故被许可人不能基于添附制度而取得商标所有权。

关键词：合同解释；公平原则；商标转让；商标许可使用；添附制度

案情简介[①]

1995年11月10日，被告天丝医药保健有限公司（以下简称天丝医药公司）与中浩集团公司、食品总公司及红牛泰国公司签订了《红牛维他命饮料有限公司合同》（以下简称"95年合资合同"），约定共同投资设立原告红牛维他命饮料有限公司（以下简称红牛饮料公司）。该合同第14条约定天丝医药公司提供红牛饮料公司的产品配方、工艺技术、商标和后续改进技术；第19条约定："红牛饮料公司的产品的商标是红牛饮料公司资产的一部分。"

---

[*] 本文作者：陶钧，中国政法大学民商经济法学院经济专业2018级博士研究生（100088），北京市高级人民法院知识产权庭法官。本文观点仅代表作者目前个人观点，不代表所在单位的观点。

[①] 参见最高人民法院（2020）最高法民终394号民事判决书和北京市高级人民法院（2018）京民初166号民事判决书。

1998年8月31日,原告红牛饮料公司经股权变更,变更后的股东天丝医药公司、泰国华彬公司、红牛泰国公司及乡镇企业总公司另行签订了《红牛维他命饮料有限公司合同》(以下简称"98年合资合同"),其中第14条同样约定天丝医药公司的责任包括:"提供红牛饮料公司的产品配方、工艺技术、商标和后续改进技术等";且第7条载明:"红牛饮料公司的经营范围:生产经营红牛维他命系列饮料。"

1996年12月26日,红牛饮料公司和天丝医药公司签订《商标使用许可合同》,约定天丝医药公司同意将第878072号 RedBull红牛 商标许可给红牛饮料公司独家使用,期限自1996年12月26日至1999年12月26日,红牛饮料公司按当年销售额的3%支付商标使用费。1998年10月28日,红牛饮料公司和天丝医药公司针对第878072号商标签订许可协议。同时,天丝医药公司与红牛饮料公司 RedBull红牛 于2009年6月1日,就第1289559号、第723201号、第1264582号、第5608276号商标的独占许可使用事宜签订了《商标使用许可合同》。

2016年10月14日,红牛饮料公司作为原告曾向广东省佛山市中级人民法院提起民事诉讼,请求天丝医药公司继续履行1998年在泰国所签订的《商标使用许可合同》,即续签用于第878072号、第878073号、第1289559号、第1264582号、第723201号、第5608276号商标进行商标备案登记所需的合同,协助完成上述商标备案登记手续。

同时,红牛饮料公司针对涉案"红牛系列商标"的产品进行了多年的市场推广和广告投入。

原告红牛饮料公司认为,"红牛系列商标"属于红牛饮料公司资产的组成部分,同时红牛饮料公司及相关红牛企业在"红牛系列商标"的设计、策划、申请、注册、商业价值的形成以及品牌维护中作出了巨大的贡献,依法应享有"红牛系列商标"所有者的相关合法权益。而且,从公平原则出发,天丝医药公司在坐享"红牛系列商标"所带来收益的同时,应当合理承担红牛饮料公司对"红牛系列商标"进行广告宣传的费用。故向法院提出诉讼请求:(1)确认红牛饮料公司对第878072号等注册商标(简称"红牛系列商标")享有所有者的合法权益;(2)判令天丝医药公司支付广告宣传费用共计人民币37.53亿元。

被告天丝医药公司不同意原告的诉讼请求。

一审法院经审理,判决驳回原告红牛饮料公司的全部诉讼请求。后红牛饮料公司不服,提起上诉。最高人民法院二审判决:驳回上诉,维持原判。

评析

在涉及知识产权合同纠纷案件中,诸多争议缘起合同条款含义认知的分歧,因此合同条款具体含义的理解,不仅直接涉及合同相对方真实意思表示内容的确定,而且也关系合同各方当事人权利义务的判定。采取何种解释方法,就成为此类案件裁判准确性的关键。同时,商标被许可人是否可以依据在许可使用期间对涉案商标的商业投入,于合同到期终止后,享有涉案商标的所有权或者共享所有权,是否可以将民法中物权的"添附"制度移植至商标许可法律关系中,均是上述案例所折射出的法律问题。

一、知识产权合同争议条款解释的判定原则和规则适用

"'效力'一词的基本语义有二:其一指效果,即'由行为产生的有效结果''由某种动因或原因所产生的结果';其二指一种力,即'事物产生效用的力量''使某种行为发生效果之力'"[②]。合同作为约束相对方的契约,在约定内容不违背国家法律、法规等强制性规定的前提下,于特定主体之间产生"效力"。此时,法律规定各方主体应基于诚信,全面依约履行合同义务。然而,往往因文字表意的有限性或在订立合同之初的不周延性等,会对合同具体条款的内容理解发生主观认知的偏移,如何正确"解疑",将直接关系合同相对方权利义务乃至财产归属的分配。采取正确的合同解释原则和方法必将有利于相对方之间"效力"的确定与分配。

(一)知识产权合同争议条款的判定原则

知识产权合同与一般合同仅在约定标的方面存在一定差异,但彼此间就争议条款的解释原则与方法并无实质差异,故一般合同条款发生争议时的判定原则与规则同样可以移植至知识产权合同类纠纷。

合同条款的解释系对合同各方主体订立合同的法律行为内容的理解与判断,目的在于探求各方主体的真实意思表示。然而就合同条款的解释应采取主观主义,或是客观主义,抑或主客观相结合的判定原则,仍存在一定争议。

"《合同法》规定的合同解释规则具有明显的主观主义色彩,强调合同解释的目的是探求合同当事人订约时内心的真实意思"[③],而"《民法典》规定的合同解释规则显然转变为客观主义,强调合同解释的目的是探求合同争议条款的真正含义"[④]。"客观主义将合同解释的目的定位于确定当事人意思表示所形成的争议条款的含义,既有利于解决合同争议,更有利于促进合同交易"[⑤]。然而,就合同条款含义的争

---

② 《辞海》(缩印本),上海辞书出版社1980年版,第2468页;王同忆主编:《语言大典》,三环出版社1990年版,第3806页;中华学术院:《中文大辞典》第4册,台湾华冈出版有限公司1979年版,第899页。转引自李琦:《论法律效力——关于法律上的力的一般原理》,载《中外法学》1998年第4期,第50页。

③ 朱庆育:《民法总论》(第2版),北京大学出版社2016年版,第225页。

④ 田野:《〈民法典〉中合同解释规则的修正及其司法适用》,载《中州学刊》2020年第9期,第56页。

⑤ 同上。

议实则是司法裁判者通过合同条款文字、上下体系、交易习惯、相对人的实际行为等,结合自身社会经验的认知进行细致揣摩后的判断,在追求极尽"客观化"的道路上,却无法摆脱主观性的认知。

由此,"既不能采纳绝对的意思主义,也不能采纳绝对的表示主义;既不能强调内心的意思,又不能片面强调表示行为,而应当将内心的意思和外在的表示结合起来考虑,从而确定当事人的真实意思"。⑥ 采取以客观追求为目的,结合主观认知的合同解释原则,更加有利于实现厉行法治,严格施行法律的司法要务,通过裁判将法律规则澄清与细化,进而实现市场主体对相关问题的稳定预期,也有利于法治化营商环境的建立。

(二)知识产权合同争议条款解释的规则适用

"《民法典》确立了文义解释的优先性,强调文义解释的基础性地位。其明确要求合同解释须以文义解释为基础,应在文义解释的基础上结合体系解释、性质解释、目的解释、习惯解释和诚信解释,对争议条款的真实含义进行解释"。⑦ 在司法实践中,由于作为合同权利义务载体的语言文字自身的局限性、主体认知的有限性、交易成本的影响等原因,导致合同中出现不明确、不完整的瑕疵以及当事人对合同某些条款的理解发生争议均在所难免⑧。因此,设立对合同条款解释的规则,使合同条款可能出现矛盾的表意行为得以统一和完整,才能有助于当事人间的纠纷得以合理解决。

"规则不可能独自解决所有问题,因为分类问题、评价问题、解释问题、相关性问题、证据问题都可能会出现,都可能会由各种审判和诉讼的当事人提出。一旦法律适用成为难题,所提出的这些问题(不管是谁提出的)都必须得到解决。问题是如何去解决它们。"⑨此时,必须在结合具体类型合同的特点基础上,按照类别化的思维方式,就具体合同条款解释的内容及属性进行确定。

因此,就上述案例而言,有以下三个问题亟待解决,即首先确定合同争议的具体解释方法;其次明晰商标许可合同的具体特点;最后结合上述解释方法确定涉案争议条款的具体属性。

1. 合同条款争议的具体解释方法

根据《民法典》第142条第一款的规定,目前我国法律界就条款理解发生争议

---

⑥ 王利明:《合同法研究》,中国人民大学出版社2002年版,第419页。
⑦ 田野:《〈民法典〉中合同解释规则的修正及其司法适用》,载《中州学刊》2020年第9期,第56页。
⑧ 李永军:《合同法》(第四版),中国人民大学出版社2016年版,第161页。
⑨ [英]尼尔·麦考密克:《修辞与法治——一种法律推理理论》,程朝阳、孙光宁译,北京大学出版社2014年版,第107页。

时,一般采取以下解释方法:

(1)主观文义解释,是指对涉案合同条款所使用的语言文字含义进行解释。虽然主观文义解释在合同解释时在次序上存在优先性,但在司法实践中,部分争议较大的合同基于文义解释并不能直接、明确且毫无疑义地即得出当事人所理解的含义。因此,主观文义解释不应当满足对词语含义的解释,不应拘泥所使用的文字,而应探求当事人的真实意思[10]。

(2)体系解释,是指对合同具体条款作相互解释,确定争议条款在整体合同中的真实意思。

(3)目的解释,是指如果合同条款出现分歧而可作两种或两种以上的解释,应选择最适合于合同目的的解释[11]。

(4)习惯解释,是指意思表示发生争议以后或者对合同条款的理解发生歧义时,应当根据当事人所熟悉的生活和交易习惯对意思表示或者合同条款进行解释。

(5)诚信解释,是将民法中的"诚信原则"积极运用到合同解释中,为司法裁判提供价值指引,即当事人的客观行为应当与其主观认知相一致,若其客观行为已经作出了其他意思表示,在无合理事由的情况下不应作出不相符的理解。

合同解释是以解决合同纠纷为目的的。基于上述分析,在司法实践中,若各方主体对合同条款的理解有争议时,应当基于合同有效的解释原则,可以采取文义解释、体系解释、目的解释、习惯解释和诚信解释等,对合同条款的真实本意进行分析、认定。此外,如果涉案合同的订立时间在合同法(或民法典合同编)施行前,但合同履行持续到合同法(或民法典合同编)施行后,在没有其他法律对合同的履行、解释有明确规定的情况下,可以参考合同法(或民法典合同编)的有关规定精神,对合同进行解释和分析。

2. 商标许可合同的具体特点

商标许可合同是指商标权人将商标使用权全部或者部分许可给他人进行使用,既可以是有偿对价,也可以是无偿的。"商标使用许可不同于商标的转让,后者的结果是原商标注册人丧失了商标的所有权;而商标使用许可不发生商标所有权转移的问题。商标使用许可有利于更好地发挥商标促进商品生产和流通的作用,也是商标权人充分行使其权利的表现。"[12]

《商标法》第43条规定:"商标注册人可以通过签订商标使用许可合同,许可他人使用其注册商标。许可人应当监督被许可人使用其注册商标的商品质量。被许

---

[10] 梁慧星主编:《民商法论丛》第6卷,法律出版社1997年版,第539-540页。
[11] 李永军:《合同法》(第四版),中国人民大学出版社2016年版,第169页。
[12] 郎胜主编,全国人民代表大会常务委员会法制工作委员会编:《中华人民共和国商标法释义》,法律出版社2013年版,第83页。

可人应当保证使用该注册商标的商品质量。经许可使用他人注册商标的,必须在使用该注册商标的商品上标明被许可人的名称和商品产地。"在商标许可的法律关系中,"许可关系双方的利益与风险必然共存,得失荣辱构成许可关系的背景条件和自然结果,而不是享有权利和承担义务的依据和理由"[13]。因为,商标不仅发挥着指示商品来源的基本功能,同时其还作为承载商誉的母体之一,故商誉必然会随着商标的使用发生动态性的变化,若其增长通常可称为商标价值的"外溢",若其减少则可称为"内缩"。因此,在某种程度上商标许可人和被许可人是休戚与共的,商标价值提升、知名度扩展时,自然被许可人生产的商品更受到消费者的青睐,可以实现更多的商业价值,而许可人作为商标真正权利人,除了获得稳定的许可费用收益外,还可以取得"额外"商标所承载商誉的累加,提升无形财产的价值。然而,商标许可人在憧憬"额外"收益的同时,也要承担商标因使用价值"内缩"的风险,即承载商誉可能受到"贬损",由此《商标法》才规定了许可人监督的责任和被许可人商标质量担保的义务。

通过上述分析,商标许可使用合同具有以下特点:第一,商标许可使用法律关系下不发生商标权的转移;第二,商标许可人具有监督商品质量的责任;第三,商标被许可人负有保证商品质量的义务;第四,商品上应当标注被许可人的名称和商品产地;第五,在无特别约定的情况下,许可人自担商标所承载商誉变动的风险。

3. 涉案合同争议条款具体属性的判定

按照上文所分析的合同争议条款解释方法和商标许可合同的特点,一审、二审法院从"95年合资合同"第14条、第19条以及"98年合资合同"第14条的条款文字词句解释、涉案合同条款与其他条款的关系、所处的具体位置、合同整体的意思等方面入手,最终并未接受红牛饮料公司的主张,而是认定应属商标许可使用法律关系的情形。

第一,从"95年合资合同"第14条、第19条以及"98年合资合同"第14条的条款文字词句进行解释,仅以"提供"约定方式加以明确,而并未涉及转让或者转移商标专用权等表述,并不能据此字面含义即得出商标权转移或转让的含义。

第二,从涉案合同条款与其他条款的关系、所处的具体位置以及合同整体的意思等方面进行分析,"95年合资合同"中已经对天丝医药公司通过现金方式进行出资加以明确,并且进一步以现金数额所占股权份额享有相对应比例的利润分红,并未将商标等无形财产作为投入的资产约定相应股权份额。同时,若为商标的转让则无须约定具体期限,但"95年合资合同"却约定了红牛饮料公司使用商标、配方等限于合资期限内,显然并不符合商标转让的特征。

---

[13] 孔祥俊:《论商品名称包装装潢法益的属性与归属——兼评"红罐凉茶"特有包装装潢案》,载《知识产权》2017年第12期,第23页。

第三,从合同订立的目的解释,天丝医药公司并未将"红牛系列商标"作为标的进行出资,而且亦不必然影响红牛饮料公司设立后的运营。

第四,从交易习惯进行解释,红牛饮料公司和天丝医药公司均未对公司成立之初的各方主体的出资义务提出异议,而且红牛饮料公司亦未举证证明"95年合资合同"或者"98年合资合同"各方主体曾针对天丝医药公司未履行转让"红牛系列商标"等事项提出过异议,自涉案合同成立、生效并履行至今的二十余年里,并不存在前述的相关争议,因此从订立涉案合同各方主体的交易习惯进行解释,亦不能得出相关合同条款系对"红牛系列商标"所有权进行的约定,天丝医药公司负有转让"红牛系列商标"的合同义务。

第五,根据诚信解释分析,两份合同签订后,红牛饮料公司均与天丝医药公司签订了多份商标许可使用合同,并且依约实际支付了许可费用,在涉案诉讼前已经将近二十余年,通过双方后续履行合同的实际行为,亦不能认定合同中相关条款系对红牛系列商标所有权的约定。而且,红牛饮料公司曾基于商标许可使用协议提起民事诉讼,虽其后续撤回起诉,但是从红牛饮料公司该行为可以证明,其亦曾认为双方仅为商标许可使用法律关系。而且,红牛饮料公司曾申请注册了12枚商标均转让至天丝医药公司名下,若红牛饮料公司认为涉案"红牛系列商标"应为其所有,其无须额外对前述商标予以转让,故该行为亦可印证合同条款并非针对"红牛系列商标"所有权进行的约定。

因此,基于对"95年合资合同"第14条、第19条与"98年合资合同"第14条的条款含义进行的分析,红牛饮料公司主张依据"95年合资合同"和"98年合资合同"约定应当确认其对"红牛系列商标"享有所有权的请求不能成立。

二、合同存在延续或补充关系的判定规则

《民法典》第465条规定,依法成立的合同,受法律保护。依法成立的合同,仅对当事人具有法律约束力,但是法律另有规定的除外。上述条款的规定,确立了"合同相对性"的基本原则。合同的变更、延续或者补充一般系基于合同相对方共同的意思表示,因合同约定事项不明或者发生变动时需要进行补充或变更的,仍需经过全体合同相对方作出一致的意思表示方可生效。

若针对不同合同主体所订立的合同,且具体约定事项亦存在差异,在合同中并未明确约定相关合同具有延续、补充关系的情况下,不宜直接认定二者之间具有延续或者补充的法律关系,否则将会对在后成立的合同主体设定额外义务,违背其真实意思表示。

同时,公司设立的协议系基于股东之间的意思合意所达成,因股东的变更,对公

司经营理念、发展策略等均会产生不同认知,故不同股东之间就设立公司所达成的协议、公司章程等在并未明确约定具有延续关系的情况下,不宜直接予以认定合同之间存在延续或者补充关系。

上述案例中,虽然"95年合资合同"与"98年合资合同"均系股东针对红牛饮料公司成立事项进行的约定,但是考虑到三方面的内容,不宜将二份合同直接认定具有延续或补充关系:

(1) 二者之间签订的主体存在差异;

(2) 合同约定的各股东之间的出资比例、出资方式,以及各股东之间的责任范畴等事项均不相同;

(3) "98年合资合同"中未约定将"95年合资合同"作为补充,或者二者之间具有延续关系,且在"98年合资合同"第55条中明确约定"本合同经签订后,合资各方的一切协议、备忘录、函电等如与合同不符者均以本合同为准"。

因此,最终法院并未认定"95年合资合同"与"98年合资合同"二者具有延续或者补充关系,"98年合资合同"未约定事项不能直接以"95年合资合同"为准。

三、物权取得制度中"添附"制度移植至商标许可使用法律关系的辨析

(一)物权取得制度中"添附"制度设置的实质

《民法典》第322条规定,因加工、附和、混同而产生的物的归属,有约定的,按照约定;没有约定或者约定不明确的,依照法律规定;法律没有规定的,按照充分发挥物的效用以及保护无过错当事人的原则确定。在民法典出台前,《最高人民法院关于贯彻执行〈中华人民共和国民法通则〉若干问题的意见(试行)》第86条规定,非产权人在使用他人的财产上增添附属物,财产所有人同意添附,并就财产返还时附属物如何处理有约定的,按约定处理;没有约定又协商不成,能够拆除的,可以责令拆除;不能拆除的,也可以折价归财产所有人;造成财产所有人的损失的,应当负责赔偿中责任。因一方当事人的过错或者确定物的归属造成另一方当事人损害的,应当给予赔偿或者补偿。

"所谓添附(Accessio),是指不同所有人的物结合在一起而形成不可分离的物或具有新物性质的物。"[14]"为使因添附的结果而相结合的物能从整体上有利于社会经济,并使合成物(添附物)一物化及成立单一的所有权"[15],因此自罗马法以来近现

---

[14] 谢在全:《民法物权论》(上),台湾2003年修订二版,第505页。
[15] [日]松井宏兴:《物权法》,成文堂2017年版,第174页。

代各国物权法之中,均通过引入添附制度或理论,将基于附合、混合及加工而形成的"合成物"的权属加以固定,实现贯彻"一物一权"的原则,同时借助债法中的不当得利请求权平衡在添附制度适用中各方主体的利益。

"添附规范的旨趣系重在维护物的归属与经济价值"[16],同时"添附制度也要反映公平正义的价值,但它更强调促进物尽其用,提高物的使用效率"[17]。实则就是"近现代与当代物权法对于添附物所有权归属的厘定,系为一强行规定,合成物(添附物)的所有权人乃法定原始取得合成物(添附物)所有权"[18],同时"因添附而丧失动产所有权的人,于法律无特别规定时,其上的权利也由此而消灭"[19]。由此,添附制度的产生初衷并非基于公平原则进行的考量,而更多是出于经济效用的考虑,从节约社会成本的角度,进行物权分配的制度设计。

"涵括附合、混合与加工在内的添附制度系统,为一项古老而历久弥新的引起物权发生变动的特殊规则系统。其肇源于罗马法,经中世纪物权法、近代物权法乃至现代物权法的传承而于当代终成,形成民法物权法中的一项与债法的不当得利请求权制度精妙谐配的重要规则体系。"[20]"我国台湾地区'民法'关于添附之规定,具有下列共同特质,此等特质具有利用物权之归属规定以实现公共政策之目的(鼓励创造或恢复经济价值),再用债权上之补偿方法以实现当事人间对等正义之功能,此可谓是物权法与债权法之绝妙配合。"[21]

因此,可以发现添附制度本身是在不同"已有物"的基础上,合成了"新物",但因"新物"系基于归属于不同主体的"前物"而产生,在各方当事人对"新物"归属争执不下时,又无法拆分而恢复原状或可拆分将会严重毁损"前物"价值时,为确保"物尽其用",避免社会资源浪费的价值视角,从发挥物最大效用的基础上,创设了添附制度作为物之所有权取得的特殊制度。

(二)商标许可使用中引入"添附"制度的"水土不服"

因在商标许可使用法律关系中,商标自身承载的商誉会因使用发生"外溢"或"内缩",由此引发商标价值的动态增减变化,甚至出现商标此类无形资产数以千万倍的改变。被许可人作为商标的实际使用人,其基于自身生产经营的考量对被许可商标的投入与宣传,在合同并无约定的前提下,将会随着许可合同的到期终止而丧

---

[16] 王泽鉴:《民法物权》,台湾 2014 年自版,第 250-251 页。
[17] 王利明:《试论添附与侵权责任制度的相互关系——兼论〈物权法〉中添附制度的确立》,载《法学杂志》2005 年第 3 期,第 14 页。
[18] 郑冠宇:《民法物权》,新学林出版股份有限公司 2018 年版,第 144 页。
[19] 同上。
[20] 陈华彬:《我国民法典物权编添附规则立法研究》,载《法学杂志》2019 年第 9 期,第 77-78 页。
[21] 谢在全:《民法物权论》(上册),中国政法大学出版社 1999 年版,第 254 页。

失。因此,物权取得制度中"添附"制度可否移植至商标许可使用中,就具有了现实的需求。

知识产权虽属民事权利,与物权同属于绝对权,具有对世性,为准财产权,上述属性似乎为商标所有权取得中"添附"制度的引入提供了"先天可行性"的理论依据。然而,相较于房产、设备或其他动产或不动产等有体物而言,商标作为企业经营中的无形资产,其除了具有指示商品来源的基本功能外,还在实际使用、宣传过程中,发挥着广告功能、表彰功能等多重功能,而在使用中所形成并积累的商品声誉、商业信誉则是依附于商标存在,具有不可分性,也可称为商标外在价值的内部依附性。商标的无形性导致其所有权产生制度并不完全等同于有体物,即商标所有权的产生一般仅为原始取得或者继受取得,而不宜直接类推适用物权取得的添附制度。因为商誉系承载于商标之上,并不因商誉的累积而改变商标原本的所有权,亦不会产生脱离"原商标"所有权之外的"新商标"所有权,故商誉是完全依附于商标而存在,二者无法进行现实的分离。

同时,从商标许可使用制度进行延伸探讨,知识产权适用添附制度的可行性至少需要考量以下四个方面的问题:

(1)取得所有权的方式应为法定,不宜为司法所创设权利取得。"所谓法律效力,是指法律所具有的约束力和强制力。"[22]"权利法定说认为权利是一种法律上的力,权利来源于法律的设定,权利的效力属于法律效力的一种。"[23]同样,权利的取得方式若可以在法律明确规定之外而任意创设,必将导致既有知识产权权利体系的不稳定性,也将导致司法裁判结论的不可预期性。

(2)所有权取得方式是否有利于维护社会秩序的稳定。民事权利是法律主体从事生产、经营乃至生存的重要保障,若就权利的变更或取得等重要内容可以"创新性"驰骋而为时,形式上貌似实现了个体诉求,但实质上是对社会主体民事权利制度基石的严重破坏,将导致知识产权权利价值实现的诸多不确定性。

(3)促进知识产权客体社会产能的最大化,切实为提升其使用效率所必需。商标许可使用制度设立的重要原因之一是为了商标权人可以在商业经营中,通过不转移所有权,让渡一部分或全部使用权而实现商业利益的转化,避免商标的闲置,让商标在现实的商业社会中去发酵自身内在价值。试想,当以交换特定期限内使用权为目的的商业制度,转而发生让渡所有权时,该项制度的发展必然走向枯竭,同时暂时亦无其他制度替代商标许可使用制度留下的空白,故反而不利于知识产权客体社会产能的实现。

(4)高效处理法律关系纠纷的必然选择。若将"添附"制度直接加以移植,将导

---

[22] 张友渔:《中国法学文集》(第一辑),法律出版社1984年版,第114页。
[23] 关永红:《知识产权排他效力论》,载《知识产权》2011年第7期,第19页。

致法律关系的判断变得更加扑朔迷离,且纠纷愈演愈烈,因权利义务关系的不确定性造成纠纷难以解决。

因此,将物权取得制度中"添附"制度移植到商标许可使用制度中,将会产生无法调和的矛盾与不确定性。

(三)被许可人使用、宣传商标的行为并非取得商标权的依据

上述案例中,红牛饮料公司经授权许可取得天丝医药公司名下"红牛系列商标"的使用权,其为生产、销售、推广相关产品,从而取得消费者的认可,占领市场,获取竞争优势,并最终达到所预期的销售利润,可以进行相应的广告宣传,付出商业运营成本,这也符合一般的商标许可使用法律关系项下被许可方的商业运营模式。同时,在商标许可法律关系中,作为被许可方在签订合同之时,即可合理预期商标所有权并不会因其投入广告数额的高低而发生变化,除非合同各方主体有特别约定。因涉案"红牛系列商标"的权属状态是明确的,均归属于天丝医药公司所有,故红牛饮料公司依据广告宣传的投入而认为其取得了商标所有权缺乏法律依据。同时,根据红牛饮料公司自行制作的审计报告,其已经在成本中扣除了相关广告宣传投入,作为其市场运营的成本,故红牛饮料公司不能基于"添附"制度主张取得涉案"红牛系列商标"的所有权。

Deciphering Intellectual Property Contract Terms and Evaluating the Applicability of the Accession System
——A Critical Examination of the Trademark Ownership Dispute between Red Bull Vitamin Beverage Co., Ltd. and Tiansi Pharmaceutical Health Care Co., Ltd.

Tao Jun

Abstract: This article delves into the interpretation of contract terms in the realm of intellectual property by referencing the guidelines set by Article 142 of the "Civil Code" which establishes various methods to interpret contract terms when disputes arise, in order to objectively and fairly reflect the genuine intent of the parties at the time of contract formation and subsequently delineate their respective rights and obligations. Where intellectual property contract terms are ambiguous, it's imperative to adhere to the fore-mentioned "Civil Code" provisions, and take into account both subjective and objective factors to determine the genuine intent expressed in the terms.

Although intellectual property has the attributes of absolute rights andproperty rights, the accession system, a mechanism in property rights acquisition, cannot be directly applied to the process of securing trademark rights. Trademarks are intangible assets, which means any enhancement in "goodwill" due to a licensee's promotional activities or utilization of the trademark doesn't culminate in a new tangible entity or right, therefore, accession system cannot be relied on to claim trademark ownership.

Keywords: Contract interpretation; Principle of fairness; Trademark assignment; Trademark licensing; Accession system

已转让商标被宣告无效后的合同责任承担问题

——兼评《商标法》第 47 条第二款、第三款的适用

何 琼 曾梦倩[*]

摘要：虽然《商标法》第 47 条第二款规定，宣告注册商标无效的决定或裁定对已经履行的商标转让合同不具有追溯力，但该条第三款规定了例外情形，即不返还商标转让费明显违反公平原则的，应当全部或者部分返还。从法律规范性质看，上述条款系任意性规范，如果当事人在合同中对注册商标被无效后的责任承担另有约定的，应当充分尊重当事人意思自治，优先按照合同约定确定责任承担主体及方式。

关键词：商标无效；商标转让合同；任意性规范

一、案情简介[①]

青岛九牧电器有限公司（以下简称九牧公司）系第 15994980 号"加加"、第 19374367 号"JIAJIA"商标的权利人。2018 年 4 月 21 日，九牧公司与嵊州市加加电器有限公司（后更名为嵊州市佳歌电器有限公司，以下简称佳歌公司）签订《商标注册转让合同》，其中约定：(1)九牧公司将上述两枚商标转让给佳歌公司，转让费 20 万元；(2)九牧公司保证转让的商标拥有合法性及不存在权利瑕疵；(3)如有第三方提出异议，导致佳歌公司不可使用此商标，九牧公司全额退还已收款项。合同签署后，佳歌公司向九牧公司支付转让款及为洽谈转让事宜支付的交通费共计 232214 元[②]。同年 10 月 6 日，该两枚商标依约转至佳歌公司名下，后佳歌公司又将该两枚商标转让

---

[*] 本文作者：何琼，经济法学硕士，浙江省高级人民法院知识产权审判庭副庭长；曾梦倩，知识产权法学硕士，浙江省高级人民法院知识产权审判庭法官助理。

[①] 一审：浙江省绍兴市中级人民法院(2020)浙 06 民初 384 号；二审：浙江省高级人民法院(2021)浙民终 890 号。

[②] 该案中，九牧公司另与佳歌公司签订《域名转让合同》，约定九牧公司将其两个域名转让给佳歌公司，转让费 3 万元。故佳歌公司向九牧公司支付的转让款 232214 元中包括域名转让费 3 万元。因双方当事人对域名转让费争议不大，本文主要讨论商标转让后被无效的责任问题，且对双方域名转让的相关事实不予赘述。

给浙江加加电器有限公司(后更名为浙江佳阁电器有限公司,以下简称佳阁公司)。

2018年6月15日,案外人加加食品集团针对上述两枚商标提出无效宣告申请,后经行政机关裁定及行政一审、二审诉讼,该两枚商标被宣告无效,行政二审判决作出时间为2020年6月24日。2019年1月28日,加加食品集团以佳阁公司使用上述两枚商标及相关域名构成侵权为由向法院提起诉讼。法院认定佳阁公司侵权成立,判决其停止侵害并赔偿损失100万元。后佳阁公司履行了上述判决。

佳歌公司、佳阁公司以上述两枚商标被宣告无效致其无法使用为由向法院提起诉讼,请求判令九牧公司退还转让款232214元、赔偿经济损失1015400元,并支付相应利息。

二、裁判内容

绍兴市中级人民法院经审理认为,佳阁公司并非涉案合同当事人,并非本案适格原告,遂裁定驳回其起诉。对于佳歌公司的起诉,该院认为,第一,根据合同约定,九牧公司对所转让的商标负有权利瑕疵担保义务及商标无法使用的款项返还义务,佳歌公司要求其返还商标转让款20万元及洽谈商标转让所产生的合理费用2214元符合双方约定,应予支持;佳歌公司主张的利息损失无合同和法律依据,不予支持。第二,佳歌公司将受让的商标再转让给佳阁公司,佳阁公司使用该商标导致侵权并因此承担损害赔偿款100万元和诉讼费15400元。经查,该笔款项最终系由佳歌公司承担责任,故属于其因受让商标所受到的直接损失范围。综合考虑合同双方权利义务、过错程度、本案诉讼形成过程等因素,酌情确定九牧公司承担侵权损害赔偿款507700元。遂判决:(1)九牧公司退还佳歌公司商标转让款及洽谈商标转让所产生的合理费用共计202214元;(2)九牧公司赔偿佳歌公司侵权损害赔偿款507700元;(3)驳回佳歌公司的其他诉讼请求。九牧公司不服,提起上诉。

浙江省高级人民法院经审理认为,第一,虽然《商标法》规定宣告注册商标无效的决定或者裁定对已经履行的商标转让合同不具有溯及力,但该条款系任意性规范,若合同对注册商标被无效后的责任有明确约定的,应当优先按照合同约定确定责任承担。涉案商标在《商标注册转让合同》履行完毕后被宣告无效,同时涉案合同明确约定如有第三方提出异议,导致佳歌公司不可使用此商标,九牧公司应全额退还已收款项,故九牧公司应当按照合同约定退还已收取的款项。第二,涉案商标因与加加食品集团的在先权利冲突而被宣告无效,九牧公司根据合同约定应承担瑕疵担保责任。佳歌公司主张的侵权损害赔偿款虽系因佳阁公司的使用行为而产生,但佳歌公司与佳阁公司已达成备忘录,约定由佳歌公司承担佳阁公司因涉案商标产生的全部经济损失。对于佳歌公司而言,该笔侵权损害赔偿款系其必然要向佳阁公司承担的债务,同时也是其因受让涉案商标而产生的实际损失,故其有权要求九牧公司予以赔偿。一审法院根据案件情况酌情确定的赔偿数额在合理范围内。遂判决驳回上诉,维持原判。

三、案件评析

商标权作为一种具有财产性质的私权,可以进行自由转让。对于转让方而言,转让商标是其处分权利、实现收益的重要方式;对于受让方而言,受让商标是其快速获得商标并投入商业使用的有效途径。但商标在经核准注册后,商标的效力仍然可能受到各种挑战,其稳定性并不是绝对的,因此如果商标在转让后被宣告无效,就会导致受让人无法继续使用,进而引发转让人和受让人之间的纠纷。《商标法》处理此类问题的核心条款是第47条第二款③,根据该条款规定,宣告注册商标无效的决定或者裁定,对宣告无效前已经履行的商标转让合同不具有追溯力;但是,因商标注册人的恶意给他人造成的损失,应当给予赔偿。(以下简称"不追溯条款")本文重点分析"不追溯条款"的立法目的、适用条件以及例外情形。

(一)"不追溯条款"的立法目的、适用条件与例外情形

1. 立法目的分析

根据"不追溯条款",宣告注册商标无效的决定或裁定,原则上对已经履行的商标转让合同不具有追溯力,即受让人无法主张返还受让款。该规定虽然在一定程度上牺牲了受让方的利益,但法律作出这种制度设计主要基于以下考量:第一,维护交易稳定性,避免在注册商标被宣告无效之后,将已经履行完毕的合同推翻,进而影响社会经济秩序的稳定;第二,节约恢复原状的制度成本,节省本就稀缺的纠纷解决资源;④第三,引导交易双方对自己的权益负责,避免当事人"躺在权利上睡觉",尤其是鼓励受让人以高度审慎的态度在签订转让合同前对商标权利瑕疵进行全面详尽的审查。避免"随意"受让存在权利瑕疵的商标后,"坐等"受让款的返还。最后,受让人存在收益空间,即在商标转让核准后、被宣告无效前,受让人可使用该商标并由此获得相应权益。从这个角度来看,规定无效决定或裁定不具有追溯力一般不会过分损害受让方的利益。

---

③ 《商标法》第47条第二款:"宣告注册商标无效的决定或者裁定,对宣告无效前人民法院作出并已执行的商标侵权案件的判决、裁定、调解书和工商行政管理部门作出并已执行的商标侵权案件的处理决定以及已经履行的商标转让或者使用许可合同不具有追溯力。但是,因商标注册人的恶意给他人造成的损失,应当给予赔偿。"

④ 王晓君、刘铁光:《论专利无效宣告的追溯力——认真对待知识产权的特殊性》,载《社会科学战线》2013年第12期,第176页。

2. 适用条件分析

"不追溯条款"的适用条件分客观和主观两个方面,客观要件是商标转让合同已经履行完毕,这也是立法目的之"维护交易稳定性"的应有之义。主观要件是商标注册人不存在恶意。因注册商标权系基于行政授权产生,而行政机关在授权审查时难以穷尽所有无效事由,故已经核准注册的商标亦存在被宣告无效的可能性。对此,转让人和受让人应当有基本的认知,虽然在注册或转让前可以通过商标检索等方式对商标的稳定性进行评估预判,但商标效力的不稳定性仍然客观存在。这种不稳定性,对于善意的交易双方而言,实质是商标转让过程中的一种商业风险。商标在转让后被无效,对于善意商标注册人而言不具有可责性,因此受让人需要自担风险和损失;但是,对于知道存在侵权后果而仍恶意申请注册商标并转让的注册人而言,显然已经具备法理上的可责性,此时商业风险也应转化为法律责任,因此法律规定应当由其承担因此而对他人造成的损失。例如《商标法》第32条规定,"申请商标注册不得损害他人现有的在先权利,也不得以不正当手段抢先注册他人已经使用并有一定影响的商标",如果商标注册人在知晓上述事实的情况下仍恶意申请注册商标并进行转让,就应当对受让人因商标被无效而遭受的损害承担赔偿责任。

本案中,九牧公司系利用案外人到期未续展的"加加及图"图片要素,在灯、烹调用装置和设备等商品上申请注册两枚涉案商标,注册过程中,加加食品集团曾对其中一枚商标提出过异议,但未成功。2018年6月,在涉案商标转让合同签订后、核准转让公告前,加加食品集团又对两枚涉案商标提出无效宣告申请,此后该两枚商标被宣告无效,无效原因系构成对酱油类商品上的"加加"驰名商标的复制、模仿。从上述事实看,涉案商标核定使用的商品类别与引证商标存在较大差异,其中一枚商标经加加食品集团异议仍被核准注册,且在涉案商标正式转让前,受让人也知晓加加食品集团提出无效宣告申请的事实,因此,在本案中尚不足以认定九牧公司在申请和转让商标时存在恶意。

3. 例外情形分析

有原则即有例外,"不追溯条款"亦如是。如前所述,规定"不追溯"的主要立法目的在于维护既定秩序,但这是在立法者预设不追溯一般不会产生明显不公后果的前提下,如果实际情况与上述预设相反,即不追溯将导致双方利益明显失衡,那么此时维护稳定之立法目的就应当服从位阶更高的公平原则,恢复无效决定或裁定的溯及力。基于此,《商标法》第47条第三款⑤规定了"不追溯条款"的例外情形——显失公平,即不返还商标转让费明显违反公平原则的,应当全部或者部分返还。该规定

---

⑤ 《商标法》第47条第三款:"依照前款规定不返还商标侵权赔偿金、商标转让费、商标使用费,明显违反公平原则的,应当全部或者部分返还。"

在权衡交易稳定性和公平原则的基础上,优先考量了对商标受让人重大利益损失的必要弥补,同时禁止或者限制转让人获取"暴利",避免受让人和转让人利益的过度失衡而显失公平,体现了公平原则在立法中的优先地位。

需要进一步讨论的问题是,何种情况构成上述条款所称的"显失公平"?法律上的显失公平,一般理解为双方权利义务的显著失衡,只有在双方利益"显著"失衡极不公平时,法律才有必要进行干预,否则容易影响正常的交易秩序。在判断作为"不追溯条款"例外的"显失公平"是否构成时,需要综合商标转让费金额、受让人使用商标的时间和使用形态、受让人因使用商标获得的利益及所遭受的损失,并结合双方在商标转让过程中的过错程度等因素进行个案考量。比较典型的"显示公平"情形包括:在商标受让人一次性全额支付转让费后不久,刚刚开始甚至尚未开始实际使用,该商标即被宣告无效的;商标受让人不仅支付了高额转让费,而且投入了大量前期宣传成本,在使用商标所获收益远低于其投入成本时,该商标被宣告无效的;转让人在注册和转让商标时虽然不存在恶意,但有证据或事实表明其存在较明显的过错,对受让人造成较大损失的。

本案中,受让人因使用涉案商标导致侵害案外人商标权,被生效判决责令支付商标侵权赔偿金100万元,本案判决因直接援引合同条款未对上述情形是否构成"显失公平"进行评述,从相关事实来看,也难以认为构成"显示公平"。主要理由在于,受让人在以20万元价格受让商标后,在一年多时间内进行了较大规模的商业使用,获得了一定收益,并且,作为理性的商事主体,其有能力对受让商标的法律风险进行合理评估,但其在转让合同签订后、商标核准转让公告前,已知晓涉案商标被提起无效宣告申请的情况下,仍继续受让商标并开展经营,对最终损失的产生亦负有一定责任。

(二)"不追溯条款"的规范属性考察

按照法律规范强制性程度的不同,可以分为任意性规范和强制性规范,前者允许当事人通过约定排除适用,后者则不允许合同当事人通过约定排除适用。区分任意性规范和强制性规范,一般可以通过条文中有无除外规定、条文的调整对象和规范目的加以判断。就本文讨论的"不追溯条款"而言,虽然法条表述中未明确出现"当事人另有约定的除外""除合同另有约定的外""除有相反约定外"等任意性规范常见的除外表述,但从以下两方面进行考察,仍然可以得出"不追溯条款"系任意性规范的结论。

从调整对象维度考察。虽然《商标法》有诸多条款调整的是因商标注册与管理而发生的社会关系,但同时也有大量条款的调整是因商标使用(如商标转让或许可)、商标权保护(如商标侵权)而发生的平等民事主体之间的关系,相应的法律后果也是返还费用、停止侵害、赔偿损失等民事责任。既然是调整民事主体之间的利益关系,就应当充分贯彻和体现合同自由原则,即允许合同双方安排市场交易中的利益与责任承担。"不追溯条款"所要解决的是商标被宣告无效后,转让人是否需要返还受让人转让费并赔偿受让人因此受到的经济损失的问题,所规定的内容本质上是为衡平合同双方利益与保障交易公平,属于调整民事主体之间利益的条款,故应属于任意性规范,允许当事人通过合同约定予以排除适用。

从目的解释维度考察。如前所述,"不追溯条款"及其例外规定的内容,都深刻体现出立法者对交易稳定性和公平原则的衡平,对商标转让人与受让人利益的衡平,但这些都是在当事人自己未事先考虑追溯力等问题、未提前对此进行约定的情况下,民法如"慈母"般对各方利益作出的全方位安排。法律的目的应该是对当事人的权利与义务进行分配以及调整风险承担的规则,如果当事人自身完全可以合理地去分配这个风险,那么法律就没有必要对其进行强制。[6] 当事人才是自身利益的最佳判断者,如果当事人综合交易情况,自愿就其利益作出不同于法律规定的安排,那就说明这才是他们所认知的"公平",才最符合他们的利益,此时法律自然没有必要再做强行干预。就商标转让而言,不管双方是基于交易价格的高低、成交意愿的大小、谈判能力的强弱还是对风险的好恶程度等原因,约定由转让人承担商标的权利瑕疵风险,只要是在双方自愿的前提下且无合同可撤销或被无效事由的,法律就不需要干涉。

本案中,转让人九牧公司与受让人佳歌公司在合同中明确约定:"如有第三方提出异议,导致佳歌公司不可使用此商标,九牧公司要全额退还已收款项。"此外还约定:"九牧公司保证转让的注册商标拥有合法性及不存在权利瑕疵,具体地说……(列举情形从略)"九牧公司辩称,合同并未约定佳歌公司向案外人支付的商标侵权赔偿金应由其承担,因为上述权利瑕疵担保条款列举的情形中并不包括商标在转让后被无效的情形,但法院认为,考虑到实践中商标权利瑕疵的情形难以穷尽,双方已在合同中对九牧公司的权利瑕疵担保义务作出概括性约定,同时,涉案商标系因与加加食品集团的在先权利冲突而被宣告无效,该无效事由在商标转让前即已存在,本质上系因九牧公司的注册行为而导致,故九牧公司应承担合同约定的权利瑕疵担保义务。

(三)商标被宣告无效后,转让方责任承担分析

1. 责任依据

根据前述分析,对于商标被宣告无效后,转让方的责任承担依据主要包括两方

---

[6] 参见穆冠群:《合同法任意性规范的立法反思与完善路径》,载《中国政法大学学报》2018年第4期,第51-55页。

面:(1)法律规定。此时有两种情况,一是不符合适用"不追溯条款"的要件,即当转让人存在恶意时,应当赔偿对受让人造成的损失;二是符合"不追溯条款"的例外情形,即当不返还商标转让费明显违反公平原则的,应全部或部分返还。(2)合同约定,即本案情形。

2. 责任范围

(1)转让费用。返还转让费一般是受让人在商标被无效后最核心的诉求。商标被宣告无效后,当转让人无法通过"不追溯条款"免责时,其收取转让费就丧失正当性基础,应当予以返还。本案中,因双方明确约定"如有第三方提出异议,导致佳歌公司不可使用此商标,九牧公司要全额退还已收款项",故法院判决九牧公司返还已收款项,包括转让费及其收取的洽谈商标转让所产生的合理费用,共计202214元。但对于商标转让完成至被无效期间的转让费利息,合同并无明确约定,故未予支持。

(2)对案外人的损害赔偿。首先需要明确的是,《商标法》第47条第三款规定:"依照前款规定不返还商标侵权赔偿金、商标转让费、商标使用费,明显违反公平原则的,应当全部或者部分返还。"此处的"商标侵权赔偿金"对应的是"前款规定"中"人民法院作出并已执行的商标侵权案件的判决、裁定、调解书和工商行政管理部门作出并已执行的商标侵权案件的处理决定"中的赔偿金,即被诉侵权人向商标被无效前的权利人支付的赔偿金,而不是本案中受让人因侵害案外人商标权而支付的赔偿金。因此,《商标法》对于显失公平的情形,仅规定了返还全部或部分商标转让费的责任,并未规定是否包括对案外人的损害赔偿,在实践中也容易出现争议。笔者认为,公平原则是基本原则,虽然法律对此未做明确规定,但如果转让人不向受让人支付其对外赔偿的款项将导致双方权利义务明显失衡的,就应当予以全部或部分支付。至于转让人存在恶意的情形,更是如此,"不追溯条款"中的"因商标注册人的恶意给他人造成的损失,应当给予赔偿",应当包括受让人的全部对外赔偿金。

本案中转让人应向受让人支付的对外赔偿金,系基于合同约定的权利瑕疵担保义务而发生。违约损害赔偿范围包括因违约造成的直接损失和可得利益损失,但应当在违约一方订立合同时预见到或者应当预见到。本案中,佳歌公司受让涉案商标后又转让给关联公司佳阁公司,由其进行实际使用,因此也是由其直接承担了对案外人造成的商标侵权赔偿金,但根据两个公司之间签订的备忘录,责任的最终承担主体是佳歌公司,所以应当认定该笔款项系佳歌公司因受让商标所受到的直接损失。对于九牧公司应当向佳歌公司赔偿的具体数额,法院根据合同约定的权利义务和佳歌公司的损失,结合双方在商标转让过程中的注意义务、被诉商标侵权的具体情形等因素,酌情确定为507700元。之所以未责令由九牧公司承担全部100万元侵权损害赔偿和15400元诉讼费,主要是考虑到以下因素:一是如上所述,佳歌公司对最终损失的产生也负有一定责任;二是长沙市中级人民法院判决所认定的100万元侵权损害赔偿不仅系基于佳阁公司使用商标标识所致侵权,还包括企业名称侵权、域名侵权等多种侵权行为;三是佳阁公司实际使用的商标标识与涉案商标不完全一致。

四、企业商标转让中的风险防范建议

(1)转让人应本着诚信原则履行必要告知义务,即于商标转让前明示商标可能存在的权利瑕疵,包括但不限于涉诉、被异议等影响商标权利稳定性的潜在风险。履行必要的告知义务,并将之纳入合同条款予以明确,有利于后续转让费用返还、侵权损害赔偿责任的减免。

(2)受让人可以通过受让方式快速获得商标,但需提前审慎审查拟受让商标的权利状况,可以选择专业商标机构进行评估,或通过国家知识产权局商标局官网进行查询,还可以通过裁判文书网等网络渠道搜索相关纠纷情况,充分排查风险,切忌盲目受让后即投入商业使用,否则可能陷入投入越多损失越大的不利局面。

(3)双方可在合同中明确约定一旦商标无法正常使用后的责任承担主体及具体承担比例、方式等。如前文所述,《商标法》第47条第一款原则上规定的是"不具有追溯力",即在无充分证据证明存在"显示公平"情形时,商标受让人无法主张转让费用返还,亦无法主张侵权损害赔偿款的全部或部分赔偿,如果没有特别约定,商标受让人很难通过事后维权途径挽回全部损失。

The Problem within the Assumption of Liability after the Nullifying of Assignment Registered Trademark Invalid
——Also Comments on the Application of the Second and Third Paragraph of Article 47 under the "*Trademark Law*"

He Qiong　Zeng Mengqian

Abstract: Although Paragraph 2 of Article 47 under the "*Trademark Law*" stipulates that the decision or adjudication of nullifying a registered trademark invalid has no retroactive effect upon trademark assignment contracts that have been performed, however, the Paragraph 2 of this Article provides an exception, that is, if the non return of trademark transfer fee obviously violates the principle of fairness, it shall be returned in whole or in part. In terms of the nature of legal norms, this Clause is an Arbitrary norm, if the party otherwise agreed for the assumption of liability after the registered trademark be invalid under the contract, the autonomy of the parties shall be fully respected and shall favor determined the subject and mode of liability assumption in accordance with the contract.

Keywords: Trademark invalidity; Contract for assignment of trademarks; Arbitrary norms

平行进口与商标权权利用尽规则

厉彦冰[*]

摘要：有关商标权权利用尽规则及其在商标平行进口纠纷裁判的可适用性问题，我国在立法层面上没有规定，司法实践中至少存在三种观点：(1)法无禁止即自由；(2)作为普通商标侵权纠纷处理；(3)以商标权权利用尽规则为依据。北京市高级人民法院持第三种观点，并在本案再审判决中进一步明确"平行进口抗辩"的适用条件，即"本国的商标权人与本国以外地域商品的生产者之间为同一主体或存在关联关系"。这里的"关联关系"是定向而非双向的。除了产品同源外，外国生产者必须同时是中国商标权人或其许可的使用人，故而进一步限缩了抗辩的适用范围。

关键词：平行进口；商标侵权；权利用尽；商标功能

案例号：北京市高级人民法院(2021)京民再80号

一、事实概要

经美国ChildLife Essential公司独家授权，原告南京童年时光公司是在中国范围内经销"ChildLife"系列儿童营养补充剂的合法官方机构。原告在中国注册了第8223462号"童年时光"、第10378186号"♥"商标（以下简称"红心"商标），核定使用商品均为第5类：维生素制剂、婴儿食品、医用营养品等。被告麦乐购公司在海外采购"ChildLife"系列产品，以"原装原罐"方式从洛杉矶进口至宁波，并在自家跨境母婴电商网站销售。如图所示，，涉案产品包装左侧竖排显示"CHILDLIFE ESSENTIALS"字样，包装正面中部标注较大的"红心"标识。原告主张，被告未经许可在网站上销售包装带有"红心"标识的产品，并在产品页面使用"童年时光"文字和"红心"标识，构成了商标侵权和不正当竞争，要求被告立即停止销售被侵权产品，并删除相关网页。

---

[*] 本文作者：厉彦冰，上海财经大学上海国际组织与全球治理研究院所助理研究员。

一审法院认为,(1)被告未经许可在网站上突出使用"童年时光"文字,侵犯了"童年时光"注册商标专用权,应停止侵权、赔偿损失;(2)被告销售的涉案产品系 ChildLife 公司生产,包装上的"红心"标识系该美国公司标注,况且,原告明确表示在 Childlife 产品进口至国内后、原告加贴中文标签和防伪贴前,允许该美国公司在产品包装上使用"红心"标识。① 故涉案产品上使用"红心"标识以及被告销售涉案产品的行为均不侵犯原告"红心"商标专用权,驳回其他诉讼请求。

二审法院认为,被告"通过正当途径购得在制造国并不侵权的涉案商品并原样再次销售",即"未对产品的包装及外观进行变更",也"未对产品上贴附的商标进行变更",同时"未破坏商标与商品生产者美国公司的联系,不会导致消费者混淆商品的来源",因此不侵犯原告"红心"商标专用权。② 故驳回上诉,维持原判。

原告向北京市高级人民法院申请再审。

二、判决要旨

北京市高级人民法院认为,第一,依据《商标法》第 57 条第一款第(1)项"未经商标注册人的许可,在同一种商品上使用与其注册商标相同的商标的",以及第(3)项"销售侵犯注册商标专用权的商品的",未经原告许可,被告进口销售标注有"红心"图形涉案商品的行为构成侵犯注册商标专用权行为。③ 第二,被告的平行进口抗辩不能成立。④ 本案中,涉案产品虽然在来源上"具有同一性",但是鉴于"涉案商品的生产者与第 10378186 号"红心"图形商标的商标权人归属于不同主体,二者亦不存在关联关系",因此"不能构成一般意义上的平行进口商品"。⑤ 据此,再审法院判决,未经原告许可,被告进口销售涉案商品的行为属于《商标法》第 57 条第一款规定的侵害商标权的行为,对一审、二审判决对此认定错误予以纠正。

三、评析论述

随着我国跨境货物流通日趋频繁和自贸区试点工作的推进与深化,我国在商标领域的平行进口侵权纠纷日益增加。然而,我国在立法层面上没有规定平行进口和商标权权利用尽规则。司法实践中,各级法院对于商标领域平行进口纠纷能否以及如何适用权利用尽规则存在疑问,具体裁判原则和标准仍有待统一。因此,平行进

---

① 北京市东城区人民法院(2016)京 0101 民初 13177 号-童年时光案一审。
② 北京知识产权法院(2018)京 73 民终 760 号-童年时光案二审。
③ 北京市高级人民法院(2021)京民再 80 号-童年时光案再审。
④ 北京市高级人民法院(2021)京民再 80 号-童年时光案再审。
⑤ 同上。

口问题已经成为我国商标领域一个必须解决的问题。

(一)立法现状

商标领域平行进口问题是国际货物贸易自由化与商标权保护地域性原则内在冲突的结果。我国在立法层面没有规定商标权权利用尽规则,也没有涉及平行进口问题。虽然《专利法》于 2008 年修法首次确立专利权国际用尽原则,[⑥]原则上允许专利领域平行进口,但《商标法》直至 2019 年最近一次修法依然没有对商标领域权利用尽、平行进口问题作出任何规定,最高人民法院也尚未就此问题出台相关司法解释。

(二)既往实践及不足

司法实践中,各级法院对于能否在平行进口商标侵权案件中适用商标权利用尽理论和规则的基本问题看法迥异。需要注意的是,中国商标法不仅没有商标权国际用尽规则,而且连权利用尽规则本身都没有规定。概括而言,司法裁判中至少有三种不同做法。

1. 法无禁止即自由

很多法院在裁判时都会提到的支持平行进口不构成商标侵权的理由之一,即平行进口未违反我国商标法和其他法律的禁止性规定,故而平行进口不构成商标侵权,原则上应当允许。[⑦] 例如,在德国黑啤案中,北京市高级人民法院认为,"是否禁止商标平行进口,应当依据我国现行法律法规的规定予以确定。由于我国《商标法》及其他法律并未明确禁止商标平行进口,因此,四海致祥国际贸易有限公司将欧洲市场上合法流通的'KÖSTRITZER'系列啤酒进口到我国进行销售,并不违反我国《商标法》及其他法律的规定"。[⑧]

然而,仅仅依据法无禁止即自由的法谚,对商标平行进口作出合法不侵犯商标权的司法评价,做法欠妥。从立法技术角度看,商标法本来就无法也不必穷尽列举商标侵权的各种具体行为。从司法操作角度而言,这个理由没有遵循商标侵权纠纷的基本裁判步骤,完全抛开现有商标法法律框架,不检验商标商品平行进口具体行为是否满足商标侵权行为的构成要件,落入《商标法》第 57 条商标侵权的法定情形,也不考虑进口国商标权是否因商标权利用尽等合理抗辩的成立而行使受限。从法

[⑥] 《专利法》(2008 修正),第 69 条第一款。

[⑦] 百威投资(中国)有限公司与温州市奇盟贸易有限公司侵害商标权纠纷一审民事判决书;浙江省宁波市北仑区人民法院(2019)浙 0206 民初 4638 号民事判决书;大西洋 C 贸易咨询有限公司与北京四海致祥国际贸易有限公司侵害商标权纠纷上诉案;北京市高级人民法院(2015)高民(知)终字第 1931 号民事判决书;浙江省高级人民法院(2019)浙民终 939 号-博柏利。

[⑧] 北京市高级人民法院(2015)高民(知)终字第 1931 号-KÖSTRITZER 德国黑啤案。

理角度分析,这种观点在根本上否定了商标的地域性原则。⑨《巴黎公约》第 6 款确立了注册商标权保护的独立性、地域性原则,这使同一商品在来源国和进口国可以同时受到独立的注册商标权保护,故所谓"平行"进口。进口国商标法赋予进口国商标权人排他性财产权,作为其进行产品质量控制、构建销售网络、进行广告和市场宣传、提供售后服务等努力维护商标商誉的投资回报。因此,无论是否获得国外商标权人许可,只要未经我国(进口国)商标权人许可,在相同商品上使用与我国注册商标相同的标识,以及在我国销售该平行进口商品的行为,已经构成我国《商标法》第 57 条第一款第(1)项"未经商标注册人的许可,在同一种商品上使用与其注册商标相同的商标的",以及第(3)项"销售侵犯注册商标专用权的商品的"的商标侵权情形。换言之,在不考虑平行进口问题特殊性的情况下,平行进口商标商品的行为原则上侵害了进口国商标权人的注册商标专用权,属于商标侵权行为,⑩而非该观点主张的法无禁止性规定则允许。

2. 普通商标侵权纠纷

与第一种观点正相反,第二种观点主张将商标平行进口案件作为普通商标侵权纠纷处理,同时结合个案情况,综合裁判以兼顾利益平衡。这种观点既反对"采用贴标签式机械的处理方法,从一般规则层面简单地得出平行进口商品当然不侵权的结论"⑪,也反对"在我国商标法及司法解释并未明确采纳'权利用尽'原则,该原则亦未成为该领域通行学术观点的情况下","直接引用"商标权利用尽原则,作为论据和裁判理由,论证商标平行进口不构成商标权侵权。⑫据此,此种观点主张"在立法机关并未明确表态的情况下,司法机关仍然需要坚持从个案出发",以"开放而灵活的态度"审理平行进口商标侵权案件,与法院在处理普通商标侵权纠纷的裁判做法"基本一致"。⑬ 在个案分析中,该类做法强调"应当在现有法律框架下,回归法律规定的基本目的和立法本意,严格依照商标侵权行为和不正当竞争行为的构成要件,兼顾商标权人、被许可使用人、消费者之间的利益平衡,综合作出判断"。⑭ 与第一种做法相比,第二种做法反对机械认定平行进口当然不侵权,强调综合判断以实现个案中的多主体利益平衡,值得肯定。但是,建议处理平行进口商标侵权案件与普通商标侵

---

⑨ 关于商标法的地域性问题,参见孔祥俊:《论我国商标司法的八个关系——纪念〈商标法〉颁布 30 周年》,载《知识产权》2012 年第 7 期,第 3 页。

⑩ 北京市第二中级人民法院(2011)二中民初字第 11699 号;北京市高级人民法院(2012)高民终字第 3969 号-法国公鸡案。

⑪ 参见秦元明、周波:《浅析平行进口商标侵权法律问题》,载《人民司法》(案例)2020 年第 26 期,第 16-18 页。

⑫ 广州知识产权法院(2019)粤 73 民终 6944 号-欧宝案Ⅱ。二审承办法官的相关案例评析,参见石静涵:《平行进口商标侵权及不正当竞争纠纷的司法裁量》,载《人民司法》(案例)2020 年第 26 期,第 4 页。

⑬ 参见秦元明、周波:《浅析平行进口商标侵权法律问题》,载《人民司法》(案例)2020 年第 26 期,第 16-18 页。

⑭ 参见石静涵:《平行进口商标侵权及不正当竞争纠纷的司法裁量》,载《人民司法》(案例)2020 年第 26 期,第 4 页。

权纠纷的裁判做法"基本一致",并反对将商标权权利用尽原则作为裁判依据,值得商榷。

首先,相较于普通商标侵权,平行进口是国际货物贸易自由化与注册商标权保护地域性原则内在冲突的结果,其问题具有特殊性。从经济学的角度而言,平行进口的主要成因是同一商品在不同地域的市场价格差异以及某些区域的市场准入壁垒。地域性价格差异不仅为平行进口商提供了套利的机会,也为进口国的消费者提供了更多廉价、优质的商品,增加其选择多样性,从而在整体上增进了进口国的消费者福利和社会福利。从商标法角度分析,将其与普通商标侵权区别开,将进口国平行商标权的保护范围控制在合理和必要的范围内,也有其合理性和正当性。平行进口的商标商品毕竟是由其外国商标权人自行或经其许可在进口国外制造并首次销售的真品,而普通商标侵权纠纷的涉案商品通常是假冒产品。进口国商标权人可能与该国外商标权人同一或者存在经济或法律上的联系。此外,原样进口的产品本身也可能没有任何实质性改变。实际上,在世界贸易组织(WTO)框架下的《与贸易有关的知识产权协议》(TRIPS协议)第6条的确允许各成员国自行制定本国的知识产权权利用尽规则,并决定本国是否以及在何种条件下允许知识产权产品的平行进口。[15] 因此,在我国商标法没有明文规定的情况下,司法机关对于商标平行进口问题确有与普通侵权行为处理方法不同的自由裁量和利益平衡的空间。

其次,第二种做法主张依靠个案综合判断进行利益衡量,可能导致平行进口案件司法裁量标准的不统一和裁判结果的不确定。以TRIPS协议第6条及"该原则亦未成为该领域通行学术观点"为理由,第二种做法反对将商标权权利用尽规则作为检验合理抗辩是否成立的依据,[16]存在误解。第一,TRIPS协议第6条的规定是各成员国因为平行进口问题的复杂性和各国立法司法实践差异达成的妥协的结果,并非否定商标权权利用尽规则与平行进口问题的内在联系。第二,即便有了TRIPS协议第6条的规定,商标权权利用尽规则依然是国际商标法学界普遍认可的缓解跨境贸易中商标权保护与货物自由流通冲突、处理平行进口问题最有效的方法。[17] 我国学者也正确指出平行进口和权利用尽实际就是"一个问题的两个方面:商标权国

---

[15] WTO Guide to the TRIPS Agreement, Model I, pp 17-18, available at https://www.wto.org/english/tratop_e/trips_e/ta_docs_e/modules1_e.pdf(last accessed on 31 May 2021). Lazaros Grigoriadis, *Trade Marks and Free Trade: A Global Analysis*, Cham, Springer, 2014, pp 79-99.

[16] 广州知识产权法院(2019)粤73民终6944号-欧宝案Ⅱ。二审承办法官的相关案例评析,参见石静涵:《平行进口商标侵权及不正当竞争纠纷的司法裁量》,载《人民司法》(案例)2020年第26期,第4页。

[17] 主要参见 Shubha Ghosh and Irene Calboli, *Exhausting Intellectual Property Rights: A Comparative Law and Policy Analysis*, Cambridge, Cambridge University Press, 2018; Lazaros Grigoriadis, *Trade Marks and Free Trade: A Global Analysis*, Cham, Springer, 2014; Christopher Heath, *Parallel Imports in Asia*, Hague, Kluwer Law International, 2004。

际用尽一旦成立,商标平行进口自然也就合法"。[18] 第三,鉴于商标平行进口的特殊性,法院在行使自由裁量和利益平衡时,更应该注意统一司法裁判规则和尺度,给本来就不够熟悉在地商标法的涉外当事人和从事跨国贸易进口商提供更明确的行为指引,增加跨境货物贸易的法律确定性,减少跨境货物贸易的技术性壁垒。

3. 以商标权权利用尽规则为依据

此外,还有不少法院主张在平行进口商标侵权纠纷中应当以商标权权利用尽规则为裁判依据。首先,与第二种做法不同,第三种做法肯定权利用尽原则在商标领域的普遍适用。实际上,不少法院在司法裁判中都原则上认可商标权利用尽规则的普遍适用性,并在具体商标侵权纠纷中检验构成要件是否满足,商标权利用尽抗辩是否成立,即便其并非注册商标专用权的法定限制。[19] 正如广东省高级人民法院所述,"我国商标法中并没有法条明文规定商标权用尽抗辩,但从法理上讲,不存在毫无限制的权利,所有权利都有边界,都涉及权利用尽问题",否则商标权无限制地控制商品后续市场流通的各个环节,会"导致人为地割裂市场,阻碍商品自由流通和利用"。[20] 其次,第三种做法主张审理平行进口商标侵权纠纷时,以商标权权利用尽规则为依据,在满足一定构成要件的前提下,认可合理抗辩成立,平行进口行为不侵犯商标权。[21] 例如,天津市高级人民法院要求,审理平行进口商标侵权纠纷案件应当"以商标权权利用尽为基本裁判原则","以依法平衡保护为目的"。[22]

第三种做法既考虑到平行进口的特殊性,并为避免个案判断的不确定性,认识到平行进口问题与商标权权利用尽规则的共性和内在联系,值得肯定。总结目前的司法实践,基本达成以下共识。第一,商标权用尽的前提是商品同一或同源,即首次销售的商标商品系商标权人自行或经其授权的主体生产,故假冒侵权商品本身不适用权利用尽抗辩。[23] 同理,平行进口的商品必须是真品,故进口假冒商品本身不适用商标权权利用尽规则。[24] 第二,权利用尽规则强调转售商品的"品质没有发生变化或损害",[25] 同样地,在平行进口商标侵权纠纷中,需以进口商品是否存在"实质性差异"

---

[18] 黄晖:《商标法》,法律出版社2021年版,第178页。
[19] 例如,江苏省常州市钟楼区人民法院(2020)苏0404民初6093号-任天堂游戏机改装案;福建省高级人民法院(2020)闽民终1380号-"醉得意"废品回收再利用案。山东省高级人民法院(2019)鲁民终1905号-恒洁卫浴案。
[20] 广东省高级人民法院(2017)粤民终2659号-喷码机改装案。
[21] 例如,福建省高级人民法院法官认为,"对于平行进口行为是否适用商标权用尽原则,还是需要从适用规则角度出发,看是否满足适用商标权用尽原则的相关前提要件。如满足相关要件则可以适用,反之,如存在损害商标信誉和造成混淆等情形,则不满足相关要件,不能适用商标权用尽原则",参见曹慧敏:《购买带商标的废旧品用于相同服务构成商标侵权》,载《人民司法》(案例)2021年第14期,第93-96页。
[22] 《天津市高级人民法院关于涉平行进口商标侵权纠纷案件的审判指引(试行)》。
[23] 山东省高级人民法院(2019)鲁民终1905号-恒洁卫浴案。
[24] 北京知识产权法院(2018)京73民终981号-MATIS化妆品案。
[25] 江苏省常州市钟楼区人民法院(2020)苏0404民初6093号-任天堂游戏机改装案;广东省高级人民法院(2017)粤民终2659号-喷码机改装案。

为"基本侵权判定标准",即"进口商品与国内商标权人销售的商品在品质、包装、质量控制等方面相同或者不存在'实质性差异',且该进口商品的状况未经改变、相关标识等信息的标注准确清楚,不足以导致消费者混淆的,依法认定不构成商标侵权"[26]。第三,其他超出商标权用尽范畴、损害商标功能的行为,依然构成商标侵权。[27]

需要注意的是,在第二种做法具体个案判断时,法官反对适用商标权权利用尽规则,而是从商标功能角度出发,检验平行进口过程中具体行为是否损害了商标的"识别功能"和"质量保障功能",是否有损商标承载的"商誉"[28],但在实质上,这与第三种做法适用权利用尽规则达成的三点共识不谋而合。共识一的构成要件旨在保护商标来源识别功能,因为当商品同一或同源时商标与商品来源的对应关系真实准确,不会导致消费者混淆。共识二"实质性差异"的判定标准无疑是保护商标的品质保障功能。而共识三确保,如果平行进口中存在损害商标功能的其他行为时,则属于权利用尽规则的例外情形,此时,依然侵犯进口国注册商标专用权。毕竟,商标权权利用尽规则是在保护商标功能的前提下,对商标权人的控制权加以合理限制,以维护自由公平的市场竞争秩序。

与此同时,持第三种观点的法院虽然原则上都肯定商标权权利用尽规则的适用,但是对于该规则的具体构成要件和例外情形仍然存在分歧。概括而言,主要存在如下分歧。第一,不同法院对于商品"同一"[29]或"同源"[30]的构成要件及真品证明责任问题解读尺度不同,还有法院在国内商标权人与外国商品制造者没有关联的情况下,依然认定平行进口不侵犯商标权。[31] 第二,对于转售商品地域限制的合同条款效力,及其是否可以排除权利用尽规则的适用问题,仍有待进一步澄清。[32] 第三,虽然法院对于其他超出商标权用尽范畴、损害商标功能的行为,依然可能构成商标侵权的原则达成共识,但是随着平行进口案件越来越多,涉案行为类型趋于复杂,法院

---

[26] 《天津市高级人民法院关于涉平行进口商标侵权纠纷案件的审判指引(试行)》侵权判定标准(一)。浙江省高级人民法院(2017)浙民申 1714 号再审民事裁定书-大王纸尿裤案;北京市知识产权法院(2018)京 73 民终 760 号-童年时光案。

[27] 福建省高级人民法院(2020)闽民终 1380 号-"醉得意"案。曹慧敏:《购买带商标的废旧品用于相同服务构成商标侵权》,载《人民司法》(案例)2021 年第 14 期,第 93 页。

[28] 广州知识产权法院(2019)粤 73 民终 6944 号-欧宝氏Ⅱ。二审承办法官的相关案例评析,参见石静涵:《平行进口商标侵权及不正当竞争纠纷的司法裁量》,载《人民司法》(案例)2020 年第 26 期,第 4 页。

[29] 广州知识产权法院强调"商标权利用尽原则的适用前提是该商标被持续不变地用于指示同一商品的初始来源",即商品来源必须同一,参见广州知识产权法院(2016)粤 73 民初 2529 号民事判决。另参见北京市高级人民法院(2015)高民(知)终字第 1931 号-KÖSTRITZER 德国黑啤案;辽宁省沈阳市中级人民法院(2020)辽 01 民初 123 号-捷豹路虎案;浙江省高级人民法院(2019)浙民终 939 号-博柏利;北京市第二中级人民法院(2011)二中民初字第 11699 号-法国公鸡案。

[30] 例如,浙江省杭州市余杭区人民法院(2019)浙 0110 民初 11696 号-FILA;江苏省无锡市中级人民法院(2020)苏 02 民终 884 号-百威 vs 福州莫奇圣。

[31] 福建省高级人民法院(2014)闽民终字第 914 号;福建省泉州市中级人民法院(2013)泉民初字第 378 号民事判决书-奥丁格啤酒。

[32] 浙江省高级人民法院(2017)浙民申 1714 号再审民事裁定书-大王纸尿裤案。

对于具体行为落入《商标法》第 57 条"侵犯注册商标专用权行为"第(1)项、第(3)项，还是第(7)项情形有不同观点。法院的具体侵权裁判标准有待统一，特别是针对在平行进口过程中，在商场外墙、店铺招牌、网站产品介绍、产品包装袋、中文标签、报关单上使用与进口国注册商标相同或近似标识的行为是否构成商标侵权的问题。[33] 当然上述分歧导致的裁判不统一在很大程度上在于我国商标法没有明文依据，但这并不妨碍法院归纳总结商标权权利用尽规则的适用条件及具体认定标准以提高裁判的确定性和一贯性，从而为相关产业提供更明确的行为指引，为未来修法提供立法模式参照。

(三) 本案判决的参考意义与不足

关于商标权利用尽和平行进口问题，本案再审法院北京市高级人民法院的立场属于第三种。关于商标权权利用尽规则，北京市高级人民法院曾在 2016 年《当前知识产权审判中需要注意的若干法律问题》中给出了正面表述，即"考虑到商标法所保护的是标志与商品来源的对应性，而商标禁用权也是为此而设置的，绝非为商标权人垄断商品的流通环节所创设，即商标权权利用尽规则应当是市场自由竞争所必须存在的基本规则之一"。据此，北京市高级人民法院主张，"若被控侵权商品确实来源于商标权人或其授权主体，此时商标权人已经在'第一次'销售中实现了商标的商业价值，而不能再阻止他人进行'二次'销售或合理的商业营销，否则将阻碍市场的正常自由竞争秩序建立的进程，因此'平行进口'应被司法所接受，不认定构成侵害商标权"。[34] 北京市高级人民法院的上述论证是商标权权利用尽原则(首次销售原则)的经典表述。该表述在多个商标平行进口侵权纠纷中被平行进口商作为抗辩提出，[35] 并被多个地方法院判决书直接引用。[36]

本案中，北京市高级人民法院首先将"平行进口"界定为"一般指他人从本国以外地域进口与本国商标权利人为同一主体或存在利益上的关联关系的主体所生产的商品，进而在本国市场予以销售的商业模式"，并认可"平行进口"是商标侵权领域"常见的不侵权抗辩事由"。[37] 其次，北京市高级人民法院进一步限缩了平行进口

---

[33] 上海市杨浦区人民法院(2019)沪 0110 民初 21519 号-百威 vs 上海帅将(不侵权)；浙江省高级人民法院(2020)浙民终 213 号-ErmenegildoZegna(不侵权)；浙江省高级人民法院(2021)浙民终 331 号-百威 vs 福建土产畜产(侵权)；福建省泉州市中级人民法院(2013)泉民初字第 378 号民事判决书-奥丁格啤酒(不侵权)；福建省高级人民法院(2014)闽民终字第 914 号-奥丁格啤酒(侵权)；辽宁省沈阳市中级人民法院(2020)辽 01 民初 123 号-捷豹路虎案。

[34] 北京市高级人民法院 2016 年《当前知识产权审判中需要注意的若干法律问题》。

[35] 辽宁省沈阳市中级人民法院(2020)辽 01 民初 123 号-捷豹路虎案。

[36] 广东省广州市南沙区人民法院(2018)粤 0115 民初 2362 号-欧宝案Ⅰ；天津市滨海新区人民法院(2015)滨民初字第 1515 号-普拉达案。

[37] 广东省广州市南沙区人民法院(2018)粤 0115 民初 2362 号-欧宝案Ⅰ；天津市滨海新区人民法院(2015)滨民初字第 1515 号-普拉达案。

抗辩的适用范围,即"本国的商标权人与本国以外地域商品的生产者之间为同一主体或存在关联关系",否则,"即便在商品来源上具有同一性,由于权利主体的差异,相关商品不能构成一般意义上的平行进口商品,未经本国商标权利人许可进口销售相关商品的行为属于侵害商标权的行为"[38]。

从规则层面而言,在我国商标法没有明文规定权利用尽和平行进口问题的情况下,北京市高级人民法院参照权利用尽规则的一般构成要件"被控侵权商品需来源于商标权人或其授权主体",将平行进口抗辩的适用前提设定为"本国的商标权人与本国以外地域商品的生产者之间为同一主体或存在关联关系",既保障了我国商标权人在商标商品首次销售获利的合法权利,又考虑到平行进口问题的特殊性,为未来司法裁判类似案件提供具有操作性的认定标准,值得肯定。

然而,结合本案事实分析,再审法院认为,出口国与进口国商标权利主体存在长年品牌经销合作关系本身不足以构成平行进口抗辩要求的权利主体间存在的"关联关系"。北京市高级人民法院得出的这一结论令人疑惑。本案涉案进口商品由外国商标权人美国 ChildLife Essential 公司自行生产,并且被告未对商品及商标做任何改动,故产品来源同一且无实质性差异。而涉案中国商标权人(南京童年时光公司)是该美国公司在中国的唯一独立授权的合法经销商。童年时光公司在一审中也明确表示,虽然与该美国公司未就中国注册商标签订商标许可使用协议,但是考虑到双方的品牌经销独家授权关系,允许美国 ChildLife Essential 公司在 ChildLife 品牌产品进口至国内前、童年时光公司加贴中文标签及防伪贴之前,在产品包装上使用"红心"标识。套用北京市高级人民法院对"平行进口"的定义,本案被告从美国进口与中国商标权人童年时光公司存在十年以上品牌独家授权经销合作关系的由美国 ChildLife Essential 公司生产的产品并在中国市场销售的商业模式应该属于平行进口。意外的是,北京市高级人民法院却认定,"涉案商品的生产者与第 10378186 号'红心'图形商标的商标权人归属不同主体,二者亦不存在关联关系",因此"不能构成一般意义上的平行进口商品",作出改判。

在既往司法裁判中,北京市高级人民法院对于平行进口抗辩的适用条件还要求,进口商品必须是中国商标权人或经其授权主体生产销售的。如前文所述,2016年《当前知识产权审判中需要注意的若干法律问题》中,北京市高级人民法院对"平行进口不构成商标侵权"的适用条件表述为,"被控侵权商品确实来源于商标权人或其授权主体",以确保商标权人已经从首次销售中得到应有回报。在德国黑啤案中,北京市高级人民法院也指出,"《商标法》第 57 条第一款第(1)项规定的目的是禁止他人以其商品冒充商标权人的商品,从而盗取商标权人的商誉,如果被控侵权商品

---

[38] 广东省广州市南沙区人民法院(2018)粤 0115 民初 2362 号-欧宝案Ⅰ;天津市滨海新区人民法院(2015)滨民初字第 1515 号-普拉达案。

系商标权人生产销售的,该商品的流通行为即不会造成消费者混淆误认,不会损害商标权人的商誉,不应当认定为侵权行为"[39]。

与童年时光案类似,德国黑啤案中大西洋C公司是德国KÖSTRITZER公司生产产品在中国大陆区域内的唯一经销商。但与童年时光案不同的是,德国KÖSTRITZER公司在中国拥有涉案注册商标专用权,大西洋C公司仅获得了涉案商标在中国大陆区域内的商标独占使用权。我国商标平行进口纠纷最常见的类型也多为此类,即外国品牌创始者既是进口产品在外国的生产商,也是我国注册商标权利人。但本案属于例外,美国ChildLife Essential公司虽然是品牌创始人,也是中国之外"红心"注册商标的商标权人,但是童年时光才是中国的商标权人。

将德国黑啤案与童年时光案对比,北京市高级人民法院在本案中界定的"平行进口抗辩"适用条件——"本国的商标权人与本国以外地域商品的生产者之间为同一主体或存在关联关系"中的"关联关系"是定向而非双向的,除了产品同源外,外国生产者必须同时是中国商标权人或者其商标被许可使用人,故而进一步限制了平行进口抗辩的适用范围。如果本案中美国ChildLife Essential公司是中国"红心"标识的商标权人,童年时光公司是中国红心注册商标的被许可使用人,则可以符合上述权利主体"关联关系"要件,可适用北京市高级人民法院2016年关于商标权权利用尽和平行进口抗辩的规则。但这种"关联关系"构成要件的定向限制可能诱导外国商标权人故意不在中国注册商标,而是让其在中国的授权经销商注册一个与其外国商标相同的商标或者另外注册一个中文的文字商标。那么,按照北京市高级人民法院在本案中的判决思路,中国的商标权人总是与外国商品制造商和外国商标权人不一致,那么平行进口该外国品牌商品就因权利主体差异,无法援引权利用尽和平行进口抗辩。若如此,则商标又变成了外国商标权人限制商品自由流通,人为割裂市场的工具,只是这次实现对商品后续控制的方式是策略性的不自行注册商标,使商标权限制的条件无法达成。

此外,本案判决还有一个不足之处在于对商标平行进口涉外因素的管辖权和准据法问题判断缺失。这的确是大多数商标平行进口案件裁判的通病。但仍有少数法院注意到平行进口商标侵权纠纷的涉外因素,并根据我国《民诉法》和《涉外民事关系法律适用法》的有关规定,确定商标商品平行进口侵权行为地所在国法院有管辖权,其准据法应该适用被请求保护地法,甚至在合同中约定了商品销售地域限制或纠纷解决机制的时候,优先检验涉外合同的管辖权和准据法问题,值得借鉴。[40]

---

[39] 北京市高级人民法院(2015)高民(知)终字第1931号-KÖSTRITZER德国黑啤案。
[40] 浙江省高级人民法院(2019)浙民终939号-博柏利;上海市第一中级人民法院(2012)沪一中民五(知)终字第218号-日本Maruman高尔夫案。

Parallel Imports and Trademark Exhaustion

Li Yanbing

Abstract: There is no provision in the Chinese Trademark Law regarding the exhaustion rule of trademark rights and its applicability in the parallel import disputes. In case law, there are at least three different approaches in this regard: (1) parallel import is free without specified legal prohibition; (2) parallel imports should be treated as normal trademarks Infringement cases; and (3) exhaustion rule of trademark rights applies in parallel import disputes. The Beijing High People's Court adopted the third approach. It further clarified the conditions for the application of trademark exhaustion rule in this case, that is, "the trademark owner in the importing country and the producer of goods in the exporting country should be identical or connected". Noteworthy, the referred "connection" is one-way rather than bidirectional, restricting the scope of application even further. It means, despite the fact that the imported product remains the same, the foreign producer must also be the owner of the Chinese trademark or his licensed user.

Keywords: Parallel imports; Trademark infringement; Trademark exhaustion; Trademark function

专利篇

涉及发明与实用新型的"因恶意提起知识产权诉讼损害责任纠纷"司法认定标准解析

程永顺　韩元牧[*]

摘要：目前，我国法律中并没有关于"恶意诉讼"的明确规定，对恶意诉讼的认定也尚无统一的原则和评判标准。而在司法实践中，随着2011年《民事案件案由规定》增加了相关内容，"因恶意提起知识产权诉讼损害责任纠纷"案件也越来越多。在此类纠纷中，法院审理的权利基础为著作权、商标权、外观设计等与技术问题无关的案件居多，但从中总结出的恶意诉讼的认定标准与权利基础为发明和实用新型的案件存在一定差异。本文通过对司法实践中已经发生的案件进行检索分析，特别是对与发明和实用新型有关的案件进行深入发掘，试图对我国知识产权恶意诉讼的司法认定标准，尤其是对权利基础与技术相关的发明和实用新型案件的认定标准进行解析，以期寻找共性，为今后的案件代理与司法审判提供借鉴。

关键词：恶意诉讼；因恶意提起知识产权诉讼损害责任纠纷；发明；实用新型

一、知识产权恶意诉讼纠纷的由来和理论依据

自入世以来，我国构建了符合WTO要求的知识产权法律制度，知识产权的立法、执法和保护水平不断提高，社会公众的知识产权意识也不断增强，通过诉讼手段来保护自己的合法权益已经成为常态。与此同时，新的问题也不断出现，一些当事人不当行使诉讼权利的现象时有发生，由此造成了当事人的诉累以及司法资源、诉讼资源等社会资源的浪费，也引起了学界、业界和社会舆论的关注。目前，我国法律中并没有关于"恶意诉讼"的明确规定，对恶意诉讼的认定也尚无统一的原则和评判标准。随着司法实践的发展，在我国加强知识产权司法保护的同时，如何防止滥用诉权，保障当事人不因他人利用诉讼手段而遭受不必要的侵害也成为值得关注的重要课题。

从法学理论角度来看，"恶意诉讼"即"基于损害他人为目的故意提起不具有事

---

[*] 本文作者：程永顺、韩元牧，北京务实知识产权发展中心。

实依据或者法律依据的诉讼"。具体而言,只要违反了《民事诉讼法》第13条第一款规定的诚实信用原则,滥用起诉权而给对方当事人造成严重损害的诉讼行为,都属于"滥用诉权"的行为。比较这两个概念,"滥用诉权"实际上是上位概念,"恶意诉讼"是《民事诉讼法》中"滥用诉权"表现形式中的一种,因此,"恶意诉讼"行为在性质上被认为是诉讼法上的侵权行为,而被认为应当承担相应的侵权责任。

就"知识产权恶意诉讼"而言,虽然现行法律中并没有明确规定,但在《专利法》第三次和第四次修改过程中,都曾针对相关问题进行过讨论,不过两次都没有最终被纳入《专利法》审议通过的条款中。2020年10月通过的《专利法》第四次修正第20条规定,"申请专利和行使专利权应当遵循诚实信用原则。不得滥用专利权损害公共利益或者他人合法权益。滥用专利权,排除或者限制竞争,构成垄断行为的,依照《中华人民共和国反垄断法》处理"。该规定是否可以延伸适用到提起专利侵权诉讼的行为上,尚待进一步厘清。

2011年2月18日最高人民法院《关于修改〈民事案件案由规定〉的决定》(法〔2011〕41号)对2007年《民事案件案由规定》进行了修正,其中首次增加了关于"知识产权恶意诉讼"这一案件类型的相关规定,即《民事案件案由规定》第五部分"知识产权纠纷"第15条"知识产权侵权、权属纠纷"增加了第155项"因恶意提起知识产权诉讼损害责任纠纷"这一民事案由。从其所在的纠纷类别的具体划分来看,"知识产权恶意诉讼"划归"知识产权侵权纠纷"这一类,是作为"滥用诉权"的侵权行为来看待的。

司法实践中,随着2011年《民事案件案由规定》增加了相关内容,"因恶意提起知识产权诉讼损害责任纠纷"案件也越来越多,但是由于没有明确的法律规定,实践中真正认定构成恶意诉讼的案件较为少见。为进一步了解中国知识产权恶意诉讼的具体情况,笔者对司法实践中已经发生的"因恶意提起知识产权诉讼损害责任纠纷"类型案件进行了检索分析,试图对我国知识产权恶意诉讼的司法认定标准,尤其是权利基础与技术相关的发明和实用新型案件的认定标准进行解析。

二、知识产权恶意诉讼的司法实践

自2011年新增"因恶意提起知识产权诉讼损害责任纠纷"作为一类民事案件案由以来,笔者共检索到相关裁判文书159篇,其中判决书97篇,裁定书62篇。自2016年起,每年此类案件数量基本维持在20件左右。案件也基本出现在北上广深以及经济相对较发达的东部地区,尤其是东南沿海地区。整体上,原告提起"因恶意提起知识产权诉讼损害责任纠纷"并最终取得胜诉的比例约占1/3,而在专利领域,特别是对于发明及实用新型等与技术相关的案件来说,该比例非常低。

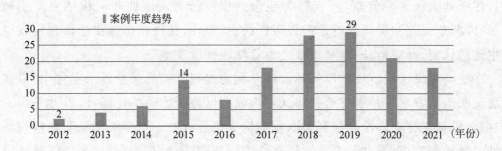

从知识产权恶意诉讼整体情况来看,在多数情况下,司法机关的基本观点倾向认为有权利即可诉讼,这也是在多数"因恶意提起知识产权诉讼损害责任纠纷"中,原告诉讼请求无法获得法院支持的理由。即法院一般认为,有合法的权利基础即可行使诉权,单纯从提起诉讼的角度出发,并不能据以认定为具有恶意。而在多数最终被法院认定为构成恶意诉讼的案件,主要是基于据以主张的权利,即"提起侵权诉讼的权利基础本身的获取是具有恶意的,不合法的"。因此,法院认定著作权、商标权、外观设计等是否属于恶意取得相对较为容易,而法院直接认定发明和实用新型属于恶意取得的,则难度相对较大,特别是对于需要通过实质审查方能获得授权的发明专利而言,则难上加难。而且在相关案件中,许多法院都明确提出,不能因为专利权被宣告无效,就当然地认为权利人取得专利权是具有恶意的,并进一步认定专利权人提起侵权诉讼的行为构成恶意诉讼。

此外,就损害赔偿的结果来说,多数案件中,法院一旦认定构成恶意诉讼,则会要求被告赔偿原告的损失。其中判赔金额比较高的诉讼多涉及被告为起诉原告侵权申请保全措施或者向海关请求扣押原告侵权产品而给原告造成的损失,其他情况下,判赔金额一般都不高。

三、最高人民法院审理知识产权恶意诉讼案件的司法实践

通过数据检索,截至2021年10月,最高人民法院涉及该案由的案件共7件(裁判文书共7篇,包括1篇判决书,6篇裁定书)。其中,涉及提审、管辖等程序性问题的裁定书3篇。在4件最高人民法院具体审理涉及"因恶意提起知识产权纠纷诉讼损害责任纠纷"的案件中,2件权利基础为商标权、1件为外观设计、1件为实用新型。由此可见,由最高人民法院审理的"因恶意提起知识产权纠纷诉讼损害责任纠纷"的案件并不多见,特别是以发明和实用新型为权利基础的案件更少。

在涉及管辖权问题的裁定[(2019)最高法知民辖终282号]中,最高人民法院明确了关于"因恶意提起知识产权诉讼损害责任纠纷"的案件系因恶意提起知识产权诉讼损害责任纠纷,属民事侵权责任纠纷,其管辖的确定应依据"由侵权行为地或者

被告住所地人民法院管辖,侵权行为地包括侵权行为实施地和侵权结果发生地"。对于"因恶意提起知识产权诉讼损害责任纠纷"案件,其侵权行为实施地和侵权结果发生地的认定,都应当是"专利侵权之诉管辖法院所在地"。

在最高人民法院审理的以外观设计专利为权利基础的恶意诉讼案件中,最高人民法院明确了专利权是否有效并非认定构成恶意与否的最主要标准,即并非因专利权有效,就认定存在诉讼的权利基础而不构成恶意诉讼。当事人如果明知侵权纠纷案件的被控侵权人(通常是恶意诉讼案件的原告)并不侵犯专利权,而仍然坚持以该专利提起侵权诉讼,则构成滥用诉讼,可以认定为具有恶意。当然,该案是由最高人民法院民三庭审理的,而按照目前的诉讼管辖规定,涉及发明和实用新型案件的二审管辖权归最高人民法院知识产权法庭,目前尚未检索到该庭审理此类案件的文书。最高人民法院知识产权法庭对于此类案件持怎样的观点,仍有待司法实践的发展再做总结。

此外,虽然最高人民法院在权利基础为实用新型案件的再审审理中,是以支持二审审理结果而驳回了当事人的再审申请。但是,结论上仍然属于认定构成了恶意诉讼的结论,所以具有一定的代表性,将在后文讨论该案时加以具体分析。

四、权利基础为发明与实用新型的恶意诉讼案件的审理结果

从作为侵权诉讼权利基础的知识产权类型的角度对此类案件的分析,少量涉及外观设计和商标的案件最终被认定为构成恶意诉讼,虽然法院审理此类案件依据的判断标准相同,但由于不涉及技术问题,所以对恶意的认定方式和影响因素等的判断与涉及技术问题的专利案件还是存在明显区别,所以可以参考借鉴的因素有限。

在检索到所有涉及"因恶意提起知识产权诉讼损害责任纠纷"发明和实用新型案件中(截至2021年10月),共涉及判决书25份,其中涉及发明的案件7件(一、二审合并计算),涉及实用新型的案件14件(一、二审合并计算,其中部分案件为权利人以三个不同的实用新型分别起诉的案件)。所有涉及发明和实用新型案件中被认定为构成恶意诉讼的只有2起案件,其中,1件涉及发明,1件涉及实用新型,按照比例计算,能够被认定构成恶意诉讼的涉及技术的发明及实用新型案件的总的比例不足10%,该比例远低于此类案件整体的胜诉率(约1/3)。

在这2起被认定构成恶意诉讼的案件中,北京知识产权法院审理了涉及发明的案件1件(二审以调解方式结案);江苏省常州市中级人民法院一审,江苏省高级人民法院二审,并经最高人民法院驳回再审申请的涉及实用新型的案件1件,而且两个案件都存在特别的认定原因。排除掉这些特殊的因素,几乎没有针对发明或实用新型提起恶意诉讼取得胜诉的案件。

五、法院认定构成恶意诉讼的发明和实用新型案件的具体分析

1. 北京远东水泥制品有限公司诉北京四方如钢混凝土制品有限公司因恶意提起知识产权诉讼损害责任纠纷案[（2015）京知民初字第1446号]

该案系目前能够检索到的唯一一件侵权诉讼权利基础为发明，且法院认定构成恶意诉讼的案件。经了解，该案之所以被认定为构成恶意，实际上系权利人及代理人的疏忽，在涉及其他当事人的在先专利无效审查程序中，专利权人已经主动修改了权利要求的内容。而在侵权诉讼中，又以专利授权时的权利要求主张权利。据此，一审法院认定构成恶意。且该案二审最终为调解结案，最终各方关于是否认为构成恶意诉讼，其结论并不明确。

2. 常州市第八纺织机械有限公司诉福建省航韩机械科技有限公司等因恶意提起知识产权诉讼损害责任纠纷案[（2016）苏04民初327号、（2017）苏民终1792号、（2019）最高法民申6406号]

该案系目前能够检索到的唯一一件侵权诉讼权利基础为实用新型，且法院认定构成恶意诉讼的案件。该案中，涉案的四项实用新型专利的原专利权人，将明知不具有授予专利权的法定条件的技术方案（抄袭现有技术）申请实用新型专利，即其明知依法不具有权利基础，却利用实用新型专利无须经过实质审查的授权制度申请并获得了专利授权，该行为明显有悖诚实信用原则；同时，有明确的证据显示，通过转让取得专利权的新的专利权人对原权利人恶意申请涉案四项专利应当知晓，但其依然接受了涉案专利权的转让，其作为新的专利权人同样具有恶意。

在该案的二审审理中，作为权利基础的4项实用新型中的其中1项被国家知识产权局（原专利复审委员会）维持有效，且原告并未就此提起行政诉讼，因此二审法院纠正了以该项实用新型提起侵权纠纷具有恶意的认定，但法院仍然维持了针对其他3项实用新型构成恶意诉讼的认定。

在再审审理中，虽然系最高人民法院裁定维持二审法院改判其中一项实用新型未构成恶意的案件，且因为属于驳回再审申请的裁定篇幅不长，但仍然可以从法院的论述中加深对恶意认定的理解，特别需要注意的是，本案是目前检索到的最高人民法院针对实用新型作为权利基础的恶意诉讼案件直接作出评述的案件，值得参考。

首先，最高人民法院审理明确了恶意诉讼案件的性质，即关于《中华人民共和国侵权责任法》第6条第一款规定："行为人因过错侵害他人民事权益，应当承担侵权责任。"本案系因恶意提起专利权诉讼而引起的损害责任纠纷，本质上属侵权纠纷。在采用过错归责原则的基础上，一般应考虑过错、违法行为、因果关系、损害行为四

个要件。其次,在案件中,应由原告方证明被告(侵犯专利权纠纷诉讼中的原告)就其专利提起侵权之诉具有过错,即存在主观恶意。由于作为权利基础的专利仍为有效专利,且提起恶意诉讼纠纷的原告一方怠于行使相关权利,二者相结合,最高人民法院确认二审判决认定就该实用新型提起侵权之诉不具有恶意并无不当。

六、涉及发明与实用新型的恶意诉讼纠纷的司法认定标准解析

根据对既往涉及"因恶意提起知识产权纠纷诉讼"案件的分析,特别是侵权纠纷中以发明和实用新型为权利基础的案件,笔者认为,被认定为构成恶意诉讼的案件通常应参考以下几个方面的认定标准。

1. 恶意诉讼的构成要件及判断重点

由于"恶意诉讼"是"滥用诉权"的一种表现形式,这种行为性质上被认为是诉讼法上的侵权行为,应当承担滥用诉权的侵权责任,这也是对恶意诉讼的判断标准,即以"滥用诉权"的侵权责任的四个构成要件为依据进行判断。具体来说,即认定某个具体的诉讼行为属于恶意提起的知识产权诉讼,其应当满足以下构成要件:①一方当事人以提起知识产权诉讼的方式提出了某项请求;②提出请求的一方当事人具有主观上的恶意;③具有实际的损害后果;④提出请求的一方当事人提起知识产权诉讼的行为与损害后果之间具有因果关系。通常情况下,只要权利人一方提起了侵权诉讼,且法院作出了生效判决,条件①、③、④一定会满足。法院判断是否构成"恶意诉讼"的重点是对构成要件②"提出请求的一方当事人具有主观上的恶意"的认定。

2. 是否具有主观恶意的判断要点

是否具有主观恶意的判断要点在于当事人"明知其请求缺乏正当理由",在实际案件中表现为,将明知是对方的权利申请为自己的权利,反过来向对方主张权利;或者将现有技术等行业普遍使用的公开信息申请为自己的权利,向其他同业竞争者主张该权利;或者权利本身具有瑕疵确仍然主张权利等。

3. 恶意诉讼的主观因素应当确定为故意

在侵权法体系下,行为人主观分为无过错、过失和故意。一般认为,恶意属于故意的范畴,且属于故意中主观过错最为严重的情形。对于恶意诉讼而言,当事人只有明知其提起诉讼"缺乏正当理由"并导致对方当事人损害时才能成立。

4. 涉及发明、实用新型的案件因权利基础相对稳定,一般较难被认定为"明知其请求缺乏正当理由"

涉及技术内容的发明、实用新型等为权利基础提起的侵权案件被认定为构成

"因恶意提起知识产权诉讼损害责任纠纷"的案件并不多见,其主要原因为这些案件的权利基础相对牢固,特别是发明专利经过实质审查,权利稳定性更高,在判断是否具备权利基础时,一般不会被认定为明知其请求缺乏正当理由。

5. 通常不能通过行使诉权行为本身判断是否具有恶意

在法院进行认定的过程中,一般会就权利人是否在专利无效后撤诉,是否进行证据保全或财产保全,是否针对侵权产品进行了侵权比对、司法鉴定等以证明权利人是否审慎地行使了自己的权利而证明未构成恶意诉讼进行分析和说理,而很少通过仅评述行使诉权本身是否有不当之处来认定是否构成恶意诉讼。

6. 单纯因作为权利基础的专利权最终被宣告无效不能作为证明恶意的理由

在认定构成恶意诉讼的案件中,往往是因为当事人获取权利的手段具有恶意以及权利本身存在瑕疵却仍然主张权利从而被认定构成恶意,单纯因作为权利基础的专利权最终被宣告无效一般不能作为证明恶意的理由。这是因为在起诉时,作为权利基础的专利权仍然处于有效状态,不能以该专利在后续的无效程序中被宣告无效而反推起诉时具有恶意。同时,从《专利法》第47条第二款来看"宣告专利权无效的决定,对在宣告专利权无效前人民法院作出并已执行的专利侵权的判决、调解书,已经履行或者强制执行的专利侵权纠纷处理决定,以及已经履行的专利实施许可合同和专利权转让合同,不具有追溯力。但是因专利权人的恶意给他人造成的损失,应当给予赔偿"。根据该规定,单纯专利被宣告无效的情形与专利权人的恶意给他人造成损失的情形是明确区分的,所以单纯因专利被宣告无效本身并不能认定专利权人具有恶意。

7. 权利人多次起诉的行为通常也不认为构成恶意

如在最高人民法院审理的胶州市金富元橡塑制品厂、青岛中兴达橡塑有限公司一案[(2018)最高法民再388号]中,虽然也探讨了权利人滥用诉权多次起诉的行为是否构成恶意,但法院最终之所以认定权利人具有恶意的理由在于当事人通过在先诉讼已经明知其专利属于现有技术,且被控侵权人不侵权的情况下,又向其他法院以相同的事实和理由再次提起侵权之诉,而并不是因为多次起诉行为本身构成恶意。

8. 诉讼时机不是认定恶意诉讼的关键

以侵犯专利权纠纷达到阻碍被控侵权方上市等目的,也不能作为证明恶意的理由。这主要是基于保障诉权的要求,不能以恶意诉讼为由限制当事人正当行使诉权。当事人有权选择在自己认为合适的时机提起诉讼,特别是在专利维权的权利基础正当,且对于侵权事实的存在与否尽到合理的注意和勤勉义务时,则无论选择什么起诉时机,都不应认定为主观上具有"恶意"。

例如,在个别案件中[(2019)渝01民初436号],原告提出在其上市的关键时期被提起诉讼导致其上市受阻应当推定其主观存在恶意的主张。法院认为,权利人因了解被控侵权人申请上市的进程并选择自认为恰当的时机提起诉讼,只要排除滥用诉权、盲目诉讼,都应当认为是市场主体参与竞争的合法合理手段,法律就不应给予申请上市企业在申请上市期间的特殊保护,"申请上市"也不应成为拟上市企业免于被起诉的"避风港"。由此可见,在专利维权的权利基础正当,且对于侵权事实的存在与否尽到合理的注意和勤勉义务时,则无论选择什么起诉时机,都难以认定为主观上具有"恶意"。

9. 不能以同日申请发明专利不具有创造性,推定专利权人在提起诉讼时明知涉案专利权应当被宣告无效

对于同一申请人同日分别申请发明和实用新型专利的同一技术而言,由于实用新型专利申请可以不经实质审查就授予专利权,而发明专利必须经过实质审查才能授予专利权。故实践中可能存在发明专利申请经过实质审查被认定不符合授权条件被驳回或修改,而实用新型专利权申请过程中获得了授权。如果相同技术方案的发明专利申请是因不具备创造性被驳回,则应适当考虑发明专利和实用新型专利创造性要求不同作出不同处理。根据《专利法》第22条的规定,发明专利的创造性标准高于实用新型专利的创造性标准,并非同日发明专利申请因不具有创造性被驳回,实用新型就一定不具有创造性,应根据具体情况做具体分析。而不能只因同日申请发明专利不具有创造性,便认为专利权人在提起诉讼时明知涉案实用新型应当被宣告无效,从而推定专利权人起诉的行为具有恶意。

Analysis of Judicial Determination Criteria for "Disputes on Damages Due to Malicious Filing of IPR Lawsuits" Involving Inventions and Utility Models

Cheng Yongshun   Han Yuanmu

Abstract:At present, there is no clear provision on "malicious prosecution" in China's laws, and there is no unified principle and judgment standard for the determination of malicious prosecution. In judicial practice, with the addition of the relevant content in the *Regulations on the Causes of Civil Cases* in 2011, there are more and more cases of "disputes over damages caused by malicious prosecution of intellectual property lawsuits". In such disputes, the courts mostly hear cases in which the right basis is copyright, trademark, design, etc., which are not related to technical issues, but the criteria for determining malicious litigation concluded from them are different from those for cases in which the right basis is invention and utility model. In this paper, we have searched and analyzed the cases that have occurred in judicial practice, especially the cases related to inventions and utility models, and attempted to analyze the judicial criteria for determining malicious litigation of intellectual property in China, especially the criteria for determining cases of inventions and utility models whose right bases are related to technology, with a view to finding commonalities and providing reference for future case representation and judicial trials.

Keywords: Malicious prosecution; Disputes over damages for malicious prosecution of intellectual property lawsuits; Inventions; Utility models

浅析不同知识产权权利之间的关系

——以最高人民法院(2021)最高法民再123号判决为例

周 波[*]

摘要：专利法虽然规定同一发明创造不能存在多个专利权，但不仅法律本身存在例外规定，而且实践中也无法真正实现这一目标；商标法、著作权法则并不排斥权利重叠存在，只是在具体制度设计上存在差异。在不同类型的知识产权权利之间，不同权利也完全有可能存在于同一权利客体之上。不同知识产权权利应当给予独立的、分别的保护。判断某一知识产权是否受到侵害，应只以该权利作为判断依据，而不能将其他知识产权权利作为考量因素。认为某一知识产权权利终止后其权利客体必然进入公有领域的观点，必须得到纠正。

关键词：知识产权；独立保护；侵权判断；公有领域

《中华人民共和国民法典》(以下简称《民法典》)继承了此前《中华人民共和国民法总则》的规定，在第123条[①]对知识产权的权利客体作出了规定，从而使知识产权在民法体系中的地位得到了进一步的确认。但是，由于知识产权并未在《民法典》中单独成编，有关于知识产权的规定主要散见于各专门法律之中，知识产权法律关系缺乏体系化的整合，因此在司法实践中，对于知识产权这一现代社会中重要的民事权利的认识还存在不少分歧。其中一个很突出的问题，就是如何认识和把握不同知识产权权利之间的关系。本文拟结合最高人民法院新近审结的一起专利侵权案件谈一点个人的浅薄认识，供方家指正。

一、案情简介

2013年2月6日，甲公司取得名称为"灯(玉兰)"、专利号为200930109818.7、

---

[*] 本文作者：周波，北京市高级人民法院三级高级法官，北京航空航天大学法学院博士研究生。
[①] 《民法典》第123条规定："民事主体依法享有知识产权。知识产权是权利人依法就下列客体享有的专有的权利：(一)作品；(二)发明、实用新型、外观设计；(三)商标；(四)地理标志；(五)商业秘密；(六)集成电路布图设计；(七)植物新品种；(八)法律规定的其他客体。"

申请日为 2009 年 8 月 20 日、授权公告日为 2010 年 5 月 12 日的外观设计专利权(以下简称 818.7 号专利)。该专利在诉讼时处于有效状态。

2017 年 8 月 7 日,甲公司在公证取证后对乙公司提起诉讼,认为乙公司生产销售被控侵权路灯的行为侵害了其享有的外观设计专利权。一审期间,乙公司主张公证书证明的涉案路灯不是其生产销售的。

一审法院认为,在案证据能够证明乙公司的行为侵害了甲公司对 818.7 号专利享有的专利权,因此综合考虑涉案专利权的类型、侵权行为的性质和规模、数量、地域范围等因素,判决:一、乙公司停止侵权并对制造侵权产品的模具予以销毁;二、乙公司赔偿甲公司经济损失 52 万元;三、驳回甲公司的其他诉讼请求。[②]

乙公司不服一审判决提起上诉,并提交了一审宣判后其通过公证方式取得的甲公司于 2015 年 8 月 6 日放弃专利权的名称为"灯(玉兰八叉九火)"、专利号为201430030895.4、申请日为 2014 年 2 月 20 日、授权公告日为 2014 年 7 月 16 日的外观设计专利(以下简称 895.4 号专利)文献材料,用以证明被诉侵权产品使用的是该已放弃专利权的设计方案,而 895.4 号专利与涉案 818.7 号专利设计方案不同。

二审法院认为,乙公司实施的是甲公司已放弃专利权的 895.4 号专利。在案证据不能证明被诉侵权产品系在 895.4 号专利有效期内制造销售的,因此甲公司应当承担举证不能的不利后果。甲公司虽主张乙公司侵犯的是其 818.7 号专利权,但甲公司曾同时享有 818.7 号和 895.4 号两项路灯外观设计专利权,此时应推定两项路灯外观设计在整体视觉效果上存在实质性差异。在被诉侵权设计与 895.4 号外观设计相同的情况下,无须再将其与 818.7 号外观设计进行比对。同时,由于甲公司主动放弃 895.4 号外观设计专利权的行为已由国家知识产权局向全社会公告,如认为他人在原样实施该外观设计的情况下仍会侵犯同一权利人的其他外观设计专利权,则明显损害了社会公众的合理信赖,也有违专利法"推动发明创造的应用,促进科学技术进步和经济社会发展"的立法目的。因此,二审法院改判:一、撤销一审判决;二、驳回甲公司的诉讼请求。[③]

甲公司不服二审判决,申请再审。再审法院经审理认为,乙公司二审期间新提交的相关证据,目的在于证明被控侵权产品是其实施甲公司已经放弃专利权的 895.4 号专利的结果。但乙公司在一审期间即可通过公开渠道获取 895.4 号专利相关信息,且乙公司一审期间并未提出其实施 895.4 号外观设计专利的抗辩,反而认为被控侵权产品是他人生产的,其不是本案适格被告,乙公司在二审期间试图通过形式上形成时间在后的公证书引入本就早已存在的专利文献进而推翻其在一审

---

② 参见贵州省贵阳市中级人民法院(2018)黔 01 民初 175 号民事判决书。
③ 参见贵州省高级人民法院(2019)黔民终 757 号民事判决书。

时明确提出的答辩意见,这一前后矛盾的诉讼行为显然有违诚实信用的民事诉讼基本原则。因此综合以上因素,即使乙公司提交了形式上满足司法解释规定要求的"新的证据",该证据亦不应予以采纳。而二审法院基于甲公司放弃895.4号专利的相关事实,作出被诉行为不构成对甲公司818.7号专利侵权的认定,也属于法律适用错误。最终,再审法院判决:撤销二审判决,维持一审判决。④

就本案再审判决而言,除了指出二审判决在证据采信方面的不当外,最值得注意的是,其明确提出了对于不同知识产权权利之间关系的处理原则。其中,既涉及对同一类型知识产权范畴内不同权利之间的关系问题,如本案处理的两个不同的外观设计专利权之间的关系,又涉及不同类型知识产权之间不同权利的关系问题。因此,成为研究知识产权权利之间关系的典型案例。

二、同一类型知识产权内部不同权利之间的关系

就专利、商标和著作权这些常见的知识产权权利而言,同一类型知识产权内部不同权利之间的关系各有不同,以下是对各个领域的具体考察。

(一)规范层面的实证考察

1. 专利法领域

专利权具有排他性,对同一项发明创造,无论是同一申请人提出的多次申请,还是不同申请人提出的多次申请,都只能授予一项专利权;既不能对同一申请人授予两项或多项专利权,也不能对不同申请人分别授予专利权,⑤即"一发明创造一专利"原则,⑥也称"专利不重复"原则或"禁止重复授权"原则,体现在法律规定上,就是《专利法》第9条第一款前段的规定:"同样的发明创造只能授予一项专利权。"

有学者指出,该原则目的既在于避免因不同申请人对同样的发明创造都享有专利权而引起权利冲突,也是为防止通过对同样的发明创造多次申请并分别获得授权而延长专利保护期。⑦ 但是,由于专利法在授权时有"新颖性"要求,无论是对于同一申请人还是不同的申请人,就同一发明创造而言,在后的申请通常也会因缺乏新颖性而无法获得授权或者在授权后被宣告无效。《专利法》第9条第二款也明确规定:"两个以上的申请人分别就同样的发明创造申请专利的,专利权授予最先申请的

---

④ 参见最高人民法院(2021)最高法民再123号民事判决书。
⑤ 参见尹新天:《中国专利法详解》,知识产权出版社2011年版,第96-104页。
⑥ 王翔主编:《中华人民共和国专利法学习问答》,中国法制出版社2021年版,第27页。
⑦ 王迁著:《知识产权法教程》(第七版),中国人民大学出版社2021年版,第382页。

人。⑧因此，专利法领域中的"一发明创造一专利"原则的主要目的，还是应当理解为避免权利冲突。《专利审查指南（2020）》第二部分第三章第 6 条亦明确说明："禁止对同样的发明创造授予多项专利权，是为了防止权利之间存在冲突。"⑨

当然，"一发明创造一专利"原则也存在例外情形，《专利法》第 9 条第一款后段中的但书部分规定："同一申请人同日对同样的发明创造既申请实用新型专利又申请发明专利，先获得的实用新型专利权尚未终止，且申请人声明放弃该实用新型专利权的，可以授予发明专利权。"《专利法实施细则》第 41 条第四款对此还补充规定："……申请人不同意放弃的，国务院专利行政部门应当驳回该发明专利申请；申请人期满未答复的，视为撤回该发明专利申请。"由于发明专利的保护期长于实用新型专利，因此，这可以视为两种类型的专利权在极为特殊情况下的接续存在。

2. 商标法领域

商标法领域虽然也存在类似《专利法》第 9 条第二款"先申请原则"的规定，即《商标法》第 31 条，⑩但是，《商标法》并未禁止同一权利人就同一商标在相同商品和服务上重复申请注册，通过《商标法》第 30 条"申请注册的商标，凡不符合本法有关规定或者同他人在同一种商品或者类似商品上已经注册的或者初步审定的商标相同或者近似的，由商标局驳回申请，不予公告"的规定也能得出这一结论。实践中，也存在同一主体就同一商标标志在相同商品上重复注册的实例。比如，笔者在 2013 年审理柳州两面针股份有限公司（以下简称两面针公司）与国家工商行政管理总局商标评审委员会、洪少伟商标异议复审行政纠纷上诉案⑪时，就发现两面针公司在"牙膏"商品上先后注册了第 908447 号和第 1074953 号两枚"两面针及图"商标。⑫当然，因为注册商标允许续展，相较于续展而延伸的某一注册商标专用权，商标权人通过前后接续申请而获得的多个注册商标专用权，仅存在注册商标数量上的区别，

---

⑧ 这一规定又被称为《专利法》中的"先申请原则"。参见王翔主编：《中华人民共和国专利法学习问答》，中国法制出版社 2021 年版，第 30 页。

⑨ 国家知识产权局：《专利审查指南》（2020），知识产权出版社 2020 年版，第 115 页。

⑩ 《商标法》第 31 条规定："两个或者两个以上的商标注册申请人，在同一种商品或者类似商品上，以相同或者近似的商标申请注册的，初步审定并公告申请在先的商标；同一天申请的，初步审定并公告使用在先的商标，驳回其他人的申请，不予公告。"

⑪ 参见北京市高级人民法院(2013)高行终字第 72 号行政判决书。

⑫ 第 908447 号"两面针及图"商标注册申请日为 1995 年 3 月 21 日，初审公告日为 1996 年 9 月 7 日，注册公告日为 1996 年 12 月 7 日，核定使用商品为第 3 类"牙膏"商品，商标图样为 。该商标后经续展，专用权期限至 2026 年 12 月 6 日。

第 1074953 号"两面针及图"商标注册申请日为 1996 年 4 月 15 日，初审公告日为 1997 年 5 月 14 日，注册公告日为 1997 年 8 月 14 日，核定使用商品为第 3 类"牙膏"商品，商标图样为 。该商标后因期满未续展而失效。

从上述两商标的注册情况来看，1997 年 8 月 14 日至 2007 年 8 月 13 日，两枚相同的商标是同时共存的。上述商标注册信息，来自"中国商标网"，http://sbj.cnipa.gov.cn，最后访问时间：2021 年 11 月 24 日。

遇到侵权时也只是存在理论上的权利择一行使问题,但并不会影响其权利保护的实际效果,通常也不会对公众利益产生实质性影响。[13]

对于不同权利人之间享有的商标权问题,《商标法》并未作出明确规定。《最高人民法院关于审理注册商标、企业名称与在先权利冲突的民事纠纷案件若干问题的规定》第1条第二款规定:"原告以他人使用在核定商品上的注册商标与其在先的注册商标相同或者近似为由提起诉讼的,人民法院应当根据民事诉讼法第一百二十四条第(三)项的规定,告知原告向有关行政主管机关申请解决。但原告以他人超出核定商品的范围或者以改变显著特征、拆分、组合等方式使用的注册商标,与其注册商标相同或者近似为由提起诉讼的,人民法院应当受理。"从该司法解释的规定来看,只有不规范使用注册商标标志的情况下,人民法院才在民事案件中予以处理,对于商标注册导致的商标权之间的权利冲突问题,则是交由商标授权确权行政程序及后续的行政诉讼程序予以解决。

此外,《最高人民法院关于审理涉及驰名商标保护的民事纠纷案件应用法律若干问题的解释》第11条对驰名商标与注册商标之间的权利冲突问题作出了规定。

3. 著作权法领域

在著作权法领域,虽然《著作权法》并未对同一作品之上能否同时存在多个权利作出明确规定,但是,由于作品认定主要以是否具有独创性为判断标准,因此,不同作者独立创作的完全相同的作品,只要符合著作权法其他规定,就都可以获得独立的著作权保护。[14] 对此,《最高人民法院关于审理著作权民事纠纷案件适用法律若干问题的解释》第15条规定:"由不同作者就同一题材创作的作品,作品的表达系独立完成并且有创作性的,应当认定作者各自享有独立著作权。"也就是说,在某些极端巧合的情况下,著作权法是不排斥在同一客体上存在多个独立的著作权的。当然,对于同一作者而言,由于作品内容相同,即使其在不同场合下又多次完整地表达了该作品,也不会认定后来的表达构成新的作品,而只是原有作品的复制,因此,对于同一作品而言,不存在同一作者对其拥有多个著作权的情形。前面所述的这些独立的著作权,只能由分别独立完成作品的不同作者享有。

4. 小结

对于专利权、商标权、著作权内部不同权利之间的关系,不妨用一个表格(表1)更加直观地呈现。

---

[13] 在刑事审判领域,对侵犯商标权犯罪的定罪量刑方面,由于通常以侵害注册商标专用权的数量为标准,因此,注册商标数量上的差异是会对具体案件中的定罪量刑产生影响的。但在商标标志完全相同、核定使用商品完全相同的情况下,在定罪量刑时是否应当重复统计这种注册商标的数量,是值得讨论的。

[14] 崔国斌:《著作权法:原理与案例》,北京大学出版社2014年版,第70页。

表 1　规范层面同一类型知识产权内部不同权利之间的关系

权利类型	是否存在权利重叠	是否存在例外
专利权	不允许权利重叠存在	同日申请发明与实用新型专利特殊规则
商标权	允许同一权利人的权利重叠存在	无
著作权	允许不同权利人的权利重叠存在	无

（二）实践层面的实证考察

由于商标权、著作权领域允许同一客体存在多个同一类型的权利，因此，尽管这种权利重叠出现的概率并不大，但权利的包容性使得纠纷的产生很难出现。所以，值得研究的主要还是专利权领域的权利关系问题。

1."一发明创造一专利"原则的实践情况

虽然根据《专利法》第 9 条第一款的规定，同样的发明创造只能授予一项专利权，但是，由于《专利法》对发明专利申请、实用新型和外观设计专利申请规定了不同的审查制度，根据《专利法》第 40 条的规定："实用新型和外观设计专利申请经初步审查没有发现驳回理由的，由国务院专利行政部门作出授予实用新型专利权或者外观设计专利权，发给相应的专利证书，同时予以登记和公告。实用新型专利权和外观设计专利权自公告之日起生效。"因此，对于未进行实质审查的专利申请，实践当中不能完全排除存在专利重复授权的可能。

实践中还有一种情形必须考虑，对于同样的发明创造，实用新型专利申请在后且已经获得授权，发明专利申请在先但却因为审查周期过长而尚未获得授权。此时，由于在后的实用新型专利不会破坏在先发明专利申请的新颖性，如果不考虑其他因素，通常是应当对在先的发明专利申请授权的。这种情况看似不属于《专利法》第 9 条规定的"一发明创作一专利"的例外情形，但的确实现了同样的发明创造前后两次被授予专利权的实际效果。⑮ 因此，也是讨论同一发明创造是否会被授予两项以上的专利权时必须要考虑的。

还有一种更为极端的情形，在一项发明专利申请提出后、公开前的时间段内，他人若就同样的发明创造提出实用新型专利申请并获得授权，对于这一在先的发明专利申请，显然根据先申请原则也是应当给予授权的。最高人民法院甚至在相关判决中还对这种情况是否应当对在先发明专利申请予以授权作出了专门的评论："如果简单地认为同样的发明创造只能被授予一次专利权，则该发明专利申请就不能被授

---

⑮　当然，针对这种情况也存在不同的观点：一种观点认为，应当允许申请人通过放弃实用新型专利权来获得发明专利权；一种观点认为，在先的发明专利申请在符合授权的条件下应当授权，在后的实用新型专利权则可以通过无效宣告程序予以无效宣告；还有一种观点认为，应当告知申请人修改发明的权利要求，或者将实用新型专利权无效后才给予发明专利权授权。参见李玢、王业飞：《"禁止重复授权原则"的研究综述》，载《法制与社会》2019 年第 7 期（下），第 16 页。

权,这显然违背了专利授予的先申请原则;如果必须将实用新型专利无效后再授予发明专利权,也会造成实际操作上的困难。"⑯因此,在在先发明专利申请授权后而在后实用新型专利权被无效宣告前的这一段特殊时间内,的确是会存在同样的发明创造存在两项以上的专利权的。

2. "一发明创造一专利"原则例外情形的实践情况

《专利法》第 9 条第一款后段对"一发明创造一专利"原则作出了例外规定,即"同一申请人同日对同样的发明创造既申请实用新型专利又申请发明专利,先获得的实用新型专利权尚未终止,且申请人声明放弃该实用新型专利权的,可以授予发明专利权"。从法律修订完善的历程看,2000 年修正的《专利法》仅对先申请原则作了规定,并未规定"一发明创造一专利"原则。2002 年的《专利法实施细则》第 13 条第一款首次规定:"同样的发明创造只能被授予一项专利。"但对于这一规定如何理解,实践中存在两种不同认识:"状态说"认为,该规定可以理解为对同样的发明创造不能有两项有效的专利权同时存在;而"行为说"则认为,该规定可以理解为对同样的方面创造不能被两次授予专利权,即使它们并非同时存在也依然如此。⑰这种认识上的分歧,尤其是第二种观点,容易导致实践操作上的极端化:若同一发明创造在同日申请发明和实用新型专利,而实用新型专利在授权后由于权利人放弃或者期限届满等原因而终止后,即使相关申请符合发明专利的授权条件,也不能再授予其发明专利权。比如,济宁无压锅炉厂诉国家知识产权局专利复审委员会、舒学章发明专利无效宣告请求行政纠纷案中,二审法院认为,实用新型专利权终止后,该项技术已经进入公有领域,就同样的发明创造再授予发明专利权,相当于将属于公有领域的技术又授予专利权,构成重复授权。⑱但 2008 年 7 月在新的《专利法》修正案即将出台之际,最高人民法院提审改判了该案,再审判决明确指出,"同样的发明创造只能被授予一项专利",是指不能有两项或者两项以上处于有效状态的专利权同时存在。⑲显然,最高人民法院最终采纳的是"状态说"的观点。

2008 年 12 月 27 日通过的《专利法》修正案对"一发明创造一专利"原则规定了例外情形,基本解决了合理有效保护发明人的需求,而且这种例外规定,也为后来历次修改的《专利法》所延续,但还是存在一些有待解决的问题。根据时任国家知识产权局条法司司长的尹新天先生介绍,该例外规定不仅无意解决在发明专利申请尚未审查通过而实用新型专利权已经因为各种原因而提前终止时的各种问题,而且在很多同志看来,在这种情况下根本就不应当再授予发明专利权,否则就是损害了公共

---

⑯ 最高人民法院(2007)行提字第 4 号行政判决书。
⑰ 参见尹新天:《中国专利法详解》,知识产权出版社 2011 年版,第 105 页。
⑱ 北京市高级人民法院(2005)高行终字第 231 号行政判决书。
⑲ 最高人民法院(2007)行提字第 4 号行政判决书。

利益。⑳但是,且不说发明人提交的发明专利申请仍然存在、发明人并无放弃发明专利申请的意思表示,仅就这种认知是否正确而言,这种情形是否损害公共利益似乎还是值得讨论的。本文拟在后文中结合不同类型知识产权之间的不同权利的关系问题,对此一并加以分析。

(三)本案的实践意义

在本案的再审判决中,法院一方面实事求是地指出了由于部分专利并不进行实质性审查,因此不能完全排除存在专利重复授权的客观状态,避免了以法律规范字面上的应然状态代替实际操作中的实然状态;另一方面更是提出了专利侵权判断中的专利权独立原则。

专利权独立原则并非全新概念,但一般用以概括《保护工业产权巴黎公约》第4条之二的规定,即用以强调一个国家驳回一项专利申请或宣告一项专利权无效,不影响该专利申请或专利权在另一个国家的状态。㉑而本案再审判决,则强调在国内法的适用上,也应当坚持不同专利权之间的独立性。即总体而言,对于取得合法授权的专利,应当给予分别的、独立的保护,不应因权利人同时拥有两项以上的专利权,而在侵权判断时将权利人在个案中请求保护的专利权之外的其他专利权作为权利基础纳入考量范围。㉒这显然是处理专利法领域内不同权利之间关系时,必须予以坚持的。以本案为例,在甲公司仅主张818.7号专利权的情况下,就不应当引入其曾经拥有的895.4号专利,以被控侵权产品是否与895.4号专利相同或者近似为由,来判断是否侵害了818.7号专利权。也就是说,在判断被告是否侵害了818.7号专利权时,判断的依据只能是818.7号专利权本身,与其他专利权完全无关。

同时,本案再审判决指出,对于外观设计专利权而言,尽管两个以上获得授权的外观设计可能并不完全相同,不属于同样的发明创造,但是,由于《最高人民法院关于审理侵犯专利权纠纷案件应用法律若干问题的解释》第8条规定,在与外观设计专利产品相同或者相近种类产品上,采用与授权外观设计相同或者近似的外观设计

---

⑳ 尹新天先生认为,"同样的发明创造只能授予一项专利权"的含义应当是"对同样的发明创造从根本上就不能授予两项专利权,而不是不能有两项有效的专利权同时存在",而且按照例外规定授予发明专利权的条件之一是"先获得的实用新型专利权尚未终止","这就能够避免出现先授予的实用新型专利权已经因为被放弃或者保护期限届满而终止,随后又授予发明专利权的现象,从而能够更好地维护公众的利益不受损害"。尹新天:《中国专利法详解》,知识产权出版社2011年版,第107页。

㉑ 参见郑波:《〈保护工业产权巴黎公约〉简介》,载《政治与法律》1985年第1期,第10页;储敏:《平行进口的法律性质分析》,载《现代法学》2001年第6期,第78-81页;花玉军、储元龙:《平行进口的性质及法律适用》,载《人民司法》2002年第5期,第55-56页;[奥地利]博登浩森著,汤宗舜、段瑞林译:《保护工业产权巴黎公约指南》,中国人民大学出版社2002年版,第40-42页。

㉒ 在商标法领域也存在类似问题。参见周波:《商标知名度的认定与商事主体的历史传承》,载《人民司法》2011年第8期,第59-63页;周波:《注册商标专用权的独立性与商誉的延续性》,载《电子知识产权》2013年第7期,第92-95页。

的,人民法院应当认定被诉侵权设计落入外观设计专利权的保护范围,因此,在认定侵犯外观设计专利权的行为时,不仅要考虑被控侵权产品是否与请求保护的"以表示在图片或者照片中的该产品的外观设计"相同,而且还要考虑被控侵权产品是否与该外观设计近似。即使权利人拥有多项外观设计专利权,判断被控侵权产品是否侵害其某一特定的外观设计专利权时,仍然必须以请求保护的外观设计专利为基础,将被控侵权产品与该请求保护的外观设计进行"整体观察、综合判断",而不能以权利人拥有两项以上的外观设计专利权为由,直接推定该两项专利权存在实质性差异,进而以被控侵权产品与权利人在个案中请求保护的外观设计之外的另一项其享有权利的外观设计相同或近似为由,得出被控侵权产品不会侵害该请求保护的外观设计专利权的结论。这显然也是对专利法领域内不同权利之间关系的又一阐释。

三、不同类型知识产权权利之间的关系

在讨论不同知识产权权利之间关系问题时,不得不讨论不同类型知识产权之间的权利关系问题。二十多年前,知识产权审判实务界就已经认识到这一问题:"随着人们知识产权法律意识的增强和市场竞争的加剧,知识产权领域近年来发生了多起不同权利主体对同一权利客体各自享有权利引起的著作权、商标权及其他知识产权之间的冲突纠纷。"[③]与前一部分相对应,本部分也从三个方面来分析不同类型知识产权之间不同权利之间的关系。

(一)规范层面的实证考察

1. 专利法领域

《专利法》第 23 条第三款规定:"授予专利权的外观设计不得与他人在申请日以前已经取得的合法权利相冲突。"对于发明专利、实用新型专利,《专利法》没有类似的规定。对此似乎可以理解为只有外观设计专利权才存在与其他类型的知识产权发生冲突的可能,发明专利和实用新型专利权不存在与其他类型知识产权冲突的可能。

2. 商标法领域

《商标法》第 9 条第一款规定:"申请注册的商标,应当有显著特征,便于识别,并不得与他人在先取得的合法权利相冲突。"第 32 条规定:"申请商标注册不得损害他人现有的在先权利,也不得以不正当手段抢先注册他人已经使用并有一定影响的商标。"

[③] 罗东川:《著作权司法审判中的几个法律问题》,载北京市第一中级人民法院知识产权庭编著:《知识产权审判实务》,法律出版社 2000 年版,第 153 页。

3. 著作权法领域

从现有条文看,《著作权法》并未对著作权与其他类型的知识产权权利的关系作出规定。

4. 小结

从上述三个领域知识产权专门法律规范来看,只是在专利、商标授权确权环节,法律规定才涉及不同类型知识产权之间的权利冲突问题,而且,这种对在先权利的保护,实际上也并不限于知识产权,对于姓名权、肖像权等其他民事权利,实际上也同样适用上述法律规定。

尽管如此,为了回应实践中不同类型的知识产权权利冲突问题,最高人民法院通过司法解释的方式,对相关问题的解决作出了规定。《最高人民法院关于审理注册商标、企业名称与在先权利冲突的民事纠纷案件若干问题的规定》第1条第一款规定:"原告以他人注册商标使用的文字、图形等侵犯其著作权、外观设计专利权、企业名称权等在先权利为由提起诉讼,符合民事诉讼法第一百一十九条规定的,人民法院应当受理。"但是,该规定重在明确人民法院是否应当通过民事裁判处理不同类型的知识产权权利冲突问题,性质上属于明确人民法院对此类纠纷的主管问题,并未对如何从实体上处理此类纠纷作出细化规定。

总之,至少从规范层面看,我国现有知识产权法律规范并未对不同类型知识产权之间对权利冲突问题作出明确规定。

(二)实践层面的实证考察

1. 所谓权利冲突问题

在司法实践层面,由于不同类型知识产权可能归属不同权利主体,因而彼此之间就有可能存在权利冲突问题。1990年通过的《著作权法》自1991年6月1日起施行,而著作权与商标权之间产生纠纷的案件在几年之后就出现了,其中最受关注的就是北京法院审理的裴立、刘蔷诉山东景阳冈酒厂侵害著作权纠纷案[24]和上海法院审理的冯雏音等八人诉江苏三毛集团公司侵害著作权纠纷案[25]。在这两起案件中,法院均认为如果在后的注册商标侵害了他人在先的著作权,应当承担相应的民事责任,在后商标已经获准注册并不能成为侵害著作权案件中的抗辩事由。

---

[24] 参见北京市海淀区人民法院(1996)海知初字第29号民事判决书和北京市第一中级人民法院(1997)一中知终字第14号民事判决书。

[25] 参见上海市第一中级人民法院(1996)沪一中民初(知)字第94号民事判决书和上海市高级人民法院(1997)沪高民终(知)字第48号民事判决书。

上海美术电影制片厂诉珠海天行者文化传播有限公司等侵害著作权纠纷案[26]，则是一起关于著作权与外观设计专利权冲突的案例。在该案中，法院同样没有支持被告以在后取得的外观设计专利权提出的抗辩主张，认为"保护在先权利"是解决知识产权权利冲突的基本原则。

在香格里拉国际饭店管理有限公司诉黄惠娟侵害商标权及不正当竞争纠纷案[27]中，法院则在申请宣告专利权无效存在制度障碍的情况下，通过民事裁判认定无论专利权人是否将该外观设计专利实际使用，只要其与他人在先取得的合法权利相冲突，即属"即发侵权行为"，该专利就构成与在先商标权的冲突，据此判决被告不得使用该外观设计产品。

从上述不同类型的案例可以看出，实践中所谓的知识产权权利冲突问题，主要是由在后的知识产权，如商标权或专利权不当授权造成的。在此种情况下，在后的权利往往会通过相应的授权确权行政程序及后续行政诉讼，最终予以无效宣告。一旦在后的权利被无效而视为自始不存在了，原来的所谓权利冲突也就不存在了。

2. 不同类型知识产权权利的独立保护

一方面，由于同一客体上可能同时存在两种不同类型的知识产权权利，当这两种类型的知识产权归属同一主体时，就会出现当事人同时主张两项权利或者选择其中一项权利行使的情形。比如，在吕国明诉金香港珠宝（深圳）有限公司侵害外观设计专利权及著作权纠纷案[28]中，原告即就被告销售装饰挂件的行为同时主张了外观设计专利权和著作权。一审、二审法院均支持了原告关于被告同时侵害其两项权利的主张，只是在确定损害赔偿数额时，考虑到侵权行为只有一个，因此对赔偿数额不予重复计算。

另一方面，由于不同类型的知识产权权利存续时间不同或者由于其中一项权利被予以无效宣告、主动放弃等原因，在同一客体上会存在不同类型的知识产权权利接续存在的情况。司法实践中也出现了某一项知识产权权利终止后，由另一类型的知识产权权利对同一客体继续保护的案例。

在被确定为最高人民法院第157号指导案例的左尚明舍家居用品（上海）有限公司诉北京中融恒盛木业有限公司等侵害著作权纠纷案[29]中，原告主张著作权的家具就曾获得过外观设计专利权，只是后来被国家知识产权局专利复审委员会宣告无

---

[26] 参见上海市第一中级人民法院（2010）沪一中民五（知）初字第82号民事判决书和上海市高级人民法院（2012）沪高民三（知）终字第67号民事判决书。
[27] 参见北京市第一中级人民法院（2002）一中民初字第8951号民事判决书（一审判决生效）。
[28] 参见黑龙江省齐齐哈尔市中级人民法院（2014）齐知民初字第34号民事判决书和黑龙江省高级人民法院（2016）黑民终442号民事判决书。
[29] 参见江苏省南京市中级人民法院（2014）宁知民初字第126号民事判决书、江苏省高级人民法院（2015）苏知民终字第85号民事判决书和最高人民法院（2018）最高法民申6061号民事裁定书。

效,在这种情况下,原告才依据著作权提起诉讼。

3. 有关公有领域问题

严格来讲,第157号指导案例是因为外观设计专利权被无效后才进入著作权法视野的,并不涉及权利接续的问题,因为无效的专利权被视为自始即不存在。如果专利权存在的合法性不存在问题,在专利权失效后,是否还存在依据其他类型的知识产权对同一客体给予保护的可能?在这一点上的确是存在分歧的。

一种观点认为,知识产权权利终止后,相应的权利客体就进入公有领域,任何人都可以自由使用,此时不应允许再有其他知识产权权利对同一客体给予保护,否则就是损害了公共利益。比如,在谢新林诉叶根木侵害著作权纠纷案[30]中,由于食品包装袋上外观设计专利权因未缴年费而终止,故原告依据著作权提起侵权之诉,但法院认为,在专利权因保护期届满或其他原因如权利人怠于缴纳年费、自愿放弃等原因而终止后,该专利便进入公有领域,成为社会公众均可自由利用的公共财富。若仍允许以著作权为由阻碍他人实施已经进入公有领域的专利,因著作权自作品创造完成之日起即产生,公众无法得知其对已经进入公有领域的专利的利用是否会受到著作权人的追究,这显然有损社会公众的信赖利益,也与专利法的宗旨相违背。因此,主张不能在专利权终止后再对该客体给予著作权保护。这一观点也恰恰是本案二审法院所采用的观点。

另一种观点则认为,一种类型的知识产权权利终止后,并不意味其权利客体就必然进入公共领域而可以由公众自由使用,还要看是否有其他权利存在。比如,在北京特普丽装饰装帧材料有限公司诉常州淘米装饰材料有限公司侵害著作权纠纷案[31]中,在原告的外观设计专利权因未缴纳年费而提前终止的情况下,法院认为原告有权依据著作权主张被告的侵权责任。其理由在于:(1)法律并不禁止权利人在同一客体上享有多种民事权利;(2)如果在同一客体上存在多种民事权利,每一种民事权利及其相应的义务应当由相应的法律分别进行调整和规制;(3)专利权失效后,其权利客体进入公有领域,这一规则不能简单适用于在作品基础上获得的外观设计专利;(4)民事权利依法律规定或合同约定而取得,同样亦依法律规定或合同约定而丧失。

对于这样一个颇具争议的问题,最高人民法院在涉及外观设计专利权终止后能否给予反不正当竞争法保护的上海中韩晨光文具制造有限公司诉宁波微亚达制笔有限公司等擅自使用知名商品特有装潢纠纷案[32]中已经有过表态:"多数情况下,如

---

[30] 参见浙江省海宁市人民法院(2013)嘉海知初字第10号民事判决书、浙江省嘉兴市中级人民法院(2013)浙嘉知终字第5号民事判决书和浙江省高级人民法院(2014)浙民申字第660号民事裁定书。

[31] 参见江苏省常州市中级人民法院(2014)常知民初字第85号民事判决书和江苏省高级人民法院(2015)苏知民终字第37号民事判决书。

[32] 参见上海市高级人民法院(2008)沪高民三(知)终字第100号民事判决书和最高人民法院(2010)民提字第16号民事裁定书。

果一种外观设计专利因保护期届满或者其他原因导致专利权终止,该外观设计就进入了公有领域,任何人都可以自由利用。但是,在知识产权领域内,一种客体可能同时属于多种知识产权的保护对象,其中一种权利的终止并不当然导致其他权利同时也失去效力。同时,反不正当竞争法也可以在知识产权法之外,在特定条件下对某些民事权益提供有限的、附加的补充性保护。"

前文在讨论"一发明创造一专利权"原则例外情形时,也提到专利权终止后该发明创造即应进入公有领域的观点。其实,无论是同一类型知识产权内部不同权利之间的关系,还是不同类型知识产权之间不同权利之间的关系,对于某一知识产权权利终止后其权利客体是否当然进入公共领域这一问题,结论上是不应当存在任何区别的。

从规范的层面看,任何一部知识产权专门法律在规定某一特定的知识产权权利时,都只是规定了该权利如何产生、如何终结,并未规定该权利终止后公众是否就可以当然地使用该权利客体。认为某一知识产权权利终止后权利客体当然进入公有领域的观点,似乎只考虑了单一维度内的激励机制,而并没有从知识产权整体框架乃至整个法律制度框架的高度,来看待知识产权权利人与社会公众的关系问题。

从理论的层面看,知识产权是由许多子权利构成的权利体系,[33]遵循知识产权法定主义——任何人不得在法律之外创设知识产权,[34]而设立不同类型的知识产权权利的法律在立法目的、价值追求、制度设计等方面都各有侧重,因此权利配置、调整范围也必然既彼此渗透又各不相同。某一项知识产权权利的终止,虽然意味着就产生该权利的法律范畴而言,该权利客体已经不再为某一特定主体所控制,但是,在整个知识产权法律体系中,它完全有可能还处于设立其他类型的知识产权的法律所构建的权利框架之内,因此,不能以其中某一项权利的制度功能来代替全部制度设计,必须尊重各自独立的知识产权权利,对于公有领域的认定必须慎之又慎,防止顾此而失彼。

(三)本案的实践意义

本案中,再审法院针对二审判决提出的专利权终止后该外观设计就进入公有领域的观点,再次明确强调,对于权利人拥有的多项专利权,应当依法给予分别的、独立的保护,不应因被控侵权人实施的是权利人已经放弃专利权的外观设计,就当然得出该行为不会侵犯该权利人享有的其他专利权的结论。必须看到,在很多情形下

---

[33] 冯晓青:《论知识产权权利重叠、权利冲突及其解决》,载郑胜利主编:《北大知识产权评论·第1卷》,法律出版社2002年版,第111页。

[34] 易继明:《论知识产权的观念——以一则案例讨论知识产权类型化及法律适用》,载张平主编:《北大知识产权评论(2013)》,北京大学出版社2013年版,第71页。

在同一客体之上,完全有可能叠加地存在多项知识产权或其他合法权益。在某些特殊情况下,在同一客体上可能同时存在著作权、专利权、商标权叠加的情形,而这些权利也有可能由不同的主体享有。因此,不能以某一外观设计专利权因期限届满或权利人主动放弃而当然得出该外观设计进入公有领域而不会侵害他人合法权利的结论。

四、结论

2021年10月21日,时任最高人民法院院长周强在第十三届全国人民代表大会常务委员会第三十一次会议上就党的十八大以来人民法院知识产权审判工作情况作报告时,明确提出了"适时编纂知识产权法典"的建议,㉟这充分说明从更宏观的视角看待和处理不同知识产权权利之间关系的重要性。虽然完成知识产权法典、实现对知识产权权利的体系化梳理,是一个十分艰巨的任务,还有很多问题需要研究和澄清,但至少以下三点是目前就可以明确的:无论是在同一类型的知识产权内部,还是在不同类型的知识产权之间,对于不同的知识产权权利,都应当给予独立的、分别的保护;判断某一知识产权是否受到侵害时,也必须以该权利作为判断依据,而不能将其他知识产权权利作为考量因素;认为某一知识产权权利终止后其权利客体必然进入公有领域的观点,必须得到纠正。

Analysis of the Relationship between Different Types of Intellectual Property Rights
——Taking the Supreme People's Court's Judgement (2021) Zuigaofa Min Zai No. 123 as an example

Zhou Bo

Abstract: Although the Patent Law stipulates that the same invention or creation cannot have multiple patent rights, not only does the law itself have exceptions, but also in practice, this goal cannot be truly achieved. Trademark law and copyright law do not exclude the existence of overlapping rights, although there

---

㉟ 周强:《最高人民法院关于人民法院知识产权审判工作情况的报告——2021年10月21日在第十三届全国人民代表大会常务委员会第三十一次会议上》,载"中国人大网",http://www.npc.gov.cn/npc/c30834/202110/2adb18d160c945e989bc20df3641cffc.shtml,2021年10月21日发布,最后访问时间2021年12月3日。

are differences in specific institutional design. Among different types of intellectual property rights, different rights may also exist on the same object of rights. Different intellectual property rights should be given independent and separate protection. To determine whether a certain intellectual property right has been infringed, only that right should be used as the basis for judgment, and other intellectual property rights should not be considered as factors. The view that the object of a certain intellectual property right must inevitably fall into the public domain after its termination must be corrected.

Keywords: Intellectual property right; Independent and separate protection; Infringement judgment; Public domain

不正当竞争篇

技术秘密纠纷案赔偿数额标准研究

——以"香兰素案"为例

曹新明　曹文豪帅[*]

摘要：目前我国技术秘密案件中存在法定赔偿适用率过高，赔偿数额偏低的情形。通过对"香兰素"案的分析，明确商业秘密的保护范围，满足秘密性、保密性以及价值性的商业信息都有可能构成商业秘密受到保护。赔偿责任认定上应当坚持补偿性赔偿为主，惩罚性赔偿补充适用的二元模式。赔偿数额的计算标准上可以引入市场价值标准，综合考量权利人因遭受侵权所受到的实际损失、侵权人因实施侵权所获得的非法利益、被侵害客体的许可使用费的合理倍数、被侵害客体的市场价值以及其他合法证据确定的损害数额计算最终赔偿数额。

关键词：商业秘密；惩罚性赔偿；损害赔偿数额

一、案件名称

嘉兴市中华化工有限责任公司等与王国军等侵害技术秘密纠纷上诉案[①]

二、案情摘要

香兰素是全世界应用最广泛的食品增香剂之一，具有极高的经济价值。原告嘉兴市中华化工有限责任公司（以下简称嘉兴化工公司）与上海欣晨新技术有限公司（以下简称上海欣晨公司）是涉案"香兰素"生产技术秘密的共有人。被告傅祥根是嘉兴化工公司前员工，从被告王龙集团公司（被告公司1）获取40万元后将原告有关"香兰素"生产技术及设备图纸披露给被告，后辞职进入被告宁波王龙科技股份有限

---

[*] 本文作者：曹新明，中南财经政法大学知识产权研究中心教授，博士生导师，法学博士；曹文豪帅，中南财经政法大学知识产权研究中心博士研究生。

[①] 最高人民法院（2020）最高法知民终1667号。

公司(以下简称王龙科技公司,被告公司2)协助生产香兰素。而后被告喜孚狮王龙香料(宁波)有限公司(以下简称喜孚狮王龙公司,被告公司3)使用王龙科技公司技术出资的香兰素生产线继续生产香兰素。被告王国军是前述三被告公司法定代表人。

本案主要争议焦点有:(1)涉案技术信息是否构成技术秘密;(2)被告是否实施侵害涉案技术秘密的行为;(3)损害赔偿责任分配及损害赔偿数额的确定。

一审法院认为,涉案"香兰素"生产技术构成技术秘密应当受到保护。涉案技术秘密为相关185张设备图和15张工艺流程图,其中侵权使用的涉案技术秘密为17个设备的设计图及5张工艺流程图。被告王龙集团公司、王龙科技公司、傅祥根以不正当手段获取涉案技术秘密,并披露、使用、允许他人使用该技术秘密的行为,喜孚狮王龙公司使用涉案技术秘密的行为,均侵害了涉案技术秘密,构成不正当竞争,王龙集团公司、王龙科技公司、喜孚狮王龙公司、傅祥根应当承担停止侵害、赔偿损失的民事责任。其中王龙集团公司、王龙科技公司、傅祥根基于共同实施的侵权行为,应当承担连带责任。喜孚狮王龙公司基于其实施的使用行为,承担部分连带责任。王国军的行为并未明显超出其法定代表人职务行为的范畴,不构成共同侵权并承担侵权责任。本案适用法定赔偿方式,酌情确定王龙集团公司、王龙科技公司、傅祥根连带赔偿经济损失300万元及维权费用50万元,喜孚狮王龙公司对上述经济损失及维权费用的7%承担连带赔偿责任。

二审法院认为,原告提供的287张设备图和25张工艺流程图均构成商业秘密,但其中侵权使用的涉案技术秘密为被告全部非法获取的185张设备图和15张工艺流程图。王国军与王龙集团公司、王龙科技公司、喜孚狮王龙公司、傅祥根构成共同侵权,依法承担相应法律责任。最终赔偿数额以销售利润计算共计1.59亿元。

三、案情评析

本案作为2021年度十大典型案例,对于我国司法实践中关于商业秘密范围界定、侵权行为认定以及判赔数额适用标准都有重要的指导性意义。

(一)商业秘密的认定

《反不正当竞争法》先后于2017年、2019年进行了两次修正,由于原告仅针对2019年反不正当竞争法施行前的被诉侵权行为提起诉讼,尤其是其主张的损害赔偿责任期间并不包含2018年以后的被诉侵权行为,因此在本案的法律适用上,法院仍然采用2017年《反不正当竞争法》。

《反不正当竞争法》(2017)第9条第三款规定:本法所称的商业秘密,是指不为公众所知悉、具有商业价值并经权利人采取相应保密措施的技术信息和经营信息。根据本条规定,商业秘密区分为技术秘密和经营秘密两种类型。而构成商业秘密的要件分为三项:(1)不为公众所知悉;(2)具有商业价值;(3)采取一定的保密措施。其中不为公众所知悉是指该领域相关人员无法从公开渠道(查阅、搜索、咨询等方式)获取或者通过观察相关产品就能获取相关商业秘密。具有商业价值是指该商业秘密能够使持有者在市场上具备一定的竞争优势,获取直接经济利益或具备潜在价值,能让使用者减少相应产品成本及损失。采取一定的保密措施则指持有者为了防止商业秘密的泄露,根据商业秘密的具体情形采取相应的合理举措。

如何精准识别涉案商业秘密范围一直是商业秘密纠纷案件难点所在。司法实践中,法院主要依据原告诉求及所提供事实,结合"被告抗辩举证+公开渠道获取信息=原告诉求商业秘密"来判断涉案秘密是否具备秘密性、保密性、价值性进而确定商业秘密的范围。秘密性是商业秘密最本质的属性及价值来源基础,正是因为商业秘密的秘密性,技术信息或者经营信息持有者才具备采取措施保障商业秘密不被泄露的合理动机,通过采取一定的保密措施,维持商业秘密的秘密性进而保障经营者自身的市场竞争优势,从而持续获取经济利益。可以说,秘密性是商业秘密本身的静态内在特征,保密性则是商业秘密的动态外在表现。法条规定的三个构成要求虽然看似周延,但在司法实践中仍然缺乏一定的可操作性。在实践中,因担心商业秘密二次泄露或囿于原告搜集、举证能力,原告往往不愿或无法清楚描述涉案商业秘密内容,这就给法官界定商业秘密范围造成很大困扰。

本案中,在秘密性以及保密性的认定上,原告首先明确主张涉案商业秘密为香兰素的生产工艺设备信息及生产流程技术信息,其技术载体体现为相应的设备图及工艺管道、仪表流程图。其次,原告提供了香兰素自主生产研发技术资料、技术开发合作合同、知识产权司法鉴定意见书、采取的一系列保密举措文件等证明资料。最后,法院通过调查能否从市场公开渠道获取相关信息以及难易程度综合判定本案中涉案287张设备图和25张工艺流程图均构成技术信息,具备秘密性和保密性。价值性则是商业秘密具备财产属性的根本所在,换言之,商业秘密的价值性源自创造者的智力和劳动投入,表现为其能够在市场上为持有者带来可观的经济利益或减少经营者的成本损耗。本案中,原告因掌握香兰素生产工艺技术,占据了全球香兰素市场份额的60%,因此原告对于香兰素相关生产工艺及设备制定了完备严格的保密审查机制,防止相关工艺信息的泄露。但是由于被告的侵害行为,原告的市场份额迅速下降至50%,给原告造成了巨大的经济损失。正是基于对上述三性的判定,法院最终认定涉案287张设备图和25张工艺流程图均构成技术秘密,应当予以保护。

(二)侵害商业秘密行为的认定

《反不正当竞争法》(2017)第 9 条规定了侵害商业秘密的具体行为。该条规定可以概括为:经营者以不正当手段获取、披露、允许他人使用商业秘密的行为视为对他人商业秘密的侵害。司法实践中,法院判断被诉行为是否构成侵犯商业秘密,一般按照以下步骤分析:第一,作为本诉权利基础的技术信息、商业信息或者其他信息是否属于商业秘密;第二,被告是否适格;第三,被指控受到被告侵害商业秘密是否归属于原告;第四,被告所实施之行为是否属于《反不正当竞争法》第 9 条规定的范畴。②

在技术秘密类案件中,对于判断被告使用的是否属于原告主张的商业秘密,一般首先需要确认涉案技术秘密的秘密点,再将被告使用的信息与之进行比对判断。在本案中,一审原告主张的技术秘密包括六个秘密点,涉及 58 个非标设备的设备图 287 张和工艺管道及仪表流程图 25 张。一审被告获取了其中 200 张设备图和 15 张工艺流程图,经比对,其中有 185 张设备图与涉案技术秘密中设备图的结构型式、大小尺寸、设计参数、制造要求均相同,设备名称和编号、图纸编号、制图单位等也相同,共涉及 40 个非标设备;有 15 张工艺流程图与嘉兴化工公司的工艺管道及仪表流程图的设备位置和连接关系、物料和介质连接关系、控制内容和参数等均相同,其中部分图纸标注的图纸名称、项目名称、设计单位也相同。因此,原审法院与最高人民法院均认定一审被告非法获取的技术秘密范围为 185 张设备图和 15 张工艺流程图,且与一审原告提供的涉案设备图和工艺流程图相同。

而在"不正当获取商业秘密行为"认定上,根据法条规定,一般表现为盗窃、欺诈、贿赂、胁迫、违法合同义务或保密协议、高薪挖角使员工跳槽等方式。在本案中,最高人民法院认为香兰素生产设备和工艺流程通常具有配套性,其生产工艺及相关装置相对明确固定,一审被告已经实际建成香兰素项目生产线并进行规模化生产,故其必然具备制造香兰素产品的完整工艺流程和相应装置设备。根据一审原告提供的相关材料,涉案技术秘密从研发到建成生产线用了长达 4 年多的时间。而一审被告拒不提供有效证据证明其对香兰素产品的完整工艺流程和相应装置设备进行了研发和试验,且又不能证明其生产工艺流程和相应装置设备与涉案技术秘密在个别地方略有不同是基于其自身的技术研发或通过其他正当途径获得的技术成果所致,且在一年时间内上马香兰素项目生产线并实际投产。同时现有证据表明,一审被告是在获取了涉案技术秘密后才开始组建工厂生产香兰素产品。因此,最高人民法院认为一审被告不仅以非法手段获取了涉案技术秘密,且已投入实际使用。

---

② 参见北京市高级人民法院知识产权庭课题组:《〈反不正当竞争法〉修改后商业秘密司法审判调研报告》,载《电子知识产权》2019 年第 11 期,第 70 页。

(三)商业秘密侵权损害赔偿数额的计算

有关商业秘密纠纷案件损害赔偿问题一直以来是司法实践中的痛点和难点所在。我国《反不正当竞争法》(2017)第 17 条规定经营者违反本法第 6 条、第 9 条规定,权利人因被侵权所受到的实际损失、侵权人因侵权所获得的利益难以确定的,由人民法院根据侵权行为的情节判决给予权利人 300 万元以下的赔偿。从文义解释角度出发,侵害商业秘密的民事损害赔偿责任的认定标准顺序应当如下:第一顺位适用权利人实际损失作为赔偿基础,第二顺位适用侵权人侵权获利所得,不仅包含直接获利还应当包含简介和预期获利;只有前两种情形都不适用的情况下,才最终适用法定赔偿进行填平性补偿。但是在实践中,往往由于举证问题以及商业秘密经济价值的不确定性等因素,法院难以衡量实际损失以及侵权获利所得,导致法定赔偿适用率居高不下的滥觞。这也造成了知识产权案件"雷声大,雨点小"的尴尬局面,侵权人往往只用付出相对较小的代价即可免除相应民事责任,反观权利人,即使胜诉,在整个诉讼过程中却付出远超判赔数额价值的人力、物力和财力。

本案作为我国有史以来商业秘密判赔数额第一案,在侵权数额赔偿标准认定上起到了很好的指引示范作用。在本案中,一审法院直接采用法定赔偿的认定标准,判决赔偿原告经济损失 300 万元以及维权费用 50 万元,喜孚狮王龙公司对上述费用承担 7% 的连带赔偿责任。尽管一审法院判赔数额是依据法律规定的法定赔偿数额最高标准认定,但是其在适用顺位上存在明显问题,没有优先适用第一顺位的侵权损失和第二顺位的侵权获利,因此显然不具备合理性。二审期间,原告方主张依据本案涉案商业秘密被侵害造成的实际损失来确定赔偿数额,并且分别依据营业利润、销售利润、价格侵蚀三种计算方式给出了明确的赔偿数额。法院综合考量证据的真实性、可靠性以及被告的侵害行为情节严重、主观恶意等因素,最终确定以销售利润来计算本案赔偿数额,并加上合理支出费用共计判赔 1.59 亿元。此次判决不仅很好地发挥了司法的惩戒警示作用,还充分彰显了我国加强商业秘密保护的决心,在推进知识产权全链路保护的道路上又百尺竿头更进一步。

(四)对法律学说的发展和启示

1. 商业秘密的保护范围

有关商业秘密保护,《与贸易有关的知识产权协定》作出了明确规定。该《协定》使用的术语是"未披露的信息",同时规定这种"未披露的信息"必须具有秘密性、商业价值并且合法控制信息的人已采取了适当的措施保持信息的秘密性。[③] 我国目前

---

③ 参见《与贸易有关的知识产权协定》第 39 条。

并没有关于商业秘密的专门立法,而是在反不正当竞争法中予以一定程度的保护。因此在我国《民法典》颁布前,有关商业秘密的理论基础及法律属性也颇受争议,有合同理论、侵权理论、不正当竞争理论、人格权理论、违反保密义务理论、财产权理论、知识产权理论等多种学说观点。④ 随着我国《民法典》的正式实施,才将商业秘密纳入知识产权保护的客体范围,明确了商业秘密的知识产权属性。通说认为,商业秘密是具有秘密性、保密性、价值性的技术信息和经营信息。随着2019年《反不正当竞争法》再一次修订,进一步扩大了商业秘密的保护范围,不仅只包含技术信息和经营信息,而是满足秘密性、保密性以及价值性的商业信息都有可能成为商业秘密受到保护。

纵观国外立法实践,欧洲、美国、日本等发达国家都采取了专门立法的保护模式对商业秘密进行保护,尤其是美国作为世界上对商业秘密保护最充分的国家,已经出台了《商业秘密保护法》,并且将窃取商业秘密的行为纳入刑事犯罪范畴。我国也有学者呼吁出台专门法律法规进行保护,笔者认为这具备相当的合理性。首先,从我国立法体系来看,我国知识产权相关立法都是以《民法典》为基础,采取单行法的形式分别予以保护。商业秘密作为知识产权客体之一,至今只是见于《民法典》《反不正当竞争法》《刑法》当中的一些条文加以规定,这显然在法律体系上不够完备,应当尽早出台单行法规予以保护。其次,从立法技术上看,我国对于知识产权相关法律编纂已经有了十分充足的经验,三十余年的发展,随着《民法典》的颁布施行,证明了我国立法技术已经日趋成熟。因此,应尽早出台商业秘密保护相关的法律法规,为商业秘密纠纷案件处理的困境正本溯源。

2. 细化侵权损害赔偿数额计算标准

商业秘密案件审理过程中,如何科学合理地适用知识产权损害赔偿制度,计算侵权损害赔偿数额是商业秘密权利人最关心的问题,也同样是案件难点和重点所在。

首先,在知识产权损害赔偿责任制度上,一般认为知识产权损害赔偿制度应当具备补偿、预防和惩罚的规范功能,其中以补偿作为主要和基本的规范功能,替代性赔偿(法定赔偿)作为补充性赔偿。⑤ 我国知识产权侵权损害赔偿制度应当遵循市场价值为基础的全面赔偿原则,构建赔偿数额基准,准确把握财产损失尺度,以达到"填平"和"回复"权利状态的目的。⑥ 充分发挥知识产权裁判的教育、惩罚、威慑和补偿功能。但是,由于商业秘密的秘密性,当侵权行为发生时往往无法及时对受侵害

---

④ 参见黄武双:《商业秘密的理论基础及其属性演变》,载《知识产权》2021年第5期,第3页。

⑤ 参见吴汉东:《知识产权损害赔偿的市场价值基础与司法裁判规则》,载《中外法学》2016年第28卷第6期,第1493页。

⑥ 参见吴汉东:《知识产权侵权诉讼中的过错责任推定与赔偿数额认定——以举证责任规则为视角》,载《法学评论》2014年第5期,第129页。

的商业秘密进行合理的价值损失评估。而权利人在寻求司法救济时,也面临较高的诉讼成本以及我国司法赔偿数额偏低,无法很好弥补损失的尴尬处境。当下,我国知识产权法领域已经引入惩罚性赔偿制度以期更好地保护权利人的合法利益,2019年《反不正当竞争法》修订时也加入了商业秘密的惩罚性赔偿条款。在最高人民法院 2021 年发布的侵害知识产权民事案件适用惩罚性赔偿典型案例——卡波案中。⑦最高人民法院对于商业秘密案件中适用惩罚性赔偿作出了详细的说理。对于惩罚性赔偿的适用,一般应当满足主观要件和客观要件两个条件,即主观上具有恶意侵权的目的,侵权人往往对于自己的侵权行为具有清晰的认知,并且主动追求放任侵权结果的发生。换言之,侵权人具有故意侵权的主观目的。在客观上则应当符合情节严重标准,这也是法官在考量是否适用惩罚性赔偿以及最终赔偿倍数的重要依据。在司法实践中,一般是从侵权行为的性质是否恶劣、后果是否严重、影响是否重大等方面考察。具体而言,侵权情节诸如被告是否专门成立公司方便其窃取和实施商业秘密、相关行为人是否已经被追究刑事责任、在诉讼中被告是否构成举证妨碍等。总之,在判断侵权行为是否符合情节严重标准时,不仅要单一考量每个侵权行为,还要整体考量行为的手段、持续时间、最终造成的损害后果等因素,进而判断是否满足情节严重的客观要件。对于惩罚倍数的认定,实践中一般采取以三倍为基准,最高为五倍的认定方式。这是因为尽管惩罚性赔偿的数额可以远高于权利人的实际损失,但是过高的赔偿数额本身不具有可执行性,无法实际弥补权利人损失的目的。法官应当综合考虑案件事实,秉持科学、合理、审慎的态度,给出明确和令人信服的裁判结果。

其次,在赔偿数额的计算方法上,目前学界通说认为有两种类型四种计算方式,即数量计算方法(包括实际损失、侵权所得、许可使用费倍数)和自由裁量方法(法定赔偿)。⑧ 但是这四种计算方法都存在各自的局限性,对于实际损失计算,由于侵权行为的持续性,权利人诉讼时实际遭受的损失尚不能完全量化体现,从而导致权利人主张实际损失作为赔偿基数难以得到法院认可。⑨ 而对于侵权获利计算方法,由于知识产权的特殊性和非物质性,其财产收益具有天然的难以查明性。⑩ 在举证义务上也存在极大困难,原告往往无法获取被告侵权获利的证据,而被告显然也不会主动交出相关证据。⑪ 而采用许可适用费倍数的形式,首先,许可使用费能否被采纳

---

⑦ 最高人民法院(2019)最高法知民终 562 号。
⑧ 参见吴汉东:《知识产权损害赔偿的市场价值基础与司法裁判规则》,载《中外法学》2016 年第 28 卷第 6 期,第 1480 页。
⑨ 参见蒋华胜:《知识产权损害赔偿的市场价值与司法裁判规则的法律构造》,载《知识产权》2017 年第 7 期,第 62 页。
⑩ 参见杨涛:《知识产权侵权获利赔偿制度的完善路径》,载《现代法学》2020 年第 5 期,第 95 页。
⑪ 参见余秀宝:《知识产权侵权损害赔偿计算方法的整体构建——民法典编纂背景下的思考》,载《法治研究》2018 年第 3 期,第 47-48 页。

取决于许可合同的证明能力以及许可费用的支付凭证,权利人应当对此承担举证责任,这无疑会加重权利人的举证责任;其次,如何确定合理的倍数也存在争议。[12] 关于法定赔偿的适用,其作为替代性补偿制度,在司法实践中的广泛使用一直备受苛责,应当秉持能不用则不用的原则审慎对待。因此,笔者建议,在确定损害赔偿数额时可以参考权利人因遭受侵权所受到的实际损失、侵权人因实施侵权所获得的非法利益、被侵害客体的许可使用费的合理倍数、被侵害客体的市场价值以及其他合法证据所确定的损害数额等。[13] 引入市场价值计算标准,将帮助法官更好地克服适用法定赔偿或其他计算方式导致判决数额普遍偏低的尴尬境地,更好地发挥司法的威慑惩戒作用,肃清市场环境,保护权利人的合法利益。

最后,在损害赔偿数额认定的适用上,应当采取基于意思自治原则为基础的自由选择认定方式。目前,我国关于知识产权侵权损害赔偿数额的认定遵循实际损失、侵权获利、许可使用费倍数、法定赔偿的严格适用顺序。[14] 但《中华人民共和国民法典》第1184条规定"侵害他人财产的,财产损失按照损失发生时的市场价格或者其他合理方式计算"。该条意味着我国对于财产损害赔偿的规定可以采取自由选择的方式进行。[15] 知识产权法作为民法的重要组成部分,应当遵循民法的一般规范指引,对于赔偿数额的认定应当允许权利人自由选择,这将更有利于对于权利人合法利益的保护,发挥知识产权损害赔偿制度的补偿功能。

四、结语

中美贸易战以来,商业秘密成为知识产权领域的重要保护对象,美国多次以中国对商业秘密保护不当导致美国企业商业秘密被窃取为由进行责难。因此关于商业秘密保护问题亟待我国立法者的重视。中国已经迈入新的发展阶段,创新在现代化建设全局中具有核心地位,要推进创新驱动发展、建设世界科技强国、提高国家核心竞争力,必须要加强知识产权保护,以激励社会资源投向创新活动。加强商业秘密保护不仅是更好地应对贸易全球化背景下的重要举措,更重要的是可以促进高新企业技术的发展,保障企业尤其是跨国企业的核心利益,发挥企业的商业优势,在国际贸易交流中掌握更多的话语权。我国应当始终秉承科学技术交流互利共赢的态度,在保证我国国家安全和经济发展的基础上,完善国内关于商业秘密保护制度构建,确保我国商业秘密保护制度朝着现代化、体系化和国际化的方向发展。同时还

---

[12] 参见蒋华胜:《知识产权损害赔偿的市场价值与司法裁判规则的法律构造》,载《知识产权》2017年第7期,第62页。
[13] 参见曹新明:《我国知识产权侵权损害赔偿计算标准新设计》,载《现代法学》2019年第1期,第121页。
[14] 参见陈永伟:《知识产权损害赔偿计算:方法、工具和考量因素》,载《电子知识产权》2019年第8期,第77-78页。
[15] 参见杨立新:《民法典对侵权损害赔偿责任规则的改进与适用方法》,载《法治研究》2020年第4期,第85页。

应当充分发挥知识产权司法裁判的指引性作用,更好地厘清产权边界、界定创新空间,为进一步建设知识产权强国作出贡献。

Research on Compensation Amount Standards in Technical Secret Dispute Cases
——Taking the "Vanillin Case" as an Example

Cao Xinming   Cao Wenhaoshuai

Abstract:Currently, there is a situation in which the statutory compensation application rate is too high and the compensation amount is too low in technology secret cases in our country. Through the analysis of the "Vanillin case", the scope of protection of trade secrets is clarified, and commercial information that meets the confidentiality, secrecy, and value of commercial secrets may be protected. In terms of compensation liability determination, we should adhere to the dual compensation model-with compensatory compensation as the main method and punitive compensation as a supplementary method. The market value standard may be introduced into the calculation standard of the amount of compensation, and the final amount of compensation may be calculated by comprehensively considering the actual losses suffered by the right holder due to the infringement, the illegal benefits obtained by the infringer as a result of the infringement, the reasonable multiple of the royalties of the infringed object, the market value of the infringed object and the amount of damages determined by other legal evidence.

Keywords:Trade secrets; Punitive damages; Amount of damages

平台公开数据抓取行为合法性判断与法律适用
——以腾讯诉斯氏不正当竞争案为中心

林秀芹 王 轩*

摘要:数字经济时代,数据的生产要素价值日益凸显,利益驱动下,数据爬取相关的纠纷频发。然而,由于数据的法律属性尚无直接法律规定,价值取向差异亦造成学说上的龃龉,司法实践为凝练数据抓取规则提供了极佳的样本。本文以一起近期审结的案件为中心,重点分析了"平台公开数据抓取行为"认定过程中对于数据属性的认识、"互联网专条"兜底条款的适用以及对此类行为的价值判断三个关键问题。数据属性尚未形成广泛共识,法律无明文规定前,司法不宜进行实质性的确权认定;对于数据抓取问题应当重点关注行为的正当性,对行为的正当性评价应当侧重公认而非单方的标准;对平台上不涉及用户隐私及著作权的公开数据之爬取,是实现数据流动与共享,进而提升数据价值的理性路径。

关键词:竞争性权益;公开数据抓取;互联网专条;数据流动;利益平衡

一、案情简介[①]

原告深圳市腾讯计算机系统有限公司(以下简称深圳腾讯公司)、腾讯科技(深圳)有限公司(以下简称腾讯科技公司)系微信应用软件的著作权人及涉案微信平台的共同运营者。原告不仅通过在微信公众平台官网(https://mp.weixin.qq.com)设置 Robots 协议,禁止任何第三方通过爬虫技术抓取微信公众号平台信息内容及数据,还制定并公示了各种微信平台规则对微信公众平台信息内容及数据资源安全进行保护,如原告在《微信开放平台开发者服务协议》规定:"微信开放平台运营数

---

* 本文作者:林秀芹,厦门大学法学院教授,知识产权研究院院长,博士生导师,厦门大学"一带一路"研究院研究员,研究方向:知识产权法、经济法;王轩,厦门大学知识产权研究院博士研究生,研究方向:知识产权法、竞争法。
① 深圳市腾讯计算机系统有限公司、腾讯科技(深圳)有限公司与斯氏(杭州)新媒体科技有限公司不正当竞争纠纷案,参见浙江省杭州铁路运输法院(2021)浙 8601 民初 309 号民事判决书,本文对案情和法院裁判要旨的介绍精简自该判决文书,具体内容请以该判决书为准。

据、用户数据等数据的全部权利,均归属腾讯,且是腾讯的商业秘密,依法属于用户享有的相关权利除外。未经腾讯书面同意,不得为本协议约定之外的目的使用前述数据,亦不得以任何形式将前述数据提供给他人。"《微信公众平台运营规范》规定:"未经腾讯书面许可,自行或授权、允许、协助任何第三人对信息内容进行非法获取,用于包括但不限于宣传、增加阅读量、浏览量等商业用途的。"

被告斯氏(杭州)新媒体科技有限公司(以下简称斯氏公司)成立于2014年11月4日,其网页对自己的介绍载有"在2015年就成为国内最大的自媒体中介,斯氏(杭州)新媒体科技有限公司旗下公众号数据服务平台——极致了,致力于为中国新媒体行业创业公司提供专业的数据分析与运营解决方案。从公众号迁移、公证、评论开通到广告公关,品牌包装,再到自媒体原创内容分发,极致了为新媒体从业者、创业者提供一站式创业服务,为700万互联网创业者提供专业、真实的媒体解决方案"。斯氏公司产品"极致了"网站于2020年5月上线,其中下线四个月后又重新上线直至2021年8月,其间斯氏公司通过75个实名认证的微信账号,基于技术手段爬取微信公众号平台上的几类数据,包括:第一类微信公众号的账号信息,包括公众号头像、名称、微信号、简介;第二类用户在微信公众平台上发布的数据内容,包括部分随机抓取的公众号文章内容、文章标题;第三类用户与公众号的互动信息,包括但不限于公众号文章阅读数、点赞数、发文时间。被告通过"极致了"产品为用户提供微信公众号数据服务,该产品设置了假号检测、历史采集、公众号导航、小程序搜索、定制服务、API接口的功能。此外,该产品分为免费会员版和收费会员版,其中免费会员版仅能使用小部分服务和功能,收费会员版分为高级会员30元/月、豪华会员150元/月、超级会员268元/月,享有不同的功能范围和服务次数限制,仅超级会员涵盖了除定制服务、API接口外的全部功能。

2021年1月20日,深圳腾讯公司、腾讯科技公司向浙江杭州互联网法院提起诉讼,诉请判令斯氏公司停止侵权、消除影响、赔偿损失。

二、裁判要旨

浙江省杭州互联网法院一审认定被告的行为构成不正当竞争,法院认定:

第一,原告对涉案数据享有竞争性权益;

第二,被告爬取使用公众号文章信息的行为违反了《反不正当竞争法》第12条的规定,主要理由包括:被诉行为破坏了微信公众平台的访问登录服务运行;从微信公众平台安全运行角度分析,被诉行为会加重微信服务器负荷,构成对微信公众号正常运行的妨碍;从微信公众号的产品展示规则及评价机制分析,被控行为妨碍了微信产品的正常运行机制;被告侵权产品已经构成对微信公众号部分数据内容服务的实质性替代,进而损害两原告通过对外授权可获取的合作利益等商业利益;被告违反Robots协议擅自抓取微信公众号的数据信息内容,违反诚实信用原则;被诉行为不属于技术创新的公平竞争;被诉行为不符合"不受扭曲的竞争标准"。

法院判决被告立即停止涉案不正当竞争行为;于本判决生效之日起十日内赔偿两原告经济损失及为制止不正当竞争行为所支付的合理费用共计60万元;于本判决生效之日起七日内,在极致了网站连续七日刊登声明为两原告消除影响;驳回了原告的其他诉讼请求。

三、案例评析

传统民法理论囿于时代条件的限制,并无有关数据问题的直接供给;而彰显现代性的我国《民法典》对于数据权益问题也仅做了宣示性的规定,②散见于《个人信息保护法》《网络安全法》《数据安全法》的相关规定尚不能为各类企业数据民事权益纠纷提供直接的指引,数据的法律属性在学界也尚无共识。③ 实践中,大部分企业数据民事纠纷是以《反不正当竞争法》的一般条款或"互联网专条"的兜底性条款为规制路径。④ 然而,由于一般条款和兜底条款具有抽象性与不确定性,导致法律适用时裁判者踟蹰难决,法院面对平衡保护企业投资利益与维护市场竞争自由、鼓励持续创新的多重难题,而法院作出的判决对数据相关行业具有重要的规则指引意义。因此,有必要厘清这类案件中的价值判断与规则适用问题。本案作为新近审结的数据爬取类不正当竞争判决,法院的说理中反映出裁判者对近期学界、司法界最新成果的吸收与融会,结合法院的裁判观点可初步厘清数据抓取问题之一隅。

(一)数据法律属性问题:"竞争性权益"还是"财产权利"?

关于数据法律属性问题当前法律并无明文规定,学界的讨论中"财产权说""权益说"不一而足,本案中,法院根据《民法典》第127条的宣示性规定,认为本案所涉的"三类数据能够给两原告带来竞争优势,具有商业价值","两原告就上述微信公

---

② 《民法典》第127条规定:法律对数据、网络虚拟财产的保护有规定的,依照其规定。
③ 当前学界就数据的法律属性问题,存在着反对数据财产权说、支持财产权说两大类。反对数据财产权说的观点如梅夏英,其认为,数据不能归入表彰民事权利的客体,不宜将其独立视作财产,由于主体不确定、外部性问题和垄断性的缺乏,数据权利化也难以实现。参见梅夏英:《数据的法律属性及其民法定位》,载《中国社会科学》2016年第9期,第164页。支持财产权说的观点又分为"新型财产权说""数据用益权说""数据有限排他权说"等不同的主张,参见龙卫球:《数据新型财产权构建及其体系研究》,载《政法论坛》2017年第4期,第63页;申卫星:《论数据用益权》,载《中国社会科学》2020年第11期,第117页;崔国斌:《大数据有限排他权的基础理论》,载《法学研究》2019年第5期,第20页。
④ 有学者对数据类不正当竞争纠纷的案件进行统计,发现统计样本中单独适用《反不正当竞争法》一般条款的案件数量高达17例,占比70.8%。如果加上同时适用第2条和第12条(均是兜底条款)的案例,该比例将提升至79.2%。参见胡迎春、廖怀学:《论数据不正当竞争的演进与规制》,载《竞争政策研究》2021年第2期,第88页。

众号上积累的整体数据资源享有竞争性权益"。法院确定两原告享有这种竞争性权益主要有四个理由,分别为:第一,两原告对于微信这一社交软件具有投资行为;第二,案涉数据均来自微信的公众号平台,部分数据在微信公众号平台规则下具有重要的商业价值;第三,案涉数据由两原告收集、控制,属于获得用户的授权同意的合法数据收集与控制;第四,涉案数据在网络环境中具有可集成、可交互特点,并非用户的单一数据。

  本案中,法院采用"权益"而非"权利"的表述体现出对于数据法律属性认定时的司法谦抑,即在法律未明确规定的前提下,适用《反不正当竞争法》的纠纷中,《反不正当竞争法》本身并不能直接创设法定权利。不过,有学者认为,我国的《反不正当竞争法》第2条具有开放性保护未列举的具体法益和一般性法益之功能,其中具体法益保护的不正当竞争判断与权利保护的模式接近,而一般法益保护类的不正当竞争判断模式行为法的特点更加突出,因此,《反不正当竞争法》就知识产权和其他商业成果发挥着新权利的"孵化器"作用。[5] 具体到网络数据领域,有学者认为,《反不正当竞争法》提供的侵权事后救济不足以为数据的积极利用提供指引,数据财产权化具有现实必要性和紧迫性。[6] 这类思想影响之下,当前虽然对于网络数据法律并未进行直接赋权,但是法院的裁判一方面继续谨慎地采用"权益"或者"法益"的表达;另一方面又在实质层面呈现出一种将竞争者利益"权利化""财产化"的裁判思路。这种路径偏重供给侧一方的损害而往往忽略了需求侧消费者的利益,消费者利益即使被提及也仅仅是一种"修饰"——用于服务论证竞争者之损害而非一独立判断标准,与竞争动态、消费者在竞争中的地位不符。[7] 值得注意的是,经过2017年修订后,《反不正当竞争法》第2条有关不正当行为的界定中"损害其他经营者或者消费者的合法权益"是损害结果,[8]但这里的"损害"应当是现实的、具体的,而不是推测的、抽象的。此外,因循法律规定,在数据类不正当竞争中,虽然法院不可避免地要去评价一方行为是否损害了其他经营者或者消费者的合法权益,但应当关注作为另一考量要素且在表述顺序上先于损害权益的"扰乱市场竞争秩序",在最高人民法院近期发布的《最高人民法院关于适用〈中华人民共和国反不正当竞争法〉若干问题的解释(征求意见稿)》(以下简称"意见稿")中更是强调了"扰乱市场竞争秩序"是适用第2条不可或缺的条件。

---

[5] 参见孔祥俊:《论反不正当竞争法的二元法益保护谱系——基于新业态新模式新成果的观察》,载《政法论丛》2021年第2期,第6页。
[6] 参见申卫星:《论数据用益权》,载《中国社会科学》2020年第11期,第115页。
[7] 参见张占江:《不正当行为认定范式的嬗变——从"保护竞争者"到"保护竞争"》,载《中外法学》2019年第1期,第209页。
[8] 本法所称的不正当竞争行为,是指经营者在生产经营活动中,违反本法规定,扰乱市场竞争秩序,损害其他经营者或消费者合法权益的行为。

质言之,由于实在法对于数据法律属性并无财产权利的直接规定,司法实践中裁判者应当保持司法的谦抑性,避免将"权益"与"权利"同质化,坚持法益区分保护的价值理性在于合理权衡行为自由与法益保护。[9]具体到数据竞争纠纷中,在这一变动不居、日新月异的技术领域,数据属性尚未达成广泛共识,数据财产化保护路径中权利化路径尚无具有普遍可接受性的方案时,继续采用《反不正当竞争法》一般条款的路径时,仍然应当坚持法律文本的基本范畴,跳出权利保护的框架,而集中关注对行为的正当性评价,严格把握法益侵害性的结果要件地位,避免直接通过司法而非立法的方式对数据进行实质上的赋权。

(二)法律适用问题:数据纠纷中"互联网专条"兜底条款的要件

本案法院除了援引作为条款的第2条,还重点分析了被告的行为是否违反了被称为"互联网专条"的第12条之规定,法院将被告违反《反不正当竞争法》第12条的表现总结为七个方面,主要说明了被诉行为妨碍、破坏了微信公众平台提供的服务的运行以及正常运行机制,对微信公众号部分数据内容服务构成实质性替代,被诉行为违反诚实信用原则、并不属于技术创新的公平竞争行为、不符合"不受扭曲的竞争标准"。

从论理分析的维度来看,本案此部分的裁判说理与司法界关于适用"互联网专条"兜底条款要件的最新动向具有高度契合性。"意见稿"中对于适用《反不正当竞争法》第12条第二款第四项的要件给出了明确指引,即(一)利用网络技术手段实施;(二)违背其他经营者意愿并导致其合法提供的网络产品或服务无法正常运行;(三)有悖诚实信用原则和商业道德;(四)扰乱市场竞争秩序并损害消费者的合法权益;(五)缺乏合理理由。[10]五项要件涵盖了法律适用领域、对其他经营者的损害、道德非难性、社会公益损害性以及抗辩事由等方面。

基于本案的裁判说理,可以检视"意见稿"五项要件的必要性。市场经济的多元性与复杂性意味着仅关注第(二)项"违背意愿""无法正常运行"等要素在说服性上备显单薄,尚不足以在网络环境的动态竞争之下证成某一行为具有法律意义上的可谴责性。因此,"意见稿"还存在"道德""秩序""消费者权益"以及"合理理由"等诸多因素须同时考量。这种安排一方面表明了制定机关在适用兜底条款上的审慎态度;另一方面也确实反映出作为市场规制法的反不正当竞争法介入自由竞争行为需要进行谨慎、科学的利益平衡考量,以防对市场活动造成不当影响。对于包括"互联网专条"规制的不正当竞争行为的认定,应当抛弃重点关注"保护供给侧的经营者"的思路,而是基于对市场竞争的多元因素的实质性考察,实现多元利益平衡。本案

---

[9] 朱虎:《侵权法中的法益区分保护:思想与技术》,载《比较法研究》2015年第5期,第48-49页。
[10] 《最高人民法院关于适用〈中华人民共和国反不正当竞争法〉若干问题的解释(征求意见稿)》第25条。

中,法院除了认定被告的行为构成对原告产品运行的破坏,亦基于被告违反 Robots 协议以及平台规则等抓取数据,认定被告的行为违反诚实信用原则;否定了被告的行为存在技术创新价值,认定被告的行为不符合"不受扭曲的竞争标准",而否定被告的行为存在正当理由。在说理层面兼具"意见稿"的五项要件,亦吸收了部分学术思想,体现了司法者尝试从事实、法律、伦理层面出发,增强裁判说服性的自觉。[11]

在肯定"意见稿"五项要件的必要性的基础上,对于其中部分要件仍存在较大的不确定性问题亦不容忽视。这五个要件中除了第一个有关适用领域的要件在司法实践中具备明显的客观性标准,剩下的要件均较为模糊。具体而言,何种程度是"网络产品或服务无法正常运行",如何在具体案件中判断诚实信用和商业道德的要求,如何确定某一行为是否扰乱了市场竞争秩序,对消费者合法权益的损害是一种客观现实还是一种基于可能性的逻辑推断,合理理由外延等问题都存在一定的模糊性,规范语言的抽象性是其面向未来、辐射一般的目标使然,[12]有赖于法官在具体案件中聚焦案情而清晰化。

本案中法院对被告的具体行为违法性的评判,为上述疑难提供了一种回答。首先,关于"导致其合法提供的网络产品或服务无法正常运行",[13]本案中法院并非以原告的整个产品"瘫痪"为标准,而是认为绕过原告设置的技术措施、对原告服务器进行超越正常用户的大量访问、机器访问行为妨害了产品的正常运行机制等确定被告的行为构成了妨碍、破坏正常运行标准。值得注意的是,本案中除了由于机器访问产生了不同于正常用户的访问量以外,被告行为对于原告产品是否构成无法正常运行的损害程度都尚处于一种推断性状态。正如著作权法领域中为信息网络传播行为寻求一个科学的界定标准而争议颇多的"服务器标准"还是"用户感知标准",[14]"互联网专条"中的"妨碍、破坏正常运行"的标准亦非昭然若揭,甚至有学者认为法律条文本身的规定在概念上便存在多重含义且可能存在矛盾,[15]进而,不同的标准之下对于行为正当性的评价势必会是迥异的。相较于经验推演下的主观标准,具体、在行业内取得广泛支持的客观标准似乎更符合科学、理性的要求,而客观标准也更有利于实现法律的统一性和稳定性。具体而言,就本案中的 Robots 协议以及平台规则而言,不宜想当然地将其作为行业惯例或诚实信用义务的来源,而忽视对其内容是

---

[11] 彭中礼:《司法判决说服性的修辞学审视——围绕听众的初步分析》,载《法制与社会发展》2011 年第 1 期,第 95 页。

[12] 周赟:《法官造法:作为大前提之审判规范的本质》,载《甘肃社会科学》2021 年第 4 期,第 173 页。

[13] 由于该意见稿尚未通过,法院说理的依据是《反不正当竞争法》第 12 条第二款中的文义表述,但是就"无法正常运行"问题上与意见稿的表达并无实质性差别。

[14] 刘文杰:《信息网络传播行为的认定》,载《法学研究》2016 年第 3 期,第 126 页。

[15] 蒋舸:《〈反不正当竞争法〉网络条款的反思与解释》,载《中外法学》2019 年第 1 期,第 195 页。

否公平、合理的审查。质言之,在数据不正当竞争案件中适用"互联网专条"关注的重点应为是否有客观的破坏而非刻画某种尚未形成清晰一致意见的"权益",并就这种评价而言应当具有广泛的行业基础而非"一家之言"。

以本案为鉴,就"数据抓取类"案件,适用《反不正当竞争法》第12条第二款第四项——在判断被诉行为是否构成"妨碍、破坏其他经营者合法提供的网络产品或者服务正常运行的行为"时,存在以下几个问题值得推敲与讨论:第一,判断损害结果的基准是经营者的服务器设备实际运行情况的物理标准,还是基于消费者使用实际情况的使用者感知标准,抑或是一种行业惯常标准?第二,如果这种"妨碍""破坏"行为是通过适当的技术(代码)就可以解决的,在法律尚无明确规定的前提下,司法是否有必要通过援引原则、适用具有极大不确定性的兜底条款?第三,仅就适用本条而言,是否有必要先明确某一经营者就数据而言享有竞争性权益在进行行为正当性判断(实质意义上的数据确权),还是主要将目光流连往返于数据爬取者"行为""客观损害结果""因果关系""主观过错"的事实与规范之间(关注互联网竞争行为的正当性)?

(三)价值判断问题:平台上公开数据抓取利用行为的正当性与界限

在判断平台数据抓取利用行为的正当性时,应当重点考察下列因素:一是数据的性质;二是行为本身的可非难性;三是多元利益的平衡;四是政策导向。具体而言,考察数据的性质就是判断是否涉及国家安全,基本遵循是《网络安全法》《数据安全法》;是否涉及个人信息,个人信息意味着尊严、隐私和名誉、公共活动等横跨宪法、民法和行政法的三种维度权益要素,⑯业已生效的《个人信息保护法》为此提供了规则指引;是否涉及他人排他性财产权利,这里主要指的是被抓取的数据中包含作品、构成商业秘密的技术信息与经营信息、抓取过程侵犯他人专利权等,当然这一过程也应当考虑为了推动科学技术进步而适度对用于科学研究的数据挖掘行为的包容⑰。就数据抓取行为本身的可非难性而言,不宜简单地基于Robots协议或者格式合同径直认定行为是不正当的,重点应当放在是否客观上对一方的服务器造成了远超出正常抓取行为的损害,是否在技术上难以防御,行为应当具有公认而非单方主张的破坏性,质言之,通过关注结果而评析行为的可非难性,具体操作层面,可以参

---

⑯ 王锡锌:《个人信息权益的三层构造及保护机制》,载《现代法学》2021年第5期,第105页。
⑰ 例如,有学者主张机器学习需要复制大量有版权的材料,但机器学习复制作品的目的不是抄袭表达,唯在了解涉及事实层面的语言结构,而这些并非版权法所保护的对象,允许这种机器学习的自由为人类创新活动留下空间,使得造福人类的活动得以合法进行。See Lemley M. A., & Casey B. (2020). Fair Learning. Tex. L. Rev., 99, 743.

考司法实践在适用行为保全时对"难以弥补的损害"方面积累的宝贵经验。[18]就多元利益平衡而言,前文中已有详述。就平台生态系统而言,通过这一媒介的聚合与处理,使得单个用户无法呈现的数据价值得以实现,但一味强调对供给侧的保护,难免会令人产生对于中小竞争者进入相关市场自由竞争的隐忧,而数据市场的垄断对于数字社会的消费者而言意味着公共福利的消减,[19]因此,司法裁判的过程中应当审慎地考虑"权利救济"是否偏离了本意。就政策导向而言,应当全面地理解数据相关的政策制定背景、目标,具有长期指导意义的《知识产权强国建设纲要(2021—2035年)》中提出了"研究构建数据知识产权保护规则"的任务,司法裁判中对此类案件的探索、积累经验具有重要的提炼价值,但就知识产权保护而言,一方面目前尚未形成正式的方案,另一方面知识产权的保护不仅关注创新的提供者亦关注对后续创新、公众利益的平衡,简言之,对政策的理解不宜偏废。

将目光聚焦至本案,不难发现除了对数据的属性认定、"互联网专条"兜底条款的适用具有重要的样本分析意义,本案在数据抓取的正当性与界限问题判断上同样蕴含着不容忽视的类型化价值。与国内近期其他涉及数据的案件相比,本案存在鲜明的差异:与"大众点评网数据信息不正当竞争纠纷案"[20]相比,本案并不涉及大量用户信息(可能构成作品而受到著作权法保护);与"新浪微博诉脉脉交友软件不正当竞争纠纷案"[21]相比,本案并不直接涉及大量用户数据;与"淘宝诉美景案"[22]相比,本案所涉数据并非数据产品;与"饭友App抓取微博数据案"[23]相比,本案抓取的数据内容并非原告的主营业务内容;与"浙江蚂蚁小微金融服务集团股份有限公司等诉苏州朗动网络科技有限公司商业诋毁及不正当竞争纠纷案"[24]相比,本案所涉数据并非应政务要求而应当公开的公共数据,涉诉行为也未涉及因数据偏差而损害原告商誉的问题;与"深圳市腾讯计算机系统有限公司等诉浙江搜道网络技术有限公司等不正当竞争纠纷案"[25]相比,本案并不涉及直接使用用户数据、影响其他用户正常使用的问题。正如德国哲学家莱布尼茨所言"世界上没有完全相同的两片树叶",对于

---

[18] 可以参见援引《民法典》第999条、《著作权法》第56条、《专利法》第72条等法条的案件中对上述问题凝练出的判断标准。

[19] See Martens B. (2021, March). Data access, consumer interests and social welfare-An economic perspective on data. In Data Access, Consumer Interests and Public Welfare (pp. 69-102). Nomos Verlagsgesellschaft mbH & Co. KG.

[20] 参见上海知识产权法院(2016)沪73民终242号民事判决书,值得注意的是,本案中法官强调"就本案而言,对于擅自使用他人收集的信息的行为是否违反公认的商业道德的判断上,一方面,需要考虑产业发展和互联网环境所具有信息共享、互联互通的特点;另一方面,要兼顾信息获取者、信息使用者和社会公众三方的利益,既要考虑信息获取者的财产投入,还要考虑信息使用者自由竞争的权利,以及公众自由获取信息的利益,在利益平衡的基础上划定行为的边界"。

[21] 参见北京知识产权法院(2016)京73民终588号民事判决书。

[22] 参见浙江省杭州市中级人民法院(2018)浙01民终7312号事判决书。

[23] 参见北京知识产权法院(2019)京73民终2799号民事判决书。

[24] 参见浙江省杭州市中级人民法院(2020)浙01民终4847号民事判决书。

[25] 参见浙江省杭州市中级人民法院(2020)浙01民终5889号民事判决书。

数据抓取类案件进行正当性的判断也同样应当进行谨慎的类型化并发现"最小单元"级差异,就本案而言,一个核心的问题是:对于平台上承载的公开信息之获取在何种程度上是应当被认可、具有正当性的?

本案中提及但未展开的数据流动问题在国内外都引起政策制定者的重视。《中共中央 国务院关于构建更加完善的要素市场化配置体制机制的意见》中明确将数据作为"生产要素",并要求政府数据应当开放共享,要提升社会数据资源价值,加强数据资源整合和安全保护,同时对包括数据在内的要素提出"有序流动"的要求。㉖数据自由流通是数字经济时代的重要价值取向,一向注重隐私保护并早已制定数据库权利保护规则的欧盟在近期的多项政策和立法活动中都将数据流通、共享置于举足轻重的位置;㉗而作为信息革命发源地的美国,其联邦政府层面专门建立了统一、高效的政府开放数据网站,㉘提供包括气候、能源、地方政府、海洋、老年人医疗在内的各类数据,此外,就企业间数据抓取问题,被国内学界熟知的 HiQ Labs v. LinkedIn 案中㉙,第九巡回法院的判决即表明有选择地禁止潜在竞争对手访问和使用公开数据的声明可视为不公平竞争,对于反垄断视角下分析公开数据抓取问题具有重要的启示意义。早在 2018 年就通过修订《不正当竞争防治法》来规范数据问题的日本也采用了弱保护的模式,就公众可以无偿利用的信息而言即公开信息,不受该法保护。㉚

实践中实现数据流通需要借助技术手段,本案所涉的数据爬取是数据流通的主要手段之一,在互联网上占据近半壁江山的流量,㉛平台上的数据虽然暂时由相关的企业控制,但却涉及公众利益与信息自由。㉜ 数据爬取在数据流通中的普遍性、通过数据流通来提升数据的价值共识以及数据背后珍贵的信息自由价值,凡此种种,意味着对于数据爬取问题总体上应当持一种理性分析的态度,明晰数据爬取的规则、边界,进而达致有序的数据流动。本案中,虽然法院否认了被诉行为的正当性,但也同样点出被诉"网站提供微信公众号搜索服务也在一定程度上促进了信息公开、数

㉖ 《中共中央国务院关于构建更加完善的要素市场化配置体制机制的意见》,载 http://www.gov.cn/zhengce/2020-04/09/content_5500622.htm.

㉗ 例如,欧盟委员会已经提交审议的"Data Governance Act"草案以及正在征询公众意见的"Data Governance Act"中都对数据共享问题进行了浓墨重彩的规定,参见 https://ec.europa.eu/info/law/better-regulation/have-your-say/initiatives/13045-Data-Act-&-amended-rules-on-the-legal-protection-of-databases_en.

㉘ https://www.data.gov/.

㉙ 938 F. 3d 985 (9th Cir. 2019),虽然该案因为受到美国最高法院就 Van Buren v. United States 的判决有关《计算机欺诈和滥用法案》(CFAA)对"超出授权访问"的定义的影响而被撤销发回重审,但基本不会改变有关反垄断部分的基本判断。

㉚ 李扬:《日本保护数据的不正当竞争法模式及其检视》,载《政法论丛》2021 年第 4 期,第 71 页。

㉛ 许可:《数据爬取的正当性及其边界》,载《中国法学》2021 年第 2 期,第 170-172 页。

㉜ 梅夏英:《企业数据权益原论:从财产到控制》,载《中外法学》2021 年第 5 期,第 1024 页。

据流通"。质言之,对于数据爬取问题应当摒弃当然否定的态度,重点观察数据爬取的过程与效果,而对于公开、不涉及用户隐私、著作权的数据,Robots 协议是否存在故意阻碍数据流动、相关用户协议是否存在显示公平、限制他人主要权利等问题值得裁判者关注。

梳理国内数据竞争的主要案件,可以发现数据爬取类的不正当竞争纠纷主要发生于超大型平台与数据爬取者之间。通常来说,相较于大型平台而言互联网上的小型信息主体会主动拥抱搜索引擎的爬取,因为这种方式意味着更容易被公众获悉,而已经成为公众日常使用不可或缺的大型平台则对于各类数据保持更为保守的态度。国家市场监督管理总局近期公开的《互联网平台落实主体责任指南(征求意见稿)》指出"超大型平台经营者具有规模、数据、技术等优势,应当发挥公平竞争示范引领作用、超大型平台经营者应当遵守公平和非歧视原则",[33]超大型平台对不涉及用户个人信息的公开数据适度抓取应适当包容,毕竟这种数据并非完全由平台自主生成,且如果平台欲利用这些数据实现合法的商业价值,则其在资源丰富度、技术难度上都远低于爬取者,并非得到收回投资回报。当然,鼓励超大型平台对于公开数据包容抓取行为,并不意味着毫无界限——就抓取目的而言,应当促进数据流动,增强用户福利,不能超出一般技术标准下的安全标准进而危及平台服务器正常运行。此外,可以考虑构建对超大型平台公开数据流动的合理补偿机制,有效平衡平台运行成本与抓取者利益,实现和谐共生。

四、结语

正如开放源代码运动的领导者 Eric S. Raymond 在《大教堂与市集》中所言"开源社区最强大的一个长项就是非中心化的同行评审",[34]适当的容忍抓取行为是互联网环境下实现数据访问的基本方法之一,[35]使得市场自由竞争机制得以实现,意味着对于平台上的数据开发运用始终保持旺盛的生机与活力,相比僵化的垄断机制,开放竞争更有益于平台的健康发展,亦可以满足信息网络时代消费者多元化的需求,提升社会整体福利。

---

[33] 国家市场监管总局:《互联网平台落实主体责任指南(征求意见稿)》,载 http://www.samr.gov.cn/hd/zjdc/202110/t20211027_336137.html。

[34] Eric S. Raymond:《大教堂与集市》,卫剑钒译,机械工业出版社 2014 年版,第 53 页。

[35] 数据访问(data access)问题在欧盟近期有关数据的立法与学术研究中被频繁提及,不仅对其他经营者重要,对于公共团体(部门)公共利益的实现也很重要,参见 Josef Drexl, Reto M. Hilty et al.《马克斯·普朗克创新与竞争研究所就欧盟委员会"关于构建欧洲数据经济征求意见书"的立场声明》,刘维等译,载《电子知识产权》2017 年第 7 期,第 92-100 页。

An Analysis of the Legality and Legal Application of the Web Crawling Behavior of the Public Data on the Digital Platform
——Based on the Case of Tencent v. Si Shi

Lin Xiuqin Wang Xuan

Abstract: In the era of digital economy, the value of data as a factor of production is increasingly prominent and disputes related to data crawling are frequently occurring under the drive of interests. However, since there is no direct legal regulation on the legal attribute of data, and the difference in value orientation also causes doctrinal disagreement. So judicial practice provides an excellent sample for condensing data crawling rules. Focusing on a recent case, this article analyzes the understanding of data attributes, the application of the "Internet Clause" and the value judgment of such behavior in the process of determining "web crawling behavior of public data on the digital platform". Attribute of data has not yet been formed a broad consensus so that it is inappropriate for the judiciary to make substantive determination of rights before the law is explicitly stipulated. The focus should be on the legitimacy of the act of data crawling, and the evaluation of the legitimacy of the act should focus on recognized rather than unilateral standards. In addition, the crawling of public data on the digital platform that does not involve user privacy and copyright is a rational path to realize the flow and sharing of data thus realizing higher data value.

Keywords: Competing interests; Web crawling behavior of public data on the digital platform; Internet clause; Data flow; Balance of interests

网络流量劫持行为法律分析的基本思路:
以美团案为例[*]

崔国斌[**]

摘要:网络流量劫持是常见的争议性竞争行为。美团案是这类行为最新的典型案例。在分析被告行为的合法性时,需考虑用户安装被告应用程序的行为是否获得许可,用户是否破坏原告采取的技术措施,被告程序插件引导支付流量是否破坏原告的程序运行等因素。在原告没有通过用户协议有效约束用户,也没有采取有效技术措施排除第三方应用程序,被告没有破坏原告程序运行并获得明显竞争优势的情况下,法律没有必要阻止被告实现自身软件与原告系统兼容的努力。如果原告采取了有效技术措施,法院仍需综合考虑具体的市场状况和可能的社会福利效果,判断后来者破坏技术措施的合理性。沿着上述分析框架,法院处理流量劫持类案件将具有更清晰的思路。

关键词:流量劫持;技术措施;不正当竞争

在网络不正当竞争法领域,流量劫持是常见的争议性竞争行为。典型的情形是,经用户许可,被告在用户的电脑或智能终端上安装被告的应用程序或插件。随后,用户运行原告提供的程序或访问原告网站时,被告的程序也会被启动,其程序界面与原告的程序界面共存于用户屏幕,引导用户使用被告的应用程序或访问被告的网站。在这一过程中,原告的用户就可能被吸引到被告或被告推荐的第三方那里,完成后续的交易。在此类流量劫持类案件中,原告通常认为它对自己吸引来的用户流量享有某种控制权,被告的导流行为损害其商业利益,构成不正当竞争。过去的奇虎360公司在用户的百度搜索结果页面插入安全提示信息引导用户安装安全浏

---

[*] 本文主要内容最初发表于2021年上半年北京大学薛军教授组织的网络不正当竞争圆桌研讨会,后整理成稿通过网络发布。朱晓睿同学帮助准备本文摘要和部分引注信息。这里对薛军教授和朱晓睿同学一并表示感谢!

[**] 本文作者:崔国斌,清华大学法学院教授。

览器案、[1]搜狗公司利用拼音输入软件在百度搜索引擎页面引导用户访问搜狗公司搜索网页案、[2]"帮5淘"购物插件在淘宝页面提示用户访问自己推荐的商品链接案,[3]都是这方面的典型案件。在这些案件中,法院已经提供了一些原则性的分析框架,但在具体的个案中,如何适用此类原则框架依然困难重重,因而争议不断。

前一段时间备受关注的杭州迪火科技有限公司(以下简称迪火公司)诉北京三快科技有限公司案(以下简称二维火案或美团案)是最新的典型案例。该案中,迪火公司指控被告通过"美团小白盒"和"美团收款"App侵入其二维火收银一体机系统,劫持用户第三方支付流量,构成不正当竞争。原告就不同地区的相同事实行为分别在杭州市中级人民法院和北京知识产权法院起诉被告。[4]结果,杭州市中级人民法院和北京知识产权法院分别作出完全相反的判决。前者认为被告行为不构成不正当竞争,后者则认定不正当竞争成立。现在,杭州的案子已经进入最高人民法院二审,判决走向值得关注。

接下来,本文先简要介绍美团案的关键事实,然后逐一分析其中的核心争议行为,即用户未经许可安装被告应用程序、被告程序插件引导支付流量、被告破坏技术措施(假定存在)等行为的合法性。本评论虽并非专业学术论文,但还是力图提供一个清晰的理论分析框架,希望帮助专业读者快速了解案情、理解法律争议的复杂性并作出专业判断。当然,本文仅仅基于上述两份判决文书所揭示的内容,难免存在理解上的偏差和事实认定上的错误。如果相关评论不够准确,也请读者批评指正,并多多谅解。

一、美团案的关键事实

美团案中,原告向用户(商家)提供收银机系统所需的平板电脑硬件、操作系统(安卓)和"二维火收银App"。该平板电脑的操作系统许可用户安装符合一定命名规则的第三方应用软件App。原告的核心获利途径似乎有两个:其一,通过出售收银机硬件系统获得一部分收益;其二,与提供支付服务的第三方(银联、支付宝、微信等)合作,按照一定比例分享源自商家(用户)的支付服务佣金。原告在认证第三方支付应用App时,会与之约定自己获得服务佣金的比例。显然,只有有效阻止用户

---

[1] 参见北京市高级人民法院(2013)高民终字第2352号民事判决书。
[2] 参见北京知识产权法院(2015)京知民终字第557号民事判决书。
[3] 参见上海市浦东新区人民法院(2015)浦民三(知)初字第1963号民事判决书。
[4] 参见浙江省杭州市中级人民法院(2018)浙01民初3166号民事判决书;北京知识产权法院(2018)京73民初960号民事判决书。

（商家）在该收银机系统中安装未经许可的第三方支付服务 App，原告才能保证自己能够和经过许可的第三方一起分享源自商家（用户）的佣金收益。

原告通过所谓白名单规则实现这一控制，即该平板电脑的操作系统仅许可用户安装按照特定命名规则命名的应用 App 程序。不过，原告的白名单规则并不十分有效。第三方的程序只要以"com.zmsoft.xxx"格式开头，就被系统默认为可以安装。北京法院认定，第三方通过搜索引擎就能找到典型的用于原告系统的第三方应用安装包包名，其中均含有"com.zmsoft."字符。这意味着，第三方的熟练技术人员应该可以从公开渠道获得安装包程序，查看该程序包包名的命名规律，从而了解原告的白名单规则。因此，并不奇怪，美团公司也学会将自己的程序包名命名为"com.zmsoft.whitebox"，使得用户可以在收银机系统上顺利安装被告提供的应用程序（美团支付 App）。

在"二维火收银 App"运行时，其程序界面会覆盖整个平板电脑屏幕。在原告收银 App 运行后，收银机系统是否会自动启动"美团小白盒"程序，是否会强制跳转，杭州和北京法院的认定结果有明显差异。北京法院认定，"在正常运行原告的收款程序'二维火收银 App'时，该插件即监控原告'二维火收银 App'运行，并以悬浮按钮的形式悬浮于原告'二维火收银 App'的操作界面之上，当用户使用'二维火收银 App'进行'结账'按钮的点击操作时，'美团小白盒'插件会读取'实收金额'ID 及其数据信息；用户点击美团悬浮窗或者原告收银系统特定按钮时，系统就会在'美团小白盒'插件的作用下强制跳转到'美团支付'操作界面，原告的收款程序随之中断，之后的收款程序则转由'美团支付'进行控制"（北京判决第 30 页）。

杭州法院则认定，"在二维火收银机上安装'美团收款'应用后，若未启动该应用，二维火收银机系统的操作无任何变化；若启动该应用，二维火收银机系统上出现'美团收款'悬浮图标，悬浮图标浮于页面顶层，面积与二维火收银系统界面中的阿拉伯数字按钮面积相当，且可随时拖动。若不点击该悬浮图标，二维火收银系统的操作仍与未安装'美团收款'应用时一致……当触发弹窗后，该弹窗位于页面顶层，原二维火收银系统页面暂时不能操作，但该弹窗可以手动关闭或在完成付款后自动关闭"（杭州判决第 32 页）。杭州法院似乎认为，用户启动原告的"二维火收银 App"时，收银机系统并不会自动启动"美团小白盒"程序，而需要用户单独启动"美团小白盒"程序，才会出现"美团收款"的悬浮图标；同时，只要用户不点击"美团收款"的悬浮图标，原告的收银程序还是能正常运行，即不存在用户不选择的情况下，原告收款程序被强制终止的情况。

除了上述两项重要差别外，两个法院认定的其他事实基本一致。比如，原告的收银机系统具有完整的交易记账系统，被告则没有提供类似的记账服务，而是许可用户直接将利用"美团收款"完成的交易记入"二维火收银 App"的账本中。被告插件能够实时读取记账系统处理的交易信息（如交易价款）。如果用户愿意，也可以将"美团收款"添加到"二维火收银App"的支付方式选项中，与银联、淘宝、微信等白名单上的支付方式并列。从现有材料看，原告程序界面本身似乎并不提供源自原告自身的支付方式选项。

从现有两份判决看，原告在收银机系统用户（商家）协议中限制用户对该产品、程序和服务的对外许可使用、出售、租赁等行为，但没有明确地限制用户在收银机系统中安装第三方应用。原告网站上有关于"二维火商店"的介绍，声明该收银机系统只允许安装经过原告审核的应用，并解释了审核的流程。从这些事实看，原告的确通过自己网站表明其不希望第三方未经许可安装应用的意愿，且其选择的商业模式也支持这一解释。不过，原告应该没有明确要求用户（商家）承诺，在使用过程中用户不得安装第三方应用。

总之，本案的核心事实是，原告向商家提供收银机系统，希望商家在使用该系统时，仅使用系统默认安装的第三方支付App，而不要安装并使用其他未经授权的支付方式（如本案被告的"美团收款"）。为了更好地理解这一商业模式，读者大致可以将它与苹果公司围绕iPhone的IOS操作系统建立起来的商业模式类比：苹果公司向用户出售预装有封闭操作系统IOS的iPhone手机，采取技术措施限制用户未经许可安装第三方应用App，即用户仅能够选择苹果应用商店里提供的第三方应用App。用户通过源自苹果商店的第三方应用App购买数字内容时，苹果公司与该第三方分享源自用户的交易佣金。也就是说，苹果公司除了出售手机挣钱外，还会从后续用户的交易中获利。这与本案原告的获利模式类似。当然，如后文所述，二者还存在一点关键差异：本案原告并没有像苹果公司那样采取有效的技术措施将自己的操作系统封闭起来。

二、未经许可安装应用

在流量劫持类案件中，常见的事实基础是用户未经原告许可在原告授权用户使用的软件平台上安装了被告的应用程序或插件，使后续的导流行为成为可能。在美团案中也不例外。在分析用户安装第三方应用是否需要经过原告许可时，法院通常应关注两方面的事实：其一，原告和用户（商家）是否在用户协议中约定这一方面的内容；其二，原告是否采取有效技术措施阻止用户安装第三方应用程序。

在美团案中，原告在自己的网站上表达了不希望用户安装未经许可的第三方应用程序的意愿，同时自己维持的审查程序也显示这一倾向。不过，原告并没有通过用户协议的合同文本表达这一意愿，因此它并不直接对用户或第三方产生约束力。

既然用户协议文本并没有限制用户在平板电脑（收银机系统）中安装第三方应

用,或利用系统默认范围之外的第三方支付服务,用户在获得收银机硬件的所有权和操作系统的使用权之后,自然有权在该系统上安装自己认为合适的第三方软件。这与 Windows 系统通用电脑的购买者可以安装任何第三方应用程序的道理是一样的。

在用户不受协议约束,因此有权安装第三方软件时,被告向用户提供此类软件的行为,应当推定具有正当性。只有在被告刻意破解原告采取的有效技术措施或干扰破坏原告软件的正常运行时,才有必要进一步考虑,被告提供软件的行为是否损害了原告的合法商业利益,构成不正当竞争。这里强调一点,我们需要在具体语境下分析该破解和干扰行为的合法性,而并不能说它们当然违法。

三、破坏技术措施

在现有的法律框架下,软件提供者限制第三方软件与自己的软件兼容的技术措施,如果不是为了保护软件提供者的某些法定权益(如商业秘密或著作权)时,并不当然获得保护。相反,如果该技术措施妨碍竞争,还可能违反竞争法。

在美团案中,法院并不需要考虑被告破坏技术措施的问题。原告通过网站说明自己的白名单规则,表明自己不许可用户擅自安装第三方应用的态度,却没有采取有效的技术措施落实它。原告的收银机系统仅接受符合特定命名规则的第三方程序。在第三方很难获知命名规则的情况下,该命名规则理论上有可能构成有效的技术措施。但是,本案中,原告并没有对命名规则本身采取有效的保密措施,导致公众能够获知该命名规则,实现程序安装目的。既然原告并未采取有效措施,包括被告在内的公众也就无法直接从收银机系统上了解到原告限制第三方应用的意图,以及该限制意图的确切范围。法律也就不会要求公众主动去发现并尊重该意图。

北京法院在判决中指出,"虽然本院认定该系统的白名单机制不属于商业秘密,但原告毕竟在系统中设置了包名规则,这意味着原告的系统未经许可不能随意突破,尤其是与原告系统具有相同收银功能的被告软件"。这似乎过度解读了被告包名规则的客观意涵。在没有有效技术措施限制第三方采用该包名规则的情况下,该包名规则的存在,从法律上应该被解读为,原告只接受按照该包名规则命名的程序,而不是原告禁止他人按照该包名规则命名自己的程序。只有该包名规则被有效保密时,这一规则才有可能被解释为法院所说的"未经许可不能随意突破"的技术措施。

有意见可能会认为,原告通过网站声明排除第三方应用的主观愿望,同时,从该商业模式也可能合理推断原告有这样的意图,这时候用户或第三方就应该尊重它的声明或意图,就像尊重它原本有可能采取的有效技术措施一样。言下之意,是否采取有效措施并不重要,重要的是公众是否了解原告限制第三方应用的意图。

上述意见忽略了原告发布单方声明与采取有效技术措施之间的重要差别。在没有合同约定的情况下，如果法律要求公众猜测并接受原告单方声明界定或商业模式暗含的产权边界，则实际上与接受原告自行"立法"的效果并无本质差异。这很容易打破公众对产权边界的稳定而明确的预期，迫使他们去猜测原告宽泛的单方声明或模糊的商业模式的产权边界。相反，要求原告采取有效技术措施，则可以减少甚至避免这一负面后果：原告采取有效技术措施后，公众就不容易侵入原告意图保护的利益边界；原告能够实现的技术限制远比文本限制要窄，同时，采取有效技术措施要有实质性的投入，这客观上导致它不太容易像随意发表保护声明那样被原告滥用。

在类似本案的操作系统程序与应用程序兼容争议的情形下，之所以强调原告采取有效技术措施的重要性，是因为这一领域的常态是应用程序以各种方式努力适应操作系统平台（或其他应用程序）以实现兼容或互操作，以方便公众。这时候，只有行为人采取有效技术措施背离默认规则时，法律才需要考虑规避该技术措施是否需要保护的问题。

四、破坏竞争对手的程序运行

在美团案中，被告实现流量导引的关键行为是，在原告的收银服务界面上浮现被告"美团收款"悬浮窗，提供给用户独立的收款方式选择，与原告默认的一些支付方式竞争。如前所述，如果用户选择"美团收款"，就会使原告无法从该笔交易中获得佣金收益。假定被告程序监测用户收银机系统的启动，并在原告提供的收银界面上呈现被告悬浮窗的行为，是否构成不正当竞争？

从现有的材料看，在原告收银系统运行时，原告应用程序界面铺满用户显示屏。国内很流行的意见将这一程序界面视为原告的独占地盘，第三方不得侵入这一程序界面来招揽生意。与此类似的说法是，这一界面所吸引的用户流量属于原告，第三方不应来导流。这实际上是将用户所面对的程序界面类比成原告物理上控制的实体经营场所。在实体场所内，竞争对手直接招揽生意，游说客户放弃实体场所经营者，很多时候明显会损害后者的利益。基于自己对场所的所有权、实际控制权或管理权，实体场所经营者通常能够排除此类竞争行为，法院也很可能支持这一主张。

不过，将实体场所的法律逻辑应用到计算机应用程序界面，则很容易得出荒谬的结论，即应用程序界面的控制者像实体场所的经营者一样，应该对程序界面享有独占性权利。实际上，该应用程序界面赖以显现的显示屏归用户（商家）所有，而不是属于应用程序的提供者。自从电脑系统习惯了多任务同时执行之后，用户当然享有同时运行多个应用程序并呈现各自应用界面的权利。用户屏幕只有一个，显示空间有限。同时运行的多个应用程序不可避免地要相互争夺这有限的显示界面。在应用程序控制用户界面或屏幕的问题上,原告和被告之间并不存在法律上的优先权,也不存在相对位置的限制。没有理由相信,在用户同时启动多个程序时,原告应用程序界面铺满用户屏幕后,被告程序的对话窗口就必须藏得无影无踪。相反,被告与原告一样,可以在同样的屏幕上显示自己的程序界面,包括悬浮在原告的程序界面之上。只要被告的悬浮或其他呈现方式没有导致用户对程序对话框的来源产生混淆,不妨碍用户实现原告程序的正常功能,就不会损害原告的权益。这应该是不同应用程序之间实现和平共处和正当竞争的底线。在这一底线之上,仔细为各种应用程序定义法律上的优先等级,很难操作,也难以想象。

在本案中,用户的收银需求并非由原告制造,而是源于用户独立的经营需求。用户在安装完原告的收银机系统之后,不仅要单独下载被告的程序应用,还要购买单独的扫描设备,才能实现被告的支付功能。同时,被告在悬浮窗口上明确提示自己为"美团支付",而不是其他支付途径。另外,原告也在其收银机 App 的界面上明确标注不同途径收银方式(银联、微信和支付宝等)。综合这些因素,有理由相信,用户在选择"美团付款"的收银方式时,应该清楚他所选择的收银方式与原告系统原本存在的收银方式的区别。用户选择美团支付,通常是因为用户有特别的收银服务的需求(如受美团某种优惠政策吸引),而非基于原告"二维火"收银系统的某种支持或推荐。用户在明确"美团收款"不同于原告提供的收款服务时,才会选择"美团收款",而不是误以为自己选择的收款服务和"二维火"提供的其他支付方式有关联。

如果被告的悬浮窗并不导致用户无法选择原告提供的支付方式,则被告并未通过强制跳转的方式干扰原告的支付功能。如前所述,在究竟是否存在强制跳转,北京和杭州两个法院意见相左。从合理的商业逻辑看,可能杭州法院的认定更接近事实。如果安装"美团小白盒"会导致原有的诸多支付方式选择被强行限制,则很难想象,被告在做市场推广时,用户会接受一个限制已有的很成功的收银系统而选择这样一款陌生的新应用。如果杭州法院的认定属实,则只要用户愿意,依然可以选择原告提供的多种支付方式完成交易。因此,原告并不能主张因为被告程序的存在,自己的软件就不能发挥正常的收银功能。用户维持原告程序正常运行,但是不选择利用原告提供的支付方式完成交易,不能说是被告破坏了原告的程序运行。否则,只要用户许可多个相互竞争的应用程序同时运行,就会产生所谓相互"破坏""干扰"之类的争议。

本案中,另一争议焦点是被告读取原告收银系统界面上的用户数据的行为。从法院的判决看,被告程序插件运行后,会实时读取原告界面上的用户输入或生成的交易数据,以保证在用户选择被告收银方式时,能够及时作出响应。从技术的角度看,如果被告不这么做,可能会导致用户选择"美团收款"方式时,要重新输入一遍收款前的交易信息,不够方便;这也会降低收银系统对不同支付方式产生的交易统一记账的效率。对于这一数据的读取和反馈行为,用户在安装被告插件时已经授权被告这么做;在实际操作过程中,用户也清楚这一数据读取和反馈行为的存在,因此这一行为并不损害用户自身的权益。在法律上,原告授权用户使用自己提供的收银软件系统,但并不因此就使原告成为用户端屏幕或输入装置等物理装置(空间)的控制者。除非有明确的合同约定,原告不能阻止用户授权第三方从用户控制的物理装置(私人空间)中读取数据或向第三方反馈数据。当然,如果被告破坏原告的技术措施,获取原告实际控制的远端服务器的数据内容或妨碍它正常运作,则另当别论。

本案中,被告将自己的支付方式植入原告开发的收银机系统中,无须配套开发和提供下单、记账、打单等非支付功能,多少降低了用户采用原告支付方式的成本,因此获得一些后发的竞争优势。不过,被告的支付服务需要被告单独向用户推销,才可能被用户接受。同时,被告要时刻保证该支付服务的品质以吸引用户持续使用。这是支付方式竞争中最大的成本所在。从这一意义上讲,被告并没有直接从原告的推销支付方式的默认渠道中获益。换言之,被告安装插件,从原告那里获得的竞争优势非常有限。被告对原告系统的兼容,甚至有利于原告硬件的销售。在没有有效合同约束,也没有有效技术措施排除,同时被告也没有获得明显竞争优势的情况下,法律没有必要阻止被告实现自身软件与现有收银系统兼容的努力。

五、如果采取了有效技术措施

在本案中,从现有的判决看,原告没有采取有效的技术措施阻止用户在其收银机上安装第三方应用程序。上述分析也基本以此为前提。如果原告采取了专业技术人员无法轻易破解的技术措施,将该系统平台封闭起来,而被告的专业人员仔细研究后破解该技术措施,帮助用户安装了自己的支付应用 App,则被告的行为是否构成不正当竞争?

一般而言,如果原告采取有效技术措施维护自己的商业模式,而原告的确依赖这一保护才能获得合理的投资回报,公众可以清楚地知晓原告试图控制的行为的边界,该技术措施也没有使公众或竞争对手的处境变得更坏(没有显著负外部性),则法院应该要求竞争对手尊重该技术措施,而不是引入丛林规则,鼓励双方进行"强化技术措施"和"破解技术措施"的军备竞赛,浪费社会资源,同时也会损害原告的投资积极性。

不过,现实世界通常并不如此理想。在先进入市场的原告所采取的技术措施可能会给后来者制造显著的进入障碍。在用户不掌握充分信息、存在信息不对称并作出实质投入而被挟持的情况下,尤其如此。比如,本案中,用户(商家)购买一个收银机软硬件系统,支出应该在两千人民币上下。这应该是一笔实质性的投入,对中小企业尤其如此。用户通常不太了解第三方收银或支付市场的发展趋势,并不清楚购买一个完全封闭的收银系统是否意味着将来难以利用新出现的流行的支付方式(如本案的美团支付)。如果原告利用技术措施限制白名单以外的第三方支付方式的接入,则后来者需要游说用户为该支付方式而采购一个新的平行的收银机系统。这有一定的难度,同时也会造成一定的社会资源浪费。如果原告具有市场支配地位,则更是如此。

这时候,许可后来者破坏原告的技术措施,强制实现兼容,是否是避免这一社会资源浪费的合理措施,并不十分清楚。从社会的角度看,如果法律许可第三方破坏技术措施,有两种可能的后果:其一,原告可能会进一步投入以强化自己的技术措施,使之更难破解,被告也会更努力地破解,从而引发前面所说的军备竞赛浪费。如果这一浪费超过用户重复购买硬件的社会资源浪费,则许可被告破坏技术措施是不合理的选择,法律禁止破坏可以提升社会福利。其二,原告也可能从一开始就不寄希望于技术措施,从而放弃彻底封闭系统的努力而选择开放模式。比如,在本案中,原告如果只是满足于做一个开放的收银机系统,通过出售机器硬件(类似安装Windows 操作系统的通用电脑或安卓系统的智能手机)营利,而不努力与应用软件提供商分享用户支付的佣金,也有一定的生存空间。

在现阶段,本文作者无法深入了解双方当事人所处的市场状况和各自的竞争策略,无法准确判断上述假想案例中的技术措施对于维持有效竞争,是否不可或缺。如果此类争议真的出现,法院可能要综合考虑原告采用开放的商业模式的可能性、用户与原告之间的信息不对称的严重程度、用户采用平行的支付系统的成本投入、被告采用替代性的竞争手段的可能性、原被告的市场地位、法院介入的制度管理成本等因素,才可能得出可靠的结论。

六、结语

在美团案中,中国两个代表性法院对同一争议作出相反判决,这一事实再次表明,包括最高人民法院在内的诸多法院过去在流量劫持类案件中的探索,还没有能够提供一个统一各级法院的认识的分析框架,也没有能够帮助网络行业有效预测"流量劫持"类行为的合理边界。本文希望,上述简要分析能够在现有判决的基础上提供一些新的思路,能够帮助将来的决策者更好地处理类似争议。最后,期待最高人民法院在这一社会高度关注的最新案件中,能走得更远,为将来处理类似问题提供更为清晰的指引。

A Basic Legal Analysis of Traffic Hijacking:
The Meituan Case as an Example

Cui Guobin

Abstract: Network-level traffic hijacking is a common competitive behavior that is highly controversial. The Meituan case is one of the latest and typical disputes. In this case, the determination of the legality of the defendant's act requires specific analysis as to whether the user has installed the defendant's application without permission, and whether the defendant's plug-in diverting the payment flow has disrupted the operation of the plaintiff's program. If the plaintiff neither implemented effective contractual constraints through the user agreement, nor took effective technical measures to exclude third-party applications, and the defendant did not disrupt the operation of the plaintiff's program or gain an obvious competitive advantage thereby, there is no need for the law to prevent the defendant from making efforts to improve software compatibility. In the case where the plaintiff has adopted effective technical measures, the court still needs to consider the specific market conditions and possible effects on social welfare comprehensively to evaluate the rationality of the late-entrants' destruction of the technical measures. Along with the above analysis framework, the court might have a clearer thinking in handling traffic hijacking cases.

Keywords: Traffic hijacking; Technical measures; Unfair competition

数据类不正当竞争纠纷裁判规则之检视

——评新浪微博诉饭友案

杜 颖 刘斯宇[*]

摘要：微梦公司经营的新浪微博系用户创作、分享、社交及查询信息的平台，复娱公司经营的饭友是向明星粉丝提供泛娱乐服务的应用。2017年前后，两家公司因饭友平台未经许可使用新浪微博数据而产生纠纷。案件涉及对《反不正当竞争法》第2条、第12条的解释与适用，法院及当事人围绕数据权益、竞争关系、行为性质、损害结果等要素展开论证博弈，在形成阶段性裁判标准的同时，亦引起广泛而深入的省思。

关键词：互联网；数据；实质性替代；不正当竞争

一、绪论

随着互联网产业和技术的新一轮变革，"数据"日益成为现代新兴产业中具有巨大价值的竞争资源，各种基于数据的产品开发和商业模式创新，在不断便利公众生活的同时，亦为相关经营者创造了巨大利益。相应地，互联网领域的市场竞争态势也愈加激烈，各大互联网公司为争夺"用户流量"、吸引"用户注意力"而持续较量，并由此生发了诸多不正当竞争纠纷，给司法实践和法学研究提出了新的挑战。

不同于传统的实体商业竞争方式，亦非传统竞争方式在互联网领域的延伸（如利用互联网新手段来实施传统的仿冒、虚假宣传、商业诋毁等不正当竞争行为），新型互联网领域的不正当竞争主要指互联网行业中不同经营者之间利用互联网技术手段，通过影响用户选择或者其他方式，实施妨碍、破坏其他经营者合法提供的网络产品或者服务正常运行的行为。为此，2017年修订《反不正当竞争法》时，有针对性

---

[*] 本文作者：杜颖，中央财经大学法学院教授、博士生导师；刘斯宇，中央财经大学法学院硕士研究生。

地增加了第12条（又称"互联网专条"），①以对互联网领域的不正当竞争行为予以特殊规制。然而，第12条所列举的未经同意插入链接、强制进行目标跳转，误导、欺骗、强迫用户修改、关闭、卸载其他经营者合法提供的网络产品或服务，以及恶意实施不兼容等行为，只是互联网视域下诸多不正当竞争行为种类中发生频率较高、产生争议较多的类型，明显无法涵盖当下由于未经相关经营者同意擅自"获取数据""抓取数据"或使用该经营者开发的"数据产品"而产生的系列不正当竞争纠纷。

　　法律的滞后性在此显现，《反不正当竞争法》无法与互联网技术的迭代保持同步更新，故而在应对新型互联网公司之间数据类不正当竞争纠纷时表现出诸多疏漏和空白。特别是在我国有关"数据治理""数据保护"方面的其他基础性法律规定②皆显不足的情况下，数据权属、数据及数据产品之持有者的权利（或权益）边界、其他主体对有关数据之使用的正当空间等的认定皆无定论，导致近年来围绕"数据"产生的不正当竞争纠纷，在无法归入"互联网专条"项下的三大类型时，除少数选择解释适用第12条第2款第4项的兜底性条款外，多数法官往往倾向适用《反不正当竞争法》第2条③之一般条款对争议行为进行认定。不过，在个案判断中享有高度裁量自由的同时，为避免承受过大的案件争议压力，法官更愿意因循在先类似判决作出裁判，因此，尽管目前有关数据类不正当竞争纠纷的可查案件数量较少，但个案之间的裁判思路、认定标准已经显现出较高的趋同性，表现出一定的逻辑规律。

　　北京微梦创科网络技术有限公司（以下简称微梦公司）作为新浪微博的运营者及服务提供者，数年的经营使其已成为拥有庞大用户群体的互联网领域头部企业之一。新浪微博是娱乐明星分享动态的重要平台，也是娱乐媒体和追星用户主要关注和交流的平台，在某种程度上，其拥有的海量数据和信息资源是同业或类业经营者无法匹敌的竞争优势，由此而导致微梦公司在大数据时代背景下，面临一系列因微博数据被其他互联网企业平台未经许可使用而产生的权益纠纷，本案另一方当事人

---

① 《反不正当竞争法》第12条规定：经营者利用网络从事生产经营活动，应当遵守本法的各项规定。经营者不得利用技术手段，通过影响用户选择或者其他方式，实施下列妨碍、破坏其他经营者合法提供的网络产品或者服务正常运行的行为：(一)未经其他经营者同意，在其合法提供的网络产品或者服务中，插入链接、强制进行目标跳转；(二)误导、欺骗、强迫用户修改、关闭、卸载其他经营者合法提供的网络产品或者服务；(三)恶意对其他经营者合法提供的网络产品或者服务实施不兼容；(四)其他妨碍、破坏其他经营者合法提供的网络产品或者服务正常运行的行为。

② 当前，对于数据权属的界定问题，不论是民法还是知识产权法领域，皆未给出定论。在此背景下，虽然《反不正当竞争法》所能提供的保护相对较弱，但其在保护范围上则较宽，能够在法律真空情形中起到一定的补充作用。关于知识产权与不正当竞争之间的关系问题分析，可参见郑成思：《反不正当竞争——知识产权的附加保护》，载《知识产权》2003年第5期，第4页。

③ 《反不正当竞争法》第2条规定：经营者在生产经营活动中，应当遵循自愿、平等、公平、诚信的原则，遵守法律和商业道德。本法所称的不正当竞争行为，是指经营者在生产经营活动中，违反本法规定，扰乱市场竞争秩序，损害其他经营者或者消费者的合法权益的行为。本法所称的经营者，是指从事商品生产、经营或者提供服务（以下所称商品包括服务）的自然人、法人和非法人组织。

上海复娱文化传播股份有限公司（以下简称复娱公司）及其经营的饭友平台，便是若干互联网企业平台的其中之一。

二、案情简介[④]

（一）基本事实

微梦公司是微博平台的 ICP 备案主体，就新浪微博全部数据享有权益，对新浪微博的界面和内容，主要通过注册登录规则和反爬虫机制实现相应数据的保护。复娱公司是激动网的 ICP 备案主体，饭友系由复娱公司重点打造的移动端娱乐平台，产品密切围绕粉丝需要，提供追星交友及泛娱乐服务，功能包括演出购票、追星、速递等。

2017 年，微梦公司向海淀区人民法院起诉称，复娱公司未经其许可在饭友中的明星账号内设置微博专题并嵌套该明星的新浪微博界面，通过技术手段抓取新浪微博数据，完整地展示了该明星微博的全部内容，使饭友用户无须新浪微博账号及下载新浪微博，即可浏览微博内容、使用微博服务；同时，复娱公司在饭友的微博中恶意屏蔽新浪微博的超级话题、票务、推荐、点赞、链接外部网站、可能感兴趣的人等多项功能，并嵌入送花、发帖、群聊等其自有功能，结合饭友平台具有的打榜、票务、交友活动等粉丝追星模块，在持续运营中获取利益。复娱公司的行为侵害了微梦公司的合法权益，违反了诚实信用原则和公认的商业道德，构成不正当竞争，请求依法判令复娱公司立即停止不正当竞争行为，公开刊登声明为微梦公司消除影响，同时赔偿微梦公司的经济损失及合理的维权费用。

复娱公司辩称，首先，新浪微博是社交平台，用户可浏览关注好友、发布状态、通过私信与好友互动等，饭友则是提供追星、演出票务及与明星见面服务的粉丝服务平台，二者的经营范围、受众人群、盈利模式和经营目的均不同，不属于同业竞争者。其次，复娱公司的行为未损害消费者利益，亦未破坏互联网市场秩序，且饭友平台作为一种新商业模式应当首先被推定为具有正当性，具体理由为：第一，复娱公司未抓取新浪微博数据，饭友中的微博只是链接，用户点击后可以跳转至新浪微博，且新浪微博中的明星动态是公开的，复娱公司提供此种链接服务仅是为粉丝了解明星动态使用；第二，新浪微博中的相关功能之所以未能在饭友显示，是因系统界面展示空间所限，并非复娱公司恶意屏蔽，同时，作为饭友的开发者和运营者，复娱公司可在其应用界面中设计并展示自有功能，并且其未将这些功能嵌入到新浪微博中；第三，饭友中的微博未去除"新浪"标识，已标明内容来源，不会造成用户混淆，还具有对新浪

[④] 参见北京知识产权法院（2019）京 73 民终 2799 号民事判决书。

微博的推广作用；第四，饭友中的明星账号粉丝量较少、功能有限，且实际运营期限短、影响有限，即使构成不正当竞争，给微梦公司造成的经济损失也十分小。

法院结合在案证据还查明，第一，在微梦公司公证过程中，当查看饭友中的明星微博时，前端未出现新浪微博地址，亦无任何显示跳转至新浪微博的链接标识；第二，复娱公司在饭友中使用涉案新浪微博内容未经微梦公司或涉案微博账号主体的许可；第三，饭友有ios和安卓两个版本，ios版饭友已于2017年7月5日下线，但诉讼中安卓版饭友仍在持续运营，复娱公司仍处正常营业中。

（二）责任认定

法院经审理认为，复娱公司与微梦公司存在竞争关系，复娱公司的行为对微梦公司构成不正当竞争。

首先，《反不正当竞争法》所规范的经营者应具有竞争关系，但对于竞争关系的判定不应仅限于同业，而应从经营者实施的经营行为在本质上是否构成竞争进行判断。本案中，第一，虽然微梦公司经营新浪微博（包括网页端和移动端），复娱公司经营饭友（移动端），前者是向用户提供创作、分享和查询信息的社交媒体平台，也是向众多第三方应用提供接口的开放平台，后者则是向明星粉丝提供服务的应用，但是，经营载体和具体服务的不同并不影响双方都提供网络社交服务这一实质。第二，虽然新浪微博面向的用户群体不局限于明星粉丝，经营范围和服务类型也比饭友宽泛，但就被诉行为涉及的用户群体和具体业务而言，新浪微博与饭友是有高度重叠的。第三，流量和数据是当下互联网公司争夺的主要资源，无论是新浪微博还是饭友，其之所以针对明星粉丝设计和开发特定功能，均是为了尽可能吸引对明星感兴趣的粉丝用户，从而获得用户流量，留存与用户相关的数据从而进一步提供网络服务。因此，二者作为互联网经营者，在争夺用户并使用网络数据方面存在此消彼长的竞争利益。由此，微梦公司和复娱公司之间存在竞争关系。

其次，本案可否适用《反不正当竞争法》第12条的规定予以调整，应着重考量是否符合以下要件：一是涉案新浪微博数据是否具有商业价值，能否给微梦公司带来竞争优势；二是被诉行为是否属于利用技术手段实施的妨碍、破坏新浪微博正常运行的行为。

首先，新浪微博作为社交媒体平台，其界面的设计、信息的排布、主题的选择等与用户体验需求的匹配度，以及微博账号中的内容与用户期待的契合度等，均属于吸引用户注册使用的因素，系新浪微博在社交平台市场中竞争优势的反映。根据《微博服务使用协议》，微梦公司对用户发布在新浪微博平台上的内容享有独家权利并可进行转授权，在提供微博服务过程中可以各种方式投放各种商业性广告或其他任何类型的商业信息并向用户发送此类信息，为用户提供包括信息发布共享、关系链拓展、平台应用程序等功能、软件和服务等。前述约定系微梦公司与新浪微博用户之间就相关权利作出的约定,在未违反法律禁止性规定且无相反证据的情形下,民事主体自行达成的协议之内容系其自愿对自身权利义务作出的安排,协议之效力应为有效。结合其他截图证据可以认定,微梦公司作为新浪微博的运营者,对涉案新浪微博前、后端全部数据享有权益,并通过新浪微博这一生态链实现商业利益。

其次,复娱公司的行为不具有正当性。根据《信息网络传播权条例释义》对"链接服务"的定义,链接服务的本质是提供信息定位工具,提供链接服务的主要目的则在于便利网络信息共享。因此,对于设链方而言,其所提供的链接服务应完整呈现被链信息,而非根据设链方的经营安排或其他需求对被链信息进行选择性增删。结合如下事实:新浪微博中有主页、微博、头条和相册四个专题,但饭友的微博中仅有主页和微博两个专题;新浪微博中的赞、关系、可能感兴趣的人、超级话题、明星百度贴吧、票务信息和购买通道、明星势力榜、关注其他明星等内容和功能,均未出现在饭友的微博界面中;新浪微博中微博发布的时间仅具体到年月日,饭友的微博则具体到发布的时刻;新浪微博中的点赞、评论和转发数仅显示到万位数,饭友中则显示到个位数;就同一特定微博而言,新浪微博中的评论数多于饭友,且饭友中的评论及回复内容均不完整。由此可以认定,饭友中涉案的92个明星账号的微博内容系复娱公司抓取新浪微博数据所致。同时,鉴于前述饭友中微博的专题分类少于新浪微博,二者微博的发布时间、点赞、评论和转发数量具体化的程度亦不同,且新浪微博的此类信息相较于饭友更为精简等事实,可以推定复娱公司并非仅抓取新浪微博前端已公开的数据,还抓取了新浪微博的后台数据。结合一般常识及微梦公司对新浪微博数据采取的反爬虫机制和与用户签订的服务协议等,可以认定复娱公司系通过绕开或破坏微梦公司技术保护措施的手段,抓取新浪微博数据并使用、展示,此种行为显然破坏了新浪微博数据的展示规则,必然影响微梦公司与用户间协议的履行(例如,导致微梦公司的独家权益无法得到保障,对数据维护等的投入无法获得相应回报,或将减损用户数据安全性等)。此外,基于正常的阅读习惯,明星粉丝用户在饭友中浏览完相关内容后再回到新浪微博查阅相关内容的概率很低,因此,就涉案92个明星微博而言,饭友已对新浪微博构成实质性替代,既实际分流走了微梦公司的潜在用户流量,也影响了微梦公司通过新浪微博可以获得的广告、票务等商业收益,给微梦公司造成了实际损失。综上,复娱公司抓取新浪微博数据并在饭友上进行展示,妨碍、破坏了新浪微博的正常运营,侵犯了微梦公司的合法权益,违反了《反不正当竞争法》第12条第二款第4项的规定,构成不正当竞争。

关于微梦公司的实际经济损失,综合考虑复娱公司非法抓取新浪微博后台数据和涉案明星微博账号的数量、复娱公司运营ios版和安卓版饭友的持续时间、复娱公司的宣传材料中自述的饭友下载量、复娱公司通过饭友的非法获利、复娱公司通过新浪微博吸引的用户量、关注饭友中明星账号的粉丝数量等因素予以确定。

依照《中华人民共和国反不正当竞争法》第2条、第12条、第17条的规定,法院判令复娱公司立即停止安卓版饭友上的被诉不正当竞争行为;在激动网(网址为www.joy.cn)首页连续72小时刊登声明,就被诉不正当竞争行为为微梦公司消除影响;赔偿微梦公司经济损失193.2万元及合理开支16.8万元。

三、案例评析

(一)裁判要点

通过观察近年来各地法院受理的涉数据类纠纷案件可以发现,对原告所主张的相关数据权益,法官大多选择通过《反不正当竞争法》予以保护和救济,以解决遵循知识产权法定主义原则对智力创造成果提供的有限保护与多样化的智力创造成果亟待寻求保护的这一矛盾。[5]

总体来看,法院在数据类不正当竞争纠纷的论证和裁判中,主要依循的思路是:第一,原告对诉争数据是否享有合法权益,该权益是否为《反不正当竞争法》所保护;第二,原告和被告之间是否存在竞争关系;第三,被告的竞争行为是否具有不正当性或可责性,是否违反诚实信用原则和商业道德;第四,原告的合法权益是否因被告的不正当竞争行为而受到损害。

1. 数据权益

关于原告对诉争数据是否享有合法权益,多数案情中表现为平台对其"用户生成内容"(UGC)类数据的权属界定问题。有学者指出,用户对其上传至平台的作品享有著作权,并不排斥平台同时享有相应的数据权益,因为用户生成内容只有经平台投入大量人力、物力、存储和计算资源等加以转化,才得以特定的方式传播、被平台上的其他用户观看、评论和转发等。[6]绝大部分法院也倾向性地承认原告基于其针对诉争数据所付出的劳力和成本而应当享有相应利益,理由在于,大数据在从无到有、由少至多再由粗至精的过程中,需要对海量数据进行收集、整理、分析,以及后续的管理和运营,这将耗费持有数据的公司大量的人、财、物力,如果法律不承认、不尊重此类凝结了高度智力和体力劳动的数据成果,任由社会公众特别是同业竞争者自由、无偿、无限度甚至通过不正当手段加以获取和使用,[7]无疑将挫伤新型互联网

---

[5] 孙虹、欧宏伟:《利用网络爬虫技术获取他人公交实时运行大数据的行为性质》,载《人民司法》(案例)2018年第35期,第78页。

[6] 薛军:《抓取他人数据,缘何构成不正当竞争》,载《法治日报》2021年1月27日,第5版。

[7] 孙虹、欧宏伟:《利用网络爬虫技术获取他人公交实时运行大数据的行为性质》,载《人民司法》(案例)2018年第35期,第80页。

公司进行技术创新的热情,也无法满足互联网领域相关经营者对维护自身合法权益的诉求。当然,相关权益主体在对用户数据或其他信息的收集获取上也须遵守必要限度原则,此为其行为具备正当性的基础;同时,企业主体还须对其持有的数据在事实上采取相应的管理性措施,以将企业数据从公共领域中分离出来,体现其将该部分数据占为己有的主观意愿。[8]

具体到个案中,不论是本案所涉微博上的用户数据,还是类案中如大众点评网的点评信息、淘宝推出的生意参谋数据产品、实时公交出行软件的后台数据、搜索引擎下的网页内容等,每一类数据信息由分散到集中、由单一到多元,都是相关经营者的付出使然。在互联网科技高速发展、数据价值凸显的当下,数据已成为相关企业不可或缺的商业资本、一项关键的经济投入和竞争筹码,[9]对数据信息的获取和使用以及对衍生产品的开发和运营,不仅能使企业形成巨大的竞争优势,吸引更多的商业资源,更能为企业带来可观的经济效益,甚至是某些企业最重要的、唯一的创收来源。故而,虽然尚无法律明确规定相关经营者享有数据权利,但不影响其作为《反不正当竞争法》语境下受到保护的合法利益。

不过,从长远视角看,目前个案中通过《反不正当竞争法》对数据抓取及类似行为进行的规制,仍难免沦为一种事后的定性,而缺乏对相关行为积极的正面引导。[10]因此,对于平台所享有的数据权益究竟为何种性质、数据权属应当如何界定,仍有待学界、业界和司法实践的进一步研讨、论证,如考虑借鉴德国法上的"框架权"理论。[11]

2. 竞争关系

关于原告和被告之间是否存在竞争关系,举几例观之:本案原告微梦公司运营的"微博"和被告复娱公司运营的"饭友",以及另案被告淘友公司运营的"脉脉",[12]皆为用户了解和关注娱乐明星动态以及进行个人社交提供平台;汉涛公司经营的"大众点评网"和百度公司经营的"百度地图",都为用户呈现相关商户信息和商品评价

---

[8] 黄细江:《涉企业数据竞争行为的法律规制》,载《知识产权》2021年第2期,第57页。
[9] 田小军、曹建峰、朱开鑫:《企业间数据竞争规则研究》,载《竞争政策研究》2019年第4期,第17页。
[10] 薛军:《抓取他人数据,缘何构成不正当竞争》,载《法治日报》2021年1月27日,第5版。
[11] 关于"框架权"的概念、特征及具体应用等,参见于飞:《论德国侵权法中的"框架权"》,载《比较法研究》2012年第2期,第69-76页。作者在文中引用菲肯切尔(Fickencher)教授的观点指出:"有一些法律地位,它们被归属于确定主体的权利范围,但却并不像绝对权具有确定易辨的清晰性,而是显示出某种模糊性。虽然客观法赋予了它们明确的地位,但它们并不能原则上排除他人的一切侵害。人们可以将这些法律地位称为框架权,从而与那些绝对受保护的法益相区分。因此侵害框架权的侵权行为有如下共同特征,即对框架权侵害之本身,并不能征引出行为的违法性,违法性须通过利益衡量才能获得。存在违法妨害时,亦得提起不作为之诉。若该侵害是可允许的,则依事实要件不构成侵权行为。框架权具有对传统权利的补充功能,是一种兜底保护的手段。"作者还指出:"立法者是无法通过设立一种框架权,来事先确立一种确定法秩序的;这种所谓'权利'所表达出来的意义,仅仅是对于以往被忽视的某个领域,法律现在可以介入或者说法官现在可以考虑对受损者提供保护,至于怎样介入和如何考虑保护,则完全靠法官自己做判断。"
[12] 参见北京知识产权法院(2016)京73民终588号民事判决书。

信息、提供 LBS 服务和 O2O 服务;⑬谷米公司开发的"酷米客"软件和元光公司开发的"车来了"软件,都为用户提供公交路线查询和规划、实时公交地理定位等服务;⑭奇虎公司和搜狗公司皆为用户提供信息搜索服务;⑮等等。从个案来看,作为纠纷双方当事人的互联网公司,在主营数据信息类业务上存在高度类似,其服务受众存在高度重合,在"眼球经济"时代,双方在争夺用户流量、抢占服务市场方面,显然存在激烈的竞争关系。事实上,该竞争关系之"白热化"程度,甚至可以产生彼此的"实质性替代"效果。

不过,法院在裁判中也指出,对于竞争关系的判定,不应局限于相同行业、相同领域或相同业态模式等固化的要素范围,而应从经营主体具体实施的经营行为出发加以考量。除同业者之间的竞争关系外,反不正当竞争法所调整的还包括为自己或他人争取交易机会而产生的竞争关系以及因破坏他人竞争优势而产生的竞争关系。⑯特别是在互联网行业自由竞争的数据信息类服务上,吸引足够多的网络用户是相关经营者开展经营活动的基础,用户黏性强弱是衡量数据产品或服务之竞争力的重要评价指标。⑰故而,即使原告和被告之间的经营模式存在差异,只要双方吸引和争取的用户群体存在"此长彼消"的或然性对应,就可以认定双方存在竞争关系。⑱

从某种程度来说,在判断个案中被告是否构成不正当竞争时,"竞争关系"这一要素所占的考量比重实际在逐渐降低。在 2021 年 8 月最高人民法院发布的《关于适用〈中华人民共和国反不正当竞争法〉若干问题的解释(征求意见稿)》(以下简称司法解释稿)中,第 26 条第 1 款⑲所列举的构成要素中甚至没有直接提及"竞争关

---

⑬ 参见上海知识产权法院(2016)沪 73 民终 242 号民事判决书。
⑭ 参见广东省深圳市中级人民法院(2017)粤 03 民初 822 号民事判决书。
⑮ 参见北京市海淀区人民法院(2016)京 0108 民初 14003 号民事判决书。
⑯ 参见上海知识产权法院(2016)沪 73 民终 242 号民事判决书。
⑰ 参见广东省深圳市中级人民法院(2017)粤 03 民初 822 号民事判决书。
⑱ 事实上,这种做法多年前就已经得到学界的支持。例如,有学者曾提出:"由于网络商业环境中竞争主体的产品内涵、形式以及组织特征等存在高度一致性,使得竞争主体数量更多、进出更自由、信息更充分,以及实施竞争的机会更多、频次更高,其中的竞争关系也几乎无处不在,因此在网络商业环境中,无须刻意强求同业竞争关系,反之又无不可归入同业竞争关系。网络商业环境中竞争关系的新趋势与新特征,以及由此带来的竞争关系司法界定方面的新变化与新思路,其实只是法学中的竞争关系向经济学中竞争关系内涵与外延的回归,是在司法界定中还原了竞争关系的本来面目。"详见王永强:《网络商业环境中竞争关系的司法界定——基于网络不正当竞争案件的考察》,载《法学》2013 年第 11 期,第 147 页。
  近年来,亦有学者论及:"从经济学角度来阐释,竞争关系并不是非 0 即 1 的关系,而是处在[0,1]的连续性区间。对于竞争关系的判定,本就不应该过多受行业性质、领域以及商业发展模式、是否提供具有相同性、可代替性或者相似性的商品或服务等固化的传统要素影响,而是应该以经营主体在经营活动中从事的具体经营行为为切入点,按照是否从事或者参与市场竞争行为的客观标准,尤其是在移动互联网领域内的对数据不正当竞争进行认定。"详见叶明、郭江兰:《误区与纠偏:数据不正当竞争行为认定研究》,载《西北民族大学学报(哲学社会科学版)》2019 年第 6 期,第 89 页。
⑲ 该司法解释稿第 26 条第 1 款规定:经营者违背诚实信用原则和商业道德,擅自使用其他经营者征得用户同意、依法收集且具有商业价值的数据,并足以实质性替代其他经营者提供的相关产品或服务,损害公平竞争的市场秩序的,人民法院可以依照《反不正当竞争法》第 12 条第二款第四项予以认定。

系",而仅以"实质性替代"指向纠纷双方当事人之间的关系或者说是被告的行为在客观上所产生的效果。可见,由于互联网环境中经营者之间已不再局限于同业竞争,而更多地表现为交叉、关联甚至利用或争夺彼此的竞争优势等状态,司法实践对"竞争关系"之内涵的解释不断扩张,使得这一概念已成为某种虚置。[20]

3. 行为性质

关于被告的竞争行为是否具有不正当性或可责性,考虑到须为互联网领域的竞争自由、模仿自由、信息共享、数据流通等保留和保障必要的空间,法院往往不会依据被告所使用的数据信息来源于原告便径以认定其行为的不正当,而是细化了诸多考量因素。经归纳大概有以下几项较为典型的行为标准:[21]

一是被告抓取原告的用户数据是否遵守"三重授权"原则。即原告将其持有的数据向不特定第三方开放的前提是取得用户同意,第三方(个案中的被告)在使用该类用户数据信息时应当明确告知用户其使用的目的、方式和范围等,再次取得用户的同意,此所谓司法实务中确立的"用户授权+平台授权+用户授权"之"三重授权"原则(从信息权利人即用户的角度看,是"双重授权")。[22] 在个案中,被告多是未获得数据提供者的授权便径以技术手段抓取用户数据,更无取得用户再次同意之事实,此类行为无疑违反了诚实信用原则和互联网领域的商业道德,具有可责性。

二是被告爬取原告经营的网站、平台、公众号、数据产品上的信息或软件后台、数据库中的数据,是否符合"网络爬虫排除标准"(又称"Robots协议")。即作为数据提供者的一方,为保护自身隐私和利益,可以在自己的站点设置Robots协议,以告知数据获取者一方的爬虫哪些数据信息是其不希望被爬取的,还可以就其系统或数据采取加密或其他技术保障措施,阻止爬虫顺利爬取相关数据。[23] 在此情形下,未被数据提供者设置的Robots协议所排除的数据范围便属于其向公众公开的数据,任何主体都有权访问和收集,此类公开爬取数据的行为因得到了数据提供者的默示许可而不会产生侵犯数据提供者合法权益之虞,当然不会构成不正当竞争。而个案中的被告,如淘友公司、美景公司、元光公司、中服公司等,皆是对原告并未公开的数据信息通过技术解密、入侵等方式进行强行爬取,逾越了爬虫排除范围,显然违反诚信原则和商业道德,构成不正当竞争。

三是被告直接复制、抄袭、裁剪、拼接原告或原告之用户所发布的数据信息,是否超过必要限度。考虑到互联网领域市场经济鼓励的是效能竞争,而非通过阻碍他

---

[20] 王艳芳:《反不正当竞争法中竞争关系的解构与重塑》,载《政法论坛》2021年第2期,第20页。
[21] 刁云芸:《涉数据不正当竞争行为的法律规制》,载《知识产权》2019年第12期,第42-44页。
[22] 王利明:《数据共享与个人信息保护》,载《现代法学》2019年第1期,第53页。
[23] 丁晓东:《数据到底属于谁?——从网络爬虫看平台数据权属与数据保护》,载《华东政法大学学报》2019年第5期,第71页。

人竞争来提升自身的竞争能力,因此并非绝对禁止竞争者对数据持有者的数据信息加以利用。如果竞争者提供的并非同质化服务,而是在商业模式上实现了较大创新,并由此提升了用户体验,丰富了消费者选择,则不能否认该竞争行为是具有积极效果并有利于推动整个行业之进步的。遗憾的是,个案中败诉的被告往往没有遵循"最少、必要、损害最小"的行为限度,其直接、大量盗取数据信息或间接使用搜索引擎检索结果页面等行为也未能创造新的价值、未能打造升级版服务,而仅是对他人的劳动成果不劳而获,"搭便车"意图显露无疑,有违诚实信用、不合商业道德,具有不正当性。

此外有学者特别指出,司法鼓励互联网行业的技术创新与充分的自由竞争,而"任何新秩序的确立都具有破坏旧秩序的特点,这与扰乱竞争秩序必然具有表面相似性",因此,个案中法官须结合创新要素对互联网领域产生的新型竞争行为之正当性进行审慎评价,当然,这种考虑本身也必将是审慎的、限制的,因为创新并不是法律明确规定的独立因素,只有在被争议的行为同时符合经营者利益、消费者利益以及竞争秩序这三项利益目标时,才能被认定为具有正当性。[24]

4. 实际损害

关于原告的合法权益是否因被告的不正当竞争行为而受有损害。案件所涉经营主体皆是新型互联网公司,原告在其长期的运营和积累过程中,所吸引的用户流量日益增长,基于数据及其衍生产品所获得的商业收益也成倍扩张。即使原告向用户提供的数据信息本身是免费的,被告的爬取、盗链、抄袭行为既未损坏数据本身,又未给原告造成直接财产损失,但事实上,被告通过使用大量来自原告的信息数据提供同质化服务,将构成对原告的实质性替代,进而在结果上给原告造成竞争性损害。具体而言,这种替代不仅将劫持原告的用户流量,还将导致投放于原告服务项下的广告之收入减少,既削弱了原告的竞争优势,又减损了原告的商业利益,[25]同时影响原告平台的正常运行以及相应平台责任的履行。[26]故而,如若被告的行为在依循前述判断步骤被认定为属于不正当竞争后,其行为带给原告之损害的隐蔽性、链条性、长期性、严重性,将不会产生太大争议。只需要注意的一项基本理念是,"竞争性损害是中性的,不具有是与非的色彩",即由竞争行为给其他竞争者造成损害往往是常态而非例外,"损害本身通常不构成评价竞争行为正当性的倾向性要件,只有特定的损害才成为不正当竞争的考量因素",[27]因此在个案判断中须谨防逻辑倒置。

---

[24] 王红霞、尹玉涵:《互联网新型不正当竞争行为的司法认定——兼论新修〈反不正当竞争法〉的适用》,载《电子知识产权》2018年第11期,第61页。
[25] 参见浙江省杭州市中级人民法院(2018)浙01民终7312号民事判决书。
[26] 薛军:《抓取他人数据,缘何构成不正当竞争》,载《法治日报》2021年1月27日,第5版。
[27] 孔祥俊:《论反不正当竞争的基本范式》,载《法学家》2018年第1期,第54-55页。

(二)法律适用

尽管个案裁判思路和各级各地法院的司法态度取向在很大程度上趋于一致,但在具体法律适用上,个案仍出现分歧。在认为利用新型技术手段实施的多样化行为不符合《反不正当竞争法》第 2 章规定的各类不正当竞争行为类型(尤其是"互联网专条")时,法官往往回溯到该法第 2 条即一般条款进行判定,不过也有部分案件法官选择通过解释适用第 12 条的兜底条款进行裁断。

同样是以微梦公司作为原告的数据类不正当竞争纠纷,在 2016 年年末审结的"微博诉脉脉案"中,法官判定淘友公司非法抓取新浪微博用户的数据信息,并利用脉脉用户的手机通讯录联系人与新浪微博用户之间的对应关系,违背了第三方通过 Open API 获取微博用户数据信息时应当遵守的"三重授权"原则,有违诚信原则和商业道德,构成《反不正当竞争法》第 2 条所指的不正当竞争行为。[28] 而在上述"微博诉饭友案"中,面对类似的纠纷情形法官却选择适用了《反不正当竞争法》第 12 条第 2 款第 4 项的兜底条款。虽然在 2016 年脉脉案发生时《反不正当竞争法》尚未进行修订更新,即使 2017 年后出现了"互联网专条",法律适用亦应遵循特别法优先于一般法的原则,但饭友案中复娱公司的数据抓取行为在事实上构成了对新浪微博正常运行的妨碍、破坏吗?似乎并不尽然。

回归法律条文本身来观察,有观点认为,《反不正当竞争法》第 12 条采取"总括+示例+兜底条款"的立法模式,但示例类型十分局限,兜底条款仅以"妨碍、破坏其他经营者的正常经营活动"为标准,要素过简、含义过宽,容易导致过度扩大适用,故而在司法实践中须结合一般条款对第 12 条进行目的性限缩解释,必要时仍需直接以一般条款作为疑难案件的断案依据。[29] 此处,从另一个角度——互联网的开放性,也可以解释为什么"互联网专条"的适用会陷入窘境。互联网信息技术发展至今,开放系统和软件的广泛应用使得相关经营者完全可以在不妨碍、不破坏其他经营者正常运行的同时——而构成妨碍或破坏恰恰是第 12 条适用的前提,向消费者推荐自己的产品或服务,[30] 即使其运营在客观上的确部分依赖于擅自使用其他经营者所合法控制的数据。但这并不意味着适用一般条款的路径就完美无缺,事实上,它也存在难以消弭的弱点。一般条款虽然为司法实践中认定新型的互联网数据类不正当竞争提供了相当的灵活度,但究其根本,仍属法律上的原则性规定,具有很高的抽象性和模糊性。个案中的相关说理易被弱化,而缺乏深入的实质性论证,裁判结果的

---

[28] 参见北京知识产权法院(2016)京 73 民终 588 号民事判决书。
[29] 王红霞、尹玉涵:《互联网新型不正当竞争行为的司法认定——兼论新修〈反不正当竞争法〉的适用》,载《电子知识产权》2018 年第 11 期,第 59 页。
[30] 李小武、陈敏:《互联网不正当竞争行为的认定标准与反思》,载《中国应用法学》2020 年第 3 期,第 182 页。

不确定性增加,进而将削弱司法的正当性和法律的安定性。㉛ 因此,一般条款的保护方式也只是立法上的次优选择,其所表征的行为规制模式回避了对用户数据的法律定位,并未真正回应《民法典》第 127 条㉜㉝。而最新的司法解释稿第 26 条第 1 款的规定,也表明最高人民法院更倾向于以类型化思维应对互联网领域的数据竞争,即选择扩张适用《反不正当竞争法》第 12 条的兜底条款,尽量减少向一般条款逃逸。㉞

不过,鉴于当前《反不正当竞争法》中的类型化条款本身毕竟不能契合实践需求,适用列举式条款的成本收益不符合预期,相关内容尚待予以系统性完善,㉟且互联网行业亦未形成自身有效的市场规则,因而一般条款仍须保持其开放性,㊱其在数据类不正当竞争纠纷案件中的适用在相当长的时期内或许仍为主流,至少还可以作为总则性规定,在特别性规定存在价值上的不充分或者规范要素的不完全时,起到重要的补充作用。㊲ 这也需要法院揭开被技术创新与运用所遮盖的行为面纱,直击竞争行为本质,㊳在个案中坚持既有的谨慎谦抑、技术中立、通知协商、非公益必要不干扰等原则的同时,将互联网产业的发展规律和竞争逻辑、裁判结果可能带给互联网领域的实际市场效果等纳入分析考量范畴,既防止一般条款的滥用,又最大程度地实现其适用的科学性、合理性。

(三)域外观察

数据类不正当竞争纠纷不仅在国内日渐频发,在国外亦有诸多典型判例。域内外法院的裁判逻辑表现出一定差异,特别是美国法院,基于其国内处于世界领先地位的互联网技术和大型公司创制出的新型商业运营与竞争模式,得以在有关问题的标准界定和理论研究上走得更远,可为我国法院提供一种思路镜鉴。

1. hiQ v. LinkedIn

在 2017 年发生的领英(LinkedIn)与 hiQ 数据抓取纠纷案中,领英是一家以商

㉛ 郑友德、范长军:《反不正当竞争法一般条款具体化研究——兼论〈中华人民共和国反不正当竞争法〉的完善》,载《法商研究》2005 年第 5 期,第 124 页。
㉜ 《民法典》第 127 条规定:法律对数据、网络虚拟财产的保护有规定的,依照其规定。
㉝ 许可:《数据保护的三重进路——评新浪微博诉脉脉不正当竞争案》,载《上海大学学报(社会科学版)》2017 年第 6 期,第 23 页。
㉞ 需要注意的是,司法解释稿第 26 条第一款所使用的措辞是"可以依照反不正当竞争法第 12 条第二款第四项予以认定",而非"应当依照"。即司法解释稿并未采取绝对化表述,直接排除《反不正当竞争法》第 2 条的适用,而仅仅是为兜底条款的适用提供一种依据,亦是寻求一种突破。
㉟ 刁云芸:《商事领域中反不正当竞争法互联网专条的适用困境及出路》,载《法学杂志》2021 年第 1 期,第 132 页。
㊱ 蒋舸:《关于竞争行为正当性评判泛道德化之反思》,载《现代法学》2013 年第 6 期,第 85 页。
㊲ 孔祥俊:《知识产权强国建设下的反不正当竞争法适用完善——基于行政规章和司法解释征求意见稿的展开》,载《知识产权》2021 年第 10 期(网络首发),第 8 页。
㊳ 王艳芳:《〈反不正当竞争法〉在互联网不正当竞争案件中的适用》,载《法律适用》2014 年第 7 期,第 7 页。

业和职业发展为主题的社交网站,用户可在该网站建立档案并与其他用户联系。hiQ 通过收集和分析领英的用户公开信息,判断这些用户具备何种职业技能或何时可能辞职,为企业提供人力资源方面的服务。2017 年 5 月,领英发函要求 hiQ 立即停止利用自动软件进行未经授权的数据抓取行为,并通过技术手段阻止 hiQ 在领英上获取数据。美国法院认为,用户在网络上公开个人信息,他们对这些公开信息的隐私权利具有很大的不确定性,公开信息的人很可能是希望他们的信息被收集和分析的,如果领英禁止他人收集,将会对互联网信息的公开和自由流动造成阻碍,这关涉公共利益。㊳ hiQ 聘请的顾问——哈佛大学法学院的劳伦斯·却伯(Laurence Tribe)教授认为,数据与信息的访问权是一种言论自由的权利,受到美国《宪法》第一修正案的保护。丁晓东教授指出,"根据这种观点,数据的本质其实是一种言论,而言论的本质就是流通与共享,具有公共属性,因此对数据的抓取就不需要网络平台授权或个人授权"。㊴ 这无疑与我国法院提出的"三重授权原则"背后所隐含的"数据归平台和用户个人共有"的认知有较大差异。

另外,hiQ 还提出的两点理由亦值得关注:一是领英滥用其市场支配地位,不正当地将其在"职业社交网络服务市场"的市场力量传导到了"数据分析市场",以获得在其他市场上的不正当竞争优势,实现对产业上、下游的全面控制;二是领英的行为违反了"必要设施原则"(essential facilities doctrine),该原则禁止具有垄断地位或试图垄断的企业拒绝将其控制的必要设施向其竞争对手开放。㊶ 实际上,领英掌握了hiQ 得以顺利运营的关键资源,而领英想要进入职业数据分析市场,只需通过拒绝交易就可以轻而易举将 hiQ 从同业竞争群体中剔除。遗憾的是,虽然法院承认领英拒绝向 hiQ 开放数据的行为或者说要求 hiQ 重建一个完全不同的商业模式确实会给 hiQ 造成无法弥补的损害,但对领英是否违反必要设施原则并未进行详细论述。

最终,基于 hiQ 完全依靠抓取和分析领英所公开的用户个人信息而生存、领英推出与 hiQ 具有直接竞争关系的业务并继续允许其他第三方获取涉案个人信息等因素,美国法院判决领英不得禁止 hiQ 抓取其用户公开的个人信息,为互联网领域的公平竞争提供了一种新的解读。㊷

相较于 hiQ 诉领英案,尽管国内类似案件中往往是被告在后开展了与原告具有直接竞争关系的业务,且多数被告并不具备像 hiQ 在数据算法和分析上的应用创新,㊸原告也并未在禁止被告抓取其数据的同时允许其他第三方获取相应数据,被告

㊳ 王磊:《互联网不正当竞争纠纷的裁判思路》,载《人民司法》2020 年第 1 期,第 85 页。
㊴ 丁晓东:《数据到底属于谁?——从网络爬虫看平台数据权属与数据保护》,载《华东政法大学学报》2019 年第 5 期,第 74 页。
㊶ 曾雄:《以 hiQ 诉 LinkedIn 案谈数据竞争法律问题》,载《互联网天地》2017 年第 8 期,第 49 页。
㊷ 张金平:《欧盟个人数据权的演进及其启示》,载《法商研究》2019 年第 5 期,第 190 页。
㊸ 王燃:《论网络开放平台数据利益分配规则》,载《电子知识产权》2020 年第 8 期,第 54 页。

的败诉似乎为定数,但领英案所关涉的问题——互联网领域信息公开与数据共享的程度与边界,公众保护或公开个人信息的意向与企业专属控制平台数据以形成竞争优势的需求之间的一致或冲突,以及对新型业态自由竞争市场的营造与公共利益实现之间的权衡等,都是需要我们进一步思考的内容。

2. FTC v. Facebook

2020年12月,美国联邦贸易委员会(FTC)针对脸书(Facebook)的两类行为——收购Instagram和WhatsApp、拒绝向特定竞争对手开放数据接口(API),提起反垄断诉讼,指控Facebook在美国个人社交服务市场中具有垄断地位,特别是第二类行为将对竞争造成实质性损害,对意图使用或完全依赖于Facebook平台数据的APP开发者形成震慑效应,使其避免在自身产品上开发对Facebook具有竞争性、替代性、威胁性的功能。

2021年6月,美国哥伦比亚特区联邦地区法院就这两起诉讼裁定驳回,法官给出的重要论证理由之一在于,即使Facebook被证明在相关市场中具有支配地位,也不应要求其负有向竞争对手提供数据端口兼容的一般性义务,Facebook有权利拒绝与竞争对手合作而没有义务帮助竞争对手,其可以基于竞争理由而制定包含数据交换差别待遇在内的一般性政策,该种平台政策或者说数据封禁行为本身并不违法。[44]

尽管围绕Facebook的反垄断诉讼仍在继续,至少阶段性的争议结果向我们表明,美国法院所秉持的态度是,Facebook等大型平台经营者——即使是作为一个垄断者,仍然有权利参与市场竞争,对于有可能对自身的产品和服务构成实质性替代的竞争对手,平台可以排除其对自身数据的使用,以维护自身的市场地位和竞争利益。这与我国法院在判断不正当竞争问题上重视"实质性替代"这一要素的思路无疑是一致的,只是前者更强调优势平台一方所采取的竞争行为的正当性,而后者更多关注的是弱势平台一方所采取的竞争行为的不正当性。

四、结语

随着大数据时代的表征愈加明显,数据类不正当竞争纠纷无疑将呈现持续增长的态势。在法律规范供给不足而只能适用兜底条款或回归一般条款进行裁判的司法现状面前,对为数不多但极具代表意义的相关案例进行梳理、对比、分析,可为未来较长时间内类似案件的裁判提供参考,以保持裁判口径一致;同时为互联网企业间的数据类竞争明晰行为边界,以敦促行业自律。不过,在"让子弹飞一会儿"之后,

---

[44] 刘晓春:《FTC诉Facebook:如何判定平台封禁行为违法》,载《经济观察报》2021年9月13日,第21版。

规制数据类不正当竞争、完善数据治理的"数据专条"法律规范,已然可考量纳入立法计划,以破除由于法律缺憾而带给司法实践的困境。

Review of Adjudication Rules forData Unfair Competition Disputes
——Comments on *Sina Weibo v. Fanyou*

Du Ying Liu Siyu

Abstract:Sina Weibo operated by Weimeng company is a platform for users to create, share and browse information. Fanyou operated by Fuyu company is an application that provides pan entertainment services to star fans. Around 2017, the two companies disputed over Fanyou platform's unauthorized use of sina Weibo data. The case involved the interpretation and application of articles 2 and 12 of *The Anti-unfair Competition Law of China*. The parties argued about the elements of data rights and interests, competitive relationship, nature of behavior, damage results and so on before court. Besides forming judicial rule for similiar cases, it also triggered extensive and in-depth reflections.

Keywords:Internet; Data; Supersession; Unfair competition

论隐性使用关键词的反不正当竞争规制原理

刘 维**

摘要：隐性使用关键词行为的反不正当竞争规制原理仍然模糊，导致法院对该行为的评价结论存在分歧。应以《反不正当竞争法》第6条和第2条为分析框架，分别基于混淆理论的多因素分析路径和一般条款的三叠利益评估方法进行判断。相关公众认知因素在隐性使用的混淆可能性判断中具有特殊性。售前混淆理论和交易机会丧失论均具有局限性。隐性使用的反不正当竞争评价的合理路径是运用三叠利益评估方法，发挥一般条款的法律规则功能。规范性地隐性使用关键词不容易导致消费者混淆，也不违反竞争伦理。

关键词：隐性使用；售前混淆；相关公众认知；三叠利益；交易机会

一、引言

我国法院审理的关键词付费搜索件，最早发生在21世纪初的搜索引擎平台。随着搜索技术在电商和社交等场景中的应用，关键词竞价排名案件开始波及电商平台和社交平台。竞价排名的技术场景基本可描述为：广告主购买竞价排名服务后，自行选定搜索关键词，自行设定相应网站或商品的链接，使网络用户在搜索框输入该关键词时能够在搜索结果页面的固定位置显示广告主网站或其商品的链接，广告主以约定方式向竞价排名服务提供平台支付推广费。这个过程中，广告主自行设定广告投放策略、投放内容，平台主要提供"消费者搜索关键词时触发的展现机会"[①]。在使用关键词的所有方式中，广告主仅仅将他人商业标识作为竞价排名关键词，但不在搜索结果的推广链接标题和描述中使用该关键词的行为，称为关键词的隐性使用。

---

* 基金项目：2020年国家社科基金项目"新技术时代反不正当竞争法对知识产权法的抵触适用研究"（20BFX150）。
** 本文作者：刘维，上海交通大学凯原法学院副教授。
① Edible IP, LLC v. Google, LLC, 854 S. E. 2d 565, 358 Ga. App. 218 (Ga. Ct. App. 2021).

我国商标法学界和司法实践对隐性使用关键词行为的反不正当竞争规制原理存在歧见,具体体现为如下问题:第一,隐性使用关键词行为的规范基础模糊。规范基础是否仅限于混淆条款(《反不正当竞争法》第6条)?如果不限于混淆条款,则可否基于《反不正当竞争法》(以下简称《反法》)第2条作出评价?对此,我国有观点认为应当仅仅以混淆理论作为规范基础。如《上海市反法条例》第8条第3款:经营者不得通过将他人有一定影响的标识与关键字搜索关联等方式,帮助其他经营者实施混淆行为。立法者指出本款的理论基础就是混淆理论:构成混淆的不正当竞争行为本身仍是其他经营者擅自使用他人具有一定影响的商业标识并达到引人误认的程度,其他经营者是该类不正当竞争行为的直接实施者。②但是司法实践中也有观点认为,可基于《反法》第2条以"交易机会的丧失"(本文称为"交易机会丧失论")作为规范基础。例如,最高人民法院在"畅想案"中认为,位列搜索结果首行的"富通天下"广告推送极可能吸引客户一定的注意力,客观上会增加该两公司网站的点击量,亦极可能影响到客户的选择,给该两公司带来潜在的商业交易机会……即使百度搜索行为人最终未对产品的来源产生混淆误认,该两公司利用此类后台设置的关键词搜索模式,进行广告推送,显属不当使用他人的企业名称或字号,有悖诚实信用原则和公认的商业道德。③

第二,隐性使用关键词行为的混淆可能性分析路径模糊。我国有观点认为应当基于售前混淆理论作出评价,如北京知识产权法院在"大悦城"案中指出,这种行为系发生在用户进入寺库公司网站之前(亦即发生在寺库公司实际提供服务之前),而用户点击被诉内容后进入的寺库网站中并未使用"大悦城",故虽然被诉行为会使部

---

② 陈学军、丁伟主编:《上海市反不正当竞争条例释义》,中国工商出版社2021年版,第32-33页。浙江省高级人民法院在"海亮案"中以混淆理论作为规制基础:被上诉人所称的交易机会,虽然是一种可能受反不正当竞争法保护的利益,但并非一种法定权利,因此该种利益究竟能否得到保护,关键要看被诉行为是否具有不正当性。本案上诉人虽然通过竞价排名使自身网站置于易为用户关注到的靠前位置,但并未妨碍被上诉人信息的展示,也未导致相关公众混淆误认等损害后果,故上诉人的上述行为不构成反不正当竞争法规制的不正当竞争行为。浙江高院(2020)浙民终463号民事判决书。

③ 宁波畅想软件股份有限公司与宁波中源信息科技有限公司、宁波中晟信息科技有限公司商业贿赂不正当竞争纠纷案,浙江高院(2015)浙知终字第71号民事判决书。宁波中源信息科技有限公司、宁波中晟信息科技有限公司商业贿赂不正当竞争纠纷案,最高法院(2015)民申字第3340号民事裁定书。再如上海知识产权法院的分析:妙克公司与未来橙公司之间存在直接的竞争关系,在"快陪练"构成具有一定影响的网站名称的前提下,妙克公司的被诉行为显然具有利用未来橙公司商誉,不当获取竞争利益的主观故意。……在搜索结果的前列中显示妙克公司,极有可能吸引相关公众的注意力,诱导相关公众去点击妙克公司的网站,增加该网站的点击量,从而给其带来潜在的商业交易机会,也会使未来橙公司失去潜在的商业交易机会,损害未来橙公司的利益。参见上海妙克信息科技有限公司与北京未来橙网络科技有限公司其他不正当竞争纠纷案,上海知识产权法院(2020)沪73民终137号民事判决书。还有北京法院认为,被告将原告企业名称、字号、商标文字等设置为搜索关键词的行为,缺乏正当性,被告具有利用原告商誉、抢夺原告潜在交易对象、挤占原告市场利益的主观恶意,该等行为系违反商业道德、违反诚实信用原则的不当竞争手段,应当予以否定性评价。参见上海烛龙信息科技有限公司与江西贪玩信息技术有限公司等不正当竞争纠纷案,北京海淀法院(2020)京0108民初8654号民事判决书;乐动天下(北京)体育科技有限公司与北京踏行天际科技发展有限公司不正当竞争纠纷案,北京知识产权法院(2019)京73民终2991号民事判决书;北京百度网讯科技有限公司等与新会江裕信息产业有限公司不正当竞争纠纷案,北京高院(2018)京民再177号民事裁定书。

分相关公众误认为寺库商城为北京朝阳大悦城自行开设或与寺库共同开设的购物网站,从而具有混淆可能性,但该情形属于售前混淆。④ 我国也有法院在传统混淆的框架中作出评价,但是司法实践根据混淆理论对隐性使用关键词案件的分析思路明显有别于其他案件中的"多因素分析法"⑤,法院不对隐性使用关键词案件中的商业标识的知名度和显著性、商品的类似程度、相关公众认知、实际混淆等因素作综合判断,得出混淆可能性结论的过程较为主观。

本文尝试对上述问题展开研究,认为应当基于混淆理论的多因素分析法和《反法》一般条款的三叠利益评估法,⑥对隐性使用行为的正当性作出评价。第一部分将隐性使用关键词行为的评价纳入混淆可能性的多因素分析轨道中,揭示该种行为在互联网和实体购物环境中的差别,从而聚焦相关公众认知这一关键因素的情景性判断。第二部分指出售前混淆和交易机会丧失论的局限性。竞价排名场景区别于售前混淆的适用场景,交易机会丧失论则缺乏具体的规范基础,不受制约地适用售前混淆或交易机会丧失论都会不当地阻碍商品流通和自由竞争。本文第三部分论证适用《反法》一般条款的正当性以及合理的适用路径。《反法》第 2 条具有规则功能,应当综合经营者利益、消费者利益和竞争秩序利益评价隐性使用关键词行为的正当性。需要说明的是,我国法院在适用《反法》第 6 条的过程中对商标使用问题无较大分析,且限于篇幅,本文不研究隐性使用关键词是否构成商标使用行为。⑦

二、隐性使用行为的混淆可能性分析回归

由于混淆可能性的分析因素具有开放性,因而混淆可能性的结论具有情景特征,随着个案具体情景的不同而出现不同结论。在理论和制度上通过对混淆可能性分析因素的明确列举,法官的自由裁量权受到一定程度的约束。在依照《反法》第 6 条对隐性使用行为进行分析时,一方面需要回归混淆可能性的分析轨道,提升法律适用的稳定性;另一方面需要结合个性化场景分析不同因素在此类案件中的作用强度。

(一)混淆可能性分析中传统因素的作用

互联网环境与实体购物环境存在差异,互联网经济被称为"注意力经济""流量

---

④ 中粮集团有限公司上诉北京寺库商贸有限公司东城分公司等侵害商标权纠纷一案,北京知识产权法院(2015)京知民终字第 1828 号民事判决书。即便该案并非典型的隐性使用关键词案件,但该案以售前混淆理论作为规制基础的做法在隐性使用关键词案件中同样适用,因而本文以其作为典型案件进行分析。
⑤ 《最高人民法院关于审理商标授权确权行政案件若干问题的规定》第 12 条。
⑥ 隐性使用关键词行为的反不正当竞争评价,究竟适用《反法》第 2 条还是第 12 条,本文不作分析,统称为一般条款。可参见刘维:《互联网不正当竞争一般条款的价值取向》,载《交大法学》2021 年第 3 期,第 62-76 页。
⑦ 关于使用关键词竞价排名的行为是否构成商标使用以及商标使用的一般原理,可参见刘维:《论商标使用行为的独立性》,载《现代法学》2021 年第 12 期,第 25-38 页。

经济"或者"眼球"经济。"互联网"与"广告"因素的叠加,使得消费者(用户)的注意力成为经营者获取竞争优势的关键因素。吸引用户注意力成为网络经营者获得交易机会的重要方式,用户注意力几乎可以成为互联网广告的替代词。相关数据显示,将数据用于预测、改变或者修改用户行为所产生的利润代表科技公司最大的收入来源,而来自广告产业——购买和销售用户注意力——的利润在这一类型收入中占据最主要的部分。⑧ 2019 年,谷歌的收入(total revenue)为 1607.4 亿美元,其中广告收入为 1348.1 亿美元;2020 年第一季度,脸书的广告收入为 174.4 亿美元,而其他渠道的收入仅为 2.97 亿美元。⑨

按照商标法理论,混淆可能性的分析因素主要有商标知名度和显著性、商标近似程度、商品类似程度、相关公众的认知、主观意图、实际混淆等。⑩ 互联网环境与实体购物环境之间最重要的差异在于相关公众的认知更容易受到各种情景的影响,这导致了上述不同分析因素在隐性使用行为的混淆可能性分析中具有不同的作用强度。具言之,相关公众的认知因素在隐性使用关键词案件中更具决定意义,其他因素的作用强度均无法与其相比。

首先,"商标近似""商品类似"是测试"混淆可能性"的两个传统且必备因素,但在隐性使用案件中的作用强度一般。美国有实证研究发现,混淆可能性是否存在与商标近似、商品类似结果之间的一致性达到 96%,以至于一些地方法院采取了"选择最重要而忽略其余因素"的策略。⑪ 我国《商标法》第 57 条第 1 项对相同商品上使用相同商标的行为采取推定成立混淆可能性的立法模式,尽管《反法》第 6 条未必应当借鉴这种推定模式,但至少可以表明这种情况成立混淆可能性的概率更大。然而,"商标近似""商品类似"在隐性使用关键词案件中却有不同的作用强度。隐性使用关键词的商业模式决定了广告主直接使用他人的商标,且常常发生在具有直接竞争关系的广告主之间,如耐克公司使用阿迪达斯商标推广运动鞋商品,属于在相同商品上使用相同商标的行为,但只要相关公众的认知未受误导,则不成立混淆可能性。

其次,商标的显著性和知名度、实际混淆、使用他人商标的主观意图等因素也影

---

⑧ Salomé Viljoen, "A relational theory of data governance", 131 Yale L. J. 573, 587-588 (2021).

⑨ See Annual Revenue of Google from 2002 to 2020, STATISTA, 载 https://www.statista.com/statistics/266206/googles-annualglobal-revenue [https://perma.cc/T3JL-RHFY];见 Advertising Revenue of Google from 2001 to 2020, STATISTA, 载 https://www.statista.com/statistics/266249/advertising-revenue-of-google [https://perma.cc/29L6-AZJQ]. Facebook's Global Revenue as of 2nd Quarter 2021, by Segment, STATISTA, https://www.statista.com/statistics/277963/facebooks-quarterly-global-revenue-by-segment [https://perma.cc/BEL9-V4Y8].

⑩ 《最高人民法院关于审理商标授权确权行政案件若干问题的规定》第 12 条。《最高人民法院关于审理商标民事纠纷案件适用法律若干问题的解释》第 11 条。

⑪ Barton Beebe, "An Empirical Study of the Mutifactor Tests for Trademark Infringement", 94 CALR 1581, 1603-1604 (1006).

响隐性使用行为的混淆可能性分析,但其作用强度不明显。按照我国法院在传统混淆案件中的分析思路,商品的价值也会对混淆可能性判断产生影响。例如,江苏省高级人民法院指出,消费者购买房屋比购买其他商品谨慎,往往会对不同楼盘进行反复比较,即使购买知名品牌商品房通常也要实地考察,不会只因品牌知名而盲目选购。根据相关公众选择此类商品时的注意程度,再审申请人使用"百家湖·枫情国度"或"百家湖畔枫情国度"进行宣传,不会使相关公众对商品房来源产生混淆、误认。⑫ 而在一些涉及普通日用消费品案件中,消费者的注意力就相对较低,产品发生混淆的可能性相对较大。⑬ 可见,商品价值因素实质上借助了相关公众的认知因素对混淆可能性的判断产生了影响,这进一步突出相关公众认知因素在隐性使用关键词案件中的作用强度。

(二)相关公众认知因素的情景性

即便在传统商标混淆可能性分析过程中,相关公众认知也是混淆可能性判断过程中非常重要的一个因素。这个因素缝合了静态、抽象、规范的混淆可能性分析与动态、具体、实际竞争使用样态之间的距离,因此"相关公众的认知"是审查具体呈现的市场形态的"后门"(backdoor)。⑭ 基于相关公众认知因素在隐性使用关键词案件中的特殊作用,广告主采取个性化的使用样态影响相关公众的注意力,导致隐性使用关键词案件的裁判结论呈现情景特征。下文结合隐性使用关键词的个性化场景就这一因素对混淆可能性的影响展开分析。

1. 用户习惯生成和监管强化的协同

互联网用户已经养成使用关键词搜索服务的习惯,且随着监管力度的强化,用户对隐性使用环境中的推广链接的认识已经发生改变,相关公众的认知发生积极变化。一方面,关键词竞价排名的广告模式进入中国市场二十余年,互联网用户对此已经不再陌生,其已经不会再期待关键词搜索的所有结果均为自然搜索,对搜索结果含有推广链接的情形已经有所期待。另一方面,随着关键词竞价排名商业模式的执法和监管深入,自然搜索和推广链接被要求在搜索结果中区分,商家应当在推广链接的右侧明确标注为"广告"。例如,我国《电子商务法》第 40 条规定:对于竞价排名的商品或者服务,应当显著标明"广告"。《互联网信息搜索服务管理规定》第 11 条规定,互联网信息搜索服务提供者提供付费搜索信息服务,应当依法查验客户有

---

⑫ 江苏省高级人民法院(2004)苏民三再终字第 001 号民事判决书。
⑬ "指甲钳"案,见广东省高级人民法院(2006)粤高法民三终字第 454 号民事判决书。
⑭ Annette Kur, Martin Senftleben, European Trade Mark Law: A Commentary, Oxford University Press (2017), p. 380.

关资质,明确付费搜索信息页面比例上限,醒目区分自然搜索结果与付费搜索信息,对付费搜索信息逐条加注显著标识。

2. 推广链接与权利链接位置的合理性

即使用户对搜索结果中含有推广链接已经有所期待甚至"习以为常",但用户不可能对不同坑位持同等期待,而具有差异化的期待值,这正体现为不同坑位的市场价值。用户通常理性地认为搜索结果的相关性与排名先后具有正相关的关系。因此推广链接与权利链接(指权利人的商品链接)的位置通常会影响用户的注意力。如果推广链接出现在搜索结果的顶部位置,或者处于权利链接的前序位置,则用户通常会误以为推广链接才是更相关的搜索结果,该行为产生混淆的可能性更大。北京法院在一份裁判文书中把不构成混淆可能性的场景限定为"权利人网站排在自然搜索结果首位",这可能意味着其他排序场景可能更容易被认定为混淆可能性:涉案推广链接条目以及网站介绍并未出现系争商标,且权利人网站排在自然搜索结果首位,消费者在搜索时不会产生混淆、误认,因此不构成不正当竞争。[15] 再如"书谱尔案"虽然是一个显性使用案件,权利人网站排在推广链接后序位置,但是法院的说理同样可适用于隐性使用案件中:当一个互联网搜索用户在搜索"书谱尔"时,其意图很明显,即要查找"书谱尔"商标所代表的商品。然而,由于精卓公司将"书谱尔"设置为关键词内容等,故搜索结果排在第一位的是精卓公司的网站及其产品,客观上会使搜索用户认为精卓公司与"书谱尔"存在某种联系,进而产生误解,引起混淆。[16] 但是,由于用户习惯的培养以及监管力度提升,"书谱尔案"并不能得出权利链接排在推广链接之后的情形将绝对导致混淆可能性。目前行业内多采用固定广告坑位的做法,并显著标明"广告",即便1号位是广告坑位,也不容易导致混淆。比如,在显著标明推广链接且权利链接的展示机会并未受到阻碍的情况下,用户未必容易产生混淆可能性。如果付费链接被不合理地展示(如突出展示推广App,仅用很小篇幅展示权利App),则更容易导致混淆可能性。

3. 搜索平台的开放性和后续服务链条的长短

不同类型平台具有不同程度的开放性,后续服务链条(从输入关键词到搜索目的实现之间的链路)的长短也不同,用户在这些不同场景中的注意力程度也有不同。后续服务链条的长短对用户注意力的影响是显而易见的,服务链条越长则用户的注意力程度越高,越不容易产生混淆。平台开放性程度对用户决策的影响则可以通过消费者的搜索预期加以解释。按照消费者决策行为理论,顾客决策过程可以概括

---

[15] 北京四通搬家有限公司与北京百度网讯科技有限公司、百度时代网络技术(北京)有限公司不正当竞争纠纷上诉案,北京市第一中级人民法院(2013)一中民终字第3106号民事判决书。

[16] 深圳市精卓流体技术有限公司、北京百度网讯科技有限公司与无锡书谱尔精密机械有限公司侵害商标权纠纷案,江苏省高级人民法院(2018)苏民终字第982号民事判决书。

为:消费者经过信息搜寻后对品牌形成期望,并对品牌进行评价和选择,然后形成消费决策。[17] 可见,消费者的期望是消费决策过程中的重要因素,而消费者在封闭搜索场景中通常有更高的搜索期待,他搜索特定 App 的预期通常是唯一而确定的,在移动互联网环境中的点击通常更为迅捷;与之对照,他在电商平台中的商品搜索则对相同风格的不同品牌商品持更宽容态度。总体而言,信息检索平台的全网搜索特征较强,其后续服务链条因具体商业模式的不同而存在较大差别(如信息检索结果页面可能是购物页面,也可能是信息展示页或 App 下载页);电商平台因载有海量的同类商品而具有与全网搜索特征相同或接近的消费体验,而且基于撮合交易的目的用户需要在后续支付页面完成最终的交易,即需要耗费用户较多的时间进行同类比较并完成支付;社交平台或 IOS 系统的全网搜索特征最弱、后续服务链条最短,用户对搜索结果相关性的期待更高,且由于后续交易链条最短,导致用户的思考和比较时间最少、决定速度更为迅捷,其搜索过程中的注意力更低、更容易受到搜索结果排序的影响,因此推广链接更容易在封闭搜索场景中使消费者产生混淆。电商平台场景可能介于全网搜索与封闭搜索之间,用户对搜索结果相关性的期待也介于这两种搜索之间,且由于后续服务链条较长,用户相对而言更不容易产生混淆。杭州法院在一起涉及 IOS 系统竞价排名的案件中指出,手机应用商店不同于一般的搜索引擎网站。其一,服务范围:其提供的仅系商店内已上架 App 产品的下载服务,而非全网信息检索服务;其二,搜索引擎功能:应用商店内所提供的搜索引擎服务于 App 的下载、而非全网检索;其三,用户搜索期待:通常相关公众通过关键词检索相关 App 时希望获取与该关键词正相关度较高的展示结果,尤其是当相关公众以明确的商业标识为搜索关键词时,其搜索目标相对是明确的。[18]

4. 推广链接标题和描述的清晰度

推广链接标题和描述是否包含引人误解或异于寻常的内容,也会影响消费者的注意力,从而影响混淆可能性的结论。搜索结果展现形式越清晰明确,越不容易发生混淆误认;反之消费者越容易引起关注,从而产生混淆。比如,广告主在推广链接标题或描述中将他人的商标与自己的商标或字号进行"混搭性"使用,刻意吸引消费者注意,则这种行为更容易导致混淆。再如,广告主虽然没有在搜索结果中使用关键词,但是可能借用与权利人相似甚至相同的其他标识或装潢,刻意引起消费者关注,这种情形也更容易成立混淆可能性。在陈麻花公司诉百顺公司案中,用户在天猫商城搜索"陈麻花"品牌商品时,出现了百顺公司经营的网店产品,产品信息为"建湘天津小麻花 500g 脆香陈麻花传统糕点心特产小吃麻花零食大礼包"。被告实际

---

[17] 姚作为:《服务消费决策行为研究》,中国标准出版社 2007 年版,第 33 页。
[18] 浙江省杭州市余杭区人民法院(2020)浙 0110 民初 19778 号民事判决书。

销售产品是"建湘"牌小麻花。杭州市余杭区人民法院认为这种行为容易导致混淆可能性。[19] 尽管这种混搭性使用属于显性使用的商标侵权案件,但不排除广告主在隐性使用场景中借用权利人的其他标识,因此这种混搭性使用的分析对规范隐性使用关键词的商业场景仍然具有启发意义。

相关公众的认知	搜索平台的开放性程度不同:消费者对搜索结果准确性的预期越高,越容易发生混淆误认	信息检索平台(如百度、Google等):提供全网信息检索服务,用户已经形成搜索习惯,且随着监管强化,用户相对不容易混淆。 手机应用市场:用户对搜索结果相关性的期待更高,施加的注意力更小,更容易发生混淆误认。 电商平台:用户需要在海量商品中对比同类商品
	后续服务链路的长短:从输入关键词到搜索目的实现之间的链路越长,消费者施加的注意力程度越高,消费者越不容易发生混淆误认	信息检索平台:服务链条的长短具有不确定性,检索结果页面可能是购物页面,也可能是信息展示页或软件下载页。 手机应用市场:点击搜索结果即下载安装、完成交易。 电商平台:点击搜索结果后进入商品详情页,作出购买决定后再付款完成交易
	推广链接的合理位置;是否清晰标注了"广告"或"推广"	(畅想案)搜索结果显示该两公司信息的标题旁标有"推广链接"字样,将百度推广的搜索结果与自然搜索结果区分开来,而自然搜索结果的第一条即为畅想公司的相关信息;[20](海亮案)被推广网站旁已标注"广告"字样;从用户认知看,随着搜索引擎行业的发展及其盈利模式的成熟,搜索网站的竞价排名现象已越来越为一般的网络用户所知晓,在推广内容未涉及"海亮"的情况下,相关公众并不会因此就混淆服务来源或认为两者存在关联,而是会根据两者分别提供的信息和服务,进行理性的比较和选择。[21](同创蓝天案)在推广链接的底部明确标注了"广告"字样、载明了被告同创蓝天公司的注册商标"酷雷曼"且显示在搜索页面的最下方(原告公司的官方网站呈现在搜索结果的首位)的情况下,相关公众在施以一般注意力的情况下,不会导致将原告与被告同创蓝天公司发生产品来源混淆或二者存在特定关系的混淆[22]
	展示结果是否清晰	页面描述、上下文标签、外观装潢等是否足够清晰

---

[19] 重庆市磁器口陈麻花食品有限公司与益阳百顺商贸有限公司、浙江天猫网络有限公司侵害商标权纠纷案,浙江省杭州市余杭区人民法院(2018)浙0110民初3639号民事判决书。

[20] 宁波畅想软件股份有限公司与宁波中源信息科技有限公司、宁波中晟信息科技有限公司商业贿赂不正当竞争纠纷案,浙江省高级人民法院(2015)浙知终字第71号民事判决书。

[21] 浙江荣怀教育集团有限公司与诸暨荣怀学校侵害商标权纠纷案,浙江省高级人民法院(2020)浙民终463号民事判决书。

[22] 上海鸿云软件科技有限公司与北京同创蓝天云科技有限公司、北京百度网讯科技有限公司不正当竞争纠纷案,上海市浦东新区人民法院(2020)沪0115民初3814号民事判决书。

三、售前混淆和交易机会丧失论的局限性

除《反法》第 6 条中的传统混淆理论之外,隐性使用关键词案件的规范基础还存在可否适用售前混淆和交易机会丧失论的争议。

(一)售前混淆理论的局限性

无论是显性使用关键词还是隐性使用关键词,都应当基于混淆可能性判断的多因素分析法得出结论,不应适用售前混淆理论。

第一,发生售前混淆的传统场景区别于竞价排名场景,用户在互联网搜索场景中的转换成本低,因混淆而最终购买的概率具有较大的不确定性。在传统的售前混淆场景中,广告主为吸引消费者使用误导性的商业标识(诱饵),使消费者丧失了选择其他商品的机会,或者选择其他商品的机会成本过高。美国法官对此归纳为:直接使用竞争对手的商标进行展示,使消费者产生混淆并陷入代价高、持续且不容易回逆的境地……被控违法者已经通过误导,侵占了体现在受保护商标中的商誉,并提高了消费者的搜索成本。㉓ 但是竞价排名场景则不会导致消费者的选择成本过高,搜索结果页面同时存在推广链接和权利链接。由于搜索结果给消费者展示的商品或服务链接增多,消费者可以理性比较这些不同来源、但具有类似风格的商品或服务。即便消费者进入推广链接的官网中,它还可以低成本地退出,再次自由选择点击进入权利链接,这给消费者带来的成本仅仅是"点击几下鼠标"而已,相较于消费者选择机会的增加而言是微不足道的。㉔ 这种转换成本相较于竞价排名增加的展示和选择机会而言,几乎可以忽略不计。这种差异决定了售前混淆理论在竞价排名场景中的适用空间比较有限。正如美国法官指出,互联网消费者能够轻易逆转这一过程的事实,不支持我们过分扩张商标保护,因为任何混淆都是非常短暂并且可以很快补救的。㉕

第二,我国适用售前混淆理论的法院认为售前混淆行为"降低商标与权利人之

㉓ Hearts on Fire Company, Llc v. Blue Nile, Inc., United States District Court for the District of Massachusettst, 603 F. Supp. 2d 274 (D. Mass. 2009).[美]马克·A.莱姆利(Mark A. Lemley)等著:《软件与互联网法》,张韬略译,商务印书馆 2017 年版,第 258 页。

㉔ 凌宗亮:《仅将他人商标用作搜索关键词行为的性质分析》,载《中华商标》2015 年第 9 期,第 69 页。黄汇:《售前混淆之批判和售后混淆之证成——兼谈我国〈商标法〉的第三次修改》,载《电子知识产权》2008 年第 6 期,第 12 页。

㉕ Hearts on Fire Company, Llc v. Blue Nile, Inc., United States District Court for the District of Massachusettst, 603 F. Supp. 2d 274 (D. Mass. 2009).[美]马克·A.莱姆利(Mark A. Lemley)等著:《软件与互联网法》,张韬略译,商务印书馆 2017 年版,第 260 页。

间的唯一对应联系",㉖这种理由不准确。首先,商标法保护的商标来源识别功能,是一种匿名来源的指示,即商标只是确保了其与商品或服务来源之间的稳定联系,而并非唯一联系,商标权无法控制他人的正当使用。换言之,"商标与权利人之间的唯一联系"并非商标法的救济对象。其次,商标法提供救济的基础并非特定行为"降低了"某种联系,普通注册商标专用权不禁止弱化商标显著性的行为,而只禁止"破坏"这种联系的行为,即破坏了商标的来源识别功能。最后,售前混淆行为阻碍了相关公众接触真正权利人的商标,但凡相关公众还能选择权利人的商品且选择成本不高,则"售前的混淆"不会转移权利人的贸易,启动商标权救济的正当性基础将丧失。相反,将"降低商标与权利人之间的唯一对应联系"作为商标权救济的基础,将不当扩大商标权的控制范围,不当阻碍商品流通和自由竞争。

第三,售前混淆仍然属于混淆可能性的一种,其成立与否应当按照混淆可能性的判断方法进行分析。美国法官指出,原告仍然应该证明"相当数量的合理谨慎的消费者"在售前阶段的某个时刻,有可能对营销之产品或者服务的来源产生混淆。㉗但是,售前混淆理论将这些因素的测试场景限定在"售前阶段",而售前产生混淆与最终购买之间并不具有高度盖然性,尤其在互联网搜索场景中,用户极有可能在售前混淆之后低成本地"明白过来",从而不会产生购买行为,更不会转移权利人的市场份额。正如美国法官指出,原告初始兴趣混淆的主张若要胜诉,该混淆不应仅是暂时的并且不应"仅是一个可能性"……原告必须证明真实并且"实质的"混淆可能性……对消费者而言,混淆必须具有真正高的代价。㉘ 因此,最终因被混淆而购买的消费者的数量可能不具有"相当数量",而只是小部分,"相当数量的合理谨慎的消费者"因素不利于混淆可能性的最终认定。

(二)交易机会丧失论的局限性

"交易机会丧失论"的基本观点是,广告主隐性使用关键词的行为会导致流量劫持或者攀附原告的商誉,从而导致原告交易机会的丧失。实际上,正如售前混淆的盖然性分析一样,这种交易机会的损失也具有很大的不确定性。正如我国法院指出:"具有一定概率性的交易机会的损害并不当然获得法律保护。原告是否获得该

㉖ 中粮集团有限公司上诉北京寺库商贸有限公司东城分公司等侵害商标权纠纷案,北京知识产权法院(2015)京知民终字第1828号民事判决书。

㉗ Hearts on Fire Company, Llc v. Blue Nile, Inc., United States District Court for the District of Massachusetts, 603 F. Supp. 2d 274 (D. Mass. 2009). [美]马克·A.莱姆利(Mark A. Lemley)等著:《软件与互联网法》,张韬略译,商务印书馆2017年版,第256页。

㉘ Hearts on Fire Company, Llc v. Blue Nile, Inc., United States District Court for the District of Massachusetts, 603 F. Supp. 2d 274 (D. Mass. 2009). [美]马克·A.莱姆利(Mark A. Lemley)等著:《软件与互联网法》,张韬略译,商务印书馆2017年版,第261页。

交易机会,其关键还在于自身产品质量、价格、售后服务等相较于被告是否更具有竞争力。"[29]除此之外,"交易机会丧失论"的理论基础实质是"禁止搭便车理论",这种理论也不能成立。

首先,"禁止搭便车理论"的实质是为商誉提供保护,通常来说这需要有法律的特别规定。如《反法》多个条文规定了保护商誉的特别条款。(1)《反法》第6条以混淆误认为条件,但同时也实现了禁止攀附商业标识商誉的目的。(2)《反法》第12条第2款第1项规制劫持流量,但设定了"插入链接、强制跳转"的条件。至少在字面上可以得出,如果攀附商誉或劫持流量的行为不满足具体事例条款规定的条件,则属于正当竞争。(3)《商标法》第13条保护驰名商标的商誉,其为驰名商标提供反淡化保护的基础并非避免"不劳而获",而是将驰名商标作为一项财产。在上述三个条款之外,商标法与反不正当竞争法没有为商誉的保护再设定具体条款。《反法》第2条虽具有兜底功能,但如果基于上述具体条款相同或类似的理由禁止他人对商誉的攀附,则将架空这些具体条款的构成要件。

其次,"禁止搭便车理论"有违自由竞争的理念,不受当前国际主流学说所接受。大陆法系国家或地区基于强烈的保护主义的和社团性的倾向,将商誉视为准财产受到保护,具有"财产性保护主义"传统。但当今欧洲学术界,禁止攀附注册商标商誉的立场受到越来越多的质疑。"禁止攀附使用注册商标的理由在于避免'不劳而获',但这一术语更具直觉意义而非推理意义……就像科学家是站在'巨人的肩膀上'一样,商人也站在在先投资者的肩膀上;在版权法和专利法之外,没有清晰的规则认为每个人都有权独占性享受其劳动成果。"[30]"搭便车"条款非但没有任何经济学基础,而且将公司的研发投入导引到广告投入方面而损害创新。[31]英美国家持更自由的立场,其担心在知识产权控制范围以外对商业成果提供保护会对自由竞争造成损害,"除已确立的知识产权权利外,不应对其他成果予以保护,其中包括《巴黎公约》第10条之二提及的成果,这是普通法国家通常采取的立场"。[32]美国联邦第二巡回上诉法院在谷歌案中针对利用商誉的"植入式广告"指出,正当、不具欺骗性的植入式广告不导致《兰哈姆法》责任……良性的植入式广告免于责任的理由是它本身是没有导致消费者混淆可能性的良性行为。[33]

---

[29] 上海鸿云软件科技有限公司与北京同创蓝天云科技有限公司、北京百度网讯科技有限公司不正当竞争纠纷案,上海浦东新区法院(2020)沪0115民初3814号民事判决书。

[30] Ansgar Ohly. Free-Riding on the Repute of Trade Marks-Does Protection Generate Innovation? (2017). Available at SSRN: https://ssrn.com/abstract=3223325 or http://dx.doi.org/10.2139/ssrn.3223325.

[31] 同上。

[32] [德]博德维希主编:《全球反不正当竞争法指引》,黄武双、刘维、陈雅秋译,法律出版社2015年版,第445页。

[33] Rescuecom Corp. v. Google Inc., United States Court of Appeals for the Second Circuit, 562 F. 3d 123 (2d Cir. 2009). [美]马克·A. 莱姆利(Mark A. Lemley)等著:《软件与互联网法》,张韬略译,商务印书馆2017年版,第246页。

四、一般条款适用的正当性及合理路径

（一）作为法律规则的《反法》第 2 条

《反法》第 2 条具有总则条款和一般条款的双重功能，既可以作为法律原则（第 1 款）发挥功能，又可以作为法律规则发挥功能。[34] 在法律原则层面，依照特殊规定优于一般规定的精神，第 2 条不能作为第 6 条的兜底条款，即不能出于保护商誉的目的击穿第 6 条的构成要件；在法律规则层面，第 2 条有其特殊的适用机制，即出于维护竞争伦理的初衷，与第 6 条的立法政策不产生抵触。第 2 条作为法律规则进行适用时，应当综合评估经营者利益、消费者利益和竞争秩序利益，通过"三叠利益"衡量的方式对相关竞争行为的正当性加以评估。隐性使用行为实质属于识别目标消费者群体并试图说服其改变选择的行为，属于一种商业竞争手段。由于隐性使用行为具有情景性，因此不能绝对地认为这种行为一定正当或不正当，而应结合具体使用场景进行判断。

上海浦东法院针对隐性使用关键词行为的评价运用了三叠利益评估的方法。第一，经营者利益。原告官方网站依旧出现在搜索结果的首位……被告对关键词的选择并没有剥夺原告有效使用自己 URL 来告知和赢取客户的机会。所以，这种使用并没有实质性地妨碍原告利用其 URL 获得和保持其声誉以及吸引消费者及维持消费者的品牌忠诚度，未对原告的合法权益造成损害。第二，消费者利益。互联网广告信息所展现出来的更多选择使消费者能够比较不同品牌的特点、价格，进而买到最适合自己的满意商品或服务。这些信息只要不是虚假或误导性的，就有助于消费者作出理性的购买决策……这种极少出现的混淆应当让步于此种使用能够给社会带来的传递信息的功能。第三，竞争秩序利益。被告推广链接的内容本身无原告任何信息，被告对自身商品来源及相关信息作了清晰的描述，相关公众依其认知能力完全能够识别两者之间的不同。该种关键词的隐性使用未扰乱正常的市场秩序。[35]

（二）三叠利益分析过程的因素展开

竞价排名商业模式发展至今超过 20 年，大大降低了消费者的选购成本，有其合理正当的商业逻辑，这种商业模式本身不具有"违法性"或"可责难性"。如果能够恰

---

[34] 孔祥俊：《知识产权强国建设下的反不正当竞争法适用完善——基于行政规章和司法解释征求意见稿的展开》，载《知识产权》2021 年第 10 期，第 83-84 页。
[35] 上海鸿云软件科技有限公司与北京同创蓝天云科技有限公司、北京百度网讯科技有限公司不正当竞争纠纷案，上海浦东新区法院（2020）沪 0115 民初 3814 号民事判决书。

当地规范隐性使用关键词的具体场景,如确保权利商标的信息传递功能,消费者可以理性自由地对不同商品或服务作出比较和选择,则这种隐性使用行为不应违反《反法》第 2 条。

第一,对于隐性使用关键词场景中的消费者而言,其可能借助特定关键词搜索特定品牌,但也可能为了搜索具有类似风格标签的品牌,希望获得替代性商品或服务的信息,扩大可选范围,最终对这些搜索结果进行综合比较后得到最优购买选择。无论消费者最终选择了广告主还是被"比较"的商标权利人,都是消费者理性选择的结果。仅将他人商标用作关键词并未增加消费者的购物成本,而是增加选择商品的机会,总体上有利于增进消费者的福利。㊱ 可见,消费者仍然在真实自由不受压迫的环境中作出购买决策。

第二,对于广告主而言,其购买类似风格标签的标识作为关键词,希望被更多的消费者搜寻到,旨在提高其广告排序的竞争力,得到更多被比较和选择的机会,这种行为也不具有当然的违法性。这种行为在本质上是一种营销手段,并未阻止展示权利人的商品或服务,对权利人未必造成损害。与其将关键词竞价比喻为"令人误导的广告牌",还不如将其比作一份菜单:提供了各种不同的食物,并且所有食物对消费者的初始搜索都是重要的……当这些卖家之间的差别是清晰的时候,消费者只需简单在产品之间作出选择,并且每个产品与其他产品一样,都很容易获取得到。㊲

第三,对于竞争秩序而言,提供付费搜索服务的平台不仅可基于这种手段获得服务收入,而且尽可能地撮合了交易,促使交易双方形成最合适的交易。广告主使用权利商标具有比较广告色彩,其对竞争秩序的价值可以参照比较广告。欧美学术界一致认为比较广告具有促进竞争的积极价值。例如,美国联邦贸易委员会(FTC)鼓励在比较广告中使用竞争者的名称,真实而不具误导性地使用竞争者的名称对消费者是高度有利的,能够传递有价值的信息,因而促进竞争。㊳ 欧洲《关于误导广告和比较广告指令》序言 6 指出:广告是为共同体内所有商品和服务创造真实销路(genuine outlets)的重要方式,比较广告能客观展示各种可供比较产品的价值,能为消费者利益提升不同商品和服务提供者之间的竞争。该指令序言 8 进一步肯定了比较广告的竞争价值:当重要、相关、可验证和代表性的特征用于比较且不产生误导性时,比较广告是一种告知消费者产品优势的合法方式。

㊱ 参见凌宗亮:《仅将他人商标用作搜索关键词行为的性质分析》,载《中华商标》2015 年第 9 期,第 69 页。

㊲ Hearts on Fire Company, Llc v. Blue Nile, Inc., United States District Court for the District of Massachusettst, 603 F. Supp. 2d 274 (D. Mass. 2009).[美]马克·A. 莱姆利(Mark A. Lemley)等著:《软件与互联网法》,张韬略译,商务印书馆 2017 年版,第 258 页。

㊳ Statement of Policy Regarding Comparative Advertising, 16 C. F. R. § 14. 15(b)-(c) ("Commission policy in the area of comparative advertising encourages the name of, or reference to competitors, but requires clarity, and, if necessary, disclosure, to avoid deception of the consumer. ... Comparative advertising encourages product improvement and innovation and can lead to lower prices in the marketplace.").

因此，隐性使用关键词的行为符合商业逻辑，其可能提升了整体竞争机会和消费者福利。选择他人商标作为关键词的行为，确实极有可能出于借用他人商誉的目的，但这种借用不一定具有不正当性，这与在他人店铺边开设一个同类商品或服务的店铺在性质上相同，是权利人的商誉通过产权界定无法完全内部化的结果，广告主只是利用了商誉的溢出效应。[39] 这种利用行为不会对相关公众产生误导。反之，如果认为这种行为也属于不正当竞争，则相当于变相承认权利人有权控制其商标的使用，或授予其控制后续自由竞争的杠杆。可见，三叠利益评估过程中的因素与混淆可能性分析过程中的相关因素有一定重叠，根源在于消费者利益与相关公众认知之间的相通。因此可以初步得出结论，如果广告主规范地隐性使用关键词，不仅不容易导致公众混淆，也不违反竞争伦理。

五、结语

隐性使用关键词行为的不正当竞争评价，应当遵循《反法》第6条和第2条的顺序展开。第6条侧重评价行为的混淆可能性，应当舍弃售前混淆的分析思路，回归传统商标法中多因素测试法，可考虑设计如下条文：广告主将他人商业标识仅作为搜索关键词而未在搜索结果的推广链接标题和描述中使用的，应当结合混淆可能性的分析因素综合判断，尤其考虑影响相关公众认知的下列因素：（1）推广链接标题和描述是否足够清晰；（2）推广链接是否显著标明"广告"，是否与自然搜索结果明显区分；（3）权利链接的排序位置是否合理；（4）搜索平台的开放性程度以及后续服务链条的长度；（5）其他。

《反法》第2条具有总则条款和一般条款的双重功能。在不构成混淆可能性的情况下，不能在总则条款意义上适用《反法》第2条，但可以在一般条款意义上发挥该条的法律规则功能。应当对隐性使用行为展开三叠利益分析，而不能仅仅因为经营者的交易机会可能受到损失就作出否定评价。隐性使用行为在本质上是一种营销手段，即便广告主存在借用他人商标商誉的意图，但其并未阻止展示权利人的商品或服务，也未扭曲消费者的决策机制，恰恰提升了整体竞争机会和消费者福利。在具体适用第2条的过程中可考虑设计如下条文：广告主将他人商业标识仅作为搜索关键词而未在搜索结果的推广链接标题和描述中使用的，可综合考虑以下因素判断是否适用《反法》第2条：（1）经营者商业标识的信息传递功能是否受到损害；（2）消费者的决策机制是否受到扭曲；（3）竞争秩序是否受到损害。

---

[39] 凌宗亮：《仅将他人商标用作搜索关键词行为的性质分析》，载《中华商标》2015年第9期，第69页。

On the Principle of Anti Unfair Competition Regulation of Implicit Use of Keywords

Liu Wei

Abstract: The basic policy and logic underlying implicit use of keywords under anti-unfair competition law (AUCL) are still vague, resulting in different conclusions in China judicial practice. Article 6 and Article 2 of AUCL together should be taken as the analytical framework respectively from multi-factor analysis of likelihood of confusion and the triple interest evaluation method. The perception of average consumers is of special significance to the analysis of implicit use of keywords. The initial interest confusion and the loss of chance doctrine should be abandoned. Triple interest evaluation is a reasonable approach to activate the general clause as a rule and will not conflict with Article 6. Neither likelihood of confusion nor competition ethic would be violated by Implicit use of keywords legally.

Keywords: Implicit use; Pre-sale confusion; Perception of average consumers; Triple interest; Loss of chance

简评因侵权警告引发的商业诋毁案件的裁判思路

陈志兴[*]

摘要：对于因侵权警告引发的商业诋毁案件而言，法院需要在多大程度上审查侵权警告函中声称的侵权事实是否成立？实务中有不同的做法。本文通过梳理，总结出司法实务中常见的三种裁判思路：是否构成侵权，在商业诋毁案件中不予处理；借助侵权案件的判决佐证侵权事实是否成立；由于证据明显不足，法院直接认定不构成侵权。但是，该三种裁判思路均有一定的不足。本文建议在此类案件中对侵权事实进行有限度的实体审查，并处理好和侵权案件的衔接关系。

关键词：因侵权警告引发的商业诋毁案件；有限度的实体审查；和侵权案件衔接

近年来，随着人们法律维权意识的增强，攻防互诉型的纠纷日渐增多。例如，针对潜在的侵权行为，权利人可能会选择给该侵权主体或者其合作伙伴发送侵权警告函[①]。作为对该侵权警告函的回击，所涉侵权主体可能会主张该侵权警告函系"编造、传播虚假信息或者误导性信息，损害竞争对手的商业信誉、商品声誉"，并以商业诋毁不正当竞争为由诉至法院。这就是本文所要讨论的"因侵权警告引发的商业诋毁案件"。对于此类案件，法院需要在多大程度上审查侵权警告函中声称的侵权事实是否成立？实务中有不同的做法。本文中，笔者对司法实务中常见的三种裁判思路进行梳理和分析，并尝试提出一些完善建议。

一、以笔者代理的一起案件为例说明本文要讨论的问题

在智翔公司与优伟斯公司不正当竞争案[②]中，法院认定如下：

本案涉及中大型无人机的生产、研发，该技术领域属于较高知识含量的专业技术领域，智翔公司研发的 ZU-1S 无人机是否侵害优伟斯公司对 U650 型无人机

---

[*] 本文作者：陈志兴，北京安杰律师事务所律师。
[①] 实务中，有些"侵权警告函"体现为律师函、声明等形式，本文均作为"侵权警告函"予以讨论。
[②] 见安徽省高级人民法院(2021)皖民终491号民事判决书。

享有的知识产权,应当由司法机关作出认定。市场主体从事市场经营活动的过程中,在国家有关主管机关或具有相应资质的权威机构未对需要运用专门知识进行分析、判断的专业技术问题发表具有科学依据的定论性意见之前,不应仅凭主观臆测即对其他市场主体特别是竞争对手的商业行为发布具有倾向性的评述,否则易使消费者对经营者的活动产生先入为主的不良印象。本案中,优伟斯公司认可其主张智翔公司"窃取商业机密""侵犯知识产权"的主要依据是 ZU-1S 无人机与 U650 型无人机外形相近,并就 ZU-1S 无人机可能仿制 U650 型无人机提交了专家意见,但除此之外并无其他证据证明 ZU-1S 无人机系仿制 U650 型无人机。截至本案二审庭审,智翔公司的案涉行为是否构成知识产权侵权尚未有司法定论。即便优伟斯公司在《声明》中陈述的两款无人机外形近似属实,但其在未有实质性证据的前提下,优伟斯公司公开发布《声明》称智翔公司"有非法窃取商业秘密之嫌疑",也超出其维护自身权利的合理范畴,亦会对作为高新技术行业市场主体的核心竞争力产生影响。此外,优伟斯公司还在案涉《声明》中表述"对窃取商业数据、复制伪造仿冒我司产品欺骗客户、投资机构以及政府机关的行为所不齿",该声明对竞争对手的商誉具有显现的贬低。故优伟斯公司在其公众号发布的《声明》属于擅自传播误导性信息,损害竞争对手商业信誉,构成商业诋毁。

对于该案的裁判思路和裁判结果,笔者完全赞同。

不过该案裁判却引发笔者的持续思考,即类似案件中,法院需要在多大程度上审查侵权警告函(或者如本案中的《声明》)中声称的侵权事实是否成立?在该案中,法院认为,该"侵权事实"是否成立应当由司法机关进行认定,被告优伟斯公司并未有实质性证据证明该"侵权事实"成立,故《声明》所涉内容属于误导性信息,被告发布《声明》构成商业诋毁不正当竞争行为。

以该案为例,可以对本文关注的问题再延伸一下:

如果被告优伟斯公司在本案中确实提交了"实质性证据",此时法院是否需要对侵权事实是否存在进行实体性判定?如果不作实体性判定,如何查明是否存在侵权事实,以及被告是否构成"编造、传播误导性信息"?

二、目前司法实务中常见的三种裁判思路

当然,对于本文提到的这个问题,司法实务中并不是没有在先案例。但确实有不同的做法,笔者通过《中国裁判文书网》梳理总结出三种裁判思路。[③]

[③] 出于说明问题的需要,本文仅讨论"编造、传播虚假信息或者误导性信息"要件中的"虚假信息"和"误导性信息"的认定,而假定"损害竞争对手的商业信誉、商品声誉"等其他要件在相关案件中都是满足的。

（一）是否构成侵权，在商业诋毁案件中不予处理

在深圳德标公司与上海德标公司等商业诋毁纠纷案④中，法院认定如下：

深圳德标公司上诉提出，一审法院未对上海德标公司和贵州德标公司在同类商品上使用"DBEN 德标"标识的行为是否侵犯其"德标 TUB"注册商标专用权进行认定，属于查明事实不清；深圳德标公司对商标侵权的违法行为进行投诉，符合法律规定，且何桥微信朋友圈发布的信息内容是对其了解的客观事实进行披露，并没有捏造发布虚假信息。本院认为，本案法律关系是商业诋毁不正当竞争纠纷，审查内容是被诉侵权行为是否构成商业诋毁，关于上海德标公司和贵州德标公司是否侵害深圳德标公司注册商标专用权属于另一法律关系，并非本案必须要审理的内容，深圳德标公司如认为上海德标公司和贵州德标公司侵害其注册商标专用权可另案起诉……深圳德标公司代理人何桥举报上海德标公司、贵州德标公司商标侵权后，观山湖区市场监督管理局对上海德标公司生产、贵州德标公司销售的产品进行查封，只是行政机关在案件调查过程中依法对证据采取保全的一种手段，而非作出商标侵权事实认定的结论。在司法机关或行政机关未对上海德标公司、贵州德标公司是否侵害深圳德标公司注册商标专用权作出认定前，深圳德标公司代理人何桥在其朋友圈发布"不给傍山寨货及不法分子可乘之机……"等图文信息，不仅缺乏事实依据，且容易误导相关公众对上海德标公司、贵州德标公司作出负面评价，产生对上海德标公司、贵州德标公司不利的宣传效果。

在本案中，对于涉案微信朋友圈图文信息中所涉侵害商标权的事实是否成立，法院认为"属于另一法律关系，并非本案必须要审理的内容"。在此基础上，法院认为，在相关权力机关作出实体认定之前对外发布涉案图文信息缺乏事实依据。

（二）借助侵权案件的判决佐证侵权事实是否成立

在和也公司与健睡宝公司不正当竞争纠纷案⑤中，法院认定如下：

对和也公司发送侵权警告函的正当性的认定应根据权利状况、警告内容及发送的意图、对象、方式、范围等多种因素进行综合判断：（1）和也公司在发送警告函时已对健睡宝公司多家经销商销售被诉侵权产品的行为进行了公证，并对健睡宝公司和部分经销商提起了专利侵权诉讼，说明和也公司对健睡宝公司专利侵权的判断具备较充分的事实依据，形成了内心确信。（2）和也公司的警告对象是健睡宝公司特定经销商，警告函中客观说明了其已向健睡宝公司提起了多项专利侵权纠纷之诉，披露了有助于经销商客观合理判断是否自行停止被警告行为的事实，尽到了审慎的注意义务。（3）二审查明的事实证明和也公司并非毫无根据地捏

---

④ 参见贵州省高级人民法院（2018）黔民终 665 号民事判决书。
⑤ 参见浙江省高级人民法院（2020）浙民终 1119 号民事判决书。

造、散布虚伪事实,其出于维护合法享有的专利权发送侵权警告函,采取的是较为理性地解决可能发生纠纷的方式,目的在于提示经销商注意侵权风险,并不存在误导经销商对健睡宝公司产生错误评价,损害健睡宝公司商业信誉等不正当行为。故和也公司的行为不符合商业诋毁的行为要件,对健睡宝公司的主张本院不予支持。

法院在此提到的二审查明事实,是指最高人民法院作出(2019)最高法知民终636号和(2020)最高法知民终253号民事判决,均维持一审判决,认定健睡宝公司侵害和也公司"一种强磁腰垫及座椅、护腰带"专利权。

(三)由于证据明显不足,法院直接认定不构成侵权

在吕燕等与影儿公司不正当竞争纠纷案⑥中,法院认定如下:

> 至于影儿公司是否存在抄袭侵权、抄袭了哪些款式等,在另案生效司法判决作出之前真伪不明。在此情形下,为避免造成误导效果,经营者发表商业言论本应注意表述严谨,但被诉微博一方面明确指控影儿公司有关女装抄袭;另一方面在附图中却未全面列出其主张被抄袭的具体女装,且没有展示两者细节特征上的客观区别。综合来看,被诉微博实际是以个人评价为标准,借助个人影响力将未有司法裁判或行政裁决定论的知识产权侵权指控信息广泛传播,同时未全面披露有效信息帮助受众进行客观判断,容易导致不特定公众产生影儿公司有关女装已经构成抄袭或普遍抄袭的印象,侵害一般消费者知情权并影响其消费选择,应认定为误导性信息。

在本案中,法院直接认定相关证据不足以认定侵权的事实成立。

三、上述三种裁判思路的不足与实务难点

站在纠纷解决的角度,上述三种裁判思路似乎都能够对相关案件作出裁判。但是,如果稍微升华一些,触及裁判规则的一致性以及裁判结果的可预期性,上述三种裁判思路似乎都显得略微有点捉襟见肘,难以照顾周全。

对于第一种裁判思路,法院关于"上海德标公司和贵州德标公司是否侵害深圳德标公司注册商标专用权属于另一法律关系"的认定确实是对的,但不可否认的是,该"另一法律关系"中涉及的相关事实认定确实与本案商业诋毁行为的判断有关联。可以试着假定一下,如果深圳德标公司就上海德标公司和贵州德标公司是否侵害"德标TUB"注册商标专用权的行为提起诉讼,且相关法院经审理最终认定该侵权行为成立,那么,本案关于商业诋毁行为的认定是否还站得住脚?

---

⑥ 参见广东省高级人民法院(2021)粤民终382号民事判决书。

当然,问题的另外一面是,是否构成侵权确实是另外一个法律关系。当该侵权纠纷已经(或者日后可能)起诉至法院的情况下,如果审理商业诋毁案件的法院对该侵权事实进行实体审理,可能会导致两案的裁判结果有冲突。

对于第二种裁判思路,法院似乎能够妥善照顾到"另一法律关系",既让本案商业诋毁的认定具有事实依据,也不会冲击到侵权案件的裁判结果。但是,该裁判思路最大的问题在于,发出侵权警告函的主体可能并没有向法院提起侵权之诉,侵权警告函的被控侵权主体也没有向法院提起确认不侵权之诉。这种情况下,没有"另案判决"供本案进行佐证。而且,实务当中这种情况也是很常见的。毕竟,与发送侵权警告函相比,通过诉讼的方式维权的成本更高。

对于第三种裁判思路,在实体和程序上都是比较干净利落的。该裁判思路的立足点在于本案没有相关的证据证明侵权事实的存在。即便后续出现新的事实和证据,也与本案的裁判结果无关。但是,该裁判思路最大的问题在于,其只能处理相对简单一点的案件,对于稍微复杂一些的案件,如发送侵权警告函的当事人能够提供相关证据的情况,问题又转化为"法院要不要对侵权事实进行实体审理"。

四、完善此类案件裁判思路的粗浅建议

基于裁判规则的一致性和裁判结果的可预期性,笔者认为,对于"在商业诋毁不正当竞争案件中,法院需要在多大程度上审查侵权警告函中声称的侵权事实是否成立"这个问题,可以根据下述操作规则完善裁判思路。

(一)对侵权事实进行有限度的实体审查

《反不正当竞争法》(2019年修正)第11条规定,经营者不得编造、传播虚假信息或者误导性信息,损害竞争对手的商业信誉、商品声誉。对于该条款的适用,关键要件在于"虚假信息或者误导性信息"的认定。而且,是否构成编造、传播"虚假信息或者误导性信息"其实是一个事实查明的问题。

在本文讨论的"因侵权警告引发的商业诋毁案件"中,所谓"虚假信息或者误导性信息"其核心要点在于判断相关侵权事实是否成立。在没有侵权事实的情况下,通过发送侵权警告函的方式"维权"大概率事件就是编造、传播虚假信息或者误导性信息。当然,即便有侵权事实,在传播过程中也可能会有误导。

笔者倾向认为,在商业诋毁案件中需要对侵权事实进行审查。但是,商业诋毁案件毕竟不同于侵权案件,而且在实务中部分侵权案件(如侵害专利权案件、侵害技术秘密案件等)还存在特定的管辖规则,不是所有法院都能进行审理。为避免裁判冲突,这种实体审查需要把握好一定的度,不能完全取代侵权案件。

（二）当侵权案件正在另案审理时，可以对商业诋毁案件进行中止审理

实务中，当事人在发送侵权警告函之外，还有可能会向法院提起侵权之诉。或者在其不向法院提起侵权诉讼的情况下，侵权警告函的被控侵权主体已向法院提起确认不侵权之诉。此时，为避免裁判结果冲突，建议可以对商业诋毁案件进行中止审理，等待侵权案件的结果。并且基于该侵权案件的裁判结果，综合判断在商业诋毁案件中是否存在编造、传播虚假信息或者误导性信息的情形。

（三）当事人仅发送侵权警告函，没有且也不打算提起侵权之诉，审理商业诋毁案件的法官可以行使释明权，建议其针对侵权警告函中主张的侵权事实提起侵权之诉。如果释明无效，法院可以综合考虑其未提起侵权之诉的事实，结合在案证据判断侵权事实是否可能成立，在此基础上认定商业诋毁是否成立

这也是为了充分尊重可能存在的侵权案，避免裁判结果冲突。当然，这里有一个逻辑上的推定，就是在当对方已经提起商业诋毁不正当竞争之诉的情况下，发送侵权警告函的主体有义务向审理该商业诋毁案件的法院提交实质性证据证明其主张的侵权行为成立或者通过向有管辖权的法院提起侵权之诉的方式证明这一点。如果其既不提交实质性证据，也不向法院提起侵权之诉，在此情况下就可以大体推定其在侵权警告函中主张的侵权事实是虚假或者误导性的。

（四）当在案证据足以判断侵权事实是否成立，或者不论侵权事实是否成立，也足以判断是否构成商业诋毁行为时，审理商业诋毁案件的法院可直接裁判

这其实是和上述第（一）点相呼应。侵权或者商业诋毁总体上还是一个事实问题，或者说事实的权重大于法律，如果在案证据足以就侵权事实作出认定，审理商业诋毁案件的法院当然可以直接作出裁判，而无须等待另一案件的处理结果。

A Brief Comment on the Adjudication Thought of Business Defamation Cases Triggered by Infringement Warnings

Chen Zhixing

Abstract: For business defamation cases triggered by i infringement warnings, to what extent do courts need to examine the validity of infringement claims in infringement warnings? There are different approaches in practice. This article summarizes three common adjudication thoughts in practice: the court rejects to review whether the infringements are valid in the business defamation cases; based on the judgement of the infringement case, the court reviews whether the infringements are valid; due to the lack of evidence, the court directly determines that the infringements are not valid. However, all of these three adjudication thoughts contain some disadvantages. This article suggests that a partly substantive review of the infringements is required in the business defamation cases, while the connection between the business defamation case and the infringement case should be properly handled.

Keywords: Business defamation cases triggered by infringement warnings; Partly substantive review; Connection between the business defamation case and the infringement case

域 外 裁 判

張愛玲集

物联网背景下标准必要专利许可层级选择

——从德国两则车联网领域标准必要专利纠纷谈起

黄武双　谭宇航*

摘要：许可层级选择包括"对任一人许可"与"对任一人开放"两种。德国法院支持"对任一人开放",认为权利人在保证必要专利"开放"的前提下,并无对任何一实施者均有义务直接提供许可。该观点总体合理,但需对"开放"加以要求。从FRAND声明与标准组织知识产权政策看,权利人不因FRAND声明而负有"对任一人许可"的义务,除非标准组织明确要求或明显能读出该种要求;大多数标准组织用语模糊,无法直接读出其对"开放"的要求程度。从专利法看,尽管权利人负有强制许可义务,但该义务未达到"对任一人许可"的严厉程度。专利法可通过理顺某些单方或双方法律行为的性质、重构停止侵权与损害赔偿救济颁发的条件、畅通许可信息有效公开的渠道等有效保障"开放"。从反垄断法看,原则上,应将某SEP的许可市场界定为相关市场,但考虑到标准之间可能存在竞争,相关市场可能为某标准及替代标准的必要专利的许可市场。认定权利人市场支配地位,既要看市场份额,也要看专利强度,并考虑FRAND声明、"反劫持"。反垄断法不要求"对任一人许可"。但权利人仅应就其SEP向一条供应链上各许可层级的实施者收取一次许可费,不能重复收费。权利人主张获得专利应用在供应链下游产品而产生的价值,不违反反垄断法。为切实保障必要专利的"开放",权利人一些禁令请求行为可能具有反竞争性,受到禁止。

关键词：标准必要专利；许可层级；FRAND声明；强制许可；滥用市场支配地位

一、问题提出

标准,是指以技术方案形式撰写的,对相同或相关事物作出统一安排与规定。

---

* 本文作者：黄武双,华东政法大学教授；谭宇航,华东政法大学2021级博士研究生。

在通信、网络、多媒体等领域,标准让不同设备之间的互联互通实现,使互联互通的效率性、稳定性、安全性增强。标准的实施可能离不开有关专利的支持,当一项专利所公开的技术方案对实施标准而言必不可少,即缺少技术上和经济上可行的其他替代技术方案时,这项专利便成为标准必要专利(SEP)。

随着我国信息与通信技术(ICT)迅速发展,我国有望成为 5G 无线通信标准的最大技术贡献者与最大市场,与 SEP 有关的争议与研究越来越多。[①] ICT 迅速发展,不仅为本行业带来诸多革新,更逐渐渗透到诸多行业,引发一波波智能化浪潮:或将旧有产品智能化,或推出新型智能化产品,小至智能冰箱、智能热水壶等家用电器,大至智能汽车、智能电表等工业产品,无不彰显万物可联网、可记录、可传输数据的物联网(IoT)已经来临。"继智能手机和平板电脑被广泛采用的技术浪潮后,我们现在正搭乘一波新的技术浪潮,有人称为第四次工业革命。这波新浪潮是基于物联网的普及,智能手机和平板电脑以外的产品依赖使用 5G 等移动通信技术的网络连接。"[②]

ICT 促使了物联网诞生,正如同 ICT 行业的发展有赖于标准的采纳与普及,物联网行业的发展亦同样如此。"设备互联和系统协同工作的能力,对于最大化物联网经济潜力至关重要。如果没有标准支持的可交互操作性,物联网系统 40% 的潜在利益将无法获得。"[③]必要专利为互联提供技术支持,产品因互联而形成更多应用场景、产生更高价值,新机遇产生,新挑战亦形成:一是,每个行业都有其长期接受与遵循的专利许可实践,它们不一定与 ICT 行业一致。ICT 行业长久适用的许可实践,是否可推广至物联网各细分行业?二是,物联网从业者往往不深耕于 ICT 行业,既可能因缺乏对 ICT 价值的认可而不愿谈判与付费,也可能因担心 SEP 权利人索要高额许可费而放弃相关产品的改进。如何使这些从业者与 SEP 权利人相互理解、保持合理包容?三是,随着创新经济发酵,越来越多中小企业将加入这一股智能化浪潮中,与那些老练的从业者相比,它们面临更高的财务、市场与法律风险。为带动行业良性与蓬勃发展,这需要有更透明性、清晰性的专利许可规则。[④]诸多颇具争

---

① 2020 年中国法院 10 大知识产权案件中就有两件与标准必要专利相关的案件,分别涉及禁诉令与全球许可费率裁判管辖权。参见《最高人民法院办公厅关于印发 2020 年中国法院 10 大知识产权案件和 50 件典型知识产权案例的通知》。

② CEN/CENELEC Workshop Agreement: Principles and guidance for licensing Standard Essential Patents in 5G and the Internet of Things (IoT), including the Industrial Internet, No. 17431, 2019, at 5. CEN 是欧洲标准化委员会的简称,CENLEC 是欧洲电工标准化委员会的简称,两组织负责统筹成员国(欧洲各国家)的标准化工作,该报告为非官方报告,不代表标准组织的官方立场。

③ Mckinsey Global Institute: The Internet of Things: Mapping the Value Beyond the Hype, 2015, at 33.

④ "透明与清晰"是欧盟倡导成员国在构建 SEP 许可规则时要实现的目标之一。Communication From the Commission to the European Parliament, The Council and the European Economic and Social Committee: Setting out the EU approach to Standard Essential Patents, COM(2017) 712, 2017, at 3.

议性的新旧话题由此诞生。⑤

本文将要讨论与许可层级有关的争议。在 ICT 行业,广泛接受的实践是终端产品厂商作为被许可人,元件供应商往往不直接作为被许可人出现——SEP 权利人与终端产品厂商谈判与达成许可,元件供应商充其量加入到许可合同中,很可能不参与许可活动。但这种实践不一定被其他行业采纳:因供应链、市场结构、商业模式和采购规范等存在差异,不同行业在垂直关系上可能有不同实践。譬如在汽车制造行业,元件供应商去获得许可、向整车厂商提供不包含侵犯他人权利的元件,反而是惯常实践。⑥ 在物联网环境下,实践的差异使得各方对应由哪一层级的实施者来获得 SEP 许可产生分歧。从权利人角度看,作出 FRAND 声明的权利人有何种义务:(1)有义务向任一请求获得 SEP 许可者,直接提供许可,无论请求者是终端厂商,抑或元件制造商;(2)有权选择许可 SEP 的层级,只要保证供应链上其他层级的生产经营者能不受限制地接入标准即可。该义务是合同义务、专利法义务还是反垄断法义务?这两种许可层级,第一种被称为"license to all"("对任一人许可")⑦,第二种被称为"access to all"("对任一人开放")⑧。两者对比,可发现前者是后者的一种特殊表现形式,前者也可以被理解为权利人有义务"以与任一实施者直接谈判、达成许可的方式,向所有实施者开放标准"。

许可层级选择,与此前 ICT 领域有关 SEP 许可费计费基础/单元(roality base)⑨选择有关联。⑩ 不过,许可层级选择与计费基础选择又有明显区别:前者对许可谈判的过程提出要求,关注权利人选择供应链上不同层级的许可对象是否合法、是否有权拒绝提供或接受 SEP 许可等问题。后者对许可费提出要求,关注应如何确定许可费中一个乘数,使其符合 FRAND 原则。

在初步澄清背景与争议后,本文先结合欧盟、德国对 SEP 许可谈判的要求,介绍德国法院在车联网领域新近裁判的案件,直观地呈现在许可层级选择方面的各争议焦点:权利人选择许可层级,是否违反 FRAND 承诺与标准组织的知识产权政策、

---

⑤ 物联网背景下的 SEP 纠纷有些是新问题,有些则是旧问题被放大化。譬如,SEP 的事前披露不足与过度声明问题,广受 ICT 行业实施者诟病:权利人应当事先更准确、详细地披露自己的 SEP。较诸 ICT 行业实施者,物联网各细分行业的许多实施者目前更加缺乏对相关标准和技术的深入理解,更需要依赖准确、详细的信息披露,如何重新构建权利人信息披露规则,是颇具争议性的新话题。

⑥ 这种实践与整车厂商议价能力高、整车由诸多复杂元件组成、元件供应商众多等市场环境息息相关。

⑦ 字面翻译是"对所有人许可",但根据其含义,翻译成"对任一人许可"更准确,下文采用"对任一人许可"指代。

⑧ 字面翻译是"对所有人许可",该翻译并不存在歧义。但因为"license to all"翻译成"对任一人许可",为保持对应性,下文采用"对任一人开放"指代。

⑨ 争议焦点:是按照整体市场价值法(EMVR),以终端产品作为计费基础;还是采纳最小可销售专利实施元件法(SSPPU),以终端产品的元件作为计费基础。

⑩ 在元件供应商层级的许可,元件供应商更倾向采纳 SSPPU,因为其一般无法核算与参与分享专利在终端产品上发挥的价值。

专利法、反垄断法。本文将对它们展开分析，并以提高许可层级选择的透明性、效率性、公平性为目标，提出相关建议与构想，打造更优实践。

二、德国法院在车联网领域的新近裁判

（一）德国法院对 SEP 许可谈判的要求

选择许可层级是 SEP 许可谈判的一部分，有关 SEP 许可谈判的一般性规则，同样适用判断许可层级是否合法。德国法院在该方面的规则，受两件案件影响：一是欧盟法院在 Huawei v. ZTE 案提出的一般框架，二是德国联邦法院卡特尔委员会（Cartel Senate of the German Federal Court of Justice）审理上诉、并得到德国最高法院确认的 Sisvel-v-Haier 案提出的细化框架。

1. Huawei v. ZTE 一般框架

我国各界对 Huawei v. ZTE 案有较多准确与详细介绍，[11]为便于读者理解，本文再简要介绍该案争议焦点与裁判观点。较多准确与详细介绍，为便于读者理解本题，本文再简要介绍该案争议焦点与裁判观点。[12] 本案的争议焦点：具有市场支配地位的 SEP 权利人，在其 SEP 向标准组织承诺"愿意向第三人提供符合 FRAND 条款的许可"后，提起侵权诉讼，寻求停止侵权禁令或召回、销毁产品救济（如无特别说明，下文简称为禁令），是否违反 TFEU 第 102 条[13]、构成滥用市场支配地位？[14]换言之，实施者何时能成功提出滥用专利权抗辩，以阻却权利人获得禁令救济？欧盟法院认为，满足以下情形的专利权人申请禁令不违反 TFEU 第 102 条："在提起诉讼前，专利权人首先指明专利并说明它被侵害的方式，提醒被控侵权人存在相关侵权行为。其次，在被控侵权人表示愿意按照 FRAND 条款签订许可协议后，向侵权人提供一份特定的、书面的许可要约，特别是说明许可费及其计算方式。对应地，被控侵权人继续使用专利，且未按照公认的商业惯例和诚信原则、不勤勉地回应该要约，分析必须建立在客观因素之上，这意味着，特别是，被控侵权人（是否）

---

[11] 代表性论文，参见魏立舟：《标准必要专利情形下禁令救济的反垄断法规制——从"橘皮书标准"到"华为诉中兴"》，载《环球法律评论》2015 年第 6 期，第 83-101 页。

[12] 我国学者对该案背景、案情、理由、影响等介绍，参见魏立舟：《标准必要专利情形下禁令救济的反垄断法规制——从"橘皮书标准"到"华为诉中兴"》，载《环球法律评论》2015 年第 6 期，第 83-101 页。

[13] TFEU 第 102 条与我国《反垄断法》第 17 条具有对应关系，第 102 条规定：禁止具有市场支配地位者实施……(a)直接或间接地施加不公平采购、销售价格或其他不公平条件；(b)限制生产、市场或技术的发展，损害消费者；(c)与其他贸易方进行同等交易适用不同的条件，从而使它们处于竞争劣势；(d)在订立合同时让对方承担补充义务，但根据该补充义务的性质或者商业惯例，与该合同目的没有关联。

[14] Huawei Technologies Co. Ltd v. ZTE Corp and another company，Case C-170/13，at para. 44.

不存在拖延策略。"[15]

一般框架对 SEP 许可谈判双方均提出了要求。总体上,权利人要先提出报价并说明其合理性、不能突击地提出禁令救济,实施者则不能拖延地回应权利人的报价、应承诺由第三方裁决分歧。具体步骤包括:第一步由权利人启动,告知实施者其何种行为侵害了哪些专利;[16]第二步是实施者表达其有意愿(willingness)去按照FRAND 条款去达成许可;[17]第三步是 SEP 权利人提供特定的、书面的、包含许可费及计算方式的要约;[18]第四步是实施者勤勉回应该要约,赞成或提出相当的反要约;[19]第五步是双方经前述步骤后仍未能达成许可,实施者应提供适当担保,并表示愿意接受第三方就许可纠纷进行裁判。[20]

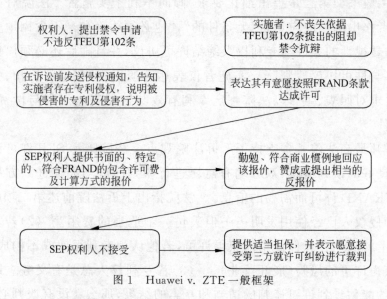

图 1 Huawei v. ZTE 一般框架

尽管一般框架具有理顺 SEP 许可谈判的重要意义,但 SEP 许可谈判是极具复杂性的实践活动,过于严格与单一的要求可能会阻碍行业的探索。[21] 可能出于这种考虑,欧盟法院并未将一般框架作为 SEP 许可谈判的唯一正确步骤,其性质更像是权利人的避风港("只要……不"),它既不是权利人可以申请禁令的唯一合法情形(不排除权利人在其他情形可能可以申请禁令),也不是实施者可以阻却禁令的唯一抗辩事由(不排除实施者在其他情况下可能成功阻却禁令)。因此,一般框架有较多

---

[15] Id. at para. 71.
[16] Id. at para. 61 & 62.
[17] Id. at para. 63.
[18] 同上。
[19] Id. at para. 65 & 66.
[20] Id. at para. 67 & 68.
[21] See, European Commission, Joint Research Centre: Licensing Terms of Standard Essential Patents, EUR 28302 EN, 2017, at 72.

需解释与细化之处,更未直接考虑物联网背景下许可层级选择的问题。㉒

2. Sisvel v. Haier 案细化框架

Sisvel v. Haier 案涉及 ICT 从业者之间有关 2G 蜂窝通信标准(GPRS)许可产生的纠纷。㉓ 系德国法院近年来对一般框架里程碑式、德国式细化,就 SEP 许可谈判提出了诸多新要求。上诉法院与本题相关的裁判观点有二:(1)不歧视原则,无论是 FRAND 声明下,抑或是竞争法审查下,不使权利人有义务向不同实施者提出一致的许可费率,应当承认谈判与许可环境的多样性:"合同关系的适当条件,特别是适当的价格,通常不是客观确定的,只能通过(可能类似的)谈判市场过程来确定。"㉔ (2)法院对一般框架第二步提出细化要求,倾向不利于实施者。法院对第二步的理解是,实施者作出的回应应当是"无条件的","他必须明确和毫不含糊地宣布他愿意以合理和非歧视性的条件与专利权人缔结许可协议,并且随后还必须以该目标为导向的方式参与许可协议谈判"㉕。实施者仅表达洽谈意愿、仅询问折扣、要求提供详细的权利要求对照表、主张以法院判定专利有效与被侵害为谈判与付费前提,均不属于"无条件"㉖。

德国联邦最高法院基本支持了上诉法院观点。法院暗示 SEP 许可谈判的总体要求:一个良好的谈判流程(双方均有意愿进行谈判),应当能促进双方尽量多地提供为达成 FRAND 许可而需要的信息。㉗ 法院指出上诉法院前述第二项裁判观点的合理性:(1)侵权人已经使用发明……但欠付一个适当的费用。㉘ (2)若实施者非权利人,原则上就应当在任何使用前获得许可,若他认为专利无效或不构成侵权,他需冒着不去获得许可的风险(展开营业)。㉙ (3)若专利权人总是有义务立即提交一个要约,该要约能估计到许可谈判的适当和互惠的结果,那么就没有谈判必要了,也就

㉒ 试举几例:(1)为完成第一步的告知义务,权利人是只需要向供应链某一层级的实施者发函,还是需要向禁令将来可能针对的全部实施者发函?(2)第二步实施者表达其有意愿获得许可,实施者是否可以提出:已经有其他层级的实施者去寻求许可,故不需要该实施者加入?这是否能表明实施者有意愿?(3)判断第三步要约的合格性,物联网不同细分行业是否有不同规则,如根据 SEP 与标准分别对产品的重要性、细分行业从业者的专业性等而作不同要求?

㉓ 该案案情:原告是欧洲专利 852 885 的权利人,该专利申请于 1996 年 9 月 25 日,在上诉过程中专利权到期。两被告同属 Haier 集团。被告一在德国销售手机和平板电脑。2014 年 9 月,两名被告在柏林国际电子展上提供了手机和平板电脑。权利人主张,两被告移动电话及平板电脑支持 GPRS(通用分组无线电服务)服务,这是 GSM 标准(全球移动通信系统标准)的升级,权利人的专利为实施该标准的必要专利。地方法院与上诉法院均确认被告的产品侵犯了该专利。Sisvel v. Haier, Case No. KZR 36/17 at para. 1 & 3 & 5 & 6. (Translated by ARNOLD RUESS)

㉔ Id. at para. 81.

㉕ Id. at para. 83.

㉖ Id. at para. 96-99.

㉗ Sisvel v. Haier II, Case No. KZR 35/17, at para. 59. (Translated by KATHER AUGENSTEIN) 法院认为,这种要求不仅符合 FRAND,更有好处的是法院能更准确地处理当事人之间的纠纷。

㉘ Id. at para. 67.

㉙ Id. at para. 95.

没有不愿意接受该要约的实施者提出反要约了。㉚（4）根据商业惯例和诚信原则进行谈判……权利人与实施者促进谈判的责任总是存在。㉛

Sisvel v. Haier 案作出的细化框架，明显更加有利于专利权人：（1）对不歧视原则的理解暗示着，权利人就同一 SEP，既可以向供应链上不同层级的实施者索要不同许可费，也可以向物联网不同细分行业的实施者索要不同许可费，甚至可以向同一细分行业的相同层级实施者索要不同许可费，除非行为会产生扭曲竞争的效果。（2）将第二步的"有意愿"理解为"无条件"，使实施者很难以"权利人选择许可层级不适当"为由拒绝展开许可谈判，既敦促实施者要承担积极参与许可谈判的义务，也暗示权利人可以自由选择许可层级而实施者不能。

（二）两则车联网领域标准必要专利纠纷

1. Nokia v. Daimler 案㉜

Nokia v. Daimler 案是德国曼海姆地区法院澄清物联网背景下 SEP 许可谈判规则的一次尝试，关注焦点包括权利人是否有权选择许可层级、实施者是否有权拒绝由本层级获得许可等。

该案基本案情：原告诺基亚声称拥有实施 4G-LTE 标准必须的专利，并以部分专利加入 Avanci 组织㉝。被告戴姆勒为德国汽车制造厂商，拥有包括梅赛德斯-奔驰汽车等品牌。2016 年 6 月 21 日、11 月 9 日和 12 月 7 日，诺基亚三次向戴姆勒发出侵权通知及许可要约。2016 年 12 月 14 日，戴姆勒回应称，应由其供应商而不是戴姆勒获得许可。2017 年 5 月 5 日，诺基亚因考虑到这一点，向戴姆勒提交了"一级供应商许可模式"。在该模式下，一级供应商将成为许可协议的合同方。2017 年 5 月 17 日和 2018 年 1 月 31 日，戴姆勒以退出许可谈判的方式回应诺基亚，认为其没有必要参与许可谈判，且其已指示相关供应商签订许可协议。2019 年 2 月 27 日，诺基亚提出第二次许可要约。2019 年 3 月 19 日，戴姆勒拒绝该要约，因为许可价格并非基于供应商的元件，而是基于整车的通信连接价值。2019 年 5 月 9 日，戴姆勒的一份反要约延续了该策略，以其对 TCU（控制元件，由一级供应商提供）的平均采

㉚ Id. at para. 73.

㉛ Id. at para. 68.

㉜ 该案因双方和解而宣告结束。2021 年 6 月 1 日，戴姆勒和诺基亚宣布，他们已经签署了专利许可协议。根据协议，诺基亚将移动通信技术授权给戴姆勒，并收取报酬。双方已同意就戴姆勒与诺基亚之间所有未决诉讼达成和解，包括戴姆勒向欧盟委员会起诉诺基亚的诉讼。双方达成的协议条款将保密。https://media.daimler.com/marsMediaSite/en/instance/ko/Joint-press-release-of-Nokia-and-Daimler-AG-Daimler-and-Nokia-sign-patent-licensing-agreement.xhtml?oid=50101910，最后访问时间：2021 年 11 月 15 日。

㉝ Avanci 是由众多行业领先权利人组成的、在物联网领域提供无线通信标准必要专利池许可的组织，许可人包括 ACER、ASUS、BlackBerry、中国移动、MITSUBISHI ELECTRIC、NOKIA、OPPO、PANASONIC、PHILIPS、SHARP、SIEMENS、SISVEL、SONY、TCL、TIM、ZTE 等。

购价格作为许可费基础,即一级供应商销售 TCU 的价格,而非基于整车的价格。2019 年 5 月 19 日,诺基亚提起侵权诉讼,请求法院颁发针对戴姆勒的停止侵权禁令。戴姆勒以 TFEU 第 102 条作为抗辩,认为该禁令不应颁发。

法院支持了诺基亚,裁判观点包括:(1)戴姆勒作为实施者,并不是愿意无条件地去获得 FRAND 许可,不享有 FRAND 抗辩——其总是要求原告向供应商提供许可,提到"是否"及"怎样"许可。[34] (2)对"公平、合理"的理解是,权利人必须总是能分配得到技术在供应链最终层级上的可销售终端产品的经济利益。[35] 不能忽略专利包的实际情况,[36]专利的权利要求并非均仅覆盖芯片,专利包价值在 TCU 层级上不能充分反映。(3)让专利权人参与终端产品利益分配,并不意味着必须只与终端产品生产者签订许可协议。相反,可能有各种方式来构建协议,使该利益在供应链中被识别出来并被考虑在内。[37] (4)支持"对任一人开放",权利人选择许可层级是行使权利的自由,不能迫使权利人去接受汽车行业的许可实践。权利人只要保证标准能被接入、权利人只收取过一次费用(不存在重复收费),就不违反 FRAND 的不歧视原则及竞争法,不构成滥用市场支配地位、实施差别对待。[38] (5)权利人向终端产品厂商提供许可,包括直接的许可和"让他人去制造"("have made"right)的许可等,能减少供应链各生产经营者重复付费问题,便于核算许可费,合理地在供应链中分配技术价值,是有效合理的许可模式。[39]

2. Sharp v. Daimler 案

Sharp v. Daimler 案是德国慕尼黑地区法院作出的裁判,要处理的法律问题与前案类似。

该案基本案情:2016 年 9 月,Avanci 试图开始与戴姆勒就 SEP 许可事宜展开谈判。2017 年下半年夏普加入 Avanci。2017 年 4 月 27 日,戴姆勒回函称应由供应商获得许可。2017 年 12 月,Avanci 告知戴姆勒,宝马公司已与其达成许可,并向戴姆勒提供许可要约、作出对应解释。2018 年 3 月 1 日,戴姆勒回函称应由供应商获得许可。当 Avanci 于同日问涉及哪些供应商时,戴姆勒没有作答。Avanci 随后的几次询问也没有成功。2019 年 2 月 11 日,Avanci 再次向戴姆勒发送许可要约,附带上专利清单,解释了专利的必要性、许可费的合理性。戴姆勒没有回应。直到 2019 年 6 月 3 日,戴姆勒通知 Avanci,其不会获得许可,但供应商会,并查看了 Avanci 提供的与宝马和奥迪签署的许可协议。2019 年 5 月 20 日,夏普在提起侵权诉讼后向

---

[34] Nokia v. Daimler, Case No. 2 O 34/19, at 3. (Translated by KATHER AUGENSTEIN)
[35] Id. at 11.
[36] Id. at 13-14.
[37] Id. at 13.
[38] Id. at 22-24.
[39] Id. at 34-36.

戴姆勒发送了侵权通知,并提供了权利要求比照表。2019年6月7日,戴姆勒回应夏普,总体上准备获得许可,但仍认为应直接授权给供应商,并表示需要审查权利要求比照表。2019年7月23日,戴姆勒针对夏普继续发起的专利侵权诉讼,向夏普发函称,其供应商可获得许可,但未提及供应商的名字,并警告,如果夏普不向供应商提供许可,将违反FRAND义务。2019年8月8日,夏普回应,表示将提交一份单独的许可给戴姆勒,为此夏普仍然需要从戴姆勒处获得信中所述特定的信息。2019年9月18日,戴姆勒回应,它将不会提供夏普提到的信息,因为它没有义务这样做,并表达了对现有法律状况及可能存在歧视的意见。

　　法院支持了夏普,颁发了禁令,裁判观点包括:(1)戴姆勒在任何情况下都没有及时、明确地提出愿意获得许可的声明。相反,戴姆勒错误地认为,应该直接获得许可的不是它而是它的供应商。戴姆勒的回应间隔时间越久,表达其愿意获得许可的要求越高。⑩ (2)夏普原则上愿意与戴姆勒的供应商签署许可协议,实际上也签署了这样的协议。㊶ (3)夏普没有义务尊重汽车行业的许可实践。这是因为戴姆勒的产品越来越多地从典型的汽车工程领域进入移动通信领域,它必须尊重移动通信行业的许可实践。㊷ (4)支持"对任一人开放",原则上,专利权人被允许选择许可层级。让产品接入市场,不一定需要采用有利于元件供应商的许可模式,而只需要使它们能合法地使用专利。㊸ (5)专利法没有明确规定权利人应在供应链的哪个层级提供许可。元件制造商不一定总是使用专利包中所有专利,专利权用尽可能不会仅发生在它们层级上。为更有效地处理许可费率及妥善处理权利用尽问题,在终端产品厂商层级作许可更恰当。㊹ (6)权利人向ETSI作出的FRAND承诺及ETSI的知识产权政策,并不使权利人有义务向每一个有意愿的被许可人提供许可。从合理第三人看,这些文件的效力是面向终端产品厂商:权利人有义务就"完全符合"标准的"设备"(equipment)提供FRAND许可,并不是所有元件都"完全符合"标准。从标准制定时的实践情况看,ETSI文件的重点不是元件及其供应商,而是终端产品及其厂商。㊺ (7)没有迹象表明欧盟竞争法意图对许可层级的选择作出安排。作为戴姆勒的供应商,它们无权要求实施者向他们作出许可,但有权在法律上安全地接入与使用标准化技术。这种安排并不困难,未见有对实施者而言不可接受的法律不确定性,市场没有被扭曲。权利人这样做,即满足竞争法的要求。㊻

---

⑩ Sharp v. Daimler, Case No. 7 O 8818/19, at 3. (Translated by KATHER AUGENSTEIN)
㊶ Id. at 10.
㊷ 同上。
㊸ Id. at 11.
㊹ Id. at 12.
㊺ Id. at 13. (Translated by KATHER AUGENSTEIN)
㊻ Id. at 14-15.

(三)小结

"对任一人许可"与"对任一人开放"的分歧在于:权利人是否有权选择不同层级的实施者索要许可、是否有义务接受不同层级的实施者获得许可的请求? 采纳前者,权利人无权选择许可层级,且有义务向任一请求获得许可的实施者提供许可;采纳后者,情况则恰恰相反。

法律规则与利益立场不同,制度选择亦不同,德国法院贯彻其"司法传统",[47]选择了更有利于权利人的"对任一人开放",具体原因可总结为:(1)权利人选择许可层级,总体上并不违法,法院仅禁止权利人利用其 SEP 阻碍他人接入标准、进入市场的行为。(2)提供给 ETSI 的声明及 ETSI 的知识产权政策并不使权利人产生对所有人许可的义务。如何理解这些文件中的"设备"等含义,存在争议,体系解释和历史解释的结论是,应将它们理解为权利人只有在终端产品层面提供 FRAND 许可的义务。(3)专利法未明确规定权利人应在供应链的哪个层级上提供许可,权利人向终端产品厂商提供许可,可能更符合专利包的实际情况,反映出专利的价值、恰当地实现权利用尽、清晰地核算许可费。(4)欧盟委员会各类竞争法规则并未就供应链上许可层级的选择作出规定,权利人选择许可层级,原则上不会出现扭曲竞争的效果。(5)尽管元件供应商无权要求权利人向他们直接提供许可,但他们有权在法律上安全地接入标准化技术,以保障它们生产制造的安全性。这可以通过权利人与终端产品厂商、终端产品厂商与元件供应商的合同安排妥善解决,如授予终端产品厂商"让他人去制造"权、承诺"不追究责任"等。

三、FRAND 声明与标准组织知识产权政策角度

ICT 行业涉及诸多技术要求,"用于连接对象或事物的方法取决于需要的信号范围和功率、可靠性、延迟、服务质量、吞运率和通信带宽等因素",[48]它们需要保持兼容与可相互操作性,假如采用不同技术路径,不仅可能会增加元件研发与基站设置的成本,甚至可能会使不同设备之间的相互联通变得不可能。技术专利化、专利标准化、标准国际化。标准组织是统筹、协调、构建、推广标准的机构,在技术标准化过程中起不可或缺的作用。

---

[47] 德国法院在 SEP 纠纷处理上,素有"亲专利权人"的倾向。FRAND 抗辩在一般框架出台前"仅在曼海姆地区法院的两个已知案件中取得了成功","大多数决定表明,一个成功的 FRAND 抗辩的责任仍然完全取决于实施者"。European Commission, Joint Research Centre: Licensing Terms of Standard Essential Patents, EUR 28302 EN, 2017, at 69 & 71. See also, Tyler J. Dutton: Jurisdictional Battles in Both European Union Cross-Border Injunctions and United States Anti-Suit Injunctions, 27 EMORY INT'l L. REV. 1175 (2013) at 1184.

[48] SEPs Expert Group: Contribution to the Debate on SEPs, No. E03600, 2021, at 37.

正因标准组织特殊而重要的地位,分析标准组织是否对许可层级提有要求,便很有必要:一方面,FRAND声明的性质,被不少地区司法机关理解为权利人与标准组织订立的一份利益第三人(实施者)合同,声明及其指向适用的知识产权政策被认为属于合同条款,权利人负有守约义务。[49] 另一方面,部分司法机关即便未明确将FRAND声明理解为第三人利益合同,但仍认为声明及其指向适用的知识产权政策是SEP谈判与许可应遵循的基本原则,结合这些文件作裁判,解释内涵、细化要求。[50]

标准组织主要包括三类:第一类是相关文件有明显具有倾向性的用语,指向支持某种许可层级的选择;第二类是相关文件有丰富的、可供解释的用语,但它们应如何解释,存在分歧;第三类是相关文件采用模糊而一般性用语,难以认为其考虑到许可层级选择的问题。下面先分别介绍,再进行评判。

(一)第一类

有标准组织修改其知识产权政策,采取更清晰用语表达其倾向性观点,典型是IEEE[51]。IEEE的知识产权政策规定在《IEEE-SA标准委员会章程》[52]中。因《章程》制定与修改相对独立于IEEE-SA成员,[53]它可以加入更多超越基线的(或称更加进取的/激进的)知识产权政策。2015年《章程》修订[54]在第6条支持采用SSPPU定义"合理许可费":应考量声明人SEP在SSPPU层面上的价值贡献,并注意同一标准中其他SEP对SSPPU的价值贡献。[55] 在这样的基础上理解"合理许可费","声明人

---

[49] See e. g., Unwired Planet v. Huawei, [2017] EWHC 711 (Pat), para 146; Microsoft Corp. v. Motorola, Inc., 2013 U. S. Dist. LEXIS 60233, at 15.

[50] 参见广东省高级人民法院(2013)粤高法民三终字第305号民事判决书;《广东省高级人民法院关于审理标准必要专利纠纷案件的工作指引(试行)》第3条、第7条。

[51] IEEE,即电气电子工程师学会,是全球最大的专业技术组织之一,于1963年由无线电工程师协会(IRE)与美国电气工程师协会(AIEE)合并而成。IEEE-SA,即IEEE标准协会,通过IEEE来培育、开发和推进全球技术,由IEEE-SA成员选举产生理事会管理。理事会负责管理IEEE-SA运作的几个关键部分。IEEE-SA有超过40万名成员(企业、个人)分布在超过160个国家,制定了超过900个标准。其中,知名的标准包括802.11(无线局域网标准,以wifi技术作为核心)。https://standards.ieee.org/about/index.html,最后访问时间:2021-11-17.

[52] IEEE-SA Standards Board Bylaws,以下简称《章程》。

[53] 《章程》由IEEE-SA标准委员会(IEEE Standard Association Standard Board,SASB)创制与修改,并最终经IEEE-SA委员会理事(Board of Governors,BOG)批准。SASB应由不少于18个或26个有投票权的、高级别成员组成,这些有表决权的成员由BOG任命,BOG则根据《IEEE标准协会操作手册》(Standards Association Operations Manual)第四条产生。See, IEEE-SA STANDARDS BOARD BYLAWS, 2020, at 18; IEEE Standards Association Operations Manual, 2021, at 5-8.

[54] 2015年《章程》有两项关键修改,一是采用SSPPU定义"合理许可费",二是限制声明人申请或请求执行禁令,两者均反映出《章程》修改向实施者倾斜的政策立场。本文仅涉及讨论前者。

[55] "合理许可费率的确定应考虑包括但不限于对以下因素:(1)必要专利权利要求中所主张的发明或发明特性的功能价值,应体现出对实施必要专利权利要求的最小可销售相容部件(Compliant Implementation)的相关功能所做的价值贡献。(2)必要专利权利要求对实施该权利要求的最小可销售相容部件的价值,应考虑适用在相容部件中的、相同IEEE标准全部必要专利权利要求的价值贡献……"IEEE-SA STANDARDS BOARD BYLAWS, 2020, at 18.

的许可保证应择一为：……(b)发表一份声明，声明人将在全球范围内，按无须补偿或按合理许可费率的方式，向不受数量限制的申请者（Applicants）提供标准必要专利许可。这一许可将按照合理的条款和条件，不存在任何不公平的歧视，授权制造、让他人制造、使用、销售、许诺销售或者进口任何使用了符合IEEE标准的标准必要专利权利要求的相容部件"[56]。"相容部件"是指"适于(conforms to)IEEE标准中任何强制性或可选的规范条款的任何产品（如元件、子配件或最终产品）[product (e. g., component, sub-assembly, or endproduct)]或服务"[57]。

结合"合理许可费""相容部件"的含义及"声明人许可保证"的要求，IEEE-SA有意将"元件、子配件"作为被许可客体对待，并可产生如下理解：(1)IEEE-SA定义"相容部件"时采取了"comform to"一词，与ETSI的"fully conforming to"相比，明显更加宽松，IEEE-SA并未要求只有能完全实施标准的"元件、子配件"才属于"相容部件"。换言之，无论是各元件结合才能实施标准，抑或是元件本身能实施标准，这些元件均可作为被许可客体——IEEE-SA只要求它们能符合标准，而不是完全符合标准。譬如，元件A、B、C以结合的方式实现标准要求的技术方案，若它们又分别属于最小可销售单位，就是声明人应当作出FRAND许可的客体。(2)若元件属于相容元件，因权利人作出了向"申请者提供必要专利许可……相容部件"的保证，该元件制造商与权利人进行许可谈判、请求获得FRAND许可，权利人负有履行其许可保证的义务，无权拒绝许可。

若以上对IEEE-SA知识产权政策的理解准确，可进一步推理：权利人在元件层级（就元件、向元件制造商）提供许可是其义务，权利人选择许可层级的自由受到一定限制。IEEE-SA不支持"对任一人开放"模式，因为该模式承认权利人可以对很多许可层级的实施者"说不"。

不过，IEEE-SA以上知识产权政策的变更在业界遭受诸多批评。诺基亚、爱立信、Orange（位于法国的电信运营商巨头）等公司通过向IEEE-SA提交许可声明表示，他们不愿意承诺按照修订后的IEEE政策所定义的条款和条件授予他们的SEP。[58]有学者研究了2016年1月到2019年6月与802.11标准有关的许可声明，发现其中77%的许可声明不愿按照IEEE-SA定义的"合理许可费"提供许可，该学者表达了对IEEE-SA知识产权政策变化在标准技术质量提高、标准必要专利安全

---

[56] Id. at 19.
[57] Id. at 17.
[58] See, Std No. Patent OwnerContact for LicensePatent Serial No. (if indicated) Letter DateLicensing：https://standards.ieee.org/search-results.html? q=LOA%20802.11,最后访问时间：2021-11-17。

使用等方面持续产生消极影响的担忧。○59 美国标准化委员会亦未将 IEEE 就 802.11 标准作出的两个修改版本认证为美国标准。○60 鉴于此,美国司法部在 2020 年 9 月发布了商业审查函(Business Review Letter),改变了其 2015 年商业审查函对 IEEE-SA 知识产权政策修改的支持态度,认为:"司法部敦促 IEEE 应确保其及其成员都不会将 2015 年的信函描述为对 IEEE 政策的认可……一个开放、平衡和透明的标准制定过程对创新至关重要……我们建议 IEEE 考虑,在 IEEE 标准制定活动中,变更是否在促进充分参与、竞争和创新。"○61

(二)第二类

ETSI○62 是第二类标准组织的代表,与许可层级选择有关的 ETSI 知识产权政策包括第 3.1 条○63、第 6.1 条○64、第 15.4 条○65、第 15.5 条○66、第 15.8 条○67。根据"知识产权许可声明",声明人和/或其附属机构提供 SEP 许可需符合第 6.1 条,声明中的词语则按照第 15 条理解。○68 知识产权政策是否包含了 ETSI 对许可层级选择的要求,有两种分歧。

○59 David L. Cohen:The IEEE 2015 Patent Policy A Natural Experiment in Devaluing Technology,Kidon IP:https://www.kidonip.com/news/the-ieee-2015-patent-policy-a-natural-experiment-in-devaluing-technology,最后访问时间:2021-11-17。

○60 See, https://www.ansi.org/search#q=IEEE%20802.11&sort=relevancy&f:ContentType=[Standard],最后访问时间:2021-11-17。

○61 U.S. DEPARTMENT OF JUSTICE Antitrust Division: Business Review Letter from MAKAN DELRAHIM (Assistant Attorney General) to Ms. Muirhead,Sept. 10, 2020, at 3 & 9 & 11.

○62 ETSI,即欧洲电信标准化协会,是欧洲三大标准组织之一,只有该三大标准组织设置的标准,才能成为欧洲标准。ETSI 是遵守法国法的非营利组织,有超过 800 名成员,包括政府、企业、个人,为 ICT 系统、应用和服务,及时开发、批准和测试全球可适用标准,有超过 900 名成员,其中包含超过分布在五大洲的 60 个国家。ETSI 是 3GPP 的重要成员,对全球 3G、4G、5G 移动通信标准设置有重要影响,也是 oneM2M 的重要成员,对全球机器间交流标准设置有重要影响。About ETSI:https://www.etsi.org/about,最后访问时间:2021-11-17。

○63 Art. 3 Policy Objectives-3.1:ETSI 的目标是由代表大会制定标准与技术说明书,以使它们最恰当地符合欧洲电信部门的技术目标。为了充分实现这一目标,ETSI 知识产权政策寻求降低对 ETSI、成员和其他采用 ETSI 标准和技术规范者如下风险:在这些方面的投资,由于无法获得标准或技术规范的基本知识产权,标准的采纳和采用可能会被浪费。为了实现这一目标,ETSI 知识产权政策要在公众使用电信领域标准的需要和知识产权所有者的权利之间寻求平衡。

○64 Art. 6:Availability of Licences-6.1:当一项与特定标准或技术性说明书有关的必要知识产权被 ETSI 注意到时,ETSI 总干事应立即要求知识产权权利人在三个月内作出不可撤销的书面承诺,表明其在至少以下范围,将按照公平、合理和无歧视(FRAND)的条款和条件,不可撤销地许可该知识产权:制造,包括有权生产或授权生产被用于被许可人自己设计的、使用在制造中的客制化元件或子系统;销售,出租或以其他方式提供按此制造的设备;修理,使用或者操作设备,并使用方法。以上承诺可以包含那些被许可方愿意以互惠方式提供的条件。

○65 Art.15:Definitions-15.4:"设备"(equipment)应当是指完全满足标准的任何系统或设备。

○66 Art.15:Definitions-15.5:"方法"(methods)应当是指完全满足标准的任何方法或操作。

○67 Art.15:Definitions-15.8:"制造"(manufacture)是指生产"设备"(equipment)。

○68 由此可知,SEP 权利人要么作为 ETSI 成员而受其知识产权政策约束,要么因其向 ETSI 提交了"知识产权许可声明"而使相应声明内容及 ETSI 部分知识产权政策对其产生约束力(无论权利人是否为 ETSI 成员)。其他标准组织亦以类似方式对 SEP 权利人形成约束力。

1. 应采纳"对任一人许可"

ETSI前总干事（任期1995—2006年）KARL HEINZ ROSENBROCK认为ETSI知识产权政策要求采用"对任一人许可"模式，[69]他的理由具有代表性：(1)"根据知识产权政策第3条……知识产权政策旨在降低避免投资被浪费的风险……如果想要应用ETSI标准的所有相关方无法获得许可，这个目标就无法实现。"[70] (2)"'知识产权许可声明'并不排除某些类型的被许可人。它明确地允许权利人施加条件（特别是在互惠情形下），但不允许权利人排除特定类别的实施者。"[71] (3)"根据知识产权政策第6条，权利人在对不同类别的被许可人施加许可条款时不得有区别。若权利人不能以这种方式进行歧视，那么它当然不能更一步完全排除特定类别的被许可人寻求许可的权利。"[72] (4)"'ETSI知识产权指南'(the IPR Guide)第1.4段提到标准使用者，但没有限制类别，并规定ETSI成员和使用ETSI标准或文件的第三方都有权至少获得制造、销售、租赁、维修、使用和操作的许可。第1.4款并未将此权利限制于某些类别的成员或使用者。"[73] (5)知识产权政策第6.1条规定"制造，包括……"，意味着许可必须包括制造或授权制造客制化元件的许可，而不仅限于某一许可层级。[74] (6)第15.4条的"设备……完全满足"并没有说该"设备"或"系统"本身必须实现或包含所有的规格和标准要求，只要"设备"被设计可用于与其他装置或组成部件(devices or elements)的结合，该结合能完全符合标准、兼容性不会被破坏即可。从技术词汇的用语来看，应赋予"设备"简单含义，而不是作限制性理解。[75]

2. 应采纳"对任一人开放"

知识产权专家Bertram Huber先生，提出针锋相对的观点，认为ETSI知识产权政策并不要求采用"对任一人许可"模式，[76]他的理由同样具有代表性：(1)"Rosenbrock先生观点与ETSI在采纳知识产权政策时的意图和电信行业的普遍做法不一致。ETSI从来没有强迫必要权利人向任何提出要求的公司授予许可，

---

[69] See, KARL HEINZ ROSENBROCK: Why the ETSI IPR Policy Requires Licensing to All: https://papers.ssrn.com/sol3/papers.cfm? abstract_id=3038447，最后访问时间：2021-11-17。

[70] Id. at 4.

[71][72] 同上。

[73] Id. at 4-5.

[74] Id. at 6.

[75] Id. at 9.

[76] Bertram Huber: Why the ETSI IPR Policy Does Not and Has Never Required Compulsory "License to All": A Rebuttal to Karl Heinz Rosenbrock: https://papers.ssrn.com/sol3/papers.cfm? abstract_id=3038447，最后访问时间：2021-11-17。Bertram Huber是一个有超过40年经验的知识产权专家，有丰富的专利谈判与许可经验，从1989年第一次ETSI知识产权会议开始加入讨论，参与了ETSI绝大多数会议。

或者在移动通信生态系统的元件层面授予许可。行业早就认识到,这在法律上行不通,效率极低,而且可能(若非肯定的话)对权利人不公平。"[77](2)"在制定知识产权政策时,普遍行业惯例是由完整的终端设备(如手机、基站设备)制造商谈判并签订任何必要许可,元件制造商一般不会加入基本知识产权许可。ETSI 知识产权政策的起草者的用语反映了普遍的行业做法,即用语集中采用'设备的制造'(the manufacture of equipment)而不是元件。"[78](3)"知识产权政策在定义'设备'(equipment)时,使用术语'系统'(system)、'装置'(device)和'完全符合标准'(fully compliant)等来表示成品(finished products),而不是单个元件,并将'制造'(manufacture)定义为生产此类设备(production)。起草者打算将 FRAND 承诺延伸到终端产品,而不是那些终端产品的组成部分,这与当时盛行的行业惯例一致。"[79](4)"在 2015 年 3 月举行的 ETSI 大会上,ETSI 法律事务总监确认,ETSI 知识产权政策并不要求权利人在最小可销售单元(如元件)层级上授予许可:'在新的 IEEE 知识产权政策中,我们的政策有两点没有:最小可销售单位(SSPPU)已经被引入,但我们没有……它们并不符合 ETSI 知识产权政策。'"[80](5)总之,"保持权利人在生态系统选择中许可层级的自由。20 多年来,这种许可模式促进了电信行业的大规模增长,并形成了一个非常成熟的生态系统,新技术不断被以越来越快的速度去开发和实施"。[81]

(三)第三类

除了以上两类包含倾向性、解释性用语的标准组织,绝大多数标准组织仅提出了模糊、一般性的知识产权政策,要求权利人在免费许可、按 FRAND 条款和条件许可、拒绝提供许可三者中作出选择,但未作更多解释,第一点/第二点通常表述为"专利权人准备在全球范围内、非歧视性的基础上,免费/在合理的条款和条件下(择一),向数量不受限制的申请人提供许可,以使其制造、使用和销售符合上述标准文件的部件(implementations)"[82]。

这种模糊、一般性规定反映出标准组织不愿意、也无能力就 SEP 许可问题作过多介入,联合研究中心(欧盟智库)指出:"大多数标准组织只有基本的知识产权政策,只是从竞争法和其他法律渊源的法律原则转译而来。很少有标准组织制定所谓

---

[77] Id. at 2.
[78] Id. at 4-5.
[79] Id. at 5.
[80] Id. at 6-7.
[81] Id. at 8.
[82] Guidelines for Implementation of the Common Patent Policy for ITU-T/ITU-R/ISO/IEC: Patent Statement and Licensing Declaration for ITU-T or ITU-R Recommendation | ISO or IEC Deliverable,2018,ANNEX 2.

的'基线+'政策(在基线政策的条款上为权利人增加义务)……希望采取'基线+'政策的标准组织通常必须花费财务成本(法律费用)、工作人员时间(从标准化的技术工作中分流走)和社会资本(成员信誉)来采用'基线+'政策,它们还必须承担一定程度的法律风险,因为它们将'基线+'添加到已经被广泛认可的基线策略中。"[83] 由此可见,在绝大多数情况下,标准组织提出的知识产权政策或FRAND声明都无法回答,合标准组织规范的许可层级选择是什么——标准组织本身并无相关规范。

(四)评议

第一,若标准组织有明显偏向性知识产权政策,明示或暗示支持"对任一人许可"模式,相应知识产权政策的出台应更透明与民主,应获得包括权利人在内的成员的广泛认可,理由如下:(1)除少部分具有政府背景的标准组织,世界范围内大多数标准组织由私人参与者、工程师和工业界创建,是一个技术标准化与合作平台。[84] 保证成员意见得到充分表达、组织决策经过正当民主程序产生,是标准组织运行的基本原则。[85] 成熟的标准组织往往包括不同国家与地区的权利人与实施者(权利人又由实施主体与非实施主体组成),成员有诸多或一致或对立的利益立场。只有保证标准组织决策机制的透明与民主,才能使其知识产权政策反映出普遍成员的共同利益,而不是偏向支持某一利益立场。[86] (2)"对任一人许可"模式向权利人施加了更重的许可义务,若未经过透明与民主的决策程序,其合法合理性存疑。回顾上文IEEE-SA知识产权政策修改与引发的批评,有如下认识:IEEE-SA的知识产权政策修改属于"董事驱动型"决策而非"成员驱动型",[87] 其有能力作出更激进的修改,但修改的透明性与合理性遭到诸多质疑。IEEE-SA只是将其知识产权政策改变为支持按SSPPU确定"合理许可费",尚未直接承认权利人负有"对任一人许可"义务,这已经引起了业界轩然大波。若其他标准组织要引入"对所有人许可"的义务,其修改的

---

[83] European Commission, Joint Research Centre: Making the Rules: The Governance of Standard Development Organizations and their Policies on Intellectual Property Rights, EUR 29655 EN, 2019, at 145.

[84] European Commission, Joint Research Centre: Making the Rules: The Governance of Standard Development Organizations and their Policies on Intellectual Property Rights, EUR 29655 EN, 2019, at 42.

[85] 《技术性贸易壁垒协议》一份执行报告即指出:"当国际标准、指南、推荐被制定时要考虑……(a)透明性;(b)开放性;(c)公正性和共识性;(d)有效性和相关性;(e)连贯性;(f)需要解决发展中国家的关切。"Committee on Technical Barriers to Trade, G/TBT/9, 2000, at 24.尽管这些原则是针对标准制定程序提出的,但标准组织在制定有关实施标准所必须的知识产权的政策时,无理由不遵循相同原则。

[86] 民主机制意味着:无论决策结果对哪方有利,决策过程的开放性、普遍参与性应得到保障。关于各标准组织知识产权政策制定规则的比较(包括投票公开性、投票规则、投票者代表立场、最终决定者、与标准制定程序的关系五方面),见 European Commission, Joint Research Centre: Making the Rules: The Governance of Standard Development Organizations and their Policies on Intellectual Property Rights, EUR 29655 EN, 2019, at 109.

[87] IEEE-SA的知识产权政策修改本不如同许多标准组织那般,经有相当部分成员参与的大会投票或按成员普遍共识(未有参会成员明确坚持反对意见)产生,而是一个由18~24名成员组成的委员会决议产生,因此属于"董事驱动型"决策。

透明与民主性一旦得不到充分反映,反对声音必然更加激烈,甚至可能引发竞争监管部门的介入。[88]

第二,若标准组织无明显偏向性知识产权政策,不应认为权利人负有"对任一人许可"的义务,理由如下:(1)对标准组织相关文件及词语,应采取外部的、遵循行业一般认知的解释方法。标准组织有诸多不同词语与被许可客体相关:"设备"(equipment)、"系统"(system)、"装置"(device)、"产品"(product)、"相容部件"(Compliant Implementation)、"元件"(component)、"子配件"(sub-assembly)、"最终产品"(endproduct)。人们结合技术词典、上下文、修订历史等解释其含义,争议颇多。内部的、探求"真意"的解释方法难行,采取外部的、遵循行业一般认知的解释方法更可行。[89] 尤其在我国语境下,后一种解释方法更符合实践需要:各种词语的含义与它们之间的关系,在英语语境下就存在巨大分歧。它们被转译成中文,理解与适用的困难更将增加,故不宜对词语本身刨根问底,参考行业实践作理解更具合理性与必要性。[90] (2)理解知识产权政策与 FRAND 声明,应偏向尊重 ICT 行业的实践。可能有反对观点认为:为什么要物联网各细分行业尊重 ICT 行业的实践,而不是 ICT 行业去尊重其他行业的实践?[91] 原因是技术与市场的现实情况:是其他行业试图在其各类产品中增加符合 ICT 标准的部件,如 wifi 芯片、支持 5G 频段的基带芯片等,而不是相反情况。其他行业既然主动接纳相应 ICT、以求获得技术带来的优势与便利,当然要承担起相应的义务、尊重 ICT 行业的实践,而不能反过来,去要求提供 ICT 的权利人承担起接受其行业实践的义务。[92] (3)ICT 行业实践不要求权利人承担"对任一人许可"的义务。对于分歧,ETSI 在其网站明确表示其无意介入或提出要求:"值得重申的是,具体的许可条款和谈判是公司间的商业问题,不应在 ETSI 内解决。ETSI 知识产权政策的基本原则仍是 FRAND,对任何许可模式都没

---

[88] 值得注意的是,知识产权政策加重了权利人义务、对权利人不利,并不是其合法性受挑战的根本原因,而是重大修改缺少透明与民主性。假如标准组织推出的知识产权政策并无该方面问题,亦无共谋限制竞争的风险,可一般性地承认其合法性。著名的标准组织 W3C(万维网的主要国际标准组织,制定了包括 HTML、XHL、CSS 等网页设计标准),便要求标准必要技术的权利人提供免费许可,否则不会将相应技术加入标准中。免费许可的要求明显对权利人不利,但这是 W3C 自创立以来就采取的知识产权政策,拒绝该要求的权利人完全可以不贡献相关技术到标准中,经营者可以使用替代技术与标准。故其合法性并未受到质疑。

[89] 这也是 Sharp v. Daimler 案法院采取的解释立场,法院查看了 ROSENBROCK 与 Huber 两位专家的文章后,认为"对'设备'一词的理解和许可的实践存在争议,使法院无法看到明确共识……应根据合理缔约方的理解解释"。See, Sharp v. Daimler, Case No. 7 O 8818/19, at 13. (Translated by KATHER AUGENSTEIN)

[90]《广东省高级人民法院关于审理标准必要专利纠纷案件的工作指引(试行)》第 6 条:审理标准必要专利纠纷案件,应考虑行业特点,结合商业惯例进行审查判断。该条提供了正确的指引。

[91] Daimler 在与 Sharp、Nokia、Avanci 的谈判中,反复要求他们去与 Daimler 的供应商谈判,其理由之一便是汽车行业的实践是由供应商去获得许可。

[92] 如何做到激励相容,调整与优化行业实践,促进 ICT 行业与其他物联网细分行业的共同发展,是有待探讨的话题。但同样不能否定,基本立场应当存在。

有特别偏好。"㉝该态度富有启发意义:ETSI知识产权政策以权利人与实施者有效展开谈判、权利人保障实施者能有效接入标准、免受必要专利不当干扰为目标。㉞除此之外,ETSI对许可模式没有特别偏好,在不违反该目标的前提下,权利人既可以与元件供应商,也可以与终端产品厂商进行谈判、达成许可,这是行使权利的自由。正如同ICT行业普遍承认的"符合FRAND的许可条款和条件并非只有一组",㉟作为SEP许可条件之一的许可层级选择,亦不止一组符合FRAND的情形。由此可见,"对任一人许可"显然不是实现该目标的唯一路径,该模式向权利人施加更重的许可义务,使其基本丧失选择与拒绝的权利,并非合适的模式。换言之,权利人应当做到公平、有效、有效率地"开放"SEP,消减"由于无法获得标准或技术规范的基本知识产权,标准的采纳和采用可能会被浪费"㊱风险,这并不意味着权利人有义务投入相当的兴趣及精力,一视同仁地与任一实施者谈判、达成许可。

第三,标准组织知识产权政策本身无法单独回答"对任一人开放"模式下合目标的"开放"是什么。标准组织更大程度是技术联盟:在标准制定方面主动而富有控制力,在知识产权政策制定方面却表现得更加消极与被动。相当多标准组织不(也不愿意)对SEP许可的流程与条款作出规定或指引,仅简单地重申SEP许可应当符合FRAND原则,甚至允许权利人提供"空白的"㊲FRAND声明。正如前述,第三类标准组织是主流,它们的知识产权政策更多是对某些法域的专利法、竞争法的重申。即便如同ETSI这种"老练的"标准组织,亦有意回避争议,重申"对任何许可模式都没有特别偏好"。在这种背景下,不能认为标准组织知识产权政策支持"对任一人许可"模式,已经是理解这些文件的极限,无法再去确定它们是否支持"对所有人开放"模式,因为这将涉及如何理解合要求的"开放"——标准组织对此并未提出要求,甚至有意回避。

可能有人提出疑问:标准组织能不能做得"更好"? 本文认为,标准组织做得"更好",将充满困难:(1)标准组织应当恪守其作为开放的技术平台的性质。当透明与民主要求它不能作出"激进的"知识产权政策时,同时也限制了它作出"更好的"知识产权政策。一项新的知识产权政策是否"更好",需要实践检验。在充满利益对立的成员之间,由标准组织去推动一种新实践,可能会遭到既得利益者、保守者反对。革

㉝ Intellectual Property Rights-PUBLIC STATEMENT:https://www.etsi.org/intellectual-property-rights,最后访问时间:2021-10-17。

㉞ 该目标既可以从知识产权政策第3.1条读出,也是KARL HEINZ ROSENBROCK与Bertram Huber的共识(但对如何实现该目标,两位专家存在分歧)。

㉟ 典型例子是,在Unwired Planet v. Huawei案中,英国高等法院法官一审认为正确的FRAND费率只有一组,但该观点被上诉审法官推翻。[2018] EWCA Civ 2344, para 121-123。

㊱ Art. 3 Policy Objectives-3.1,见脚注㉛。

㊲ 即权利人不需要在声明中指明其SEP的专利号、是实施何种标准所必要。

新的修改先要面临内部挑战、依赖内部共识的形成——民主机制协调、处理利益矛盾的低效性将显露。(2)标准组织缺少动力。标准组织修改知识产权政策去做"更多",需要在聘请专家、召集成员、召开会议、草拟文本等方面投入成本。若标准组织既未面临内部成员强烈且反复的呼吁,也未受到来自监管部门的司法或执法压力,更未看见市场上其他标准组织因修改其知识产权政策而赢得标准竞争,其显然很难愿意投入成本、增加工作量去做"更多"。标准组织往往有后发推力而无原始推力,尤其在讨论争议颇多的议题时。因此,与其询问"标准组织能不能做得'更好'",倒不如直接询问"标准组织做得'更好'"的压力来源——法律、市场、利益各方有怎样的要求。

四、专利法角度

专利法角度要考虑如下两点:一是权利人有无提供 SEP 许可的义务,如有,该义务是否达到"对任一人许可"的程度。二是专利法就"对任一人开放"的"开放"应如何构建,如何在"开放"程度不足时进行协调与修正。

(一)权利人的许可义务

专利权是私权,权利人原则上有选择许可层级、索要许可费、甚至拒绝提供许可的自由。因专利权的非物质性与专利文献的公开性,权利人用自力措施去保护其专利权较难,专利法便通过禁令制度、损害赔偿制度去平衡权利人所面临的困难、维持专利权的财产属性。这种情况对于 SEP 而言有所改变:标准需要推广,在标准制定前,权利人为将自己的专利技术贡献到标准中,向标准组织声明其愿意向实施者提供符合 FRAND 的许可。标准组织信赖该声明而在标准中采用相关技术方案,实施者因信赖该声明而进行投资、生产销售符合标准的产品。"一旦确定了一项标准,使用者的技术自由就会减少,很可能该标准的若干方面只能通过使用一项没有替代品的、非常具体的技术来实现。"[38]因此,无论将 FRAND 声明理解成合同义务、单方承诺、禁反言义务、竞争法义务抑或其他,[39]它的法律效力不容否定。形成良好的市场秩序,需要避免权利人以毁弃 FRAND 声明的方式实施"劫持"行为,权利人需承担起"强制"许可 SEP 的义务,其提出停止侵权禁令、损害赔偿的请求受到更多限制。

即便要避免权利人"劫持",专利权的私权属性并未在根本上被否定。只要专利法继续承认 SEP 是私权、是权利人的财产,就应当继续承认权利人有选择许可层级

---

[38] Charles River Associates: Transparency, Predictability, and Efficiency of SSO-based Standardization and SEP Licensing, 2016, at 16. 该报告是智库 CRA 为欧盟中小企业事务执行机构 (the Executive Agency for Small and Medium-sized Enterprises) 作出的调查。

[39] 关于权利人负有许可其 SEP 义务的法律渊源,有诸多观点,利益各方、公权力机关往往提出多种主张、从不同角度进行法律评价,而不旨在寻求某种唯一正确的方法。

的自由。这种自由受到限制,但未被抹去:权利人既负有许可义务,但也有权拒绝与供应链中某些层级的实施者谈判、达成许可,只要该拒绝不是对任何一个实施者作出、不是为了索要不合理许可费、迫使实施者接受其他不合理条件或实施其他反竞争行为,这是因为:

第一,SEP许可谈判比其他专利许可谈判的复杂程度更高,往往涉及数百个专利(及其同族专利)在全球范围内的许可,双方均要检视专利的稳定性、必要性、价值性,谈判时间更漫长、成本耗费更高昂。"对任一人许可"增加了权利人负有谈判义务的对象,该模式下权利人既不能拒绝谈判,也不能消极谈判,权利人谈判成本与压力提高。而权利人与同一供应链不同层级的实施者谈判,并不意味着谈判成功概率会增加,且按照"不能重复收费"原则,权利人与这些实施者谈判,更不能使其违背FRAND原则获得双份/多份许可费——谈判成本提高,权利人既不能有效收回,也不一定促成谈判,导致空耗。

第二,权利人在谈判中需要提供相当多的信息,作出相当多的报价与承诺,它们可能具有法律约束力。[⑩] 若权利人对任一人均负有谈判义务,其策略性行动便可能是向其不愿意谈判的对象提供更少的信息、更消极地展开谈判。这不仅导致无谓的时间、精力浪费,无益于谈判的有效达成,甚至可能被实施者以此来主张权利人"无意愿"许可,使权利人在许可费、禁令等方面遭遇更多不利。在权利人与实施者之间致力达成与维持的公平性可能会受到破坏。

第三,专利权的非物质性与专利技术、标准的公开性导致,实施者很可能已经在生产销售符合标准的元件、终端产品,除非权利人申请停止侵权禁令,实施者生产销售行为并未受到现实威胁与限制。不仅如此,因存在市场与法律上的限制,权利人对于相当部分实施者,可能并不会追究其责任(出于商业考虑),也不能追究其责任(被禁止重复收费)。它们能促进推广标准、保障实施者利益等目标的实现,再要求权利人负有"对任一人许可"义务,可能并不会使众多实施者处境明显变得更好,不向权利人施加该义务,亦未使这些实施者处境变得更差。[⑪]

第四,应当理顺词语的内涵与法律推理。之所以本文不将"license to all"直译成"对所有人许可",是因为它容易带来歧义:权利人不负有"对所有人许可"的义务,不就意味着权利人有权拒绝所有(任何一个)实施者获得许可的请求?但"license to all"的正确理解应当是:权利人不负有对供应链上任意一个实施者提供许可的义务。"all"应当被翻译成"任意一个"而不是"所有/任何一个"。按此理解,权利人对任何

[⑩] 譬如根据权利人的陈述与数据,认定与权利人实力相近的其他权利人,确定可比协议的可比性。

[⑪] 美国第九巡回法院在FTC v. Qualcomm案中,精辟地将Qualcomm向终端产品厂商主张权利而不向元件(芯片)供应商主张权利的策略归纳为"无许可,无问题",并承认了该策略的合法性。"无问题"是指元件制造商已经在使用相关SEP,Qualcomm采取的许可策略并未阻止该使用。这是法院认定该许可模式具有合法性的原因之一。Federal Trade Commission v Qualcomm 969 F. 3d 974, at 994-5 (9th Cir. 2020).

一个实施者均拒绝许可,很可能构成滥用专利权,故负有不得"对所有/任何一个人不许可"义务。但假如认为权利人负有"对任意一个人许可"的义务,实际在暗示:权利人对部分实施者(并非全部实施者)拒绝谈判、许可,同样构成滥用专利权。以这种方式理解滥用专利权,本身就是一种"滥用"——即便能认为权利人负有不得滥用专利权义务、不得"对所有/任何一个人不许可",但不当然意味着权利人负有"对任意一个人许可"义务。前者"更重",后者"更轻","举重以明轻"是一种"免责"规则,不能适用到"追责"情形中。通俗的例子是:权利人拒绝与实施者 A、B、C、D 任何一个人谈判、达成许可,属于滥用专利权、违反专利法要求的 SEP 许可义务。但不意味着权利人负有义务,有义务与实施者 A、B、C、D 任意一个进行谈判、达成许可。即权利人与 A、B 而非 C、D 谈判、达成许可,该行为不一定滥用专利权、违反 SEP 许可义务。

(二)权利人"开放"的程度

正如前文所述,"对任一人许可"也可以被理解为权利人有义务"以与任一实施者直接谈判、达成许可的方式,向所有实施者开放标准"。尽管程度与要求如此高的"开放"并不具有必要性与合理性,但一个程度适中、合理考虑权利人与实施者利益与可能面临困难的"开放"十分有必要。实施者质疑"对任一人开放",原因之一可能是担心"开放"程度过低,从而使元件、终端产品生产销售行为蒙上法律风险:权利人采取授予上下游"让他人制造"权、不追究责任等方式"开放",它们的效力能跟许可相比吗?[12]

1. "让他人制造"权

"让他人制造"权翻译自英文"have made" right,[13]即权利人向实施者提供许可时一并约定:该实施者有权制造或让他人为其制造符合/适于标准的相关元件。换言之,只要是向该实施者销售元件,他人的生产销售行为就不构成侵权,他人主要是指处于上游的元件制造商。[14]"让他人制造"权可能附有条件:如规定只有作为许可合同相对方的实施者设计并委托他人制造的元件,才属于被许可元件;[15]又如限定

---

[12] See, KARL HEINZ ROSENBROCK: Why the ETSI IPR Policy Requires Licensing to All, at 10: https://papers.ssrn.com/sol3/papers.cfm?abstract_id=3038447,最后访问时间:2021-11-17.

[13] 该词语来源:美国《专利法》第 154(a)(1)条规定,权利人有权"排除他人在美国境内制造、使用、销售或许诺销售该发明或进口该发明进入美国",其中"制造"由"(to) make"翻译而成,对应地,"have made"翻译就是"让他人制造"。

[14] 典型为 IEEE 知识产权政策的表述:"权利人……应不存在任何不公平的歧视,授权制造、让他人制造、使用、销售、许诺销售或者进口任何使用了符合 IEEE 标准的标准必要专利权利要求的相容部件。"IEEE-SA STANDARDS BOARD BYLAWS, 2020, at 19.

[15] 典型为 ETSI 知识产权政策 Art. 6:Availability of Licences-6.1:知识产权权利人……将按照公平、合理和无歧视(FRAND)的条款和条件,不可撤销地许可该知识产权:制造,包括有权生产或授权生产被用于被许可人自己设计的、使用在制造中的客制化元件或子系统……

"让他人制造"权所覆盖的元件制造商名单。"让他人制造"权令实施者感到"开放"程度不够,可能原因是:对终端厂商而言,"让他人制造"权附加的条件越多,他们从元件制造商处获得经许可制造的元件越难。设计、生产线、供应商等变动,可能会影响他们"让他人制造"权的继续实现。对元件制造商而言,其充其量只获得间接"许可",一旦上下游实施者的许可被取消,间接"许可"同样被取消,继续生产销售元件的法律风险将显著提高,甚至可能不得不停产停业。

2. 不追究责任

权利人也可能采取不追究责任的方式保持"开放",具体包括:采取类似高通"无许可,无问题"策略,它们只是一种不成文实践,权利人未作出任何书面或口头承诺、声明。采取"承诺不起诉"策略,即权利人以单方声明、约定许可合同条款等方式,承诺不向元件制造商主张停止侵权等法律责任,或者承诺作出附条件[18]的免费许可。不追究责任同样令实施者不安:对仅作为不成文实践的不追究责任,实施者需要先确定该实践客观存在、能在法庭上得到承认,才有可能产生信赖、开展相关生产经营活动。权利人以这种方式保持"开放",其客观性、稳定性、效力性均很差。对有权利人书面文件的不追究责任,需要澄清:该书面文件的性质、效力,权利人是否可以撤回、变更书面内容,实施者主张权利人负有执行义务的法律依据等问题。如它们未能得到澄清,实施者亦难以因一纸声明、一则公告而安心进行生产经营。

3. 评析与构建

尽管"让他人制造"权、不追究责任与权利人直接提供许可相比,"开放"程度更低,但通过合理的制度构建,可以为实施者提供稳定的预期。

第一,可以将包含"让他人制造"权、不追究责任条款的许可合同理解为包含了利益第三人条款的专利许可合同,承认元件制造商是加入权利人与实施者许可合同中的第三人,因相关条款而享有权利。SEP 许可的利益各方对这种法律安排再熟悉不过:FRAND 声明在不少法域被认为是标准组织与权利人签署的第三人合同,权利人有义务向作为第三人的标准实施者提供 FRAND 许可,实施者可以请求权利人履行 FRAND 声明。可借鉴该行业实践,作类似法律安排:(1)专利许可合同中的"让他人制造"权、不追究责任条款,应理解为元件制造商有权直接向权利人请求履行,属于第三人利益条款。(2)若该第三人利益条款未附有其他条件,应理解为权利人承认,元件制造商为实施者生产、提供相关元件的行为经过许可,只要该实施者继续履行专利许可合同义务。采用以上两项法律安排,并结合我国《民法典》第 522 条(第三人可以请求债务人承担违约责任)、第 524 条(第三人有权在债务人不履行债务时向债权人代为履行),元件制造商作为许可合同第三人,与作为许可合同债权债

---

[18] 譬如,以供应链其他层级的实施者已支付许可费、签订许可合同等作为条件。

务人相比,两者在实际效果上的差异很小,在供应链各层级之上的标准"开放"得到有效保障。

第二,由权利人单方作出的声明,可适用"禁反言"原则对权利人产生法律约束力。[106] "禁反言"原则是诚实信用原则的具体表现之一,英美法系认为其有三项基本适用因素:(1)一方行为构成一种陈述或隐瞒;(2)该行为被另外一方依赖;(3)(若不信守承诺)对另一方造成损害。[107] 我国《专利法》要求"申请专利和行使专利权应当遵循诚实信用原则",这是"禁反言"原则的法律渊源,"禁反言"的法理亦可见于权利要求解释方法、等同原则适用等诸多情形中。[108] 因此,要求权利人承担起"禁反言"义务合法合理。按此理解,假如权利人作出免费提供许可、不追究侵权责任等声明,该声明应按照相关公众的一般认知去理解,若声明使实施者产生信赖而制造、提供相关元件,权利人便负有信守声明的义务。权利人即便随后明确否定该声明效力,亦有义务赋予实施者合理的应对期间(去获得许可或停产),权利人无权在该期间内执行、申请执行与声明相反的主张。

第三,"对任一人开放"的"开放"程度,与权利人在法院、行政机关处获得禁令、损害赔偿的可能性密切相关。实施者已经在使用标准及对应SEP,这是不可忽略的现实。假如某法域完全不支持权利人的停止侵权禁令、损害赔偿请求,权利人无论以怎样的形式"开放",实施者既不会面临禁令压力,也不需要支付损害赔偿金,而仅需在有权第三方作出裁判以后支付一笔合理的许可费,必要技术的"开放"程度显然很高。尽管主要法域并未采取这等极端态度,即权利人上述请求未被排除,但鉴于这些救济措施的力度对"开放"的程度有以上影响,产生的启示是:若有权第三方认为权利人"开放"程度过低、方式不当(如权利人通过不成文、难识别、难查实的许可策略来保持"开放"),可提供更有限的禁令、损害赔偿救济,在现实层面提高"开放"程度,迫使权利人改变、书面披露其许可策略。各法域均可通过相关机制对权利人提出"开放"要求:在美国就是认定权利人的禁令救济请求未能通过 eBay 案重申的"四因素"[109];在欧盟就是认定权利人行为不符合 Huawei v. ZTE 一般框架、不属于"有意愿的"许可人;在我国就是认定权利人在 SEP 许可谈判过程中有过错、不支持禁令请求。[110]

---

[106] "禁反言"原则与默示许可制度是专利法视角下考量权利人单方声明效力的两种途径。但由于我国专利法不存在默示许可制度,若采用默示许可路径需要先进行大篇幅立法论分析,篇幅过长,本文不作讨论。

[107] European Commission, Joint Research Centre: Licensing Terms of Standard Essential Patents, EUR 28302 EN, 2017, at 37.

[108] 参见《最高人民法院关于审理侵犯专利权纠纷案件应用法律若干问题的解释》第5条、第6条;《最高人民法院关于审理侵犯专利权纠纷案件应用法律若干问题的解释(二)》第12条、第13条。

[109] See, eBay v. Merc Exchange, 547 U.S. 388 (2006).

[110] 参见《最高人民法院关于审理侵犯专利权纠纷案件应用法律若干问题的解释(二)》第24条、《广东省高级人民法院关于审理标准必要专利纠纷案件的工作指引(试行)》第6条、第7条。

第四,可以充分利用我国《专利法实施细则》第 10 条规定的专利许可合同备案制度,降低专利许可信息不公开程度、提高"开放"程度。在 SEP 许可及有关纠纷中,权利人在既往许可情况等方面公开程度不足备受关注。[12] 元件制造商主动去搜寻实施者是否取得"让他人制造"权、该权利是否负有条件等,面临更多困难与不确定性,这也是他们认为"开放"程度不足的原因之一。既然权利人与实施者的许可合同已经签订,要求权利人去行政机关备案,并由行政机关在备案后公开[13],这为权利人增加的负担非常有限,为元件制造商带来的效益相当明显,由权利人承担起该义务具有合理性。至于公开的范围,可以允许权利人在抹去许可费率、计算方式等敏感而无关[14]的信息后,公开与"让他人制造"权有关的信息,如是否附有条件、覆盖的产品、地域、实施者范围等。

第五,若按以上方式去构建规则,"让他人制造"权、不追究责任等存在具有合理性。至于它们是否附有条件,更大程度与权利人、实施者各自的议价、订约、执行方式与能力相关,不宜否定不同当事人有不同的谈判能力。至于这些"开放"形式可能会被解除与终止,这更是所有许可(甚至是所有合作关系)都会面临的问题,更不能以此为干涉理由。

五、反垄断法角度

市场良好运行的理想情况是:权利人在标准制定时,及时披露其贡献的技术中所包含的 SEP 并作出 FRAND 声明;标准组织采纳相关技术,FRAND 声明对权利人产生约束力;实施者围绕标准技术作投资,生产销售符合标准的产品;权利人向实施者索要 SEP 许可,双方有意愿、及时地谈判、达成许可。理想情况的出现依赖于双方无分歧地谈判与达成许可,一旦双方产生分歧,鉴于权利人在相关产品或技术市场有较强支配力,实施者往往以权利人违反反垄断法作为对抗性指控。[15] 反垄断法审查是 SEP 领域不可绕开的问题。

SEP 领域反垄断问题,本质上仍然是反垄断问题,应坚持反垄断法的基本适用思路。另外,反垄断法的适用应深度结合市场实际状况,考虑 SEP 领域的特殊情况、特定个案中权利人与实施者拥有的市场力量及其作出的相关行为评价。概言

---

[12] See, European Commission, Joint Research Centre: Pilot Study for Essentiality Assessment of Standard Essential Patents, EUR 30111 EN, at 23-24.

[13] 从严格意义上看,《专利法实施细则》第 10 条只要求行政机关"备案"未要求"备案公开",本处制度构建可以通过修改《专利法实施细则》,或由国家知识产权局制定相关行政规章实现。

[14] 元件制造商此时不需要向权利人付费,故许可费率及其计算方式一般是无关信息。

[15] CJEU 在 Huawei v. ZTE 案中需要解决的关键问题便是:权利人提出停止侵权禁令救济是否违反 TFEU 第 102 条有关滥用市场支配力的规定。

之,共性规则与个性问题应有机结合。[⑯]

SEP领域的反垄断法问题很多,[⑰]本题聚焦于权利人在谈判与达成许可时选择的许可层级,是否构成拒绝交易、附加不合理交易条件、不公平过高定价等。考虑到"对任一人许可"与"对任一人开放"前述关系,假如能认定权利人负有"对任一人许可"义务,其当然应承担起属于更一般性要求的"对任一人开放"义务。相反,即便认为权利人负有"对任一人开放"义务,但不意味着应达到"对任一人许可"的程度。本题主要涉及法律规则为我国《反垄断法》第三章滥用市场支配地位,[⑱]遵循"界定相关市场-分析权利人是否具有市场支配地位-权利人是否实施滥用行为"的基本分析框架。

(一)界定相关市场与认定市场支配地位

界定相关市场与认定权利人是否具有市场支配地位,密切关联:权利人在什么市场上具有支配地位?假如将相关市场界定得较宽,容易认定权利人不具有支配地位,相反,较窄地界定市场则容易认定权利人具有支配地位。

1. 界定相关市场

在本题,基本共识是将某SEP的许可市场界定为相关市场,既不将芯片或终端产品界定为相关市场,也不将实施某标准的全部SEP的许可市场界定为相关市场,这是因为:(1)一项专利技术在标准采纳前后有显著不同的市场支配力。在标准通过前,专利技术之间处于竞争状态,标准组织原则上可以采纳不同的技术方案;[⑲]在标准通过后,专利技术之间的竞争走向式微,被标准采纳的技术成为实施标准某些技术方案的唯一技术。[⑳]因某些技术方案被标准采纳,其他经济和技术上可行的、替代该SEP的技术不再存在,权利人微小、重要且非临时的价格上涨,难以引发竞争者进入,故每一个SEP的许可市场均应被划分为一个个独立市场。[㉑](2)在本题,实施者希望并需要获得某SEP的许可,而不是元件或终端产品(它们属于SEP许可的

---

⑯ 参见《广东省高级人民法院关于审理标准必要专利纠纷案件的工作指引(试行)》第25条。
⑰ 譬如,有关标准组织制定、推广相关技术标准是否构成横向共谋;权利人将SEP与非SEP捆绑提供许可、将实施同一标准的专利(及其专利族)捆绑提供许可,是否构成搭售;权利人在销售芯片前先向购买者索要SEP许可是否构成不公平过高定价、拒绝交易与搭售。
⑱ 对应地,若该问题在美国主要涉及法律规则为《谢尔曼法》第2条、在欧盟主要涉及法律规则为TFEU第102条。
⑲ 个案情况可能是,对于某种基础性的或极具先进性的技术,标准组织在标准通过前亦无可选的、可相互替代的技术。但只要相关技术最终被纳入标准,以上情况不影响将该专利界定为本题的相关技术市场。
⑳ 背景性知识:标准是技术文献,不仅包含目标性要求,更包含实现该目标的诸多具体技术要求,由一个个技术方案组成。
㉑ 随着技术的发展与革新,部分技术可能在标准制定或通过时不存在替代技术,但在侵权行为(生产、销售符合标准的相关产品)发生时,已存在技术上与经济上可行的替代技术。此时界定相关市场应当是SEP及其替代技术的许可市场,并应在充分考虑替代技术的技术效果、经济成本、技术供应者情况等因素后,判断权利人是否在该相关市场有支配地位。

下游市场),故不能以它们作为相关市场。(3)标准的实施可能涉及数百上千个SEP,但这些SEP许可市场各自独立,不能将实施某标准的全部SEP作为一个整体市场对待。这是因为,SEP权利人许可的客体不是标准的实施,而是某技术的实施,各权利人之间不存在关联关系、未实施协同或共谋行为,各自独立地许可其SEP,故不存在现实的"实施某标准的全部SEP的许可市场"。[12]

现时各国法院审理的SEP纠纷多涉及第二、第三、第四代移动蜂窝通信标准,这些标准对移动通信设备而言至关重要,不存在与它们竞争的标准,[13]故各法域在界定相关市场时往往不注重分析标准之间的竞争情况。但从研究角度看,分析标准之间的竞争情况显然有重要意义:部分标准的可替代性程度较高,如各类图片与音视频处理标准、设备接口标准等,标准之间、标准各个代与代之间存在竞争——某标准存在与之竞争的替代品。[14] 在这种情况下,即便某SEP对某标准而言必不可少,但某标准对各类产品而言却不是必不可少。界定为相关市场需要考虑:(1)标准各自的作用,应分析标准的获得与维持成本、既有功能、演进情况、推广与应用的地域、行业及产品范围、直接或间接创造的价值等;(2)标准之间的兼容性,应对比替代品的技术能力、经济成本、市场承认度或依赖度等。经个案分析,若标准作用近似、兼容性强,宜将相关市场界定为某标准及替代标准的必要专利许可市场。

2. 认定市场支配地位

若将相关市场较窄地界定为某SEP的许可市场,权利人显然具有100%的市场份额,可以推定权利人具有市场支配地位,除非有相反证据支持。若将相关市场界定为其他,权利人是否享有市场支配地位,则需要个案分析。该分析既要考虑权利人的市场份额,也要考虑其专利的强度:较低的市场份额(总共存在一千件SEP,权利人只有三件),但较高的专利强度(标准缺少其专利将无法实施或竞争能力显著降低,或竞争性标准的实施亦需要其专利),亦可能认定权利人具有市场支配地位。

因SEP领域具有特殊性,需分析以下两项因素是否能削弱权利人的市场支配地位。

一是权利人作出FRAND声明,表明其愿意提供符合FRAND的SEP许可。

---

[12] 若各权利人在制定某标准后,以各自实施标准的全部SEP组成专利池,并将它们打包向实施者提供,则存在"实施某标准的全部SEP的许可市场"。这是因为权利人实施了某种形式的协同行为,正文的假设情形为各权利人独立提供SEP许可。

[13] 即便移动蜂窝通信标准存在代际更替,但一般不认为上一代标准与下一代标准之间存在竞争。这是因为,用户若遇到网络延迟或为减少流量资费,需要切换到上一代标准,而且,在上一代标准的基站已经广泛设置,运营商继续提供符合上一代通信标准的服务,可获得收益、降低基站运营成本。一个直观的现象是:各类5G手机并未取消对2G/3G/4G标准的支持。

[14] 参见[美]赫伯特·霍温坎普:《违反FRAND承诺行为的反垄断法规制——兼评美国高通案》,兰磊译,载《竞争政策研究》2020年第5期,第64页。

本文认为,FRAND声明否定权利人市场支配地位的能力相对有限:(1)FRAND声明是一种诞生于市场的、约束权利人该等控制力的措施,其出现本身就暗示,权利人对标准的实施具有较强控制力。(2)FRAND声明的约束能力不应被高估。正如上文所述,大多数标准组织要求权利人提交的FRAND声明模糊性强,权利人如何遵守、是否遵守、违反声明的法律责任均不易判明,不能想当然地认为权利人会"严格"遵守。(3)不能认为FRAND仅仅旨在削弱权利人的市场支配力。FRAND逐渐被理解为一个搭建在权利人与实施者之间、畅通他们的许可谈判、促进他们达成平衡各方利益的许可机制。[15] FRAND声明不仅对权利人具有约束力,对欲要获得FRAND声明带来的利益的实施者同样具有约束力。[16]

二是强有力实施者,可能会实施"反劫持",迫使权利人接受更低许可费。[17] 这种观点有一定的道理,但"反劫持"的影响力不宜被过分高估,应在个案中权衡与分析风险。

"有道理"的原因:(1)SEP许可的现实情况是,实施者在获得权利人许可前,已经在使用相关SEP。[18](2)权利人难以采取自力措施保护其专利权,只能通过发起专利侵权诉讼、请求停止侵权实现。各法域公权力部门裁决停止侵权请求是否能得到支持,具有相对不确定性,[19]许可费的获得亦具有滞后性。

不应被过分高估的原因:(1)实施者不愿进行谈判与获得许可,可能是对专利效力与侵权性存在疑问,实施者有权经自己查证后,认为专利无效、不构成专利侵权(尽管可能会面临败诉风险)。权利人不能脱离现实情境,简单以"实施者不谈判、不付费"为理由,认为实施者实施"反劫持"。(2)针对实施者提出的许可条件是否合FRAND,各法域均承认有管辖与审判的权力,实施者最终需要支付许可费。更为重要的是,各法域均未否认向权利人提供停止侵权救济的可适用性,若实施者无意愿、无合理理由而不愿谈判或支付许可费,会切实面临禁令压力。(3)实施者拖延SEP许可谈判,其法律责任越来越重。德国法院在前述 Sisvel v. Haier 案中认为,法院应

---

[15] CEN/CENELEC Workshop Agreement: Principles and guidance for licensing Standard Essential Patents in 5G and the Internet of Things (IoT), including the Industrial Internet, No. 17431, 2019, at 7-8.

[16] Unwired Planet International Ltd and another v Huawei Technologies (UK) Co Ltd and another; Huawei Technologies Co Ltd and another v Conversant Wireless Licensing SÀRL; ZTE Corporation and another v Conversant Wireless Licensing SÀRL [2020] UKSC 37, at para. 61.

[17] 苹果公司一般被认为是强有力的实施者,其知识产权政策立场明显偏向实施者。See, A Statement on FRAND Licensing of SEPs: https://www.apple.com/legal/intellectual-property/frand/#:~:text=%20A%20Statement%20on%20FRAND%20Licensing%20of%20SEPs,cornerstone%20of%20Apple%E2%80%99s%20business%20and%20the...%20More%20,最后访问时间:2021-11-17。

[18] 值得注意的是,不能认为只有在专利侵权指控成立后,才能确定实施者是否在使用SEP:一是,该判断时间点过于延后,专利的财产属性被或多或少地否定。二是,不能否定实施者具有查证其产品是否构成专利侵权的义务,并据此积极回应权利人的许可主张,尤其当权利人已经明确将特定专利声明为标准必要时。

[19] 若越多法域不倾向支持停止侵权请求,实施者实际具有的对抗能力越强,越有可能否定权利人市场支配地位。

剥夺无意愿接受许可的实施者请求裁判 FRAND 许可费的主张,实施者应就过往的专利使用行为支付损害赔偿金。[⑱]

(二)认定滥用行为

反垄断法不禁止市场主体通过更优产品、更妥善经营、更先进技术、更合理组织结构、更好运气等来获得垄断地位、赚取丰厚利润。该法禁止市场主体以其垄断地位实施反竞争行为,损害消费者福利,在横向市场上阻碍竞争对手,在纵向市场上增加下游经营成本等。在我国,反垄断法的目标是"预防和制止垄断行为,保护市场公平竞争,提高经济运行效率,维护消费者利益和社会公共利益,促进社会主义市场经济健康发展",[⑲]需要维护公平与效率。在美国,反垄断法素有"自由企业的大宪章"之称,具有划定市场主体行为界限的作用,既要避免市场主体实施反竞争行为,又要承认市场主体有权自由展开营业。[⑳]这些论述意味着,在 SEP 反垄断的问题上,既不能因 SEP 具有更强垄断能力、标准组织与实施者信赖 FRAND 声明,而认定权利人不存在任何拒绝谈判与许可的权利;也不能因 SEP 本质上仍属于一种私人财产权、FRAND 声明首先是一份权利人与标准组织的合同,而认定权利人有行使其财产权的完全自由、充其量构成违约。

在本题,可划分为如下三种情形:一是权利人"对任一人不许可"其 SEP。该情形在现实中几乎不可见,因为它既不符合商业逻辑[㉑],而且具有市场支配地位的权利人如此行为,被判定为拒绝交易的可能性很高。二是权利人不"对任一人许可",是否违反反垄断法,构成拒绝交易、差别对待等。三是有关"对任一人开放",反垄断法是否对权利人"开放"程度或方式提出要求。第一种情形较为简单,下文不作讨论,第二、第三种情形是焦点。[㉒]

1. 反垄断法不要求权利人"对任一人许可"

如上文所述,从标准制定流程、SEP 性质等方面看,SEP 权利人若具有市场支配地位,其应当承担强制许可义务。但现实情况不是权利人完全拒绝向任一实施者提供许可,而是权利人积极选择向某许可层级实施者提供许可,却在处理与其他许可层级的关系时,持更消极态度、坚持特定条件。面对该情况,反垄断法若采纳"对任

[⑱] See, Sisvel v. Haier, Case No. KZR 36/17 at para. 112. 关于损害赔偿金与 FRAND 许可费的适用问题,是当下 SEP 领域的讨论热点之一。

[⑲] 《中华人民共和国反垄断法》第1条。

[⑳] United States v. Topco Associates, Inc., 405 U.S. 596, at 610.

[㉑] 对于其他专利,权利人拒绝提供许可,符合商业逻辑:权利人可能想独占地使用更优技术,为自己赢得市场竞争。但对于 SEP,这种情况不太可能:假如权利人不想将专利提供给他人使用,一开始就没必要在标准设定时提出相关技术方案、试图把它们纳入标准中。

[㉒] 仔细阅读上文的读者可能会发现,本部分的分析框架(但内容不一致)与专利法部分基本一致,这从侧面表明,SEP 领域的纠纷,往往以不同法律、类似角度切入分析。

一人许可",认为权利人对任一实施者均负有强制许可义务,这将导致权利人的义务范围过宽,并不恰当。

许可是交易的一种形式,向经营者施加强制交易义务,有严格的适用条件。⑮ 欧盟法院认为,对具有市场支配地位的企业施加强制交易义务,应满足:(1)与拒绝行为有关的产品或服务,对于在相关市场实施特定行为必不可少;(2)行为性质是排除在该相邻市场的任何有效竞争;(3)行为将导致满足潜在消费者需求的新产品无法出现。⑯ 在美国,根据最高法院在 Aspen Skiing 案中的分析,向拥有市场支配地位者施加强制交易义务应满足:(1)单方终止一个自愿且有利润的交易过程;(2)理由或目的就是牺牲短期利益,以在长期上因排除竞争而获得更大利益;(3)拒绝交易涉及被告已在现有市场中向其他类似客户销售的产品。⑰ Aspen Skiing 案被批评过宽地确立强制交易义务。有观点认为,以上三个条件并不能得出经营者义务的存在,因为行为的反竞争效果不明。⑱ 也有观点认为,该案过度依赖交易双方过去的历史信息,而这些信息可能并不足以适应发生了变化的行业环境,并且忽视了未来创新的激励,难道经营者一旦与相对方交易过,以后就要按照这些交易条件进行?⑲ 美国最高法院在 Trinko 案中继续作出限缩,可概括为:(1)应承认经营者展开营业的自由、要求经营者强制交易只能是例外;⑳(2)应考虑反垄断法庭是否能识别出强制交易的客体与交易条件、它们能否由反垄断法庭落实执行;㉑(3)应权衡强制交易要求可能带来的竞争损害,如是否使经营者展开营业的优势被削弱、助长交易相对方不作相关投资的"搭便车"行为等。㉒

比照以上适用条件,有如下推论:(1)基于专利权的私权属性,一个基本立场是,除非有其他理由对权利人作出限制,权利人有权选择他们认为最合适的实施者进行谈判与许可。FRAND 声明对权利人行为作出了一定约束,假如权利人完全拒绝提供合 FRAND 的 SEP 许可,违反 FRAND 声明。但正如前文所述,只要其向供应链

---

⑮ 我国既往在单方(而非共谋地)拒绝交易方面的研究与有法律效力的规则较少。近一两年,我国在数据经济、平台经济领域的相关研究有了长足发展,但涉及知识产权领域、甚至 SEP 领域的,仍然很少。

⑯ Microsoft Corp. v Commission of the European Communities, Case T-201/04, at para. 332.该案起源于微软拒绝提供相关信息与必要技术,使一家公司的工作组操作系统无法与微软的 PC 系统兼容。该公司向欧盟竞争法执法机构提起申诉。欧盟执法机构展开调查,随后作出 497 欧元、196 欧元、304 欧元的处罚决定,并要求微软以合理无歧视的条件,向市场主体开放交互信息,以使他们可完成软件兼容性评估、测试。

⑰ See, Aspen Skiing v. Aspen Highlands Skiing, 472 U.S. 585, at 600-611.

⑱ See, Herbert Hovenkamp: Exclusion and Sherman Act, 72 U. CHI. L. REV. 147, at 150 & 157-158 (2005).

⑲ See, Lindsey Edwards, Douglas Ginsburg, Joshua Wright: Section 2 Mangled: FTC v Qualcomm on the Duty to Deal, Price Squeezes and Exclusive Dealing, George Mason University Law & Economics Research Paper Series, at 19-21 (2019).

⑳ See, Verizon Communs. v. Trinko, 540 U.S. 398, at 408.

㉑ Id. at 408 & 411-412.

㉒ Id. at 407-408.

的某个实施者提供该等许可,很难从标准组织有关文件中直接读出其违反 FRAND 声明。换言之,当权利人选择许可层级,既未完全拒绝许可,也并非为索要不公平高价,反垄断法不应干涉。(2)即使认为权利人违反 FRAND 声明,不当然意味其实施了反竞争行为。因此,哪怕认为 FRAND 声明应当被理解为权利人负有"对任一人许可"的义务,仍然需要评估权利人违反该义务、以其他而不是许可的形式向实施者"开放"SEP、甚至不"开放"SEP,带来的反竞争效果。(3)"对任一人许可"容易带来许可效率低下等问题,该等强制交易要求,会带来明显的竞争损害。SEP 领域的许可实践是:一是,权利人与实施者就专利包展开谈判、达成许可。该专利包涵盖了实施某标准所需的、权利人在全球各法域拥有的同族专利。⑬ 二是,相当部分专利的权利要求不仅覆盖元件,还覆盖在终端产品中操作元件的方法、元件或基站之间的交互等环节。⑭ 三是,不同层级的实施者面临不同情况、有不同主张。譬如,元件制造商不一定如同终端产品厂商一样熟悉元件的作用(尤其在元件系由后者向前者定制的情况下),亦可能不愿意就超出元件部分的技术与价值贡献付费(如不愿意就一项"由 A 元件与 B 元件组成的 X 模块"专利付费)。以上许可实践不应被忽视。在"对任一人许可"模式下,尽管权利人谈判与达成许可的义务更宽,但任一实施者不一定均有能力审查专利包、有意愿接受专利包许可。"对任一人许可"将使权利人预先评估许可谈判的可能成本与收益、选择合适许可对象等活动,变得十分困难。若进而认为权利人应当将专利包"拆解"至适合于某层级的实施者,问题将更大:这既可能增加整个供应链的谈判成本,"拆解"不当更可能会诱发收费不足、重复收费的双生风险。⑮ (4)观察市场实际运行状况,可直观地认为,不采取"对任一人许可"未产生反竞争效果。在移动手机行业,由终端厂商获得许可是惯常实践,有关许可层级选择的争议,系近三四年最先从智能汽车领域延伸出。即便采取最不利于实施者的理解,由汽车终端厂商按汽车整车价格作为计费基础(并乘上网络连接模块对汽车的贡献、待许可 SEP 的数量与价值权重)、向权利人支付许可费,宝马、奥迪等知名厂商亦自愿地与权利人或有关专利池达成类似许可,明显未出现市场失灵。至于其他物联网从业者担心 SEP 许可费过高,可能更多系对专利价值是否合理反映其技术

---

⑬ 专利包许可不构成搭售,不违反反垄断法。相关分析可参见,广东省高级人民法院(2013)粤高法民三终字第 306 号民事判决书。

⑭ See, Jonathan Putnam, Tim Williams: The Smallest Salable Patent-Practicing Unit (SSPPU): Theory and Evidence, Working Paper, at 41-43 (2016). 作者分析了爱立信声明的 2G、3G、4G 无线蜂窝通信标准的必要专利,发现大约 71% 的 SEP 的权利要求包含了用户设备(下游产品)的某些方面,或部分权利要求单独或联合地包含了对网络的需求。

⑮ 增加谈判成本是因为:权利人"拆解"专利包需要耗费精力,"拆解"后的专利包可能缺乏过往许可历史、专利价值等信息,元件制造商可能会审查权利人的"拆解"及收费是否恰当。即便供应链某一层级获得经拆包后的许可,其他层级的实施者仍需就其对应部分谈判与获得许可。

产生双生风险是因为:权利人将专利包"拆解"后,一些因专利的组合、因元件的结合而产生的价值,可能无法得到有效分配,诱发收费不足问题;若权利人"拆解"不彻底,将导致同一项专利、同一技术方向在不同层级实施者收取若干次,诱发重复收费问题。

贡献等方面的质疑，这种质疑总体有限，远远未达到阻止行业发展的程度：越来越多非智能化产品走向智能化，并赢得消费者青睐。

2. 反垄断法对"对任一人开放"的要求

前文有关专利法对"对任一人开放"的要求，系通过理顺某些单方或双方法律行为的性质、重构停止侵权与损害赔偿救济颁发的条件、畅通许可信息有效公开的渠道等实现，旨在回答"专利法应当怎样做"以提高"开放"程度。本处需要回答的是，"反垄断法应当怎样做"以保障"开放"程度。

第一，权利人仅应就其 SEP 向一条供应链上各许可层级的实施者收取一次许可费，不能在该条供应链上就其 SEP 重复收费。有观点可能认为，只要权利人累积收取的许可费未达到不公平过高定价的程度，就不需要规制。该观点不能成立。这是因为，重复收费的反竞争效果不仅涉及不公平过高定价，更可能会增加标准推广、技术应用、产品流通的成本与风险。考虑到专利权的非物质性，各法域为保障实施了专利技术方案的产品有效流通，提出专利权用尽规则，产品首次合法销售后，权利人无权就该产品再向其他经营者索要许可费，[16]这是专利许可领域的基本规则之一。若规避与绕开该规则，其直接的影响是：实施者面对其获得的产品，不得不先提出疑问：我需要付费吗？围绕该产品从事经营活动是否具有合法性？尤其在物联网领域，实施者的网络连接模块等大多购买自上游供应商，当其得知上游供应商已经向权利人付费并将该成本作为模块定价的考量，显然无法接受与理解：为什么专利权人仍向其索要许可费？权利人向实施者提出付费要求，实施者可能迫于现实压力[17]而不得不与权利人谈判、达成许可，容易造成许可效率低下、请求权"堆叠"等问题：权利人完全可以在一条供应链上一次收费而获得相应回报，FRAND 声明、专利法抑或反垄断法均未否认权利人有权选择其认为合适的实施者索要许可费。权利人却另行辟径，在一条供应链上重复索要费用，与不同实施者展开谈判——该行为既会使权利人的谈判成本增加，也会为实施者带来困扰，行为合理性无法得到一般性解释。若不控制权利人重复收费的行为，可能会在物联网从业者之间诱发"寒蝉效应"。随着我国专利保护水平不断提高，专利侵权行为面临的风险越来越大，专利非实施主体（NPE）将受到激励，更积极地以侵权警告、专利诉讼等方式去主张其权利，

---

[16] 方法专利是否可适用专利权用尽存在争议，不同方法专利显然不同：对于制造某产品的方法专利，因为他人可以依照该方法生产新产品，生产行为难以核算，并会挤占权利人市场，确实难适用专利权用尽；对于那些已经固化在特定产品中、使用者正常使用就会再现该方法的专利，与产品专利无本质区别，均可以按照产品产量进行许可、核算、流通，不适用专利权用尽规则并不合理。相关论述可见，宁立志、龚涛：《从学理视角看 FTC 诉高通反垄断案件》，载《武大国际法评论》2021 年第 4 期，第 122-123 页。

[17] 所称现实压力，产生原因包括：权利人强有力的议价地位，权利人提请停止侵权禁令救济，实施者担心法律规则以不利于其方式展开（如更轻易地判断其为"无意愿的"实施者）等；产生时机包括：在实施者即将公开发行股票募集资金时，在实施者已经做好产品大规模投产、上市时等。

负面效果将进一步加强。因此,权利人重复收费,或系以该方式来阻碍必要技术"开放",或试图榨取不公平高价或限制经营者发展,应警惕其反竞争性。

第二,权利人主张获得专利应用在供应链下游产品而产生的价值,并不违反反垄断法。权利人有权选择许可层级,若其选择上游供应商作为谈判对象,却以专利应用在下游产品的价值索要许可费,是否构成不公平过高定价?答案应当是否定的。根本原因是:权利人获得该等价值,并不违反反垄断法,除非有相反规定。⑱可能有观点质疑:同一专利包有相同功能,为什么它们应用在不同产品上有不同定价?这种观点并未能恰当区分专利的技术功能与专利技术功能所创造的价值。专利的技术功能在不同产品上一致,如均带来网络连接的功能。然而,该功能所创造的价值可能有明显差异:连接网络的窗帘可以远程开关、定时开关等,专利创造的价值相对有限;但连接网络的汽车,可智能记录、计算、反馈汽车状况,提高驾驶安全度、舒适度,减少进厂返修等耗费,更为无人驾驶提供基础技术支持,专利创造的价值相当明显。这些价值的形成,当然离不开实施者的创造性劳动,但显然也离不开专利的贡献。假如不存在能创造这些价值的专利,实施者再有创造力亦较难完成产业发展与升级改造。这些专利具有充分的前瞻性、广泛的适用性,将"食利者"的帽子盖在权利人头上并不恰当,高价值专利获得更多回报才是合理的市场机制,不承认权利人有权分配专利为下游产品作出的价值贡献,对权利人不公平。由此可见,一旦确定权利人以上主张并不违反反垄断法,权利人对计费基础与许可层级的选择,亦不太可能违反反垄断法。⑲权利人可选择元件或终端产品作为计费基础,可选择上游(元件制造商)或下游(终端产品厂商)作为许可对象。就前者而言,最早提出SSPPU测试法的美国已经放弃了以SSPPU作为唯一正确的计费基础,承认EMVR亦系可行的测试法,"计费基础和许可费率的最终结合必须反映可归属于专利价值的侵权产品特征,仅是如此"。⑳就后者而言,规则同样是"最终结合必须反映……价值……仅是如此"。可能有观点认为,假如上游实施者被索要这些价值,是否会超出

---

⑱ 譬如,IEEE 的知识产权政策明确支持按元件付费,对加入该标准组织的权利人产生合同约束力。该知识产权政策可能为实施者带来稳定预期、形成相关市场秩序,从而使权利人违反合同的行为具有反竞争性。

⑲ "无论许可层级如何,对特定产品的适用统一的 FRAND 许可费……中立原则:权利人以特定的 FRAND 许可费,向 OEM 提供,在终端产品层面上完全实施的各 SEP 的许可,如果相同的 SEP 被替代性地对产品的一级或二级供应商许可,且供应商向完全实施各 SEP 的终端产品(的 OEM)供货,该笔许可费不应该改变,FRAND 就是 FRAND。"SEPs Expert Group: Contribution to the Debate on SEPs, No. E03600, 2021, at 84. 当然,专家组的意见是,对许可层级的任一实施者采用计入终端价值的、一致的许可费才符合 FRAND。本文退了一步,认为如此索要或收取许可费起码不违反反垄断法,至于是否只有该方式才符合 FRAND,另作他论。

⑳ CSIRO v Cisco, 809 F. 3d 1295, at 1226. 实际上,从最早适用 SSPPU 测试法的 Cornell University v. Hewlett-Packard 案可看出,法官采用该测试法的原因系担心价值过高的计费基础会"误导陪审团,使其判定的赔偿金额远远超出赔偿目的"。See, Cornell University v. Hewlett-Packard Co., 609 F. Supp. 2d 279, at 284. 但减少对陪审团的误导,法官完全可以向陪审团释明"应当考虑专利对产品的贡献,不能仅仅因专利许可费在整个产品售价的低占比,而认为许可费具有合理性"。在现实的许可环境中,对于价值极高的产品,亦不是直接以产品价格乘许可费率确定许可费(因为这样的计费方式过于粗糙),还需乘上某新增功能的价值贡献比例等中间乘数。

其承受能力(如许可费接近甚至超过元件售价)?这种担忧有道理,但可以消解:一方面,权利人可能也未必有动力去向这些上游实施者索要许可费,因为他们的付费能力与意愿更加有限;另一方面,即便权利人向他们索要许可费,因此而使他们增加成本,他们可以要求下游分摊。反垄断法应当保护上游,避免下游通过不当压缩成本等手段,滥用其市场支配/优势地位。

第三,为切实保障必要技术的"开放",可认定权利人某些请求禁令救济、请求执行禁令行为具有反竞争性。[19] 权利人负有提供 FRAND 许可的义务,不得拒绝交易,不得以不公平高价作为提供 SEP 许可的条件,故权利人请求禁令救济、请求执行禁令的合法性在于:以它们作为手段,实现推动、促成、执行 FRAND 许可的目的。权利人非为该目的而作相关行为,可能会导致必要技术"开放"程度不足,违反反垄断法。分析行为手段是否具有合目的性,应综合考虑如下因素:(1)权利人提起禁令救济的时机:展开谈判前、谈判过程中、谈判面临僵局时、已有生效裁判确定 SEP 许可费与条件但实施者拖延执行等;(2)权利人提起禁令救济的方式:单独提起,在请求裁判 FRAND 许可费率和条件时作为替代性救济措施提起,通过海关扣押、行为保全、临时禁令等快速程序提起,通过普通程序提起,在一法域提起,在多法域提起;(3)实施者表现出来的谈判意愿高低:是否愿意与权利人接触、是否愿意在交换信息前签订保密协议、回应权利人函件的时间长短、是否坚持特定许可条件与费率、提出或坚持的许可条件与费率是否有合理理由、是否愿意在不能达成谈判时将争议提交第三方解决、是否提供担保等;(4)实施者的议价能力强弱:是否在元件/终端产品市场享有市场支配力、是否有可产生技术反制力的相关 SEP、是否与其他实施者进行联合抵制等。若实施者的议价能力越强、表现出来的谈判意愿越低,权利人越可采取越激进的提起时机与方式。相反,若权利人不仅提出禁令请求,更在请求得到支持后,申请执行禁令——因实施者潜在面临的禁令压力转化为现实,要么被迫停止生产销售行为、退出相关市场,要么接受权利人提出的许可条件与费率,可初步认定权利人"开放"程度过低,实施了反竞争的拒绝交易行为,应由权利人反证其行为合法合理性。

六、结语

面对 SEP 领域的纠纷,我国作为"后来居上"型选手,往往以"片段式""回应式"

---

[19] 值得注意的是,前文专利法部分是考虑:为法院如何通过构造禁令颁发的条件,保障必要技术"开放"。即便法院不颁发禁令,不当然意味着权利人违反反垄断法(我国并未采取欧盟法院 Huawei v ZTE 案的认识:以"反垄断法抗辩"阻却禁令颁发)。本部分是考虑:权利人提出禁令请求是否导致必要技术的"开放"程度不足,从而构成拒绝交易、不公平过高定价,违反反垄断法。

展开研究与构建规则,待相关问题被双方当事人提交至法院后,各界才会将它们作为一个"真正的"问题去研究,未注意到各个问题之间的关联性、承继性、特殊性。然而,我国日益跻身全球主要市场、成为主要技术贡献者,这需要具有前瞻性、体系性、平衡性的规则支持,"贡献中国智慧"。秉持这种目标,本文展开了以上分析。有关物联网背景下 SEP 许可层级选择,与 SEP 领域其他纠纷一样,需要综合 FRAND 声明、专利法、反垄断法等作出评判,本文系统地进行了介绍,并针对现实情形、假想情形作出了分析。不过,考虑到 SEP 许可具有多样性,回答"权利人或实施者应当怎样做"的情形总是占少数,回答"权利人或实施者不应当怎样做"的情形却是多数。本文以上大多数观点并不绝对,而是基于现有材料而形成的一时一地的推论,它们有待实践检验。

The Choice of Standard Essential Patent Licensing Level in the World of IoT
——from two German cases over standard essential patents in the field of Internet of Car

Huang Wushuang　Tan Yuhang

Abstract:The choice of licensing level includes "license to all" and "access to all". The German court supports "access to all" and holds that on the premise of ensuring the "access" of essential patents, the patent holder is not obliged to directly provide the license to each implementer. This view is generally reasonable, but the "access" should be defined. From the perspective of THE FRAND commitment and the intellectual property policy of the standards setting organizations (SSOs), the patent holder is not obligated to "license to all", unless the SSOs explicitly requires that or that can be clearly read from those documents; Most SSOs use only vague language, which cannot read the meaning of "access" cleverly. From the patent law, although the patent holder have the obligation to compulsory licensing, but not to the severe degree of "license to all". In order to "access" more effective, the patent law can make clever of the nature of certain unilateral or mutual legal acts, reconstruct the conditions for injunction and damages relief, and open the channel for effective disclosure of license information. From the anti-monopoly law, in principle, the relevant market should be defined as a SEP licensing market. But there may be competition between the standards, the relevant market may be defined as a standard and its alternative standards essential patents licensing market. In recognition of the market dominant position of patent holder, it depends on the market shares as well as the patent strength, and need to consider FRAND commitment and "hold out". The anti-monopoly law does not require "license to all". However, the patent holder shall only collect license fee for his SEP from the implementers in each supply chain only once time, no double charge is permitted. The patent holder claims for the value generated by the application of the patent to products downstream of the supply chain can be tolerated. In order to ensure the "access" of essential patents, the patent holder claims for injunction in some circumstance may be anti-competitive and prohibited.

Keywords: Standard essential patent; Licensing level; FRAND commitment; Compulsory licensing; Abuse of market dominant position

德国联邦最高法院
"中空纤维膜纺丝设备技术秘密案"判决评析*

刘晓海**

摘要： 德国联邦最高法院（BGH）2018年3月22日对一起侵犯中空纤维膜纺丝设备技术秘密案件上告案件作出的判决，涉及如何举证技术秘密、技术秘密举证与禁令明确性的关系、非公知性与现有技术的关系以及技术秘密与员工经验知识的关系等问题。这一判决是在德国根据《欧盟关于保护保密专有技术和保密商业信息（商业秘密）免遭非法获取以及非法使用和披露指令》制定《商业秘密保护法》背景下，主要根据德国《反不正当竞争法》的相关规定作出的，但对德国法院在《商业秘密保护法》框架下审理侵犯商业秘密民事案件仍然具有指导意义。

关键词： 技术秘密；举证责任；禁令明确性；非公知性；员工经验知识

一、基本案情

原告属于F医疗护理集团的企业，在德国销售透析过滤材料，这些过滤材料从血液中去除有害物质，作为一次性产品用于肾脏疾病患者的血液透析治疗。透析过滤材料使用的中空纤维是在专门的纺丝设备上由液态聚合物溶液以连续工艺生产和加工而成。自1981年以来，原告一直不断开发这些纺丝设备。纤维生产是在纺丝设备中借助安装有喷嘴体的喷嘴块实现的。1990年前后，原告将装有32个喷嘴和容量为1024纤维（"端头"）的喷嘴块的纺丝设备"HEIDI Ⅱ"投入运行。喷嘴块由上、中和下三块板组成，上面安装了32个喷嘴以及喷嘴体。纺丝设备原告仅销售给与集团有关联的第三方。经过大约两年的持续的改进工作，1999年原告进一步开发了装有一个48个喷嘴和容量1536纤维的喷嘴块的纤维纺丝设备"HEIDI Ⅰ"。

---

* BGH: Urteil vom 22. 03. 2018-I ZR 118/16-Hohlfasermembranspinnanlage Ⅱ., Electronic copy available at: http://juris.bundesgerichtshof.de/cgi-bin/rechtsprechung. 以下基本案情和各审级法院判决内容都来源于该判决内容。

** 本文作者：刘晓海，同济大学上海国际知识产权学院。

被告1公司生产和销售用于透析过滤材料的合成中空纤维的纤维纺丝设备。被告2是化学工程师，在被告1公司工作，其博士学位涉及的是制造碳纤维、中空纤维和PAN纤维。1982年到1989年，被告2参与了原告的竞争对手的中空膜丝溶液纺丝系统的制造；1990年11月至1993年6月，被告2是原告法律前身的"膜生产"部门的生产经理，并负责喷嘴生产，可以接触原告法律前身的技术图纸和数据记录，其雇佣合同中规定了保密义务。1993年夏被告2和原告的雇佣关系终止，终止合同包含被告2对在雇佣关系中所知的所有经营和技术秘密的保密义务。从1993年7月起，被告2一直在为被告1公司工作，同时担任被告1公司的经理。1996年，被告1公司首次销售有128个喷嘴的纤维纺丝设备。2004年9月29日被告公司1首次在市场上销售有1536纤维的中空纤维膜纺丝设备。

针对被告1公司销售纤维纺丝设备，原告提起技术秘密侵权诉讼。原告主张，被告未经许可使用原告的设计图、蓝图和其他信息，克隆了有1024根和1536根纤维的中空纤维纺丝设备。原告认为这是非法使用技术秘密以及违反合同保密约定的行为。

二、各审级法院判决

（一）一审程序

1. 对是否存在技术秘密。一审法院委托对原告和被告的设备进行了专家鉴定。根据专家鉴定报告，喷嘴体和喷嘴块是纺丝设备运行过程的核心元部件，各个喷嘴块上的喷嘴布置和结构是整个设备的核心技术，喷嘴块和纺丝喷嘴的构造集中体现了专有技术密集性，喷嘴块本身也是"关键设备"。被告2在整个纺丝设备系统的开发和建设时间方面获得的优势约为1000小时。根据专家鉴定报告，一审法院认为原告的纺丝设备，特别是喷嘴体和喷嘴块的尺寸和布置是技术秘密。

2. 对被告2是否是使用自己的知识和能力造出了被控侵权的设备。一审法院查明被告2在为原告服务期间只是作为生产经理间接参与了纺丝设备喷嘴块研究，同时被告2承认被告1公司在将图纸移交给鉴定专家之前有意识地删除了图纸中的制造公差。一审法院认为，鉴于有争议的纺丝设备有大量的相同之处，尤其是每个喷嘴块的布局和各自的尺寸，显示不使用建造设计图、规格、照片或详细草图进行后续采用是不可能的。被告2离开原告公司后，从记忆中对纺丝设备的详细尺寸和排列进行重复，不存在现实可能性。从有关1024根和1536根纤维的中空纤维纺丝设备存在众多技术和几何对应关系的一致性，以及被告1公司在将图纸移交给专家之前有意识地删除了图纸中的制造公差，总体上只能得出结论：被告公司出于获利目的向市场上提供的设备,是利用原告的设计图、建造图或者其他具体的信息制造的。

经审理,一审法院认定被告构成侵犯商业秘密,判决被告停止侵权:在违反受秩序罚制裁威胁下,禁止被告制造、许诺销售(提供)和/或销售由附件 A 给出的组件组成的型号"中空纤维膜纺丝设备 1536 端头"以及型号"1024 端头"纤维纺丝设备。同时还判决被告提供信息和承担损害赔偿义务。

(二)二审上诉程序

两被告不服,提出上诉。原告在二审程序中请求驳回上诉,作为辅助选择,就被告质疑的禁令提出替代的禁令诉请:

1. 缩小范围维持被质疑的一审禁令:在违反受秩序罚制裁威胁下,禁止被告制造、许诺销售(提供)和/或销售(进入流通)由(作为原告证据的)附件 A 给出的组件组成的型号"中空纤维膜纺丝设备 1536 端头"以及型号"中空纤维膜纺丝设备 1024 端头",如果这些设备具有根据下列设计图之一的纺丝喷嘴;

2. 在撤销有争议的禁令情况下,禁止被告生产、提供或投放市场由附件 A 给出的组件组成的型号"空心纤维膜纺丝设备 1536 端头"以及型号"空心纤维膜纺丝设备 1024 端头",如果上述设备具有符合以下一张或多张图纸的 32 个或 48 个纺丝喷嘴的喷嘴块。

二审上诉法院经审理,认为原告没有充分详细地说明商业秘密侵权行为,原告禁令诉请(包括替代诉请)没有根据,从而支持了被告的上诉,驳回了原告的起诉。二审法院驳回起诉的理由如下:

1. 要求保护商业秘密的事实应由原告具体确定。本案涉及一个 30 m 长的设备,由在生产过程范围内起作用的大量具有不同功能的技术组件和排列组成。负有说明和举证责任的原告没有具体说明"1024 端头和 1536 端头"设备的什么部分或什么元素构成技术秘密。原告也没有具体说明纺丝设备的什么建造设计图(如必要在什么独立的部分或区域)包含技术秘密。

2. 原告没有充分证明被告 2 违法使用了原告处获得的知识。仅靠双方设备具有一致的情况无法得出这样的结论。只要利用诚实获取的知识和经验,设备之间的一致可以是合法开发工作的成果。被告 2 从事纤维纺丝设备和技术研究已有多年。根据一审聆听专家的陈述,被告 2 基于其经验知识,不仅能够整体制造纤维纺丝设备,而且能够独立地无须借助设计图制造喷嘴快。考虑到被告 2 于 1992 年 11 月离开原告,而被告 1 公司于 1996 年才提供具有 128 个喷嘴的纤维纺丝设备,保护被告竞争法上继续使用和深化自己经验知识可能性的利益极其重要。

3. 原告没有说明,所称的技术秘密不为相关利害关系的专业人群所知晓和没有被作为解决问题的技术上明智的解决方案加以使用。应考虑到公开也可以通过寄送报价、广告、专利申请等导致的公开。原告也没有将其主张的技术秘密与被告2诚实获得的经验知识区分开。被告不可能有效地抗辩未经授权利用技术秘密的指控,无法证明纺丝设备是基于他们自己的经验知识,符合现有技术或是显而易见的。

4. 原告也没有合同上的请求权。因为原告没有透露任何超出专业人员公开的知识的技术秘密,无法证明被告2违反了对技术秘密保密的合同义务。

5. 原告在上诉程序中提出的替代诉请虽然是允许的,但同样没有根据。提及纺丝喷嘴和喷嘴体的设计图不符合说明具体的技术秘密的要求,因为原告没有说明包含在设计图中的纺丝喷嘴或喷嘴体部分的哪些元素构成技术秘密。

(三)上告审程序

原告不服二审上诉法院的判决,经联邦最高法院同意,原告提起上告审,继续主张在二审法院提出的诉讼请求。被告申请驳回原告的上告。经过上告法律审,联邦最高法院支持了原告的上告,撤销了二审法院判决,将案件发回二审法院重审。联邦最高法院发回重审的理由如下:

1. 禁令诉讼请求内容明确。如果诉请的禁令指向具体的侵权形式,即使该诉讼请求没有以文字描述原告主张的侵权情况,该诉讼请求也足够确定。原告主张的禁令指向符合体现在附件A描述的被告"1536端"纤维的纺丝设备,因而涉及具体的侵权形式。在本案中,并不明显存在让被告无法确定哪个具体实施方式构成所主张的禁令的客体的情况。禁令申请中描述的被告1公司纺丝设备的配置双方没有争议。特别是,被告并没有主张,被告1公司没有或仅仅用对本案有重要意义的不同的技术标准制造或制造了附件A中描述的纺丝设备。就涉及具有1024条线的纤维纺丝设备,该诉讼请求也包括了具体的侵权形式。虽然本诉请中提到的附件A仅明确指向具有"1536端"的设备。但是,根据起诉书,具有1536纤维线的纺丝设备只是具有1024纤维线的纺丝设备的简单放大,除线数外,两个纺丝设备的技术规格均相同。上诉法院没有确认有任何不同,针对上告的被告答辩也没有主张不同。不能因为该禁令诉请没有包括对原告认为构成侵权的情况进行文字说明,就认为该诉请不具有确定性。当原告寻求的禁令是针对特定形式的侵权行为,不需要这样的说明。在这方面,必须考虑确定性原则不应导致忽略原告合法的保密利益,迫使原告在诉状中披露经营或技术秘密。

2. 技术秘密的举证。联邦最高法院同意一审法院的观点,体现在施工图和最终产品中的喷嘴体和喷嘴块的具体尺寸和布置构成技术秘密。原告采纳了法院专家鉴定报告的结论,已经举证说明了根据其观点构成技术秘密的具体事实。在诉讼中进一步详细澄清哪些细节体现商业秘密,对针对具体侵权形式的禁令诉请没有意义,而仅仅对禁令的有效范围,即禁令是否也涵盖实质类似的侵权行为的问题有意义。

3. 技术秘密和现有技术关系。上诉法院还采用了错误的法律标准,来评判什么时候一个事实没有公开,可以视为经营或技术秘密。上诉法院认为应考虑通过寄送报价、广告、专利申请等行为也可以导致公开。上诉法院这种将现有技术作为技术秘密公开的关键的观点,对排除秘密特征的"为公众所知"没有意义。即使通过公开出版物公开了现有的一般技术水平,也不能无条件认为以此为基础的制造方法是公开的。对技术秘密的保护,取决于涉案的关键事实是否只有花费大量的时间或费用支出才能发现、获得并因此能为经营者带来利益,即使该关键事实属于现有技术。使用体现机器技术组件的尺寸和排列布局和制造需要可观的费用支出的设计图纸,通常会在相当的程度上节省自己设计工作,设计图纸可以作为技术秘密加以保护。

4. 员工的经验知识。上诉法院忽视了一审法院进行广泛的取证之后对被告2无法从记忆中构造出有争议的喷嘴体和喷嘴块的问题得出的结论。如果不受竞业禁止约束,离职员工在离职后可以不受限制地使用在职期间获得的知识。然而,上诉法院并未考虑这里的知识仅仅涉及前雇员记忆中的信息,不是离职后依靠在雇佣期间制作的书面资料回溯掌握的信息。离职员工无权通过拿走和侵占设计文档固定所获得的知识,以及保留和使用这些文档中所包含的专有技术用于自己的目的。如果离职员工将此类书面文件,如以私人记录的形式保存或在私人笔记本电脑上储存,并且从这些文件中获取了原雇主的经营或技术秘密,则属于非法获取这一秘密,即使该员工基于他受的教育和经验能够在不使用这些资料的情况下进行被指控为侵犯技术秘密的行为。离职员工是否具有专业经验知识,这些专业知识使其即使在不使用其工作期间获得的或自己制作的材料的情况下,也能够进行被控侵犯技术秘密的行为,最多对什么使用行为是允许的问题是重要的。

5. 从上述内容可以得出结论,上诉法院认为原告没有说明技术秘密,导致在本案中可以无须回答是否以违反有效缔结的保密合同约定为由提出的诉讼请求可能是有正当理由的,同样缺乏可支撑的基础(没有依据)。

三、评论

在德国根据《欧盟关于保护保密专有技术和保密商业信息(商业秘密)免遭非法获取以及非法使用和披露指令》制定《商业秘密保护法》的背景下,德国联邦最高法院在上述"中空纤维膜纺丝设备技术秘密案"判决中继续沿袭了长久以来对商业秘密保护司法实践的观点。德国《商业秘密保护法》2019年4月19日生效后,德国判例法的观点继续影响该法律的实施。就我国强化商业秘密执法而言,德国判例法有值得借鉴的经验。如何平衡防止"二次泄密"与保障当事人诉讼权利?如何平衡离职员工使用自身的知识技能从事竞业活动与企业商业秘密保护之间的关系?这些问题都是执法不能回避的。下面结合德国的《商业秘密保护法》对本案涉及的一些问题做一点粗浅的评论。

(一)原告证明商业秘密的举证责任

民事诉讼的举证责任原则是"谁主张、谁举证"。这一原则在商业秘密案件中仍然适用,没有改变。在商业秘密案件中,原告负有举证责任,证明其控制的信息构成商业秘密,依法受到保护。如何证明商业秘密,是否要把所主张的商业秘密细节全盘托出?如果要全盘托出,是否会造成原告的商业秘密进一步泄露?在本案中,德国联邦最高法院坚持了其一贯的观点,当原告指控的是特定的侵权产品,要求对特定的侵权产品发布禁令,不需要披露商业秘密的具体细节。在本案中,涉及的被侵权产品是一个30 m长、由15个组件组成的设备系统,原告要求禁令的内容是附件A显示的内容。根据专家鉴定报告,喷嘴体和喷嘴块是纺丝设备运行过程的核心元部件,各个喷嘴块上的喷嘴布置和结构是整个设备的核心技术,喷嘴块和纺丝喷嘴的构造集中体现了专有技术密集性,喷嘴块本身也是"关键设备"。德国联邦最高法院认为,原告同意专家鉴定报告即完成举证责任,无须用文字说明再具体指出哪些部分属于专有技术,"关键设备"哪些部分属于专有技术。为此,德国联邦最高法院在判决中引用了其在2007年"焊接模块生成器案"判决[1]中的观点。在该案中,根据专家鉴定,用于被指控侵权发电机制造的电路最多20%是非公开的。二审上诉法院认为,从诉状中和一审法院判决中附着的完整电路图无法得出哪个部分是保密的,哪些电路是通用的;在证人(受托为原、被告制作电路布局)作证被告的发电机与原告的发电机相似之后,对此还需要作出具体解释。对此,德国联邦最高法院明确指出,上诉法院错误地认为,只要没有详细解释在哪些特定电路中可以看到商业秘密,对某个电路图包含商业秘密的陈述就是缺乏实质性的。德国联邦最高法院认为,如果原告主张使用一张特定的电路图构成侵犯商业秘密,要求禁止这一侵权行为,则无须说明哪些电路属于商业秘密;如果基于这样的主张只能确定,仅在部分电路原告存在技术秘密,而在电路图中包含的大多数电路符合通用标准,则这种情况仅仅导致一个有限制的禁令范围。从上诉的判决中可以看出,为防止"二次泄密",德国联邦最高法院对原告证明商业秘密的举证责任,采取了宽松的要求,根据案件

---

[1] BGH:Urteil vom 13.12.2007- I ZR 71/05-Schweißmodulgenerator,Electronic copy available at:http://juris.bundesgerichtshof.de/cgi-bin/rechtsprechung.

的情况,图纸作为技术秘密载体就具有确定性,不要求原告必须再用文字描述商业秘密的具体细节;披露或不披露具体细节,只是对禁令的范围有影响,并不会影响商业秘密侵权的成立。

2019年生效的德国《商业秘密保护法》对诉讼中的保守商业秘密的义务做了专门规定。参与商业秘密争议事宜和接触了诉讼程序的文件资料事务诉讼的当事人、诉讼代理人、证人、鉴定人、其他代理人和所有其他人员负有保密义务,不得在法院程序外使用或披露,除非该信息在程序外在先已经获知。② 违反保密义务的,根据一方申请,法院可以处罚款至10万欧元或拘役至6周。③ 进一步,根据一方申请,法院仅在权衡所有情况后,在尊重参与人员获得有效法律保护和公平的程序前提下,申请人的保密利益仍然超过相关人员发表意见的权利时,才能将接触商业秘密的人员限制为可信赖的人员,但必须至少授予每一方的一名自然人及其诉讼代理人或其他代理人的接触权限。④ 可以看出,即使根据《商业秘密保护法》,也不能以防止"二次泄密"为由,排除原、被告双方了解涉案商业秘密的诉讼权利。面对法律的要求,根据原告的禁令诉请内容,合理确定原告的举证商业秘密责任就显得非常重要了。

(二)举证责任对禁令内容确定性的影响

根据德国《民事诉讼条例》第253条第2款第2项的规定,禁令申请的内容不得过于模糊,以致法院对禁令申请的客体和范围无法明确界定,被告因此无法充分地为自己抗辩,最终有关被告被禁止的是什么的决定留给执行法院。按德国联邦最高法院的观点,禁令请求客体指向具体的侵权行为或具体侵权形式,同时诉讼请求至少参考诉讼中的陈述可以使人明确识别被诉侵权产品的哪些特征是触犯竞争法和由此发布禁令的基础和联结点,通常就具有足够的确定性。

在本案中,按德国联邦最高法院的观点,禁令的客体和范围应体现在判决附件A设计图描述的"1536端"纤维的纺丝设备,还应包括"1024端"纤维纺丝设备,因为"1536端"纤维的纺丝设备仅是"1024端"纺丝设备的简单放大,除线数外,两个纺丝设备的技术规格均相同。德国联邦最高法院特别强调,不能因为该禁令诉请没有包括对原告认为构成侵权的情况进行文字说明,就认为该诉请不具有确定性。在2007年"焊接模块生成器"(Schweißmodulgenerator)一案判决中,德国联邦最高法院说得更清楚:如果确定电路图除包含符合通用标准的电路外,还包含被视为原告商业秘密的电路和布局,则旨在禁止被告交易包含这样电路图设备的诉请是有理由的。如果不能从诉讼中获知商业秘密体现在哪些电路中,并不导致诉讼没有根据,

---

② 德国《商业秘密保护法》(GeschGehG)第16条第2款。
③ 德国《商业秘密保护法》(GeschGehG)第17条。
④ 德国《商业秘密保护法》(GeschGehG)第19条。

而只是影响要求禁令的范围。债务人可以通过改变电路图相对容易地摆脱基于与原告的陈述和法院相应的认定而发出的禁令。因为如果从判决的理由仅仅得出被使用的电路图作为整体包含商业秘密,对电路图进行改变,就不能再假设商业秘密恰恰体现在电路图中还一致的部分。相反地,如果可以从诉讼陈述和相应的判决理由中推断出具体确认了电路图的哪些元素应该是商业秘密,那么根据禁令也应包括实质类似的侵权行为的原则,基于禁令判决使用修改的电路图也被禁止,只要电路图未改变构成技术秘密的元素。从上述判决中可以看出,披露商业秘密的程度,是否披露商业秘密细节,不影响诉讼请求必须明确具体的要求,只是对禁令的具体内容有影响。

回到本案,原告在一审中获得的禁令客体和范围是:禁止被告制造、许诺销售(提供)和/或销售由附件 A 给出的组件组成的型号"中空纤维膜纺丝设备 1536 端头",以及型号"1024 端头"纤维纺丝设备。在二审上诉审程序中,原告面对上诉审出现的对自己不利的情况,最后向二审法院提出,如果不驳回被告的上诉,请求修改禁令诉请:一是缩小范围,仅禁止被告制造、许诺销售(提供)和/或销售(进入流通)由(作为原告证据的)附件 A 给出的组件组成的设备具有给出的设计图片之一的纺丝喷嘴;二是在撤销有争议的禁令情况下,再进一步缩小范围,禁止被告生产、提供或投放市场由附件 A 给出的组件组成的设备具有给出的一项或多项设计图片中 32 个或 48 个纺丝喷嘴的喷嘴块。即使这样,二审法院还是认为一审原告没有说清楚要保护的商业秘密,无法发布禁令。按照二审法院的观点,原告必须把相关纺丝喷嘴或喷嘴块中的具体秘密点说出来,才符合禁令明确性要求。显然,这样高的要求非常不利于充分保护商业秘密权利人的合法利益。为此,德国联邦最高法院在本案判决中最后要求上诉法院在重审案件时,对第一替代诉请所涵盖的纺丝喷嘴和喷嘴体的设计尺寸或者第二替代诉请涉及的喷嘴块的尺寸和形状,是否可以作为原告的技术秘密受到保护,应该对一审法院确认作出评价或者补充作出自己的决定。

(三)员工经验知识和技能

长期以来,德国法院基于《反不正当竞争法》第 17 条第 1 款的规定,一直坚持这样的观点:如果没有竞业禁止协议约束,离职员工在离职后可以不受限制地使用在职期间获得的经验知识,即使包括企业的商业秘密。那么,什么是员工经验知识呢?按德国联邦最高法院一贯的观点,经验知识仅仅是指前雇员在受雇期间诚实获得的、存在记忆中的包括企业商业秘密的信息;所有非法获取的秘密信息,或者虽然诚实获得,但不是全部或部分存留在记忆中,而是必须借助在雇佣期间利用各种载体保留的信息回溯的企业商业秘密信息,不是个人的经验知识。离职员工无权通过拿走和侵占设计文档固定所获得的知识,以及保留和使用这些文档中所包含的专有技术用于自己的目的。如果辞职的雇员将此类书面资料,如以私人记录的形式保存或在私人笔记本电脑上储存,并且从这些文件中获取了原雇主的经营或技术秘密,则属于非法占有商业秘密。非法占有商业秘密不会因为被告有能力可以自己开发这种设备或设备部件,就失去竞争法上的违法性。

2019年生效的《商业秘密保护法》取代了《反不正当竞争法》对商业秘密的保护。不同于《反不正当竞争法》刑事条款对商业秘密保护,《商业秘密保护法》除了用第23条规定刑事责任外,主要完善了对商业秘密的民事保护制度。在该法中没有对员工经验知识与商业秘密之间的关系作出明确规定。不过,在德国政府提交的《商业秘密保护法(草案)》对第4条"禁止的行为"第2款第2项规定进行说明时,明确指出,在雇佣关系中保密和忠诚原则上是雇员的合同义务。这一合同义务必须是合法的,特别是不得损害使用或披露商业秘密的合法利益。在这方面尤其应该考虑到,根据欧盟2016年的商业秘密指令第1条第3款b项,该指令不允许限制员工使用在正常工作过程中诚实获得的经验和技能。该指令第1条第3款c项规定,也不允许在雇员的雇佣合同中对员工施加任何超出欧盟或国家法律的额外限制。因此,德国针对现行的保密义务和后合同竞业禁止的要求的原则仍然适用。

一方面,不能阻止离职员工使用"在正常就业过程中诚实获得的经验和技能";另一方面,经验表明离职员工从事竞业活动是商业秘密保护的最大威胁。离职员工使用在职期间合法获得的经验知识能否包括记忆中的商业秘密信息,在发达国家也是一个众所周知的难题。之所以是一个难题,关键是不能否认员工的知识和能力无法绝对与雇主的商业秘密分离,两者无疑存在融复合的情况。正如德国学者所说,"德国判例法和外国法律制度的经验表明,在一方面通过经验获得的知识和另一方面的商业秘密之间划清界限是极其困难的。只要欧洲法院没有机会提供指导方针,德国法院仍会遵循联邦最高法院和联邦劳动法院的判例法"。[⑤]

(四)非公知性与现有技术的关系

针对技术秘密与现有技术的关系,德国联邦最高法院在本案判决中强调了在以往判决中的观点:现有技术并不必然导致相关的技术秘密向公众公开;技术秘密是否公开,取决于获取该技术秘密是否需要花费大量的时间或费用支出。在2003年的"精密仪器案"判决中,德国联邦最高法院认为,虽然专家鉴定原告所有的精密测量设备符合"现有技术",但这一点并不排除对实现这一技术制造方法保密保护;即使普遍认可的现有技术状态正常地通过出版物而公开,也不能就简单地认为以此为

---

⑤ See Ansgar Ohly, The German Trade Secrets Protection Act of 2019, Electronic copy available at: https://ssrn.com/abstract=3578381.

基础的制造方法是显而易见的。⑥ 在 2007 年的"焊接模块生成器案"一案判决中,德国联邦最高法院明确指出,不是在专利法上失去新颖性的每一个事实都排除根据德国《反不正当竞争法》第 17 条规定的秘密保护。对商业秘密的保护,关键取决于相关信息是否无须花费大量的时间和费用普遍可以获得。与此相反,现有技术包含大量未经处理的信息,只有付出很大努力才能找到和获取这些信息。属于现有技术的信息可以构成技术秘密。⑦

从上述观点可以看到,不能简单地用专利法上判断新颖性的标准来判断技术秘密的非公知性。虽然现有技术是公开的,但实施现有技术不排除技术秘密的存在。判断技术信息不为公众所知,不是普遍知悉或容易获得,关键是实施现有技术方案是否花费了可观的时间和费用支出实现的。

后记:近年来,我国最高人民法院知识产权庭就两个商业秘密侵权上诉案件分别作出了裁定和判决,进一步明确了在离职员工泄露商业秘密的情况下商业秘密内容认定和原告完成初步举证责任的问题。在第一个案件[(2021)最高法知民终 2526 号]中,一审法院认为,原告公司主张图纸构成技术秘密的,应当具体指出图纸的哪些内容、技术环节、步骤、数据等构成技术秘密,应当明确该技术秘密的具体构成、具体理由等,并将其与公众所知悉的信息予以区分和说明。图纸仅是固定技术信息的载体,仅凭图纸并不能确定原告公司主张技术秘密的具体内容和范围。以此为由,一审法院驳回原告公司的起诉。二审最高人民法院知识产权法庭不同意一审法院的观点,并明确指出,图纸是技术秘密的载体,依据图纸可以确定其主张的技术秘密的内容和范围,因此本案中原告公司主张保护的技术秘密内容是明确的,其起诉有具体的诉讼请求,一审法院应当审查其主张的技术信息是否具备秘密性、价值性、保密性,并进一步审查对方当事人是否采取不正当手段予以获取、披露、使用等。一审裁定以原告主张的技术秘密内容、保护范围无法确定,无法就原告主张的技术信息是否构成技术秘密进行审理为由,裁定驳回起诉,系适用法律错误。在第二个案件[(2022)最高法知民终 719 号]中,原告公司提交证据图纸共包含 29 页,由总图、部件图、零件图组成,主张其整套图纸构成技术秘密。一审法院同样认为,原告未能提供其所主张的整套图纸中具有秘密性的技术方案或技术特征的具体内容,未能说明能够构成技术秘密的具体内容、环节、步骤或实施方法等。在原告主张保护的整套图纸中主要秘密点的具体内容不明确、与公知信息技术区别点不明确的情形

---

⑥ BGH:Urteil vom 07.11.2002-I ZR 64/00-Präzisionsmeßgeräte, Electronic copy available at:http://juris.bundesgerichtshof.de/cgi-bin/rechtsprechung.

⑦ BGH:Urteil vom 13.12.2007-I ZR 71/05-Schweißmodulgenerator, Electronic copy available at:http://juris.bundesgerichtshof.de/cgi-bin/rechtsprechung.

下,无法就原告公司主张的相关技术信息是否构成技术秘密进行判断和确认。二审最高人民法院知识产权法庭再一次明确:原告公司提交罩式炉吊具产品全套图纸共29张,并主张该整套29张生产图纸中记载的罩式炉吊具产品全部具体技术信息的集合为其技术秘密,其主张保护的技术秘密内容是明确的,应当据此审查其主张的技术信息是否具备秘密性、价值性、保密性,并进一步审查对方当事人是否采取了不正当手段予以获取、披露、使用等。

上述两个案件审理思路与德国联邦最高法院的审理思路是一致的,即没有文字说明的图纸的技术内容可以作为商业秘密存在的初步证据之一,权利人没有义务主动具体说明是全部还是部分图纸内容构成"不为公众所知"的信息,否定这一初步证据的责任由被告承担。也就是说,在举证责任分配上,并不要求权利人一开始就必须主动"全盘托出"自己的秘密技术,并具体到细节。长期以来,在我国文献和司法实践中强调权利人起诉商业秘密侵权时,诉讼请求必须明确诉请保护的商业秘密的秘密点,并要文字说明具体细节、与公知技术的区别等。这样要求权利人非常详细地主动披露秘密信息,显然不利于保护商业秘密权利人利益,增加"二次泄密"的风险。

2019年修订《反不正当竞争法》时增加了第32条,其中第1款规定:"在侵犯商业秘密的民事审判程序中,商业秘密权利人提供初步证据,证明其已经对所主张的商业秘密采取保密措施,且合理表明商业秘密被侵犯,涉嫌侵权人应当证明权利人所主张的商业秘密不属于本法规定的商业秘密。"这一规定,仅提到商业秘密权利人证明其对主张的商业秘密采取了保密措施的初步证据,即完成了对商业秘密构成要件之一的采取保密措施的举证责任,不符合该要件的举证责任就转移给被告了。这一规定没有提到商业秘密另外两个构成要件"秘密性"和"价值性"的举证责任的转移。一方面,表明"采取保密措施"对商业秘密成立具有非常重要的意义。不采取和切实实施合理的保密措施,即使秘密信息价值非常大,也不受商业秘密法保护。另一方面,从逻辑推理的角度分析,对"秘密性"和"价值性"的举证责任转移不应该高于"采取保密措施"的举证责任转移,同样只要提供了初步证据,相应的举证责任就要转移给被告。上述两个案件也说明了这一点。"价值性"证明不困难,关键是"秘密性"。如何初步完成"秘密性"举证,最高人民法院知识产权法庭给出了判案指引:

> "在证明责任上,'不为公众所知悉'虽是权利人即案件原告需要证明的内容,但不宜对权利人施以过重的证明负担。技术秘密与专利虽同为知识产权,但技术秘密保护与专利权保护并不相同,技术秘密要获得法律保护,并无新颖性、创造性等要求,只要其符合法定的秘密性、价值性、保密性即可。即便技术秘密中的部分信息已经存在于公共领域,但只要该技术信息组合整体上符合法律要求,仍可以按照技术秘密予以保护。即便图纸的部分技术信息已经存在于公共领域,如果信

息持有人对公开信息进行了整理、改进、加工以及组合、汇编而产生新信息,他人不经一定努力无法容易获得,该新信息经采取保密措施同样可以成为技术秘密而受到法律保护。"

"不宜要求商业秘密权利人对其所主张的技术秘密与公知信息的区别作过于严苛的证明。权利人提供了证明技术信息秘密性的初步证据,或对其主张的技术秘密之'不为公众所知悉'作出合理的解释或说明,即可初步认定秘密性成立。权利人初步举证后,即由被诉侵权人承担所涉技术秘密属于公知信息的举证责任,其也可主张将公知信息从权利人主张范围中剔除,从而在当事人的诉辩对抗中完成涉案技术秘密信息事实认定。"

上述指引中并没有"秘密点"的表述。就初步证据而言,不需要具体到"秘密点"。图纸可以构成"秘密部分",但不能说是"秘密点"。为避免"二次泄密",我们应该摒弃"秘密点"的观念,而采用"秘密部分"或"秘密内容"的表述。至于权利人主张的秘密信息究竟是什么,是不是包括了不构成秘密内容的公知信息,不应该要求权利人主动说出具体明确所指,更不应该初步举证就要求具体到"秘密点",而应该如最高人民法院知识产权法庭的指引那样,由被诉侵权人承担所涉技术秘密属于公知信息的举证责任,进而在当事人的诉辩对抗中完成涉案技术秘密信息事实认定。另外,值得一提的是,指引同时明确了技术秘密与专利构成要件不同,秘密性不同于新颖性和创造性,即便图纸的部分技术信息已经存在于公共领域,也不能简单地就认为失去秘密性。这一点也和德国联邦最高法院的观点是一致的。

German Federal Supreme Court: Hohlfasermembranspinnanlage II

Liu Xiaohai

Abstract: On March 22, 2018, the German Federal Court of Justice (BGH) made a judgment on an appeal case involving the infringement of technical secrets of hollow fiber membrane spinning equipment. there are several critical issues in that case: how to prove technical secrets, the relationship between the burden of proof and the clarity of the injunction, and the relationship between unknown to the public and prior art sowie the relationship between technical secrets and employee experience and knowledge. In the context of Germany's formulation of the "Trade Secrets Protection Act" in accordance with the "EU Directive on the Protection of Confidential Know-How and Confidential Business Information (Trade Secrets) against Unlawful Access and Unlawful Use and Disclosure", this decision that was mainly based on Germany's "Act agianst unfair Competition", is still instructive for German courts to hear civil cases of trade secret infringement under the framework of the Trade Secrets Protection Act.

Keywords:Technical secrets;Burden of proof; Clarity of injunction; Unknown to the pulic;Employee experience and knowledge